宁波社会科学学术著作出版一般资助(2018年)

宁波大学哲学和国学研究中心资助

宁波阳明文化研究创新团队(陈利权主持)

宁波"泛 3315"人才

宁波哲学社会科学带头人培育

宁波市领军人才

刘丹　吴健康　主编

邹建锋　著

明代心学先驱
吴康斋先生年谱

上海三联书店

内容提要

康斋先生吴与弼（1392—1469，江西省抚州市崇仁县人）是我国明代早期重要的哲学家、思想家和教育家，与当时名儒薛瑄、黄润玉齐名，人称"明初三大思想家"，而康斋夫子开创的崇仁学派直接开启以陈白沙为代表的江门心学、以胡敬斋为代表的余干之学、以娄一斋为代表的饶州学术。学者赞其直接开启江门学派、余干学派，是两派递传的重要推动者。其教育业绩享誉儒林，被后世学者称为"明代理学的开山""明代心学的火花""百世师"。

吴康斋年谱长编广泛收集史料文献，结合《中国古籍总目》、《中国地方志集成》与《明实录》等大型文献，先铺之以历史，呈之以语录、论学书信，考其交游，展现其诗作，层层铺开，发人之未发，填补相关学术研究之空白。吴康斋年谱试图在史料缺乏的情况下，钩沉破土，见微起茫，特别注重考察诗歌语言中的哲学思想与心性义理，注意从看似平凡的语言中看出不平凡的哲学范畴，以2008—2018这样长时期的写作段，悠游任运，涵养体贴，岁月打磨，由此竭力全面展现康斋夫子伟大而又宏伟的教育人生，让更多的读者走进吴康斋的教育世界、心性世界与人格场域。

（1）全国调研，感同身受。作者本人与吴康斋同乡，不仅认识康斋后裔，而且多次前往康斋教学圣地崇仁县东来乡莲塘的小陂书院实地考察，多次瞻仰康斋墓地。恰恰是在多次调研之后，地方政府部门也高度重视康斋遗迹的保护，在地方乡贤段文华、黄勇辉等多位老师的努力下，康斋墓地得到较好的修复，交通也改善了很多，方便崇拜者朝拜康斋遗址。这是作者对身后康斋的回报，也是作者不曾预料到的。为了考察康斋安徽重要弟子谢西山（谢复），作者单独一人，亲往安徽大山深处祁门县调研,跋山涉水,途经徽州府多处山要险地,绝岭危耸,考察了西山先生生长地、教学地,试图考察西山书院。多年后,在稀见地方志等文献中,作者辑佚出西山的诗歌论文,让尘封500余年的西山文集得以面世。为了考察康斋著名浙江亲传弟子郑敬斋(郑伉),作者亲往浙江常山县象湖村,访谈其后裔,调研其宗谱,准确考查郑伉的生卒年为1436—1478年,考察其有三子一女,有一妻一妾。这些关于西山、敬斋的相关史料,目前学术界任何文集都不曾记载,而只有通过对调研对象的生活进行实地考察,我们才可以获得。实地调研,让康斋年谱的写作摆脱纯文献史料的堆砌,具有时代性和真实感。

(2)钩沉方志,起底微茫。康斋少时在南京,晚年征聘北京,又曾赴湖北朝拜恩师杨文定墓,赴福建朝拜朱子书院,通过此等外出旅游,与中央和地方官员有所接触,也仅仅是泛泛之交,诗文多为应酬之作。在长达79年的人生旅途中,他更多的时间是在偏僻的小陂村务农劳作、读书教学与涵养心性,是钱穆先生所说的"乡村老儒",因此,关于他的官方交游文献史料非常稀少,限制了其年谱长编的写作规模。但诚如当代著名学者林继平先生崇拜吴康斋的"光明人格",其挺然独立的脱俗人格,可以在其日记和诗歌中得到蛛丝马迹的考探。十多年内,我对《康斋集》诵读数十次,反复诵读之余,我们似乎恍然发现隐藏在康斋文集中他道德进阶的一些线索,这类似一个"断案"的过程,丝丝入扣。我们对其交往的地方教育官员和学者,如戴时雨、徐希仁、潘宏道、王九鼎、孙曰让、杨德全、陈清江、谢元吉与吴德让等人,我们也尽量全面收录,因为我们深知,他们的事迹,可能只出现在康斋文集中,我们必须要竭力呈现这些珍贵稀见的文献史料。我们也尽可能全面呈现康斋的亲传弟子的生卒,这些弟子大多没有考取进士,考取举人的也很少,大多是诸生,有一部分是贡士,其文献史料非常稀少,也仅仅见于康斋文集。地方教育学者和康斋亲传弟子,在后面附录的《吴康斋亲传弟子考》《人名索引》中,大家可以看得到。

(3)悠游任运,追比先贤。吴康斋在南昌考察后,曾在豫章书院题词"先贤遗迹",几个大字至今留存。其在广东白沙故居所题词"贞节堂",至今还在。睹康斋墨宝,反复涵养其诗歌,往往让人神清气爽、心神安静,这是康斋学的独特魅力。康斋是自觉践行先贤精神的人,性格严谨,治学勤奋。且身体力行,这也就注定他会成为一个卓越的思想家。学生爱护方面,他馆资学生;培养学生方面,他让学生下地劳作,插秧播种,除草放水,收割扛粮……这些劳动,不仅锻炼学生的身体,还升华学生的心智与人格;学术引导方面,他让学生从小学入手,依托四书,体会到身心受益,再去治究六经,不轻易著述,这些都是对元代儒学的革命性突破,将程朱理学带入心性学精微之地,直接点燃白沙、阳明心学的火花,照耀明代心学成长的道路。这些细微之处,都是作者年谱所刻意的撰写亮点。

总之,吴康斋先生年谱研究康斋夫子壁立千仞的崇高人生,全面展现康斋夫子的诗歌编年。康斋以写诗的方式来建构其学术体系,他的思想都在诗歌里面,其学术思想具有独特性与隐秘性,不容易被一般读者所发现。

由于康斋嫡传重要弟子一斋先生娄谅为阳明夫子的启蒙恩师,冈田武彦等日本阳明学先驱对康斋颇为敬重,多誉其为“阳明学始祖”“阳明心学的火花”。我执教宁波,为阳明夫子故里,且尊业师浙江大学特级教授束景南夫子之意,初名书稿为《明代心学先驱吴康斋先生年谱》,以表敬意,且望学术界广传。而目前阳明心学大繁荣的时代,作为明初朱子学大宗的康斋夫子,不仅有向工作地的先贤阳明致敬的意味,也符合我们新时代不断提取阳明心学资源夯实“中国梦”、复兴中华民族伟大事业的独特境遇,书名更贴切,更有平凡味,故有此名。前作《明代心学启明吴康斋思想研究》,书名为恩师朱义禄夫子所定,在此拜谢朱老师定名。

写作体例

1. 康斋夫子年谱的写作,主要以一手文献康斋先生文集为基础,从中整理出学术思想的发展脉络,杂以其交往、应酬之作,全面展现其卓越的人格魅力,由此展现他所在世界的全面场景。虽然,康斋贵为国子监司业之子,但由于他常年埋没于乡村教学,定交的官员极少,有交往的乡贤多居于穷乡僻壤,文献不足征,往往令人无法下笔。故而从有限的材料出发,笔者在行文中,特别着重刻划康斋先生是如何进行心性涵养的。

2. 每一年的写作,首先突出国家大事。在写完康斋年谱之后,依次列出曹月川、薛敬轩、黄南山、陈剩夫、杨文定、吴古崖等人重要事件,不致使康斋年谱成为他一个人单独的单向度生活世界。

3. 为了更好地衬托康斋理学诗歌化倾向,作者在每一句理学诗后面,都有义理的阐发,由此,更深入地走进康斋学的心性世界,不仅可以窥探明初朱子学向心学转型的具体变迁过程,也可以看清白沙心学兴起前当时国家的心学思潮潜流。

4. 康斋年谱短编,前辈学者已有不少撰述;而先生长编,尚未有前辈着力写作,限于本人学力所限,其中差错定有不少,还请有道君子多多批评指正,以便修缮提高。

5. 凡引用先贤、前辈所著,笔者都有标注,或有遗漏,也请有道君子指明。

6. 在写作过程中,黎业明、施海平、吴健康、刘丹、叶云等同仁助我良多,在此一并表示感谢。刘丹、叶云博士通读全稿,细心与专业地提供了很多修改意见,弥足珍贵。

前　　言

2003 年冬,余于上海大学政治学研究方向硕士提前一年毕业,将有湖州师范学院教职之行,尚居上海大学宝山区宿舍。隔壁室友何伟民兄(浙江金华人)将往上海图书馆复印资料,邀余同往,遂同去,幸运地得以复印钟彩钧先生大作《吴康斋的生活与学术》(台湾《中国文哲研究集刊》,1997 年第 10 期)。是晚,归舍反复捧诵大文,至深夜,大有契于心,及睹其《康斋略谱》,则知康斋夫子年谱可以重作。

2006 年秋,闲散三年后,余负笈姑苏从潘桂明先生习儒家哲学,攻读中国哲学博士学位。于苏州大学图书馆古籍楼,读乡贤清儒杨希闵所作年谱,觉其篇幅太小,则知《康斋夫子年谱》确可重作也,于是立初心也。近十载,在反复诵读《康斋集》之余,吾或累夜写作,或彻夜不眠,几经寒雨,年谱粗得规模,累计得 5 万字。当然现在看来,不算精良,更不算完备,但学力所致,也无可奈何。

2012 年冬,供职浙江省社会科学院,科研之余,始往浙江大学西溪校区图书馆三楼听学于我国当今朱子学名家束景南夫子门下,慢慢就学到了夫子治学的方法,特别是夫子对朱子年谱的写法。

2013 年春,有浙江大学与浙江省社会科学院联合培养中国古典文献学博士后第二站之游,并得以正式求学于钱明先生、束景南夫子两阳明学名宿之门。是年冬,为免过度焦虑,求安静写作与涵养的环境,迁租花圃对面、植物园附近的黄泥岭村,于浙江大学西溪校区图书馆广阅资料,增补《吴康斋先生年谱》。每日,余写作之余,虽觉疲惫,然流连于茅家埠山水,于山野之间,溪水之间,或与李旭、王希坤、马晓林、潘建华等老友交游,或每两日于浙江大学玉泉校区新桥门足球场踢足球半日,终有所成,规模比原初文稿增至三倍多,有 18 万字。

2015年12月25日，余调至宁波大学，奋发于钱先生痛教，有志于阳明学文献整理与研究，加盟浙东文化名城宁波。2016年1月12日正式报到，教学之余，有修订原稿之意。2017年春，于教学之余，吾在镇海临江小区有修缮年谱之心，蒙宁波市社科联和宁波大学马克思主义学院资助，书稿终于有了出版基金，为两家单位起敬起仰，向明代心学先驱与启明大师娄一斋先生恩师康斋夫子致敬！

2019年春，开学后，由于横向课题获得突破，我约请崇仁许坊乡贤、华东师范大学的施海平博士帮我审读校对书稿。因为我深知，施先生的严谨，是会帮我完成校对任务的。且他帮我校对审读《明代心学启明吴康斋思想研究》，并在浙江大学顺利出版，他的学术能力，我是认可的。2019年夏，纵向课题再次获得突破，身心俱安，感觉年谱不能再拖了，始有系统的增订修改康斋夫子年谱的志向，年谱终于可以扩展并修定了。

2020年春夏，我又约请浙江大学刘丹博士、叶云为我修改书稿。至此，康斋年谱，终于可以和读者见面了。

宁波大学邹建锋

2020年4月9日书于孔浦菜场

7月11日再书于孔浦

目　　录

明代心学先驱吴康斋先生年谱

1392 年，辛未，明洪武二十四年，1 岁。[①]

三月，朱元璋（1328—1398）继封各皇子为王。

十二月十四日，康斋夫子生。

父为今江西省抚州市崇仁县东来乡莲塘村人吴溥（1362—1426），母为今崇仁县郭圩乡务东村楼下人周氏[②]。

[吴溥]君讳溥，字德润，别号古崖。先世家临川之种湖，曾大父景南，号南窗，博学工文，草庐吴文正公尝序其《南窗吟稿》。大父某，号楚江，隐德弗耀。父思清，赘崇仁章氏，后遂为崇仁人。君生元至正癸卯四月四日，少游于乡先生前渭南令邓伯恭门。伯恭见而奇之，谓思清曰："是子器宇不凡，异日必能大公之门。"弱冠，举孝廉不就。洪武丙寅，邑大夫知其才贤，乃举邑庠弟子员，从前进士李原成治《春秋》，文藻甚为原成称赏。家虽贫窘而志学不厌，祁寒盛暑亦不少废。同辈有忌之而肆讥侮者，恒不与校，而所志益坚。

---

① 农历辛未年，主要是 1391 年。但辛未年农历十二月十四事实上是 1392 年了。在算康斋年龄时，还是以江西地区传统算法来算，辛未年，康斋先生一岁。

② 载（明）焦竑编修，《国朝献征录》卷 114，（明）娄谅撰：《吴康斋先生与弼行状》，《四库存目丛书》本，史部第 106 册，第 456 页。一斋说康斋"母裴氏"为非，仍取旧说，康斋自述有云"周，吾母家也，世居务东"，《康斋集》卷 9《务东周氏家谱序》，文渊阁《四库全书》第 1251 册，上海古籍出版社，1987 年，第 539 页。由于本书稿的写作历时十多年，所引用文献每个时期不同，涉及到《康斋集》《康斋先生文集》等，其中，《康斋集》为四库全书抄录版，而《康斋先生文集》为宫云维教授标点整理本（北京大学出版社，2014 年版），入选《儒藏精华篇》第 251 册。《康斋集》版本，据笔者所知，有八个版本，最早为弘治本，为祖本，现藏于南京图书馆。正德本为其重新刻本，亦藏于南京图书馆，刻工和刀法不一样。嘉靖本对正德本目录重新整理，重新校对，故而整个文集编排更佳，广泛流传至今。宫云维教授标点的康斋文集，底本即为嘉靖本。

岁庚午,领江西乡荐,以疾弗果。会试寻丁外艰,哀毁骨立,几至不起。服阕,假馆学舍,教授以自给,众亦易视之。独永丰罗博士师程时分教邑庠,折节与交。乙亥,上京师,以试期不及,遂入为太学生。尝奉诏宣谕武臣使云南,却其元戎文绮之赠;又以阅士伍使福建,一无毫发之私,人皆称其廉介。其所至遇古迹名胜,辄赋咏纪之,累至数百篇。比还太学,时太常丞张显宗摄祭酒事,严毅方正,于诸生中罕与可,独以君为贤,而为延誉于公卿大夫间。

岁庚辰,试礼部第一,廷对赐进士出身,擢翰林编修。永乐初,与修太祖、高皇帝实录。书成,大沐恩赉,升修撰。既又纂修《永乐大典》,充副总裁。戊子,用祭酒胡公若思荐,升国子司业。居官以礼自持,以师道自任,以勤率诸生。每五鼓,升堂讲授,终日危坐无怠容,诸生皆敬畏而心服焉。仁宗皇帝在东宫,监国南京,眷遇殊厚。洪熙纪元,首膺勅命,进阶承德郎,赠及考妣。

宣德丙午,通政使陈琏奉命掌国子监事。九月三日,设宴公堂,君从容言笑如平时。酒阑,忽得风疾,舁归私第,以是夕卒,享年六十有四。临终无一语及身后事,但属治丧不用浮屠,所著述有《古崖稿》若干卷。

配郑氏,封安人。子男四人,与弼、与畴、与年、与性。女二人,长适应天府学教授孙日让,次适丰城徐士英。孙男三,女七,诸子奉枢归葬崇仁邑治北二十里之左桥。①

是年薛敬轩(1389—1464,名瑄,字德温,号敬轩,今山西省运城市万荣县里望乡平原村人。明初著名理学家、教育家、政治家)3岁。两年前的八月初十日,敬轩先生生于北京。②

---

① (明)杨荣:《文敏集》卷20《故国子司业吴君墓表》,文渊阁《四库全书》第1240册,第315—316页。据察,吴溥撰《古崖先生诗集八卷》(明刻本二册)藏于国家图书馆(北京),另(明)杨士奇:《东里续集》卷34《国子司业吴先生墓志铭》,文渊阁《四库全书》第1239册,第112—113页。诗入选曹学佺编《石仓历代诗选》。

② (明)薛瑄:《薛瑄全集》,山西文华丛书,孙玄常等点校,第三册,三晋出版社,2018;(明)张鼎、杨嗣昌:《薛文清公年谱》,第1179页。

是年,浙东名儒南山先生黄润玉(1391—1479,字孟清,浙江宁波鄞县人。明初著名理学家、教育家)亦 1 岁,盖与康斋同岁也。①

————————

① (明)黄润玉:《南山先生家传集五十六卷》,明蓝格抄本,沈乃文主编,《明别集丛刊》第一辑第三十七册,第 108 页。《南山先生家传集五十六卷》,为孤本文献,世所罕见,抄本,浙江省图书馆和台北均有收藏。

1395 年,乙亥,洪武二十八年,5 岁。

此年,康斋能解诵诗书,古崖对其有"大儒"之盼。①

---

① 康斋记先君诗云:"梦社方五岁,已解诵诗书。兄弟恩虽重,师生礼必拘。斋居应密迩,路径不萦迂。由此能勤学,终当作大儒。"《康斋集》卷 4《丁丑元日》(不肖前丁丑上学,先君次年五月赴京),第 436 页。"梦社"或为"梦祥"笔误,康斋原名"梦祥",见(明)焦竑编修,《国朝献征录》卷 114《吴康斋先生与弼行状》,第 456 页。后,李贤以"吴梦"称呼康斋,则又笔误乎?

1396 年,丙子,洪武二十九年,6 岁。

此年,康斋入小学。①

---

① 《康斋集》卷 8《与章士言训导书》,第 516 页。

1397 年,丁丑,洪武三十年,7 岁。

此年,康斋学对句。① 此年五月,父赴南京。

---

① 《康斋集》卷 8《与章士言训导书》,第 516 页。

1398 年,戊寅,洪武三十一年,8 岁。

闰五月十日,朱元璋卒。十六日,朱允炆继皇帝位,以明年为建文元年。七月,朱允炆始削藩,并征汉中府教授方孝孺至,擢为翰林院侍讲,日侍帝左右备顾问。临朝奏事,臣僚面议之事,命方就殿中批答之。燕王朱棣(1360—1424)密反。

1400 年,庚辰,建文二年,10 岁。

此年,康斋父吴溥试礼部第一,廷对第四,赐进士出身,擢翰林编修。[1]

是年三月,康斋师杨溥时年 29 岁,长康斋 19 岁,会试第二,殿试第六。去年杨溥湖广乡试第一。任翰林院编修。[2]

---

[1] (明)杨荣:《文敏集》卷 20,文渊阁《四库全书》第 1240 册,第 315 页。

[2] (明)杨溥:《杨文定公诗文集》,胡永华校注,湖北人民出版社,2018,《杨溥年谱》,第 449 页。

1402 年，壬午，建文四年，12 岁。

或在此年，康斋随伯父别母至南京省父。①

六月，燕兵渡长江。逼京师之金川门。谷王橞、曹国公李景隆开门迎燕兵，都城陷，宫中火起，建文帝不知所终。② 六月十七日，燕王即皇帝位。明年为永乐元年。③ 父为国子司业，留南京（行参）。

是年七月，杨溥 31 岁，留任翰林院编修。杨溥湖广乡试主考官，胡俨任翰林院检讨。杨士奇升编修。④

---

① 钟彩钧先生认为，康斋往南京省父并留居南京时间为此年，即十二岁说。钟彩钧：《吴康斋的生活与学术》（台湾《中国文哲研究集刊》，1997 年第 10 期，《附录：康斋略谱》第 310 页）。此说源于康斋写给父亲的信，"儿时未省人事，而大人远赴太学。十二岁方随伯父至京，父子初见皆不相识。"《康斋集》卷 8《上严亲书（辛丑）》，第 514 页。另据康斋自述，"与弼十岁别母京师游，又十岁归。母卒七寒暑，踣地号天墓侧，欲绝不能"，则康斋往南京省父并留居南京时间为庚辰（建文二年），即十岁说。见卷 9《务东周氏族谱序》，第 540 页。母周氏，务东楼下村人，属崇仁县东郭圩乡，近裴坊、大塘。

② 康斋亲眼目睹建文与永乐朝更换，为后来弃举子业、专心学问、不问政治提供心灵转机。据《明史》卷 143《列传》第 31 载如下。燕兵薄京城，（王）艮与妻子诀曰："食人之禄者，死人之事。吾不可复生矣。"解缙、吴溥与艮、靖（胡广）比舍居。城陷前一夕，皆集溥舍。缙陈说大义，靖亦奋激慷慨，艮独流涕不言。三人去，溥子与弼（即康斋）尚幼，叹曰："胡叔能死，是大佳事。"溥曰："不然，独王叔死耳。"语未毕，隔墙闻靖呼："外喧甚，谨视豚（猪）。"溥顾与弼曰："一豚尚不能舍，肯舍生乎？"须臾艮舍哭，饮鸩死矣。缙驰谒，成祖甚喜。明日荐靖，召至，叩头谢。

③ 永乐（1403—1424），成祖朱棣（1360—1424）的年号，共 22 年。永乐盛世期间，政治秩序稳定，文治武功堪称楷模，经济水平得到发展，人们生活水平提高，重大工程承先启后，如修长城、定都北京、郑和下西洋、编修《永乐大典》，影响很大。

④ （明）杨溥：《杨文定公诗文集》，胡永华：《杨溥年谱》，第 450 页。

1403 年,癸未,永乐元年,13 岁。

正月,永乐立北平布政司为京师,诏改北平为北京。次年四月,永乐以僧道衍为太子少师,复姚姓,赐名广孝;立世子朱高炽为皇太子,封朱高煦为汉王、朱高燧为赵王。

此年,康斋母周太夫人去世。[1] 康斋幼失所恃,事继母郑氏如所生,待母诸弟友爱极笃。[2]

明年四月辛未,杨溥 33 岁,升司经局洗马,兼任编修。十一月,与胡俨等,同被命为《永乐大典》总裁。[3]

后两年,薛敬轩 17 岁,在荥阳,厌科举之学,有诗曰:"青山不老雪白头",参政陈宗文大为惊叹,曰:"才泓气昌,当为大儒",并赠诗作"知汝晚来成大器,愿修德业赞熙雍",以此鼓励敬轩优入圣域。[4]

---

[1] 钟彩钧:《吴康斋的生活与学术》,台湾《中国文哲研究集刊》,1997 年第 10 期,《附录:康斋略谱》,第 310 页。

[2] 载(明)焦竑编修,《国朝献征录》卷 114,(明)娄谅撰:《吴康斋先生与弼行状》《四库存目丛书》,史部第 106 册,第 456 页。

[3] (明)杨溥:《杨文定公诗文集》,胡永华:《杨溥年谱》,第 452 页。

[4] 《薛瑄全集》,孙玄常等点校,第三册,(明)张鼎、杨嗣昌:《薛文清公年谱》,第 1181 页。

1406 年,丙戌,永乐四年,16 岁。

此年,康斋学诗赋。①

二月辛未,杨溥 35 岁,任会试主考官,选拔进士 219 人。②

---

① 《康斋集》卷 8《与章士言训导书》,第 516 页。次年十一月,《永乐大典》成,总计
22937 卷。

② (明)杨溥:《杨文定公诗文集》,胡永华:《杨溥年谱》,第 452 页。

1408 年,戊子,永乐六年,18 岁。

此年,康斋学举子业。①

曹月川(曹端,1376—1434,山西人,明初著名理学家)33 岁。春三月,撰成《夜行烛》十五篇。②

是年,杨溥 37 岁,《永乐大典》成,提督誊写。③

---

① 《康斋集》卷 8《与章士言训导书》,第 516 页。

② (明)曹端:《曹端集》,王秉伦点校,《理学丛书》,中华书局,2010,《附录二·年谱》,(明)张信民:《曹月川先生年谱》,第 270 页。以后所引此书,只注明为(明)张信民:《曹月川先生年谱》及其页数。

③ (明)杨溥:《杨文定公诗文集》,胡永华:《杨溥年谱》,第 453 页。

1409 年,己丑,永乐七年,19 岁。

春二月,永乐帝北巡,皇太子监国。

此年,康斋从学于太子洗马杨溥门下,杨溥授《易》,告知以洗心。杨溥父亲此年去世,其曾归家奔丧。皇太子监国,命起视事。①

冬,熟读朱子《伊洛渊源录》。康斋先生后来自述,"永乐己丑冬,姑苏别驾李侯能白寄此集于先君。与弼灯下阅之,伏睹道统一脉之传,不觉心醉,而于明道先生猎心之说尤为悚动。盖平昔谓圣贤任道之统者,天实笃生,非人力可勉,遂置圣贤于度外,而甘于自弃。及睹此事,乃知所谓程夫子者,亦尝有过,亦资于学也,于是思自奋励,穷慕向焉,既而尽焚旧时举子文字,誓必至乎圣贤而后已"。②

康斋知大教育家程明道曾有猎心,年轻时"曾有过",故知圣贤之必可学,坚定自己成圣的勇气和信心,涵养后天之学,遂弃举子业。③ 此后,熟研四书五经,涵养义理。

是年春二月,曹月川 34 岁,中乙榜进士,夏四月,授山西霍州学正,开始其漫长的教学生涯,提高山西霍州的教育文化水平。④

是年,薛敬轩 21 岁。文清日侍教谕公官玉田。教谕公荥阳任满,徙玉田。玉田多贤豪长者,济南王素亨、大梁范汝舟、东莱魏希文、永嘉徐蕴夫、安阳范仲仁、海昌李大亨诸公,皆年德老成。先生礼延至家,讲

---

① （明）杨溥:《杨文定公诗文集》,胡永华:《杨溥年谱》,第 453—454 页。

② 《康斋集》卷 12《跋〈伊洛渊源录〉》,第 587 页。续《伊洛渊源录》者,有（明）谢铎撰《伊洛渊源续录》六卷、（清）张伯行撰《伊洛渊源续录》二十卷。遗憾的是,康斋《跋〈伊洛渊源录〉》文未见现行版《朱子全书》,可补朱子全书佚文。

③ 程颢（1032—1085）,字伯淳,人称明道先生,宋洛阳人。教育家,与程颐为同胞兄弟,世称"二程"。有《二程遗书》。

④ （明）曹端:《曹端集》,王秉伦点校,（明）张信民:《曹月川先生年谱》,第 271 页。

论经书子史,泛及天文、地理、二氏之谈。诸老退谓人曰:"此子聪明特异,力行可畏,圣门有人矣。"皆避师席,结为友,与习宋诸儒性理诸书。久之,先生叹曰:"此道学正脉也。"尽焚诗赋草,专精性命,至忘寝食。①

---

① 《薛瑄全集》,孙玄常等点校,第三册,(明)张鼎、杨嗣昌:《薛文清公年谱》,第1182页。

1410年,庚寅,永乐八年,20岁。

春,康斋从洗马杨文定(1372—1446)学,宿其官舍。①

此年,康斋以"精一圣贤心"为自己成圣的起点和逻辑原点,"检点身心"为日用工夫,其深秋有诗《即事》(永乐庚寅年二十):"吟断难成调,尘编重绎寻。兴亡今古事,精一圣贤心。新月何时满,寒蛩无数吟。夜深双过鸟,犹有恋高林",《感怀》:"身心须点检,事业莫蹉跎。"②

是年,古崖先生吴溥48岁。七月壬午,吴古崖作《平胡歌》,其序云:"上以永乐己丑春二月巡毕北京,内抚诸夏,外靖四夷。声教所及,悉底平治。惟北房余孽,负其桀骜,数构祸农爨。上弗忍加诛,屡遣使往谕,冀其悔悟。而酋寇益肆凶悖,拘杀使者,抄掠边陲,罪恶彰彻,鬼神弗容。上乃震怒,明年二月躬率六师,往正其罪。夏五月,师驻玄冥河,房寇本雅失里,息众拒战。我以锐师击之,寇即奔溃,穷塞而遁。获其马驼牛羊生口无算。六月,既还师。残寇阿鲁台复挑战于静虏镇,一鼓破之,乘胜逐北,息降其众。是月,捷音至南京,臣民不胜忻忭,山呼舞蹈,震动大地。皇太子大悦,即日发内楮币给群臣以资宴乐。凡旬之内,歌舞塞路。七月壬午,上还北京,皇太子暨诸王以下,咸拜表称贺。臣窃谓:戎狄豺狼,自古为患,故太王有岐山之避,宣王有太原之逐,秦汉以下有不忍言者。今天启神算,躬率六师,远踰瀚海,扫清沙漠,永世无虞,功烈宏伟,旷千万世,莫与俦俪,于戏盛兮。臣窃禄有年,受恩深

---

① 《日录》,《康斋集》卷十一、二,条13。杨溥,湖北石首人,字弘济,建文进士,授编修。永乐中侍太子,为洗马。因太子遣使迎帝迟,他为汉王所谗,系狱十年,读书不辍。仁宗即位,获释。建弘文阁,掌阁事。宣宗即位,召入内阁,与杨士奇等共典机务,升礼部尚书。英宗初年,进少保,武英殿大学士,卒谥文定,著有《水云录》《文定集》等。

② 依农历讲,康斋庚寅年十二月十四日过二十岁。"永乐庚寅年十九"误,当为"永乐庚寅年二十"。

厚,师行之日,既不获躬执鞭弭出入阵,以睹圣神筹算之捷。今兹凯还,又安敢不罄竭驽钝,铺张盛美以继太平歌颂之后哉!辄不揆菲陋,谨稽首顿首而歌。"①

---

① (明)吴溥:《古崖先生诗集》,国家图书馆藏,孤本,王志鹏编校整理,卷五。

1411 年,辛卯,永乐九年,21 岁。

是年十一月,永乐立朱瞻基为皇太孙。

此年,冬,康斋以用功过苦致疾,父命还乡授室,妻为江西抚州地区临川县五峰陈氏。访故人李原道于秦淮客馆,相与携手淮畔,共谈日新。(原道,吉安庐陵人,吾母姨夫中允公从子也)①

康斋此年有护心、养心、保心之说,有诗《自警》(辛卯):"乃知真功切,不可驰顷刻。诚当通鬼神,志当贯金石。"②

此年,东南名儒陈真晟(1411—1474,字晦德,改字剩夫,自号布衣,福建泉州人)生,少康斋 20 岁。③

---

① 《康斋集》卷 11《日录》条 13,第 568 页。

② 《康斋集》卷 1,第 359 页;《康斋先生文集》卷 1,第 945 页。四库版的"乃知真功切",嘉靖明刻本作"乃知直内功",嘉靖本原典味更浓。

③ (明)陈真晟:《布衣陈先生旧稿》,嘉靖十七年戊戌周南序刻本,卷 8,(明)杨廉:《皇明理学名臣录》,《陈真晟》。

1412 年,壬辰,永乐十年,22 岁。

　　此年春,康斋族叔父吴仲学先生来访。在石泉村租住。

　　此后数年,康斋或在外游历,教书度日。①

　　有诗《族叔父仲学先生春月承访,弼时屋方定,兹别数月矣,有怀寄诗》,农历冬十二月十五日有诗:"欲到大贤地,须循下学工。文章深讲贯,道德细磨砻。"(《腊月望日作》)②康斋此年有透心以透性的道德修养感想。

---

　　① 钟彩钧:《吴康斋的生活与学术》,台湾《中国文哲研究集刊》1997 年第 10 期,附录《康斋略谱》,第 311 页。

　　② 《康斋集》卷 1,第 359 页;《康斋先生文集》卷 1,第 946 页。

1413 年,癸巳,永乐十一年,23 岁。

　　是年,二月甲子,永乐往北京,皇太孙从。尚书蹇义、学士黄淮、谕德杨士奇、洗马杨溥辅皇太子监国。[①] 五月杭州大潮雨,居民大受其害;六月,湖州瘟疫,亡一万余口;七月,宁波瘟疫,亡者近一万。

　　康斋此两年多能自觉反思,总结提高,渴望师友相助共成圣贤,有诗《春夜》(癸巳):"十年踪迹寓神州,故国归来更百忧"、《宿白梅洲》。[②]

---

　　① 《明史》卷 6《本纪第六·成祖二》。
　　② 《康斋集》卷 1,第 359 页;《康斋先生文集》,卷 1,第 946 页。癸巳与甲午年诗歌混合或缺甲午年诗歌,待考。或因为甲午年,恩师杨先生下狱,康斋此年无心情写诗。

1414 年,甲午,永乐十二年,24 岁。

  是年,杨溥 42 岁,八月,任应天府乡试主考官,赐宴于本府。① 闰九月甲辰,以太子遣使迎驾缓,洗马杨溥等下狱。不久,杨士奇复职。② 自此后十余年,杨溥与同下狱者黄淮、金问狱中读书进学,六经之学深厚通达,地理、医药与占卜之书无所不读,尤精研《周易》,生死不足以动其心。狱中门人弟子有李邻、刘魁(字景星,监利人。永乐丁酉举人)等。杨溥授李邻《尚书》之学,后李邻出任教官,而刘魁则照顾杨溥起居,后出任四川大足训导。③

  此年,康斋在崇仁县孙坊乡东坪村教书一个月,有学生从学。④

---

  ① (明)杨溥:《杨文定公诗文集》,胡永华:《杨溥年谱》,第 456 页。

  ② 《明史》卷 7《本纪第七·成祖三》。

  ③ (明)杨溥:《杨文定公诗文集》,胡永华:《杨溥年谱》,第 456—456 页。

  ④ 《康斋集》卷 2《病中倦卧,偶思年二十四时寓居东坪,与诸生夜读赋玩月诗,微吟一过,神思洒然,遂次旧韵》,第 387 页。

1415 年,乙未,永乐十三年,25 岁。

是年五月,永乐帝怒,囚汉王朱高煦,削其两护卫,徙封乐安。

时,戴时雨(字锦舟,温州永嘉人,永乐十二年举人)来任崇仁训导。

此年,康斋坚定圣贤修养的心念,有诗《题柏》(乙未):"风霜莫厌多经历,自古良材老始成"。①

---

① 《康斋集》卷 1,第 359 页;《康斋先生文集》卷 1,第 946 页。

1416年,丙申,永乐十四年,26岁。

是年,康斋探访父亲,"省觐太学"①,走鄱阳湖水路北上,经过九江星子县(明代为南康府南康县)、都昌县,同乡梁训导与康斋在都昌官舍会饮。走长江水系,经过安徽安庆(明代为"同安"),李闻之孙李思诚对康斋仰慕已久,特邀请康斋教育其二子李性之、李宜之。②

多用反衬手法写诗,令人难忘,有诗《过南康》(丙申)《寄梁训导》《闻笳》三首。③《寄梁训导》诗云:"柳色雨来长,梅香霁后清。"

---

① "永乐丙申,予省觐太学,次同安傅舍。闻孙、思诚招致南庄之上,以教其二子性之、宜之,而季子尚在孩提也",《康斋集》卷9《同安李氏家谱序》,第544页。

② 按:李宜之为康斋文集中最早的较为优秀的及门学生。

③ 《康斋集》卷1,第360页;《康斋先生文集》卷1,第946—947页。

1417 年,丁酉,永乐十五年,27 岁。

春二月,康斋与王上舍旅馆同榻,看花、赏月、饮酒。

因老师尚在监狱中,暗无天日,行动无自由。康斋得知老师入狱,夜梦与老师杨溥谈心论《易》,"己私须尽克,天理必全纯";有时,梦想父亲。

是年,赁居新所,"违侍亲庭远,迁居此地新。往来多故旧,问劳总比邻。屋破长防雨,天寒早闭门。卑栖聊自慰,图史共朝昏"①。

康斋时时记着老师杨先生源自《周易》的"论心"之学,此年更坚定精白一心的圣贤心念,着实克去私心,全纯天理,究心究性,实现十年前归家的圣贤初心,有《元日》(丁酉)《赠别王上舍》《与友人夜话》《梦洗马先生》《双燕春日营巢》《山中歌次王右丞韵》《山行》《访胡征君馆所》《雨中漫述》《松下》等诗、《元日》诗云:"淑气已回春,晴光遍八垠。学须年共长,德必日俱新。自得颜润乐,宁论原宪贫。两间期不愧,敢负百年身。"《松下》诗云:"倦来更向山中憩,满径松阴白昼长。藉地不知孤坐久,遗篇又诵两三行。"②

是年,古崖先生吴溥55岁。十一月二十七日,吴古崖作《圣德瑞应赋》,其序云:"永乐十五年冬十一月二日癸丑,北京建北奉天殿乾清宫成。八日己未,二处俱有瑞光,五色现乎其上。翌日庚申,金水河结冰,奇甚。又明日辛酉,奉天殿乾清宫复现瑞光,金水河复呈瑞,奇巧愈胜。十八日己巳,卿云现,云内出五色瑞光,团圆如日。光中粲五色,天花烨烨,辉映上下,竟日不收。二十七日戊寅,陕西进瑞兔,如玄云黑玉,光彩璀璨,诚旷古之所未见。又有灵芝仙草应时而现,凡厥臣庶莫不欢呼拜舞,以为圣德所致,实万万世太平之瑞。上表称贺,皇上谦让,益谱祇

---

① 《康斋集》卷1《雨中漫述》,第361页。
② 《康斋集》卷1,第360—361页;《康斋先生文集》卷1,第947—949页。

惕,遣使论:'皇太子懋德勤政,夙夜毋容殆忽。'百司众职亦莫不诚敕谆切,此盖帝舜敕天之命,惟时惟几之意,倚钦圣兮。臣闻:有大圣之德必有大圣之瑞,稽诸隆古。若马图之授羲,龟书之授禹,玄鸟之启殷汤,凤凰之鸣歧周,是皆不世出之上瑞。简册所纪,亘古千载如一日。钦惟皇上秉上圣之资,继承太祖高皇帝鸿业,武功文德万古罕俪。自即位以来,驺虞神龟、醴泉甘露之祥层见迭出,不可胜纪。今者又复覩兹嘉瑞,臣无仁忻跃,谨整所闻见,撰赋一篇,上颂盛世文明之万一。"①

---

① (明)吴溥:《古崖先生诗集》,国家图书馆藏,孤本,王志鹏编校整理,卷1。

1418 年,戊戌,永乐十六年,28 岁。

在黄城,康斋与崇仁教谕戴时雨先生同榻,谈论学术,"文章元共赏,谈笑剧忘年。近腊梅初放,凌寒菊正鲜。同衾坐无寐,高兴两绵绵"①,成忘年之交。

是年秋,赞善梁潜、司谏周冕以辅导皇太子有阙,皆下狱死。②

冬寒,康斋画梅远赠安庆学生李宜之。"学疏才薄谅何为,牢落尘踪阅岁时。只有梅花共心事,便风吹向故人知"③。以梅花之心彼此互相鼓励,体现出其与学生共同成长的愿望,也体现出康斋夫子循循善诱、善于鼓励人的高贵美德。

有《感兴》(戊戌)《写怀》《登拟岘台》:"愁逐登临散,神因眺望清。穷通看万物,未易达浮生",《赠戴锦舟先生》《题四景画》《墨梅寄同安李宜之》诗。④《写怀》诗云:"悠悠万古愁,冥坐无一语。志须自强持,仁拟谁相辅?萧然环堵间,沉吟寸心苦。荒村愁思多,断续芭蕉雨。"

此年,陈真晟失怙,年仅 8 岁。⑤

---

① 《康斋集》卷1《赠戴锦舟先生》,第 361 页。
② 《明史》,卷7,《本纪第七·成祖三》。
③ 《康斋集》卷1《墨梅寄同安李宜之》,第 362 页。
④ 《康斋集》卷1,第 361—362 页;《康斋先生文集》卷1,第 949—950 页。
⑤ (明)陈真晟:《布衣陈先生旧稿》,嘉靖十七年戊戌周南序刻本,卷8《布衣陈先生行实》。

1419年,己亥,永乐十七年,29岁。

是年,康斋居临川县五峰村①,与地方名士交往渐多,来学者始众,闲时讲学崇仁县东来乡莲塘、东陂等村。

是年,送饶提举广东为官,送严府判离任,柬故人陈进士,再与戴锦舟、叔父吴仲学书信来往,游临川广寿寺②,游南坑冈,与故人途中锁秀才谈学。

是年,始与临川地方名士傅秉彝交往,暇时论学谈心,交游爬山,观水谈诗,沟通有无,有终生之谊。

是年,康斋与其叔胡子贞交往始密,崇仁萝溪胡九韶始来学③。康

---

① 钟彩钧先生认为,"本年及次年,先生居五峰外家"。钟彩钧:《吴康斋的生活与学术》,台湾《中国文哲研究集刊》1997年第10期,附录《康斋略谱》,第311页。

② 关于临川广寿寺的具体地理位置,参考(明)艾南英撰,《天佣子集》卷9《重修广寿谱序》,梯云书屋刊本。

③ 胡九韶先祖为临川六家桥乡大塘人,故正月访亲可以和康斋相会。2011年春,余曾亲往抚州金溪县文化馆考察。据工作人员研究,胡九韶并非金溪县人。此工作人员坚持认为胡九韶为崇仁县人。当时以为,萝溪处于金溪和崇仁交界处,故而后人混淆。余继而打车前往乡村萝溪,询问当地村民,未发现有胡氏后裔在此居住也。后来,询问县城懂文化的前辈,我们才确定,胡九韶出生地为大塘萝溪村,靠近县城。据(清)黄宗羲撰,《明儒学案》卷2《崇仁学案二》载如下。胡九韶字凤仪,金溪人,自少从学康斋。家甚贫,课儿力耕,仅给衣食。每日晡,焚香谢天一日清福,其妻笑之曰:"齑粥三厨,何名清福?"先生曰:"幸生太平之世,无兵祸;又幸一家乐业,无饥寒;又幸榻无病人,狱无囚人,非清福而何?"康斋奔丧金陵,先生同往,凡康斋学有进益,无不相告,故康斋赠之诗云:"顽钝淬磨还有益,新功频欲故人闻。"康斋语学者曰:"吾平生每得力于患难。"先生曰:"惟先生遇患难能进学,在他人则隳志矣。"成化初卒。后18世纪所修之《明史》卷282《列传》第170《儒林一》载如下。胡九韶,字凤仪,少从与弼学。诸生来学者,与弼令先见九韶。及与弼殁,门人多转师之。家贫,课子力耕,仅给衣食。成化中卒。《明儒学案》与《明史》所载胡九韶捐馆时间有出入,而且《明史》所载甚为简略,当以黄宗羲所编《明儒学案》为准,九韶捐馆的具体时间后文有确实资料记载。另据县志史料载,胡九韶,字凤仪,崇仁人。性重厚,刻苦学问,动循规矩。少从康斋先生(转下页)

斋颇重视九韶来学之谊，常会主动关心其进学之方："有客夜叩门，微吟带星立。主人久青灯，欣然肃而入。胜境失追攀，高堂更欢集。丈夫襟抱开，尘绊嗟何及？"①

可见，康斋有自得进学之处总是第一时间告知其亲传弟子九韶，并表达出师生共同砥砺人格成长的愿望。

闲读《孟子》，"大哉仁义言，沃我萌蘖心。才质各高下，性命无古今"②，颇有心得。

在归家授课耕作的日子里，在十多年十三经的诗书涵养中，康斋首次提出"养良心"的道德修养论命题，通过对养良心的深刻把握，来获得天理，所谓养良心、存天理的本体—工夫体系。

有诗《晓》（己亥）《题歆云诗卷》《送饶提举之官广东》《读罢》《睡觉》《送严府判考满》《简戴锦舟先生》《山中即事》《晓出》《游广寿寺后园》《秋晓》《梦友》《谏陈进士》《彝公房》《寄湖西族叔父仲学先生》《赠别友人》《阅九韶吟稿》《别湖西》《同锁秀才道中即事》《题庸轩》《禅岭即事》《与钟生同宿东陂》《夜访九韶》《赠九韶》《山居》《别九韶叔侄》《即事》《游南坑冈》《夜坐》《即事》《感怀》《读〈孟子〉》。③《山中即事》云："水自幽偏山自深，竹窗花牖昼沉沉。逢人若问浮生事，半是闲眠半是吟"；《晓出》云："际晓出柴扉，清凉过雨时。落花香满径，芳树绿成帷。鸟弄有余暇，水流无尽期。值予道心长，咏归正相宜"；《阅九韶吟稿》云："点窜非吾事，渐磨贵自期。灵台宜有养，孟子浩然师"；《与钟生同宿东陂》云："日落辞莲塘，东陂到已冥。烟雾村径微，灯花芳斋静。细语夜卧迟，月华发清兴。黄卷试一开，琅然共歌咏"；《赠九韶》云："我与生契家，恳恳常告戒。退而省其私，立志能匪懈。相逢索居后，新知颇超迈。深培仁义根，势利无芥蒂"；《山居》云："偶坐柴门下，得与众山友。雨后

（接上页）学，即不习学子业，以道自期，先生器之，雅相亲厚。诸生从游者，恒令先见九韶。及先生没，门人多转师之。九韶为人卓然醇儒，家庭之间怡然孝弟，其诗文务典实，年七十余卒，有文集藏于家，入祀本县乡贤祠。参阅《抚州府志》卷56《人物·理学》，第296页。

① 《康斋集》卷1《夜访九韶》，第364页。
② 《康斋集》卷1《读〈孟子〉》，第365页。
③ 《康斋集》卷1，第362—365页；《康斋先生文集》卷1，第950—957页。

已芳润,云开更奇秀。淡然忘我形,不觉沉吟久。趣忆平昔居,于兹几翘首";《别九韶叔侄》云:"我心日悠悠,喜与故人遇。相遇更过村,同游读书处。研墨倩儿童,颇得临池趣。青山一分手,山留白云去";《即事》云:"身外机事闲,心地何优游。晴行山水曲,步迟境弥幽。历乱高鸟过,散漫轻烟浮。遗编幸在手,微意仍相侔";《夜坐》云:"青灯夜已分,遗编味方永。一唱而三叹,转觉寸心炯。丽水金最精,蓝田玉偏莹。云胡苦茅塞,久未臻斯境";《即事》云:"风威遍野号,雪花满空坠。谁谓惜苦寒,正喜兆丰岁。红炉坐终日,黄卷静相对。至哉圣贤言,妙契心自醉"。

康斋在存理去欲的心性之旅中,时而养浩然正气,时而得炯心,时而心自醉,时而萌蘖心,体现出诚心儒家光彩人生的难得品质!

是年,薛敬轩 31 岁。其父薛贞原为洪武甲子举人。薛贞满玉田教谕九年,从鄢陵。贞叹其年大,事事无成,令敬轩应科目,得补弟子员。①

---

① 《薛瑄全集》,孙玄常等点校,第三册,(明)张鼎、杨嗣昌:《薛文清公年谱》,第1182 页。

1420 年，庚子，永乐十八年，30 岁。

春寒，康斋病，抱布买药，"生涯惟病绊，人事与心违。岁月一身晚，江湖孤梦飞。忧深多为道，贫惯任无衣。抱布街头去，新晴买药归"①。生活困顿、潦倒，常思寡过，终心态平和，有"尘世悠悠任去留"胸怀。这段时间，康斋沉思的时间较多，"寒鼓三更后，孤衾未睡时。无穷身外事，逐一静中思。圣域何由入？灵台久自私。疏临霜月白，愁况漫裁诗"②。在内外交困的环境下表现出亲证圣学的不易，入圣遭遇不少的阻力。

尽管如此，临近年末，在圣学上还是小有所成，心境上略有缓和。"茅庵深处路萦斜，老树遥看近腊花。何事幽人吟未到？游蜂先已得春华"③，体现出康斋在读书劳累之余出门观物理的过程中感受了天理流行的生生不息寓意。

曾游临川北禅寺。

闰正月，以学士杨荣、金幼孜为文渊阁大学士。八月，北京始设东厂。十一月，以迁都北京诏告天下。十二月，历十三年，北京新宫成。

此年，与章广文、朱学正等人交游，与叶别驾有书信来往。

有《睡起》（庚子）《闲述》《承叶别驾见访奉柬二首》《忆容上舍》《买药》《即事》《感怀》《绝句》《感怀》《杨柳》《圃内》《四月四日》《宿章广文馆》《赠章广文》《茂树》《月夜忆友人》《题画马》《游北禅寺》《栖凤竹》《送人赴春闱》《柬朱学正先生》《不寐》《览旧游》《山中见梅花》等诗。④《感怀》诗云："易白颜回发，难升孔子堂。常时思寡过，终岁未成章。万物

---

① 《康斋集》卷 1《买药》，第 365 页。
② 《康斋集》卷 1《不寐》，第 367 页。
③ 《康斋集》卷 1《山中见梅花》，第 367 页。
④ 《康斋集》卷 1，第 365—367 页；《康斋先生文集》卷 1，第 957—961 页。

人皆备，一心谁不良？"

此年，康斋在动时静的体认中，或交游，或山水养心，提出灵台、中心、道心、良心、松柏心、久别心、乡心、平生心、病心与静者心等与心有关的概念、范畴，在纷纷扰扰的环境下，主静中洗私心，试图获得心与事合（事心合一）与物我一体（物我合一）的美妙状态！

"万物人皆备，一心谁不良？"这时候的康斋相信心体本善。这个概念是先验之善，这与程朱理学家相同。

是年，古崖先生吴溥58岁。十二月，吴古崖作《题萧节妇张氏传》，其序云："永乐庚子冬十有二月，予以秩满书考北京，京行在同郡萧德容氏，间持其祖母张节妇传见示。予伏读感叹节妇志操端洁，当元末之乱，偕其夫体仁避兵山中，仓促为贼所劫，节妇骂贼不屈，贼怒以刀截其发、斫其颈，几死。贼退，其夫舁置岩穴中，以善药傅伤处，久乃获苏。节妇今年已八十余矣，其夫与子皆先卒。德容由进士擢主吏部事，养节妇尽孝敬，且遍求当世之能文辞者论谡其美以昭示于后。予忝乡里之末，不敢以芜陋谨题其左，方使世之为妇人女子者咸知励节妇之操，则风教庶几其不衰也。"①

是年，薛敬轩32岁。秋八月，敬轩举河南乡试第一。冬，归鄢陵。②
此年，陈真晟10岁，悟异端之非。③

---

① （明）吴溥：《古崖先生诗集》，国家图书馆藏，孤本，王志鹏编校整理，卷7。

② 《薛瑄全集》，孙玄常等点校，第三册，（明）张鼎、杨嗣昌：《薛文清公年谱》，第1182页。

③ （明）陈真晟：《布衣陈先生旧稿》，嘉靖十七年戊戌周南序刻本，卷8《布衣陈先生行实》。

1421年,辛丑,永乐十九年,31岁。

春正月,反复把玩《大学》《论语》《孟子》《中庸》一个月,大得心学之要,亲证圣人之学。兼读《易》《大学或问》、真西山《大学衍义》《春秋左氏传》《谷梁传》等。

将自己十多年来的读书心得和身心修养的收获向父亲汇报,和同仁训导徐希仁、训导章士言和教谕黄景章书信交流,与朋友傅秉彝、胡升、胡十、锁秀才交往,和学生九韶、傅裘等交流,劝族兄吴伯广、万叔灿子进学。① 期间,妻疾,请胡九韶带到种湖问医。

按:徐希仁,字宝山,浙江衢州府常山县蒋家园人。康斋夫子学友。永乐辛卯举人。乙未,明通榜。授抚州训导,升棠邑教谕。讲学以诚敬为宗。尝修葺学宫,赈恤贫士,士多造就焉。②

平时抄录自己的诗稿,读书、弹琴,晚上时常梦到父亲。夏,去南京拜见父亲,告十年所得,未得见。

此年,入楚,黄广文为康斋送别,赠装。随舟来往安徽芜湖、鄱阳湖

---

① 江西抚州金溪九韶与江西丰城厚郭胡全(康斋长女夫)均与大塘胡升有亲戚联系。每年正月,按例,要互相走访,祝贺。见《大塘胡氏家谱序》卷9,第531—532页。

② 《常山县志》卷53《人物》,第800页。需要补充的是,常山县多位乡贤与名人与康斋夫子关系甚好。如徐湖,浙江衢州府常山县西乡人,布衣也。康斋夫子学友。尝题诗"草萍驿壁"聘君吴与弼□□见诗,悦而访之。湖杀鸡,出脱粟饭,对食。康斋大喜,曰:"不负此行。"人比之郭林宗之与茅容云,诗载古迹。参阅《常山县志》卷58《人物》,第800页。如徐文表,浙江衢州府常山县隔街人,喜欢闭户读书,为地方知名人物。吴康斋应聘道出常山,偶步至,文表书斋,题"好古"二字赠之。参阅《常山县志》卷58《人物》,第800页。康斋弟子如郑协,浙江衢州府常山县象湖人。年十六,他随季父优游丰城丁潜轩秉英之门。后,又谒崇仁吴康斋与弼。再学易于会稽渐斋先生胡谧,三年而归。渐斋目送之曰:"吾易西矣。"戊子,举于乡。会试,谒薛文清公,闻克一之说,因名其斋,曰:"克一。"弘治庚戌,成进士。白沙先生陈献章贻书曰:"中世士大夫修于家,或坏于天子之廷,兄之志节可保无虞。"其为士林推重如此。授行人,奉使陕西,道卒。详细的资料,见《常山县志》卷48《人物·儒林》,第760页。

间,沿长江而上到湖北武昌,游赤壁。与武昌李凤仪、叶别驾、史仪部和丁太常等官员赠诗。旅途中,拜周子、朱子祠堂。

年末,又去南京,跪拜于庭前,终得父亲谅解,父子和好如初。

夏四月,北京奉天、华盖、谨身三殿灾。冬十一月丙子,永乐议北征军饷,下户部尚书夏原吉、刑部尚书吴中于狱,兵部尚书方宾自杀。辛巳,下侍读李时勉于狱。①

康斋此年道德涵养有得,工夫大进,越发地自信,正符合孔子三十而立之说,其论学书信甚多,分别附录如下:②

三月二十八日见丘彦庸,知大人复职回,合家皆平善,不胜喜幸。初只想老奶奶(先生外祖母)春月回乡,及见丘彦庸,言未有回日。男遂于二十九日给引,前来省视。日夜痛自咎责,思为儿时未省人事,而大人远赴太学。十二岁方随伯父至京,父子初见皆不相识。居京时大人常夜卧,语男云,吾昔在外时,思而不见,泪下多少矣,今尔在旁,宜努力进学,期于成人,当时男未知此言之切也。及年十八九,虽略知读书,志气太锐,自谓古人不难到,每轻前人,忽慢行事,大人虽时时切责之,而其狂妄之心终不能改。年二十一回乡,粗涉人事,然后渐知力行之果不为易,又天之所以拂乱,其所为者恒极其至,兼以疾病缠绵,茫然不知道路所由,安得而顺乎亲哉!身虽隔千里之远,而梦魇无一日不在于亲之侧也,每中夜痛心,罪不容于死。去年六月来,侍冀得一面亲颜,书告十年所历,思自奋于后日,而罪恶贯盈,亲心未回,抱痛还乡,天下岂有无父之国,信如穷人五无归也。(去岁古崖不知以何事拒先生,先生负罪引匿,早暮号跪,累日终不约。是年冬,先生复往省古崖,感先生纯孝,父子如初。)今年重欲来省就,迎老奶奶回,徘徊徜徉,欲复却男不孝之躯何足恤,惟大人之忧耳,本欲为悦亲以来,而返重亲之忧,岂人

---

① 《明史》卷7《本纪第七·成祖三》。

② 需要说明的是,笔者近几年潜心康斋学,有三部曲,其中之一的《明代心学启明吴康斋思想研究》对康斋思想有深度解读,故而在年谱著述方面,不再重复,而只是点其核心思想,以避免重复。

子之心哉! 于是,舟至湖口,既不敢下,又不敢回,遂至湖广。自湖口至湖广凡一月,遇人未尝敢言家世,惟恐累大人之德。今以禾熟附舟回家,偶遇四川朋友,遂拜字奉报。男今年正月来多看《四书》,顷刻不离,颇觉身心粗有所得,于圣贤分上用工亦似有下手处。方知天之所以穷苦于身,吾亲所以责备于行者,恩何至哉! 噫! 男虽进德有日,而大人年向晚矣,惟大人善自解为祖宗念,万幸万幸。六月初四日寓武昌舟中,男与弼百拜。①

上段讲述康斋与其父亲的关系重新和解,另一方面也说明,康斋是如何重新发奋成为圣贤的源动力。康斋通过事上磨练,同时看书身心受益,德性学问挺立起来,因道德自觉而痛心疾首,安心于圣贤旅途。

仆闻天下之至美者,莫如圣人之道,昭明易见,简易易行,然世鲜能之者,不学故耳。原其故,有二焉。懵然无知,而不事夫学者,庸人也。学焉而弗克者,未诚也。惟其未诚也,是以事物交前,理欲互战,顺理乎? 系累于欲,从欲乎? 有所不屑挠乎其中,憖乎? 其心苟一念之或失,则圣人之道斯远尔。习俗之溺弥深,几何不并其少有所得者,而亡者之恶在能有充哉,是虽日学与不学,同也。仆坐此患,十年余矣,抱憖朝夕,亦云至矣。今年从春来,一以《大学》《语》《孟》《中庸》,熟玩一日,恍然似粗有所见。乃喟然叹曰,圣人之道果易晓也,果易行也。而今而后,吾知免夫朝夕之憖,而有以超然乐乎群物之表矣,因益加力焉。所见益似亲切,于是又叹曰:世俗固吾弃,吾庶几以自与。世俗固吾笑,吾庶几以自得。吾方圣贤之亲,而遑恤其他乎哉! 仆辱厚于足下有年,古人重于交友者,资以辅仁,仆敢自私哉? 足下尝向仆称道慨慕人之善,则知圣人之道之为美,又向仆致自不足之叹,则岂非同于仆之憖也。今将释子之憖而进子于乐地,不难矣。盖为之之机在我,而为之之方则具于圣贤之书,胡为而不勉之也。仆近走江湖,归得风疾,艰于步?

① 《康斋集》卷8《上严亲书》(辛丑),第514—515页。

往来，得罄所言于左右，惟尺书不惜，时赐远临，幸甚。①

上段讲念念于天理德性，沉潜涵养，终于获得心体的快乐！在这封书信里面，康斋的核心在于说明读书是要让人身心受益，让人快乐的，而诚实的内心是成圣的前提。

近阅旧稿，得足下往来诗数幅，重感故人之谊。因忆去年，仆赴京省亲时，辱赠言，引尧、舜、周公、孔子为我标的而期我造焉。噫！此大贤所宜希者，岂区区小子所敢妄意。窃仆尝观古人道德著于一身，而事业光于古者，岂无其由，不自小其量而用心纯也。足下之云，盖所以廓我之量，而纯我之心。辅仁之功，一何大也。夫圣至于尧舜周公孔子，无以复加矣，而其量岂自足，而心岂少息哉。后之英雄之士，卓然特立者，其量盖期于尧舜周公孔子，而其心亦以尧舜周公孔子之心为心，一念虑、一动作，数圣人常在目前。道德视数圣人为未克，事业视数圣人为未大，用力孜孜而不足，量讵容小，而心敢不纯哉！故能卒有所就，降及其次，则以先进大贤自期，而用力于德行事业者，亦无不至而亦各得其效。夫期于圣人，虽未至，不失为大贤。期于大贤，虽未至，不失为贤者。世俗见其磊磊落落以自表见于后者，乃谓天生，非勉可至。语古人则置之度外，语时人则曰：某吾过之，某犹吾也；某虽过，我犹不能。甚凡百一以时人自局，靡然以古人为难企，而毅然安于小艺之易成，不弘其量而杂用其心，小有所得，志骄气盈，以为人生所事止于如此。呜呼，此古人之所以为古人，而今人之所以为今人也与？仆虽不敢当足下之所期，亦不敢不以习俗为戒，而奋志乎古之大贤也。犬马之年三十有一矣。六岁入小学，七岁而学对句，十有六岁而学诗赋，十有八岁而习举子业，十有九岁得《伊洛渊源录》，观周、程、张、邵诸君子出处大概，乃知圣贤之学之美而私心慕之，于是尽焚应举文字，一以周、程、张、邵诸君子为心，而自学焉。学之累岁，而行与时违。或以为古而不达时宜，或以为迂而阔于事情，或谓之僻，亦

————————

① 《康斋集》卷8《与徐希仁训导书》，第515—516页。

谓之怪，笑让兼极。仆虽不敢尽忘，初志亦不能不少徇于时。徇时之心日深，而初志日懈。兼以疾病相缠，居恒戚然不悦，茫然无措，感今怀古，于风晨月夕，盖有不胜其愁欢者矣。今年自春初，专玩《大学》《语》《孟》《中庸》，觉渐有所得。旧疾稍减，而精神稍益，沉潜昼夜，反复身心，然后知圣贤之道，岂独古而不达时宜？岂真迂而阔于事情？岂诚僻而且怪？向之？坎坷龃龉于十年之间者，于圣贤之道，见之未明，行之未力也，时议岂欺我哉？赖天之灵，祖宗之泽，父兄师友之教，今得少有所持循以进，何其幸也。然日月逝矣，少壮不再，过时之失，不无憾焉。以足下之明，了此素矣，而仆复琐陈于足下者，诚谓令嗣震才美少年，冀足下善诱之至于道，毋使其他日有如仆过时之悔也。非足下之旧，故不敢以此渎，非令嗣之可学，不敢以此勉。惟裁处之。傅、娄诸生进学有益，可爱可敬，勉之，勉之。仆近客归，得风疾不能远出，末由良规，频频示教，幸甚。①

上段讲大心之学，接续二程的顺应天理心法，随顺字诀，弘大我心，廓然而大公，知行合心，身心合一，精神愉悦。

区区数月，惟看四书，比与足下别时所见，似不同矣。客归，重访一丘轩，足下教学未回。见士望知浔阳书皆到，向承足下送至江浒。言自今当从新用工。不识别后果如何，得区区书后又如何，闻区区回乡又如何。若只欲糊口，似众人则可谓云耳已矣。欲更上一步做好人，以光祖宗，以大门户，以垂后昆，则宜偕令嗣至山中，有以相告，区区居家远俗事外，日与二三子读书，穷理乐尧舜之道而已，此外非所敢知也。②

向学生告知自己最近学习的心得，互通有无，同时邀请这位朋友过来一起读书穷理，乐尧舜之道。

---

① 《康斋集》卷8《与章士言训导书》，第516—517页。
② 《康斋集》卷8《与傅书》，第517页。

别后日新如何？区区自正月初一日至十五日玩得《论语》一周。十五夜，诵《大学》并《或问》亦一周，身心似少有长进。人能如此接续用工去，何患无益？只是或作或辍，则终不济事耳。昨日读真西山《大学衍义》，观其叙尧舜三代之盛，君之所以为君，臣之所以为臣，皆本于《大学》格物、致知、诚意、正心、修身之功。汉唐之治，君之慕学，虽或甚笃，臣之辅导，虽或甚切。然于《大学》之道不明，是以卒于汉唐而已。然则人之为学而不本于《大学》，皆非也，足下之志果何如耶？令嗣前日临别言，"或四月至吾山中。"今方正月，而待四月，其惰慢不立为何如，且"或"之一字尤可见其惰慢之实。噫！其不可教也，明矣。足下亦蹈覆车之迹乎？夜来又看《衍义》，叙经史所载兄弟之事，宜亲近而不宜疏远，宜忠厚而不宜刻薄，痛快深切，读之令人悚然，毛发皆竖念，不得与士，望兄弟一共观之。①

向临川老友傅秉彝汇报自己的读书心得，谈了自己对四书学的感悟，特别是康斋对《大学》的深刻领悟，重新确定《大学》一书在治国理政中的领导地位。

别后，两奉书想皆达听。区区客城十余日，假馆牛千户，宅意甚适也。有人自京师回，言吾亲正月到家复职，长幼皆安，又一乐事。但贱体半月来病疮苦，人亦顺受耳。早晚多看《中庸》，似有小益。凡人宜以圣贤正大光明之学为根本，则外物之来有以烛之，而吾心庶得以不失。此心一失，几何不为水之流荡，云之飘扬，莫之据哉。吾之所恐此而已，所慕此而已。汲汲若不及，茫茫若有亡。不知日之夕、昏之旦也，咏怀数诗，乃余事云耳，不审吾友奉亲理家之余，用力于四书，所得何似？少壮难再得，勉之，勉之，大丈夫毋为习俗所溺也，不具。②

---

① 《康斋集》卷8《与傅秉彝书》，第517—518页。
② 《康斋集》卷8《与九韶书》，第518页。

上段讲康斋挺立正大光明的心体,以得本心为修养目标,对宋元理学中的心学思想都有新的创见。

> 十四夜玩月,希九韶来,九韶柒疾未来。十五夜与江西丰城钟生、东陂王生共三人月下鼓琴,泳诗作曲甚快,九韶又未来。
>
> 十二日,共谈半夜,翼日余乐犹妙,正先贤所谓学必讲,而后明道,谊由师友有之。惟圣人知朋友之取益为多,故乐得朋友之来也。此数语,虽恒能道之,必亲得其效,然后知圣贤言语有味。十四夜,玩月,待足下不至。十五夜,与丰城钟生、东陂王生二三人,月下鼓琴觞咏,甚快,而足下又不与,深令人相忆。厥后莫闻消息,恐足下滞于疾。今日辱书,果如鄙忆,宜善养心,以自调理。来书谓把捉不定,动与心违,此岂真足下之患?乃区区之常患也,足下今始知耳。人患不知已病,能略自知,正好刻苦用工。子颗、令弟欲相从,甚善,敢不如教,但自已要立志耳。使回匆匆奉答。不具。①

上段讲康斋的心行合一思想,以善养心为修养目标,涵养身心,让圣贤之学快乐起来,让圣贤之学在日常的生活中展现出来。

> 人不可以不闻道,而道亦未尝不可闻也。用一时之力则有一时之功,用一日之力则有一日之功,积之之久,气质自然化矣。近与足下谈数日,观足下,岂懵然无知者比哉?苟能从事于斯,他日得贤父子一助,其为幸也莫大焉。昔有人见濂溪先生,甚慕其道,而自惜年已老矣。先生曰:"无害也,但能听吾说,则庶几。"其后,果有所得。由是观之,人患不为耳。予虽不敢希濂溪先生之万一,而足下之年,则少于濂溪先生之所悔者,可不勉哉。②

上段讲濂溪教法,尤其发展勿忘勿助的渐修之学,鼓励后学兴起之

---

① 《康斋集》卷8《答九韶书》,第518—519页。
② 《康斋集》卷8《与傅秉彝书》,第518—519页。

意跃然于字里行间。

久别而一见，暂处而即别，岂直足下情有不释，而区区亦奚能超然哉？然人生出处自个不同，离合亦其常耳，惟相期于斯，道愈久愈固，则虽远近异处，而此心未尝不亲慰也。别来又半月，思足下之谊，每增感激，则知足下之与仆矣。近无便舟，因乡人而至大冶，寓于普济寺，寺极幽旷，学中师友日相往来。永嘉朱广文，老成可亲，诸生亦多纯朴，寺僧能礼儒者，亦客其中一胜事，进修新益何如？有便可以示。途间所得拙文三篇附上。见日未期，保爱不宣。①

上段讲与友人发共同修道的志愿，同时表达对友人的思念。

近别后，深思人生只如此碌碌混众度日，义理俱无所知。孤负降衷，何异群物。岁月如流，强壮能几何？可胜叹哉？数日，读四传将毕，昨日温燀《春秋左氏传》及《谷梁传》。至夜，看得一公，粗有意思。而贱妇病，甚敢烦贤友相过，明早偕往种湖问医。幸甚！②

上段讲和学生胡九韶交流近期读《春秋》学的心得，并表达对义理之学通达的渴望。同时，妻子生病，请学生陪同种湖看病。

伻来，喜审远道宁家、合宅纳福为慰，重拜厚贶，兼承佳笔，感爱多矣。贱子自春多病，近来尤甚。学德荒疏，无足道念。去岁蒙遣令郎相过，不胜欣跃，惟不才无能启迪，贫家寂寥，缺礼尤甚。方自愧悚，而令郎寻以家务归宁，弗得从容共学，至今怏怏。幸赖春融，勿深责也。尊堂姑姑，亟欲拜庭，少致问安之诚，多事遂尔蹉跎，并乞宽恕。为祷。③

---

① 《康斋集》卷8《与黄景章教谕书》，页519。
② 《康斋集》卷8《与九韶贴》，第519页。
③ 《康斋集》卷8《复万叔璨书》，第520页。

上段讲康斋作为教育家的一面。

> 夜来会锁生，途中话久，夜半方别，意思甚好。此公言，自别许久，稍能循序读书，渐学把捉身心，可敬。又言节省家务，用志稍专。近欲买屋凿池，今皆罢念，此又可敬。话间志甚踊跃，拟与足下颉颃而进。得渠如此，衷懒有望矣！①

上段讲康斋与锁生宣传自己的身心之学，渐进涵养，心情愉悦。

此年，康斋亦有记文，阐发心志作为意向性的志对于成圣是首要的。

> 事必有志而后可成，志必加厉而后不怠。盖志乃心所向而厉，则自强之谓也！农之与耕，工之于艺，商之于货，莫不皆然，况士之为学乎！世之志于学者，孳孳早暮，不可谓不勤也。其所求，言语文字之工，功名利达之效而已。志虽益勤，学虽益博，竟何补于身心哉？是则非圣贤志学之者矣！圣贤教人，必先格物致知以明其心，诚意正心以修其身，修身以及家而国，而天下不难矣！故君子心必兢兢于日用常行之间，何者为天理而当存，何者为人欲而当去，涵泳乎圣贤之言，体察乎圣贤之行，优柔厌饫，日就月将，毋期其近效，毋欲其速成。由是以希贤而希圣，抑岂殊途也。予年弱冠赋《厉志诗》曰："夙兴夜寐，孳孳惟义。矢有成人，毋安暴弃。"当是时，于圣贤为学之方，颇得其万一，而自谓古人有不难到者。不意多病侵陵，与事乖迕，而志益荒，碌碌于众人之中。倏然十更寒暑，此心一灵，或兴感于中夜，成发愤于穷途。日时既往，悼道无成，昔者之志，回视如梦，其悲欢之极，盖无复有意生于世也！此无他，志不加厉之过也。友人傅秉彝名其子嗣裘读书之斋曰"厉志"。予一日访其斋，命嗣裘请益。予感其斋名，同予诗也，因告以自得之由与自弃之实，而勉其不可不造厥极焉。秉彝善予言，且请记诸壁云。②

---

① 《康斋集》卷8《与胡升》，第520页。
② 《康斋集》卷10《厉志斋记》，第555页。

上段讲康斋立志与圣学的关系。唯有立圣贤之志,树立无比的决心,勤学、博学,在日用中脚踏实地,作明心和正心的工夫,悠游任运,日就月将,日进无疆,发挥灵心的神妙不测的无量能力,让身心受益。存理去欲才真正可以到位,而作为身心之学的圣贤学问才不会落空。

　　有《述怀》(辛丑)《春夜》《晓立》"灵台清晓玉无瑕,独立东风玩物华。春气夜来深几许?小桃又发两三花。"、《忆九韶》"春泥滑滑阴连朝,出门硅步难逍遥。阳和黯然舒蔼蔼,风雨倏忽来萧萧。客怀思见故人面,云山阻绝谁相招。故人隐居萝溪曲,残书破砚甘寂寥。奉亲常惧岁月速,学古不使子弟骄。躬耕低头秋谷熟,击壤浩浩歌唐尧。平生于我谊不薄,松柏宁向秋风凋。愧我崎岖昧生理,托身在处云飘飘。何时归来葺茅屋,与子共种黄精苗。"《出城》"行行共吾侄,诵诗出城郭。白日皎青天,风光胜于昨。岭外更峰峦,村边总花萼。扰扰行路人,谁识予心乐。"《新庄渡》《道中作》(九首)"人生得丈夫,万一幸为儒。寸心含宇宙,不乐复何如?"《友人至》《晓起即事》(二首)"夜思经世务,神倦方熟眠。晨朝气清爽,良心还炯然。修雨暖风来,晨烟村冥漠。北牖时独开,纷纷李花落。"《录诗稿》《容玩夜月》"静来悟道机,深奥难言说。但得此心安,纵处堪乘月"《纵步》《友人至》(二首)《觉后》"觉来气宇澄,开牖东林下。缺月五更头,寒光皎清夜。"《村中即事》《胡十见访客馆,值予暂出,承候迎村外,遂相与叙旧同宿得诗》(六首)《昼寝觉》《读〈中庸〉》"一理存乎静,万事属于微。是以君子心,战兢恒自持。"《弹琴》《琴罢》《别锁秀才》《梦严亲》《牛氏东轩》《感旧游》《柬徐广文》《上顿渡舟中》"驱驰年少未应劳,万事无心任所遭。收拾琴书辞故郡,江山随处是诗豪"《夜坐》《蕲春采芹亭同罗、黄二广文登》《题一丘轩》《寄胡九韶》"悟道达浮生,闻味圣贤道。胜境多独得,身心善矜持"《谒濂溪、晦庵二先生祠》(二首)《梦亲》《登舟入楚》《梦慈闱》《即事》《观濂洛关闽诸君子遗像》《读〈易〉》"夏日舒以长,斋内深更静。正襟新浴余,肃容湛天性。悠哉四圣心,玩味频起敬。好分生坐隅,竹色鲜相映。淡尔绝外牵,伊谁共佳兴?"《枕上绝句》"贤圣微言玩愈精,夜分无寐独惺惺。十年醉梦迷南北,一点寒山雪后青"《即事》《晓起即事》《黄广文为仆趣装》《黄广文城外送别》《宿渐岭》《赤壁怀古》《大冶山中》《重访盛山人》《谢家埠舟中即事》《次梅根》《舟中即事》《荻港舟中》《舟次芜湖寄友》《述怀》《偶述》《舟中观书忆诸生》《别史仪部》《别李凤仪》《访叶别驾》《赠丁太常》《宿黄茅潭隔港》《偶述》《板桥客夜》《除日书怀》"一岁生涯不离书,明年行止更何如? 男儿挺拔今犹古,百倍工夫正属渠"《除夜次唐人诗韵》诗。①

是年,康斋继续养良心,而且次年工夫更为勇猛精进,培育元基工夫(慎独),书籍常年陪伴,有浩然气魄,踊跃进修。在往来湖北、安徽、南京之地,在勤苦、努力与自我挺拔的乡村劳作与闲时读书涵养中,康斋提出灵台、良心、君子心、圣人心、无心、赏心、心气、身心、正心、习心、灵心、仁心、百年心、苦心、心肝等与心有关的概念,继续于主静中探索万物之理与宇宙真理,由此延伸到对慎独之学与仁学的多元贯通,康斋学术体系规模越发地庞大。

是年,古崖先生吴溥 59 岁。正月上日,吴古崖作《皇都大一统赋》,其序云:"永乐十有九年春正月上日,皇上以京都制作大备,御正殿朝百官,四方万国,罔不在廷。车书混同,礼乐具举,诚千载之嘉会也。臣考之载籍,若伏羲氏继天而王,则作都于陈,帝尧钦若昊天,则作都平阳,武王之王天下,则都于镐京。其地不如今日之大,其人不如今日之众,其诗书之文、礼乐之制,又奚足与今日同语哉! 钦惟皇上禀上圣之资,际雍熙之运,体天地之至仁,遵太祖之成宪,夙夜兢业,不自满假。是以自即位以来,天地清宁,民物藩阜,家颂康衢之谣,人同击壤之乐。麟凤在郊,龟龙游沼,奇祥至瑞,不可殚纪。是皆皇上至诚,感格天地祖宗之所致也。矧今神京宫殿之制,雄壮宏丽,度越前古,诚足为天下之壮观,子孙之远图。圣帝明王之业,只此无以加矣。臣忝职为均,睹兹盛事,至荣至幸,何乐如之? 谨撰赋一篇以献。"②

是年,薛敬轩 33 岁。春三月,敬轩中曾鹤龄榜进士。夏五月,还家

---

①　《康斋集》卷 1,第 367—373 页;《康斋先生文集》卷 1,第 961—973 页。

②　(明)吴溥:《古崖先生诗集》,国家图书馆藏,孤本,王志鹏编校整理,卷 1。

省侍。诗作有"细草微茫间渚沙,烟林香霭暗渔家。舟行不辨东西处,但倚危樯看月花""天高云影层层出,野旷河流曲曲长。百丈牵风晴袅袅,橹声摇月夜茫茫""水畔人家舟作屋,飘飘身世长儿孙。几回睡足芦花月,又引帆樯过别村。"可见,敬轩心情特别愉快,锦绣前程可随时开启。①

---

① 《薛瑄全集》,孙玄常等点校,第三册,(明)张鼎、杨嗣昌:《薛文清公年谱》,第1182 页。

1422 年,壬寅,永乐二十年,32 岁。

是年正月,永乐亲征塞北,皇太子监国。九月,永乐大胜班师回京。

诗"冻消残雪早春回,幽户修风任往来。黄卷玩余闲卧后,满窗春色数枝梅"①、"梅花满眼感怀新,正月俄警十日春。花落更开开更落,小窗忙杀读书人"②形象地描绘康斋读书快乐、自得与惬意的心态,对心性之学有新的创见。读书工夫愈进,"贫居尽日掩柴关,黄卷青灯不敢闲。克己转知前日妄,希贤愈觉古人难"③;常有知音很少之寂寞心情,"浮生岁月易蹉跎,交谊知心苦不多。几欲开怀难觅伴,只应怀古独高歌"④,难觅同调之人。期间,曾与黄经历先生同榻论心学。

去岁小孤奉书已达,且闻不以鄙言为妄,戒酒进学,非喜闻过而勇于行者,能如是乎?可喜可敬!近会吴德让,言足下忽有虚弱之疾,此读书过苦所致。最宜善自调摄。区区向时不晓事,其进太锐,往往尽力于书,且高大其声,耗丧元气,极为大害。居京时得疾,已不敢大声读书。居乡,曾于友人家,讲《大学》数日,精神疲甚,旧疾复作,自此不敢过用精神。每读书,但随力所到为之,少倦则止,惟此心不可间断,为学本当日就月将,优游涵泳,方能持久。若要急迫速成,徒自苦耳,终不济事。大抵圣贤授受紧要,惟在一敬字。人能衣冠整肃,言动端严,以礼自持,则此心自然收敛。虽不读书,亦渐有长进。但读书明理以涵养之,则尤佳耳。苟此心常役于外,四体无所管束,恣为放纵,则虽日夜苦心焦思读书,亦恐昏

---

① 《康斋集》卷 1《西轩即事》(壬寅),第 373 页。
② 《康斋集》卷 1《观梅》,第 373 页。
③ 《康斋集》卷 1《柬友人》,第 374 页。
④ 《康斋集》卷 1《感兴》,第 374 页。

无所得,脱。讲说得纸上陈言,于身心竟何所益。徒敝精神,枉过岁月,甚可惜也。此区区平昔用功,少有所见如此,足下其谅之。①

上段讲康斋提出的让程朱理学身心受益,接近于目前学术界所谓的"生命儒学",提出养元气、养精神的修养目标。事实上将朱子学转型成性命之教。也就是在 1422 年这一年,康斋正式成为明代理学向心学转型的先驱者与开拓者。

有《西轩即事》(壬寅)《观梅》《柬友人》《感兴》《赠黄经历先生》《题琴乐轩》诗。②

是年,曹月川 47 岁,春,补山西蒲州学正。③

此年,陈真晟 12 岁,失怙。④

① 《康斋集》卷 8《与友人书》(壬寅),第 520—521 页。

② 《康斋集》卷 1,第 373—374 页;《康斋先生文集》卷 1,第 974—975 页。

③ (明)曹端:《曹端集》,王秉伦点校,(明)张信民:《曹月川先生年谱》,第 279 页。

④ (明)陈真晟:《布衣陈先生旧稿》,嘉靖十七年戊戌周南序刻本,卷 8《布衣陈先生行实》。

1423 年，癸卯，永乐二十一年，33 岁。

是年五月，常山护卫指挥孟遇等欲毒杀永乐帝，立赵王为太子，事败孟等伏诛。

为给自己安静的读书之所，自辛丑始，康斋选择偏僻安静的山居深处小陂营造新居。经三年的选址与建设，小陂新居初见规模。

与父亲、黄经历有书信往来。

> 与弥田圃之余，书籍虽不敢废，然学渐觉长，而德觉愈难修矣。乡村僻处，无师友之资，兼以多病，家务无可委托，不得大进，而岁月不延，卒堕小人，无由少望圣贤潘篱，时发浩叹，无所容身。诸弟正好用工，万望大人善养之。俾不才而才，不中而中，甚幸甚幸。所读书，宜只以小学、四书为急，次及诸经本文，其子史杂书切未可轻读。男少有所得，浑在小学、四书、《语略》《近思录》《言行录》（时先生尚未见《程氏遗书》《朱子语类》）。于此数书苟无所深得，则他书易坏心术，其害非浅，鲜也。大人常以训男，今渐觉之，而用力晚矣！可胜叹哉。[①]

有诗寄乡贤、著名教育家希吴先生黄浩中。[②]

赏月，"迢迢良夜月澄秋，万象清严风露幽。安得人心亦如此，廓然欲尽理周流。"[③]

---

① 《康斋集》卷 8《上严亲书》（癸卯），第 521 页。

② 据史料记载，黄宽，字浩中，崇仁人。年二十，始力学，经传子史，靡不研究，自号"希吴"以见志。诗文不事雕饰，态度天然，后进多师事之，尤恬退，不求仕进。邑令时公季照扁所居曰："乐分"。所著书，见艺文志。参阅《抚州府志》卷 57《人物·儒林·二十一》，第 313 页。

③ 《康斋集》卷 1《月夜》，第 374 页。

十月，给父亲写信。

今年田圃之余，惟玩心《论语集注》，其有得处，真不知手舞而足蹈也。自八月来，又觉大长一格。孟子所谓四端逐日省察体验，而凡所以持身，所以处家，所以接物，似各有所持循。所恨者，独学寡陋，无师友以讲明之耳。日让言大人的发诸弟回乡，此诚远虑，实不肖男之深愿素志也。盖不惟乡里纯朴清俭，可以为进学德之资，抑早有以知稼穑之艰难，则他日可不流于放逸。惟大人断之无疑，急急遣行是祷。所储书籍，并大人平昔亲笔诸稿及亲友书札，亦望发与日让、至诚护回为妙。①

有《梦亲》(癸卯)《题〈三友图〉》《严亲寄家谱至》"庭前诗已成，云间月未没。入户启南轩，无拘转真率。草木发天香，遥夜清人骨。"(《南轩夜坐》)《奉寄黄浩中先生》"迢迢良夜月澄秋，万象清严风露幽。安得人心亦如此，廓然欲尽理周流。"(《月夜》)《题梅竹轩》"青山白云里，旷然露平陆。峰峦森远近，涧溪罗屈曲。辛丑杪秋中，相基蒙吉卜。明年闰月冬，于焉结新屋。癸卯建未初，移居遂所欲。藩篱虽未稠，斗室聊自足。露坐天宇凉，语笑偕童朴。共想古昔来，谁人此曾宿。"(《暂宿新居》)《东轩即事》"立志成人自稚年，中间卤莽实堪怜。如今转觉人须学，截日严程造白坚。"(《十一月元旦枕上作》)"慷慨临除外，蹉跎又见春。一年非不学，何日是成人。经事才还广，潜心理渐真。微吟增感激，名教定书绅。"(《除夕》)诗。②

---

① 《康斋集》卷8《上严亲书》(癸卯)，第521页。
② 《康斋集》卷1，第374—375页；《康斋先生文集》卷1，第975—977页。

1424 年，甲辰，永乐二十二年，34 岁。

是年四月，永乐再次北征，杨荣、金幼孜与杨士奇等文臣辅太子监国。七月十八日，明成祖朱棣卒。八月十五日，皇太子朱高炽（1378—1425）即皇帝位，以明年为洪熙元年，复夏原吉、吴中官，重用遗臣杨荣、杨士奇等，杨荣、金幼孜为大学士，杨士奇、黄淮分为华盖殿、武英殿学士，杨溥为翰林学士，停止郑和下西洋工程，以柔和政策安置流民。冬十月己酉，册妃张氏为皇后；壬子，立长子瞻基为皇太子。①

八月，老师杨溥系狱十年，终于出狱，作诗有"十年事业书千卷，一札平安泪几行？"杨溥由司经局洗马兼翰林院编修升翰林学士，掌院事。十月，杨溥密疏言事，仁宗嘉纳之。诏复其家，免其徭役。②

见寒雨中村民深山采摘蘑菇，悲叹农家生活艰辛；而己生活贫困，秋冬寒冷，反思身心，读书涵泳，方能渣滓浑化。

有《伤农家》（甲辰）《十二月十四日绝句》"少壮空缠疾病过，光阴况复迅如梭。蹉跎容易入衰境，此德此身将奈何？"（《惧衰》）《寒疾未醒，兼困于疮。废书，默咏朱子及陆象山兄弟鹅湖倡和诗僭次其韵》"一年程课更如何？轻薄还因感慨多。明日又逢新岁月，几时能出旧巢窠。"（《除夜》）诗。③

钱穆先生对康斋的合宗会通朱陆思想给予重视。康斋的诗作"先哲高风悉所钦，考亭朱子益留心。沧溟浩浩吞诸水，泰华巍巍失万岑。理极研精无突奥，形纯践履更深沉。微躯每恨生来晚，空慕声容隔古今"中的"理极研精无突奥"表达出他对形而上的义理之学兴趣不大，相反，康斋认为"形纯践履更深沉"，明显要把程朱理学下学化，要在每天

① 《明史》卷8《本纪第八·仁宗》。
② （明）杨溥：《杨文定公诗文集》，胡永华：《杨溥年谱》，第457—458页。
③ 《康斋集》卷1，第375—376页；《康斋先生文集》卷1，第977—978页。

的生活和劳作中真实地去体认,这是他作为明代心学先驱者的重要性所在! 在康斋看来,朱陆是非,谈理谈妙,并不重要,重要的是作为当时的儒家学者是否真正的去实践、体认与涵养,让学问滋养身心,切实有益!

1425年，乙巳，洪熙元年，35岁。

　　正月己卯，仁宗建弘文阁，命儒臣入直，杨溥掌弘文阁事。① 三月戊戌，仁宗将还都南京，诏北京诸司悉称行在。此月，杨溥升任太仆寺卿，兼翰林学士。四月，杨溥奏请祭祀牺牲请准市，不致扰民。五月，杨溥任太宗实录总裁。此月，仁宗下侍读李时勉、侍讲罗汝敬狱。辛巳，因心脏病发作，仁宗猝死②，统治时间仅为期十月。皇太子朱瞻基（1398—1435）即位，以明年为宣德元年③。秋七月乙亥，尊皇后为皇太后，立妃胡氏为皇后；乙丑，杨溥入直文渊阁，父母妻室俱得得诰命。随后，担任仁宗实录总裁官。④ 宣宗延续仁宗政策，重用文臣三杨，告别太祖、太宗强人主政的高压色彩，此后明朝进入长达十年的"仁宣之治"稳定期，君臣关系融洽，国内秩序渐趋平稳，经济与文化日渐发展，文官权力达至鼎盛，社会渐趋稳定，社会生活领域日趋自由与活泼。

　　正月丁亥，受族叔仲学先生委托，为航溪吴通之母写《吴节妇传》。

　　是年，或源于朝代更替改元，康斋夫子觉得强人时代正式结束，国家和社会进入文官治理的时代，"不折腾"的盛世年代正式开启，始写《日录》，全面细致记录自己成圣的深密践履，给我们展现其令人尊敬的不平凡的人生画卷。

---

　　①　《明史》卷8《本纪第八·仁宗》

　　②　明仁宗端重沉静，好读书，儒雅仁爱，在位期间发展生产、与民休息。他选用贤臣，任命杨荣、杨士奇、杨傅三人（史称三杨）辅政。赦免了建文帝的旧臣和成祖时遭连坐流放边境的官员家属；平反冤狱，如方孝孺和解缙的冤案，并恢复一些大臣的官爵，缓和政治体系内部矛盾。

　　③　宣宗朝文有"三杨"（杨士奇、杨荣、杨溥）、蹇义、夏原吉；武有英国公张辅，地方上又有像于谦、周忱这样的巡抚，真是人才济济，这使得当时政治清明，社会安定，百姓安居乐业，经济得到空前的发展，出现了继文景之治、贞观之治、开元盛世之后的著名的"仁宣之治"的盛世局面。这也是明朝二百七十余年间的极盛时期。

　　④　《明史》卷9《本纪第九·宣宗》

此年开始正式记载《日录》28条,详见如下。①

梦孔子、文王二圣人在南京崇礼街旧居官舍之东厢,二圣人在中间,与弼在西间。见孔圣容貌为详,欲问二圣人:"生知安行之心如何?"又仿佛将文王书一册在案披玩,似文王世系。(乙巳)

　　　　梦侍晦庵先生侧。先生颜色蔼然,而礼甚恭肃焉,起敬起仰也。

　　　　夜枕思宋太宗烛影事,深为太宗惜之。人须有行一不义、杀一不辜而得天下不为之心,方做得尧舜事业。不然,鲜有不为外物所移者。学者须当随事痛惩此心,划割尽利欲根苗,纯乎天理,方可语王道。果如此,心中几多脱洒伶俐,可谓出世奇男子矣。

　　　　与邻人处一事,涵容不熟。既已容讫,彼犹未悟。不免说破此间气为患。寻自悔之。因思为君子,当常受亏于人,方做得。盖受亏,即有容也。

　　　　食后坐东窗,四体舒泰,神气清朗,读书愈有进益。数日趣同,此必又透一关矣。

　　　　圣贤所言,无非存天理、去人欲,圣贤所行亦然。学圣贤者,舍是何以哉?

　　　　文公先生与学者论躬行:"若易时,天下无数圣贤了。噫!实其用力者,方知其难,可胜叹哉!"

　　　　日夜痛自点检且不暇,岂有工夫点检他人耶?责人密,自治疏矣,可不戒哉!明德、新民虽无二致,然己德未明,遽欲新民,不惟失本末先后之序,岂能有新民之效乎?徒尔劳攘成私意也。

　　　　贫困中事务纷至,兼以病疮,不免时有愤躁。徐整衣冠读书,便觉意思通畅。古人云:"不遇盘根错节,无以别利器。"又云:"若要熟,也须从这里过。"然诚难能!只得小心宁耐做将去。朱子云:"终不成处不去,便放下。"旨哉言也!

　　　　文公先生谓延平先生终日无疾言遽色。与弼常叹何修而至此!又自分虽终身不能学也。文公先生又云:"李先生初间也是豪迈底人,后来也是琢磨之功。"观此,则李先生岂是生来便如此,盖

---

① 《康斋集》卷11《日录》,第566—570页。

学力所致也。然下愚未学，苦不能克去血气之刚，平居则慕心平气和，与物皆春，少不如意，躁急之态形焉。因思延平先生所与处者岂皆圣贤，而能无疾言遽色者，岂非成汤"与人不求备，检身若不及"之功效欤？而今而后，吾知圣贤之必可学，而学之必可至。人性之本善而气质之可化也，的然矣。下学之功，此去何如哉！

夜病，卧思家务，不免有所计虑，心绪便乱，气即不清。徐思可以力致者，德而已，此外非所知也。吾何求哉，求厚吾德耳。心于是乎定，气于是乎清。明日书以自勉。

南轩读《孟子》甚乐，湛然虚明，平旦之气略无所挠。绿阴清昼，熏风徐来，而山林阒寂，天地自阔，日月自长。邵子所谓"心静方能知白日，眼明始会识青天"，于斯可验。

与弼气质偏于刚忿，永乐庚寅，年二十，从洗马杨先生学，方始觉之。春季归自先生官舍，纡道访故人李原道于秦淮客馆，相与携手淮畔，共谈日新。与弼深以刚忿为言，始欲下克之之功。原道寻以告吾父母，二亲为之大喜。原道，吉安庐陵人，吾母姨夫中允公从子也。厥后克之功，虽时有之，其如卤莽灭裂何？十五六年之间，猖狂自恣，良心一发，愤恨无所容身。去冬今春，用功甚力，而日用之间觉得愈加辛苦，疑下愚终不可以希圣贤之万一，而小人之归无由可免矣。五六月来，觉气象渐好，于是益加苦功，遂日有进，心气稍稍和平。虽时当逆境，不免少动于中，寻即排遣，而终无大害也。二十日，又一逆事排遣不下，心愈不悦。盖平日但制而不行，未有拔去病根之意。反复观之，而后知吾近日之病，在于欲得心气和平而恶夫外物之逆以害吾中，此非也。心本太虚，七情不可有所干。物之相接，甘辛咸苦，万有不齐，而吾恶其逆我者，可乎？但当于万有不齐之中详审其理以应之，则善矣，于是中心洒然，此殆克己复礼之一端乎！盖制而不行者若以理处之则顺畅。因思心气和平，非绝于往日，但未如此，八九日之无间断。又往日家和平多无事之时，今乃能于逆境摆脱。惧学之不继也，故特书于册，冀日新又新，读书穷理，从事于敬恕之间，渐进于克己复礼之地。此吾志也，效之迟速，非所敢知。洪熙元年己巳七月二十一日与弼识于南轩。

南轩柱贴云：

> 幽静无非安分处，清闲便是读书时。
>
> 知止自当除妄想，安贫须是禁奢心。
>
> 淡如秋水贫中味，和似春风静后功。
>
> 壁间大书云：力除闲气，固守清贫。
>
> 病体衰惫，家务相缠，不得专心致志于圣经贤传中。心益以鄙诈，而无以致其知；外貌益以暴慢，而何以力于行乎！岁月如流，岂胜痛悼。如何！如何！七月二十六日近暮书于南轩。
>
> 数日家务相因，忧亲不置，书程间断，胸次鄙吝，甚可愧耻。窃思圣贤吉凶祸福一听于天，必不少动于中。吾之所以不能如圣贤而未免动摇于区区利害之间者，察理不精，躬行不熟故也。吾之所为者，惠迪而已，吉凶祸福，吾安得与于其间哉！大凡处顺不可喜，喜心之生，骄侈之所由起也；处逆不可厌，厌心之生，怨尤之所由起也。一喜一厌，皆为动其中也。其中不可动也，圣贤之心如止水，或顺或逆，处以理耳，岂以自外至者为忧乐哉！嗟乎！吾安得而臻兹也？勉旃，勉旃，毋忽！七月初二日书于南轩。
>
> 处家，少宽裕气象。
>
> 屡有逆境，皆顺而处。
>
> 理家务后，读书南轩，甚乐。于此可识本心。
>
> 枕上思在京时昼夜读书不间而精神无恙。后十余年疾病相因，少能如昔精进，不胜痛悼，然无如之何。兼贫乏，无药调护，只得放宽怀抱，毋使刚气得挠，爱养精神，以图少长。噫！世之年壮气盛者岂少，不过悠悠度日，诚可惜哉！
>
> 昼寝起，四体甚畅，中心洒然。安贫乐道，何所求哉！
>
> 当念岁月晚而学无成，可惧也。然既往亦不得而追矣。继今随精力所到而进，勿怠其志而已。视古人自少至老、始终一致者，不胜其慨愧矣！
>
> 一事少含容，盖一事差，则当痛加克己复礼之功，务使此心湛然虚明，则应事可以无失。静时涵养，动时省察，不可须臾忘也。苟本心为事物所挠，无澄清之功，则心愈乱，气愈浊，梏之反复，失愈远矣。

　　观分门《近思录》，闻所未闻，熟所未熟，甚有益于身心性情。足感朋友之有是书以相益也。

　　观《近思录》，觉得精神收敛，身心检束，有歉然不敢少忘之意，有悚然奋拔向前之意。

　　纵观上述日录，足见康斋此年严格要求自己，"克刚岔有得"。在成圣贤的方法掌握之后，时时刻刻，做日用工夫，涵养。梦孔子、文王、朱子、傅秉彝。熟读《孟子》《近思录》、康节诗，一味深功，敛然下学，心的向内收敛，可以克贫转知，养中和。

　　此年日录，康斋提出惩欲心、发良心、禁奢心、小心、和心、静心、定心、识本心、存本心、不动中心等多种涵养心法，全面提高自己的道德修养水平，在事上磨练身心，最终实现内心安静平和的圣贤心境。这一年，康斋心学涵养方法渐成规模，有很多自己独特的修养体验。

　　下面则为其当年论学书信，佐证其日记，有助于我们深入了解康斋的一生。

　　乙巳闰六月书云：深惧不能大进于学，上玷先世，近辱父师，日夜痛心，不遑起处。又曰：《晦庵先生文集》千万发回。近来觉得文公先生言论，愈深切著明，但用工不逮耳。[1]

　　十二月书云：十一月初八日，访乡亲黄于霄季子自京归，伏闻大人万福，合宅均安，愁容顿破，欢意曷胜？继闻明春大人有祭扫之归，骨肉有完聚之期，此一大乐，又何幸也。与弼居乡循常，晚谷稍登，但恨困于疾疢，书籍荒芜，身心弥急，不敢拟于人列。岁月骎骎，血气日减，弱冠奋拔之志，今安在哉！孔子曰：年四十而见恶焉。其终也已，岂不然乎？诸弟于学初犹未嗜，覆车之辙，诚不愿其蹈也。士友自京来者，深言其富贵相习，后难处于乡，男默自惟念生长于饱暖之中，居养所移，无足怪者。伏望大人善教，俾裁损旧习，素净来归，渐亲稼穑，日与乡里、士友渐磨，其进其成，实未可量。祖宗积累，宜必获此，而男日夜之所深望也。[2]

---

① 《康斋集》卷8《上严亲书》（癸卯），第521页。
② 《康斋集》卷8《上严亲书》（癸卯），第521—522页。

此年似有出行，有诗《舟宿陶婆湾》，有"工夫撤后开眉看，万里青天月出时"的豪迈情怀与乐观主义精神。多与学生九韶书信交往，交流自己的读书心得和日用工夫，"新功频欲故人知"。

康斋学术日记写得多了，故而诗歌数量就相对少一点。有《元日》（乙巳）《正月十九夜枕上作》《书所得》"荆棘场中二十年，中间回首实堪怜。欲向何处求心性，日用由来总是天"《舟宿陶婆湾》《赠九韶》《夜读康节先生诗后作》"田圃工夫日破除，小窗灯火夜读书。月花皎洁云轻后，夏景清凉雨霁余。百体无拘知气泰，一尘不累识心虚。从今莫惜殷勤好，好古方能屡起予"、《梦傅秉彝》《午枕》《夏夜》"月色婵娟夜正凉，偶然徐步稻花傍。篱多竹树饶清荫，池满芙蕖有暗香"《寄九韶》《月夜》《夜读后对月》《省己》"希贤事业愧庸才，锻炼磋磨志愈乖。世泽厚深流庆远，道心连日得悠哉"《月夜》《变化气质消磨习俗》《观旧稿》"十载飘零无定栖，两年幸隐此山扉。诗书渐觉添新得，心性还应胜旧时"《寄题戴氏水竹居》《有悟》"困穷拂乱力难胜，天意分明增不能。思到此心收敛处，聪明璇知自然生"《除夜》"不惑无闻大圣辞，如今只有五年期。譬犹万里关山路，驽足应须日夜驰。驽足应须日夜驰，丁宁莫枉一男儿。工夫撤后开眉看，万里青天月出时"诗。[①]

从诗歌中可知，此年康斋的道德修养论工夫有养心转向养性的倾向，通过对浑然之理的把握致力于中和性的修养目标，修养心气，变化气质。而养性，主要是养和气，通过下学的办法克制自己的性偏毛病，身心收敛，一味深功，见虚妙之心，心平气和，实现快乐无忧、悠悠道心在身的愉悦状态。历经乡居二十年的事上困难磨练，康斋自觉内在心性颇有新得，自己虚妙之心处理事务的能力有了很大的提升，所谓"思到此心收敛处，聪明睿知自然生"，展现出康斋收敛心法有助于内心主观能动性的抬升。总体来讲，康斋此年有治气以养性的修养方法，比以前"养良心"养法获得快乐的状态更加多元，更加有效，更加深入。而康斋的"工夫彻后开眉看，万里青天月出时"，这句诗歌形象的表达其盼望五年后，四十不惑时月印万川的一片大光明景象，值得期待！

---

① 《康斋集》卷 1，第 376—378 页；《康斋先生文集》卷 1，第 978—981 页。

是年春,曹月川 50 岁,复补山西霍州学正。①

此年,陈真晟 15 岁,却兄之所聘婚事,盖女方为老氏之门。②

---

① (明)曹端:《曹端集》,王秉伦点校,(明)张信民:《曹月川先生年谱》,第 286 页。

② (明)陈真晟:《布衣陈先生旧稿》,嘉靖十七年戊戌周南序刻本,卷 8《布衣陈先生行实》。

1426 年，丙午，宣德元年，36 岁。

种田自力更生，农事之余，读《论语》《孟子》，多次默诵《中庸》，在日用之间涵养四书学、易学。

是年记载心性之旅的《日录》较多，尤其是居忧期间，不能作诗，则《日录》的表达方式更为可取，总计 25 条，见下：

二月二十八日，晴色甚佳，写诗外南轩。岚光日色，晓映花木，而和禽上下，情甚畅也。值此暮春，想昔舞雩千载之乐，此心同符。（丙午）

夜读《论语》，深感子思之说于目下用功最切，亟当服膺。

夜观童子照鱼，静听流水，自悟川上之叹，及朱子安行体用之旨。

夜立庭间，静思践履，笃实纯粹，君子不可得也，诚难能也。心所深慕而无由臻斯境，可胜叹哉！

观农。因疮，籍芳间，卧塍间，静极，如无人世。今日虽未看书，然静中思绎事理，每有所得。①

峡口看水，途中甚适。人苟得本心，随处皆乐，穷达一致。此心外驰，则胶扰不暇，何能乐也？

晁公武谓：康节先生隐居博学，尤精于《易》，世谓其能穷作《易》之本原，前知来物。其始学之时，睡不施枕者三十年。嗟乎！先哲苦心如此，吾辈将何如哉？

观花木，与自家意思一般。

看田，至青石桥，游观甚适。归，焚香、读书外南轩，风日和煦，揽景乐甚。读书，理亦明着，心神清爽。

---

① 塍：田间的土埂子。

一日，以事暴怒即止。数日事不顺，未免胸次时生磊磈。然此气禀之偏，学问之疵，顿无亦难，只得渐次消磨之。终日无疾言遽色，岂朝夕之力邪！勉之毋怠。

枕上思，近来心中闲思甚少，亦一进也。

寝起读书，柳阴及东窗，皆有妙趣。晚二次事逆，虽动于中，随即消释，怒意未形，逐渐如此揩磨，则善矣。

亲农归，以眼痛废书，闲阅旧稿。十六、七年间，岁月如流，而学行难进。俯仰今昔，为之怅然。又感吾亲日老，益自凄怆不胜。

大抵学者践履工夫，从至难至危处试验过，方始无往不利。若舍至难至危，其他践履，不足道也。

莳蔬园中，虽暂废书，亦贫贱所当然。往亲农途中，读《孟子》，与野花相值，幽草自生，而水声琅然，延伫久之，意思潇洒。

小童失鸭，略暴怒。较之去年失鸭，减多矣。未能不动心者，学未力耳。

观《草庐文集·序》，诸族多尚功名富贵，恐吾晦庵先生不如是也，惜未睹先生全集。

外南轩，读《孟子》一卷，容貌肃然。午后眼痛，四体俱倦，就寝。心无所用。思归乡十五年，历艰辛实多，不堪回首。

坐外南轩，涤砚书课，绿阴清昼，佳境可人，心虚气爽。疑此似蹑贤境，惜读书不博耳。

枕上默诵《中庸》，至"大德必受命"，惕然而思：舜有大德，既受命矣；夫子之德，虽未受命，却为万世帝王师，是亦同矣。嗟乎！知有德者之应，则宜知无德者之应矣，何修而可厚吾德哉？

夜徐行田间，默诵《中庸》字字句句，从容咏叹，体于心，验于事，所得颇多。

"上不怨天，下不尤人，君子居易以俟命，小人行险以侥幸。"灯下读《中庸》，书此，不肖恒服有效之药也。

与一邻人谈及不肖稍能负重私心，稍悦。

每日劳苦力农，自是本分事，何愠之有？素贫贱，行乎贫贱。

小女疮疾相缠，不得专心读书，一时躁急不胜。虽知素患难，行乎患难。然岁月不待人，学问之功不进，不得不忧也。其实亦因早年蹉跎过了好时节，以致今日理会不彻。三十年前好用功，何可得耶？

缓步途间，省察四端，身心自然约束，此又静时敬也。①

此年日录，康斋提出爽心、不动心、虚心、用心、体心、悦心、得本心多种涵养方法，继续在每日的劳作和读书中体验心事，他获得"万古此心同"的心学思想，并表达出万物一体的胸怀与意境，这一年，康斋才36岁。正是由于康斋把自己时时投放于阔大的宇宙中，体验出孔颜之乐的无待与绝对自由，所以，他常常表现出心神清爽的愉悦心情，这是很难得。

当年交游行程如下。

正月，发舟弓家渡，前往南京国子监探访司业父亲吴溥。

经过临川拜访傅秉灵。游览罗家园、李家山、徐家山、石泉、东陂等地。②

---

① 《康斋集》卷11《日录》第29—55条，第570—571页。

② 自乙巳至庚戌间（1425—1430），康斋有赠孟晦翁《劝湖说》（《康斋集》卷8，第528—529页），'崇仁东四十里，有坪曰白沙。吴氏所居之坪有大小五湖。湖之主人孟晦翁走书谓予曰：'元孙淡轩著《观湖说》亡于兵火。'复求其说，予且有属乎全体大用及洗心涤虑之云。予尚翁之志，乃为之说曰：'观湖之莹然静绿，物无遁形，则知不可以一私累乎吾心之高明。观湖之不息，则知委之有源，而吾心不可不加涵养之力。观湖流之必溢而行，则知进修之有其渐，而助长之病不可有。是皆湖之勖吾志者也。如此，其月到天心处，及风来水面时之乐，则在乎其人焉。若夫藉湖之风月，以流连光景，则词客所为，非吾儒所尚，亦非翁之请也。'期间，旅途中，康斋舟遇丰城杨德全，德全游太学归，写《劝学赠杨德全》（《康斋集》卷8，第529页），"人之所以异于禽兽者，以其备仁义礼智四端也。四端一昧，则失其为人之实，而何以自异于禽兽哉！然蜂蚁之君臣，虎狼之父子，豺獭之报本，雎鸠之有别，则以物而犹具四端之一。人而陷溺其心于利欲之私，流荡忘返，反有不如一物者矣。欲异于物者。亦曰反求吾心固有之仁义礼知而已。欲实四者于吾身，舍圣贤之书，则无所致其力焉。丰城杨德全，游太学归觐，与予同舟。谈论累日，慨然有志乎此，而虑其还乡，或汨于人事，且俗染未易革也。征言为进修之方，复以为戒。予曰：'天下之事，公私理欲义利善恶两端而已，其势常相低昂。此重则彼轻，彼重则此轻，轻重分而利害判矣。知者不思彼势之重，顾吾所以积累增益吾势之力何如耳？'子归，净扫一室，置古圣贤格言于几，事亲之余，入室正襟端坐，将圣贤之书，熟读玩味，体察于身，一动一静，一语一默之间，必求其如圣贤者，去其不如圣贤者。积功既久，则其味道希贤之势日重，而旧习凤染之势日轻，不患不造古人门庭矣。凡亲友相见，一以是忠告而善道之，则秉彝好德之心，人所固有。吾见其相与踊跃，共进于此，又何患乎人事之汨哉！勉之！勉之，无怠！"康斋希望杨德全精心选择安静的读书之所，涵养圣贤书，验于身心，踊跃进学，将来必有受益之功。

是年八月壬戌，汉王高煦反，宣宗率五万将士亲征，壬午高煦出降，乙酉班师。冬十月戊寅，释李时勉复为侍读。①

九月初三，父亲吴溥捐馆。② 康斋携极为看重的亲传门人胡九韶奔丧于南京。事后，极感激。

此年论学书信如下。

> 别后多病，侵陵甚苦，亦顺受耳。知行新功，逐日有进。近承送朱子《经济文衡》至，每日敬观。正如溪涧恰涨，继以骤雨也。意绪尽多，非笔所悉。兼足下不曾有积累着实工夫，难一时骤语也。大要入门只在拨置他书，一以《四书》及伊洛关闽诸子，专心循序熟读，勿忘勿助，优柔厌沃于其间，积久自然有得，不可强探向上。此味真难知之，正文公所谓虽淡而实腴也。不肖亦何幸而忽臻斯境。痛快！痛快！来谕谓较前去年差胜。甚善！但用心不宜太苦。进锐退速，实非虚语。足下精神甚短，体弱致然。宜倍加保养，以图万全。③

上面书信，康斋极论专心涵养与勿忘勿助修法的重要性，由此接洽孟子的心性涵养方法，熟读经典尤其是四书，在无穷无限与平淡的岁月中，悠游任运，最终打开明代心学的大门。

> 临川之属境曰清溪，山谷深邃，泉石幽突。于焉卜筑者，邑人胡伯恭也。伯恭，逍遥徜徉士，田园足以供朝夕，子弟足以服勤劳。绕径多松，毋虑百株，厥土肥沃，而松益茂。时天风骤兴，则奇声异吹，萧飒林莽，震荡宇宙，恍焉如黄河沸，如碧海腾，铿乎咸韶奏，锵乎笙簧鸣，扬扬游游而莫测焉。听之余，万虑都消，精神顿爽。爰葺崇轩，畅兹清致，良辰美夕，辄宴集朋好而共其胜契轩中之趣者，

---

① 《明史》卷9《本纪第九·宣宗》

② "宣德丙午，通政使陈琏奉命掌国子监事。九月三日设宴公堂，君从容言笑，如平时。酒阑，忽得风疾，舁归私第，以是夕卒享年六十有四。临终无一语及身后事，但属治丧不用浮屠。"[（明）程敏政编，《明文衡》卷93，杨荣：《故国子司业吴君墓表》]

③ 《康斋集》卷8《与九韶书》（丙午），第522页。

未尝不心醉而忘疲，起坐久而不知归也。轩未名，或请与伯恭。伯恭状其似而命之曰松涛，属予之以记之。予观人心之感，因物以宣，感而正焉，斯其美矣。夫草木之鸣，非不多。惟松也，不粗不厉，不噍不悲，是物之善鸣，得声之清者，伯恭乐焉，不亦宜乎？虽然，乐物者不徒耽其趣，必有益于己也。故渊明乐菊，隐节以厉；濂溪莲药，君子是勖。今伯恭于松涛，尚思其清，以洁乎心。心洁，而百行从，可正百行。正则通，人道备矣，伯恭勉乎哉！予于伯恭有同郡之好，而高伯恭之所尚也。于是乎言。①

这篇记，康斋论山水环境对主体心灵涵养的重要作用。在康斋看来，洁心正行，心行合一，最终实现万虑俱消的愉悦状态，由此康斋构建新型的精神哲学，这是康斋学术开新的出彩之处。

应南坑塘北胡环卿之请，为其妻罗氏（1346—1409，处士罗逊卿之女）作墓表。

孺人讳奴娘，处士罗逊卿之女，配胡君环卿。胡氏世蹈朴厚，孺人以贞闲惠恭之质相其夫子。虽处厄穷而宜家之道靡渝。胡君之礼孺人，亦犹孺人之尊胡君也。年六十四，永乐七年闰四月十七日以疾卒，葬南坑塘北。又二十四年，诸子立石表墓，而征文于予。予幼承孺人抚爱之慈，且知德实深，乃序而诗焉。词曰：德美以宜其配兮，足承世之淳庞，虽啬于其躬兮后其昌。②

自正月初一至九月初二期间，有《元日》（宣德丙午）《遣闷》《发舟弓家渡》《赠傅秉彝》"清苦丈夫志，风霜善自持。阳和非不爱，义命贵安之"（《清苦吟》）"磊落群峰澈晓云，柴关闲出为晴熏。逢人偶学占秧术，活水渠迈手自分"（《即事》）《昼坐外南轩》《绝句》《闲趣》"静夜迢迢独觉时，寸心凝敛绝邪思。聪明璇知何从出，作圣之功信在斯"（《梦觉作》）《纱陂》《大同峡》"夜气春融和，曙光晴皎洁。漠漠碧云端，斜露清霁月"（《晓起》）《罗家园》"携琴兼载酒，童冠偕跻攀。浩歌碧云里，落日松风寒。"（《李家山》）《徐家山》《石泉》《东陂》《东窗诵陶诗》"倦出寻常止茅

---

① 《康斋集》卷10《松涛轩记》（丙午），第555—556页。
② 《康斋集》卷12《孺人罗氏墓表》，第593页。

屋,妄想潜消思寡欲。但恨青山云未深,更欲移居问穷谷"(《偶书》)《枕上作》"独步孤村去,从容习我书。稻苗时雨后,山色晚晴余。性也何曾染,心合此正虚。归来带明月,夜兴更何如"(《即事》)《灯下作》《赠黄征士》诗。①

在诗作中,康斋提出中心、素心、敛心与苦心等与心有关的概念,并在农学结合的背景里实现作圣之功。耕学结合是康斋诗歌中提出的说法,这个也是康斋作为儒家创新的一面。他说,"为学旷锄犁,事农疏典籍。学弛心性芜,农惰饥冻逼。二者贵兼之,庶几日滋益。"如何平衡好身体饥饿与心灵饥饿相互冲突的关系?所以,康斋提出既要农事,又要读书,在农事之暇再去读书,读书累了再去农事,农学结合,康斋对程朱理学的心学维度获得新的理解。而诗作"静夜迢迢独觉时,寸心凝敛绝邪思。聪明睿知何从出?作圣之功信在斯!",斩钉截铁地透露出康斋勇猛养性养德的一面,在慎独主静的心性中,通过思无邪的保心养心过程,实现成圣的目标。

是年,曹月川 51 岁,典试陕西,取士 30 人。暇时,与同列论太极之学。②

杨溥回乡省亲。途中,杨溥有诗赞扬仁宗盛世,"官府频年无横征,居民到处有欢声。"三月既望,到达石首,省其母太夫人,盖 18 年未得见也。太夫人被三品命服,以至感泣。五月乙酉,敕召还京,实录修纂之故也。八月壬戌,汉王反,参与机务,随帝亲征。③

十二月,杨溥与宣宗谈治国理政,谈养兵之法。史载,上闲暇与学士杨溥语及治兵之道。溥曰:"兵贵乎训练有方,抚养得宜,不患其不为用。"上曰:"然!养之厚则得其心,练之精则得其用,必其气锐志果而后可用。若素不训养,一旦驱之矢石之间,进退失措,何望有济?"溥曰:"诚如圣谕!"④

---

① 《康斋集》卷 2,第 379—381 页;《康斋先生文集》卷 2,第 982—986 页。

② (明)曹端:《曹端集》,王秉伦点校,(明)张信民:《曹月川先生年谱》,第 288 页。

③ (明)杨溥:《杨文定公诗文集》,胡永华:《杨溥年谱》,第 462—463 页。

④ (明)杨溥:《杨文定公诗文集》,胡永华:《杨溥年谱》,第 463 页。

1447年,丁未,宣德二年,37岁。

在这一年的居忧中,康斋绝不作诗,但记有《日录》12条,见下。
知弗致,己弗克,何以为学?(丁未)

因暴怒,徐思之,以责人无恕故也。欲责人,须思吾能此事否。苟能之,又思曰:吾学圣贤方能此,安可遽责彼未尝用功与用功未深者乎?况责人此理,吾未必皆能乎此也。以此度之,平生责人,谬妄多矣。戒之,戒之!信哉"躬自厚而薄责于人,则远怨"。以责人之心责己,则尽道也。

因事知贫难处,思之不得,付之无奈。孔子曰"志士不忘在沟壑",未易能也。又曰"贫而乐",未易及也。然古人恐未必如吾辈之贫。夜读子思子"素位不愿乎外"及游、吕之言,微有得。游氏"居易未必不得,穷通皆好;行险未必常得,穷通皆丑",非实经历,不知此味,诚吾百世之师也。又曰"要当笃信之而已",从今安敢不笃信之也?

观文章正宗,感学德无进。四十向逼,终于小人之归。岂胜悲痛?

以事难处,夜与九韶论到极处,须是力消闲气,纯乎道德可也。倘常情一动,则去道远矣。

枕上熟思出处进退,惟学圣贤为无弊。若夫穷通得丧,付之天命可也。然此心必丝毫无愧,自处必尽其分,方可归之于天。欲大书"何者为圣贤?何者为小人?"以自警。

自今须纯然粹然,毕以自牧,和顺道德,方可庶几。嗟乎!人生苟得至此,虽寒饥死,刑戮死,何害为大丈夫哉?苟不能然,虽极富贵,极寿考,不免为小人。可不思以自处乎!

与学者授《论语》,读至年四十而恶焉。其终也已,不觉惕然。与弼年近四十矣。见恶者何限？安得不深自警省，少见恶焉，斯可耳。

灯下外南轩。观年二十时所作《论》三篇，不胜悲叹！何者？昔时志向的然，以古圣贤为可学可至。今逡巡苟且二十年，多病侵陵，血气渐衰。非惟不能至圣贤，欲求一寡过人，且不可得。奈何？奈何？安得好学茂年，痛倾此意！

学德无成，而年光空老，平生之志不得遂矣。感恨何穷？无容此身，伤哉！

凡事诚有所不堪，君子处之，无所不可，以此知君子之难能也。①

此年日录，康斋继续他的学德之旅，而父亲的离开，无疑使他更加彷徨，仿佛没有成圣的指南。好在康斋涵养深厚，他在困境中越挫越勇，不断养德，不断学德，不动情，问心无悔，挺立为大丈夫。尤其是在失去父亲这样一位德高望重国子监司业的道德感召力后，更应该担负起自己身上的道义责任，朝向完全道德的圣境。

此年交游如下。

故人黄徵士来访，与学者授《论语》，与九韶论学问。细思平生，学生不多，自己心性工夫不纯。日夜以圣人书为亲，进于圣贤之域。

作邵楚材（1394—1437）墓铭。

醋儿其名楚材字，派出河南邵其氏。伊父见育郑将军，吾考实维郑君婿。而父没时尔年稚，吾家与居已经世。四十四寿女二人，卒于正月岁丁巳。葬尔临汝石泉山，志而墓兮百千冀。②

是年二月，杨溥任礼部会试主考官，选士 100 人。

此年，陈真晟 17 岁。或在此一二年，自拔于流俗，专心儒学，以儒为业，入长泰山中，从进士唐泰治举子业。③

---

① 《康斋集》卷 11《日录》第 56—65 条，第 571—572 页。

② 《康斋集》卷 12《邵楚材墓铭》，第 592 页。

③ （明）陈真晟：《布衣陈先生旧稿》，嘉靖十七年戊戌周南序刻本，卷 8《陈真晟》。

1428 年, 戊申, 宣德三年, 38 岁。

此年, 与学者戴与、李子俨书信答往。

为小女授《论语》。读《易》, 观《晦庵先生年谱》, 玩《中庸》, 看《礼记》《晋史》乙巳年《日新薄》。与九韶论学问。

是年, 有《日录》总计 41 条, 对"养精神"的观念多有所得, 树立"精白一心, 对越神明心志", 对成圣之旅愈发的自信和自强, 详细的日录见下:

> 胡生谈及人生立世, 难作好人。仆深味之。嗟夫, 见人之善恶, 无不反诸己, 可也。(**戊申**)

> 读《易》倦, 观《晦庵先生年谱》。慨先哲之精勤, 愧奴辈之灭裂。惘然自失, 奈之何哉? 据今地位, 努力向前。

> 途间与九韶谈及立身处世, 向时自分不敢希及中庸。数日熟思, 须是以中庸自任, 方可无忝此生。只是难能, 然不可畏难而苟安, 直下承当可也。

> 读罢, 思债负难还, 生理寒涩, 未免起计较之心。徐觉计较之心起, 则为学之志不能专一矣。平生经营, 今日不过如此。况血气日衰一日, 若再苟且因循, 则学何由向上? 此生将何以堪? 于是大书"随分读书"于壁以自警。穷通得丧、死生忧乐一听于天, 此心须淡然一毫无动于中, 可也。

> 倦寝, 梦寐中时时警, 恐为过时不能学也。

> 与九韶痛言: 为学不可不勇。而此公自无奋发激昂、拔俗出群之志。予归, 深为之太息。徐思方自悼不暇, 安有工夫于他人耶! 呜呼, 日进无疆, 属之己乎? 属之人乎? 勉之又勉, 勿为外物所困。

> 近晚往邻仓借谷, 因思旧债未还, 新债又重, 此生将何如也? 徐又思之, 须素位而行, 不必计较。"富贵不淫贫贱乐, 男儿到此是

豪雄"。然此心极难,不敢不勉。贫贱能乐,则富贵不淫矣。贫贱富贵,乐与不淫,宜常加警策,古今几人臻斯境也?

早枕思处世不活,须以天地之量为量,圣人之德为德,方得恰好。嗟乎! 安得同志共勉此事。

处大事不能尽善,意甚快快,兼以寒疾时作,风足攻人,读书工夫间断,昏昏竟日,痛感何由得入圣贤境界也?

早枕思当以天地圣人为之准则,因悟子思作《中庸》,论其极致,亦举天地之道,以圣人配之,盖如此也。嗟夫! 未至于天道,未至于圣人,不可谓之成人,此古昔英豪所以孜孜翼翼以终身也。

食后处事暴,彼虽十分不是,然我应之自当从容。徐思,虽切责之,彼固当得,然不是相业。

人生但能不负神明,则穷通死生,皆不足惜矣。欲求如是,其惟慎独乎! 董子云:"人之所为,其美恶之极,乃与天地流通,往来相应。"噫! 天人相与之际,可畏哉!

人须整理心下,使教莹净,常惺惺地,方好。此"敬以直内"工夫也。嗟夫! 不敬则不直,不直便昏昏倒了,万事从此隳,可不惧哉!

与友人夜别徐家山。归思一日数事颇当。

凡事须断以义,计较利害便非。

贫病相因,读书不前,何以为力行之资?

人须于贫贱患难上立得脚住,克治粗暴,使心性纯然。上不怨天,下不尤人,物我两忘,惟知有理而已。

观《晋史》,成帝见王导必拜,及幸其宅,拜其妻。反复详其始末,为之掩卷太息。丈夫际遇如此,而功烈不过若是。其付托之重,不减伊周,而致主泽民,视伊周何如哉? 虽其志安于小成,亦学力有所不逮耳。信知! 人生须自幼力学,其于践形必臻极,然后为无愧也。孔子曰:"居则曰:不吾知也。如或知尔,则何以哉?"又曰:"用之则行"。呜呼! 安得反西飞之日而痛加学欤?

今日觉得贫困上稍有益。看来人不于贫困上着力,终不济事,终是脆懦。

教人须循循善诱。

玩《中庸》,深悟心学之要。而叹此心不易存也。

克己逡巡,无所成就。四十而见恶焉,其终也已。

熟思平生历试,不堪回首。间阅旧稿,深恨学不向前,身心荒怠,可忧可愧。今日所当为者,夙兴盥栉,家庙礼毕,正襟端坐,读圣贤书,收敛此心,不为外物所汩,夜倦而寝,此外非所当计。穷通寿夭,自有命焉,宜笃信之。

数日守屯困工夫,稍有次第。须使此心泰然,超乎贫富之外方好。

观史,时见古人卓卓之行,不胜感激,益思自奋。

当学之难进,乃见希贤之易也。

心是活物,涵养不熟,不免摇动。只常常安顿在书上,庶不为外物所胜。

看乙巳年日新薄,惕然于心。继读《论语》,观圣贤教人丁宁之意,益思自奋,须用刻苦。

以事暴怒,即悔之。须持其志,毋暴其气。

应事后,即须看书,不使此心顷刻走作。

数日养得精神差好,须节节接续去,莫令间断。

上无师,下无友,自己工夫又怠,此生将何堪耶?

细观《近思录》,乃知圣人教人之法,备在方策。而自己学力未至,以致龊龊无量,安得良朋共执此文,细细讲明,以为持己、处事之资也。

斩截日新。

精白一心,对越神明。

经旬,学德废怠,梦寐中亦屡怅叹。为小女授《论语》,感圣人之微言,悚然思奋。安得良朋辅我此志?

途逢故人,两鬓已斑,不觉怆然。问其年方四十。顷之,此公熟视予鬓亦已斑矣。益为凄恻,久之方别。既而思平生碌碌,只此衰谢。少壮不努力,老大徒悲伤。岂不信哉?夜归,书此于东窗。噫,书又终可得而读耶?君子果不可得而成耶?

新居栽竹,夜归。吾妻语予曰:昨夜梦一老人携二从者相过止于门,令一从者入问:"与弼在家否?"答云:"不在家。"从者曰:"孔夫子到此相访,教进学也。"与弼闻之,为之惕然而惧,跃然而喜,感天地而起敬者再三,脊背为之寒栗。自此以往,敢不放平心气,专志于学德乎？敢吝驽骀之力乎？

　　往新居授书,甚喜,学有新益。

　　闻友人所为颠倒,益自警省,实下工夫。

　　看《礼记》,倦,寝思平生经历之艰,益叹古人之不易学。①

　　此年日录,康斋在无欲的环境里,通过不起计较之心、不动中心、整理内心、存心、收心、纯心、熟心、泰心、放平心气等养性养心方法,在美丽的自然、繁重的耕作与深奥的五经四书里,学德养德,最终获得"精白一心,对越神明"的高明圣境。

　　此年十月,服阕。

　　此前,康斋有与妹夫安徽徽州祁门训导孙曰让(江西丰城人)书信来往,共商圣人之学。信如下：

　　山椒一别,不觉经年。怀想之情,彼此共之。不肖自去冬来,学之功不谓不苦,日用亦不敢谓不得其力。但病体衰惫,家务相缠,无由猛进,而日月不延。企仰古人相去万万,此朝夕所甚痛心者也。今秋忽得教贴,及知进德之志不怠如此,岂胜欣跃？书窗展玩,以慰别怀。因以自激书尾,欲令寄言。猥蒙不鄙,恶得而默？但足下已自言之矣。来书云尝肆力于四书,此可谓不枉用其力而得学之本矣。仆虽欲言,奚言哉,岂惟仆也？虽圣贤复生教人,又岂出此？仆与足下别后工夫,亦只此书而已。足下又云,虽能一时理会纸上陈言,于身心竟无所裨,此语尤有意味,正好商量。盖人患不知反求诸己,书自书,我自我,所读之书徒为口耳之资,则大失矣。今足下既自知无益身心,则当渐向有益。惟专心于此,笃信之,固守之,深好之,读以千万而不计其功,磨以岁月而不期其效,优柔厌沃于其中,则日新之益,自有不期然而然者矣。②

　　康斋此时一方面表示感谢与慰问,另一方面,痛心持志,越发进德

① 《康斋集》卷11《日录》第66—106条,第572—575页。

② 《康斋集》卷8《复曰让书》,第522页。

进学,让学问得益身心,专心涵养。

下面是康斋 38 岁时写给远在安徽祁门任训导的孙曰让的书信。

念昔奔丧初还乡时,以情事未申,罪逆深重,不遑宁处而百忧俱集。其于贤妹及吾子。曾不能少尽恩礼。虽达者不芥于意,宁不大自歉于中耶?阁下之官之日,正不肖护稻黄柏,遥望去尘,岂胜愧感。恒欲东访,一写所怀,奈困惫之余,未得少苏。此志未易可遂,而尺牍之敬且阙如也。知罪,知罪。中蒙叠寄佳贶,拜领,只益渐悚耳。与年云阁下,能只勤所职,可喜可敬。向黄柏途中所言,四书五经本文,循序俱下,遍数读过之,志尚能尔乎。不肖于去腊迁居小陂,庶事草创,俱属艰难,只随分耳。惟血气益衰,学德不前,无以洗不孝不弟之罪之万一,重累父兄师友属望。日夜惊惧,无地自容。新岁,乡里间有子弟相过共学,日以多病,少能与之精进,益加惶惧。徐妹夫近承访,且有意来此,亦美事也。令郎在侍,宜笃教之。熟读小学,四书五经本文,养其德性,勿令束放。阁下课程,亦不出此大要。小学书,尤不可不痛加工夫,须逐篇逐条玩味入心,见圣贤教人之意,昭然见于言外。如此庶几有进。愚意常以为,后世万事之不逮古先者,阙此以为之基也。小学既熟,方好用工。四书五经,须令成诵,使其言如自己出,则味自别。古人云,读书千遍,其义自见,非虚言也。四书五经本文既熟,方可读注,旁及子史。读书如不循序致精,只欲泛然杂看,终不济事,徒敝精神,枉过岁月,大可惜也。区区平生,陷此病痛,悔无及矣。以阁下之年之资,千万日趋向上,勿忝所生。学者某,近年全然惰了,役于利欲,罔克自持,原其所由,正以平昔小学功疏。读书卤莽,根本不立,故外物易以动摇,可戒也,可戒也。徽州及各县,有何书籍。幸一一惠及为感,末由盍簪,惟冀保爱不宣。[1]

---

[1] 《康斋集》卷 8《与曰让书》,第 523 页。需要补充的是,嘉靖明刻本明确此信的落款年岁,使我们可以得知,康斋此年写的这封信,并与诗歌相印证。而四库本此信没有落款年岁,但笔者前几年猜测此封信为戊申年,而嘉靖刻本的出现印证我的猜测。参阅宫云维标点本《康斋先生文集》卷 8《复曰让书》,第 1224—1225 页。

康斋这封书信的年月被四库全书版所漏，今据嘉靖明刻本补，为戊申年 1428 年，时康斋 38 岁。康斋提出了一个重要的学术观点：性体心用，中心做主，要求学问入脑入心，一心一意于"养德性"的涵养目标，这些都是心学史上的新观点。

到临川种湖龙窟渡，拜先曾祖吴楚江先生墓。

此年腊月，正式迁居小陂，"小陂桥畔记吾庐，七载经营今陟居"①，表达出康斋要重新上路的行动与决心。

有《写怀》(戊申十月服阕作)、《冬夜枕上作》《与学者戴舆》《自叹》《寄李子俨》《感怀》《龙窟渡拜先曾祖楚江先生墓》《迁居小陂》《夜坐》《冬夜怀古诗》。②

康斋的一句诗作"大明日月当中丽，多少祥云与景星"，表达他对当时朝廷宽松与和谐的朝局的赞扬和肯定。对自己而言，无论是"净洗灵台一片私"的心性涵养，还是"一片灵台无别想"的读书涵养，成圣之志不该忘却，"从此更敦千古志，躬行心得好拳拳"，继续前行，安于山边的安静之地，重新出发，带着父亲一生献身教育的伟大光环，开创美好的未来。

是年，曹月川 54 岁，秋八月，再典试陕西，取士 30 人。③

是年，薛敬轩 40 岁。进入不惑之年的敬轩，承担整个家庭的开支任务。父亲三年前捐馆于河内教谕。而此前为了尽孝，且自己真心厌恶科举之学，敬轩一直没有出仕。在服阕之后，且朝廷之命屡降，已经不允许敬轩再埋头于读圣贤书，必须出山了。故而前往京师，听取当局任命。敬轩与杨道进书信，将自己三十多年为学心得向其汇报。敬轩说："某七八岁时，侍先君子左右。闻其称古人某为大儒，今人某为伟士。因记于心，曰：'彼亦人耳，人而学人，无不可及之理也。'又六七年，

---

① 《康斋集》卷 2《迁居小陂》，第 382 页。

② 《康斋集》卷 2，第 381—382 页；《康斋先生文集》卷 2，第 986—988 页。需要指出的是，四库全书版《冬夜枕上作》诗歌"遥忆当年学立身，兢兢常恐暂埃尘。孤风自许追千古，特操何曾让一人。因病简编寻旷弛，离群践履转逶巡。中宵忽感平生志，回首空过十七春"中"回首空过十七春"作"回首空过七十春"，嘉靖本为十七春，比较合乎全集以时间为顺序，四库本当为抄录失误。如果我们只读四库全书版而不读明嘉靖刻本，那我们很可能会误认为这首诗作应该放在康斋 70 岁的那段时间里，也就会怀疑当时编者的水平了。

③ (明)曹端：《曹端集》，王秉伦点校，(明)张信民：《曹月川先生年谱》，第 296 页。

先君子见可教,授以诸圣贤书。始发奋笃专于诵习,昼不足则继以夜,倦则置书枕侧而卧阅之,或达旦未已。至于行立饮食,不讽诸口,则思诸心,虽人事胶扰,未尝一日易其志。积十余年,然后察夫圣贤千言万语之理,无不散见于天地万物之中,而天地万物之理,无不统会于此心微密之地。自是以来,澄治本源,而恒惧夫邪念以淆之,笃专修习而不敢以他好夺之。积之既久,因以中之欲发者,发为文辞,则但觉来之甚易,若有物以尝于内而迫之於外也。后先君子命试有司,一往即得之。仰希大儒伟士虽不敢及,然韩子所谓在进士中粗为知读书者,窃以为近似焉。今退居又六七年,遭值大故,哀痛之余,尚惧顽愚荒怠,负先君子之大训。因时取向所授书而温绎之,但觉意味愈切,理趣愈深,有得于心而不能形于言者。此某之自少及长,勤苦既得,而犹不敢自己者也。"可见,30 岁左右的敬轩,早已经证得理散万殊、理在心中的道理,"圣贤千言万语之理,无不散见于天地万物之中,而天地万物之理,无不统会于此心微密之地。"随后六七年,敬轩继续加大涵养力度,在日常生活中用力,"因时取向所授书而温绎之,但觉意味愈切,理趣愈深,有得于心而不能形于言者。"这时的敬轩,获得理融会于心的契合感,这种神清气爽的获得感其实就是理心合一、心理高度交融的万物一体之学,是圣贤之乐,宇宙真乐。以这样的涵养和这样的境界去事上磨练,敬轩的仕宦之途,应该是前途无量的。故而,这样深厚的读书涵养与思辨明理为其后来成为大学士是分不开的。朝廷命令下来,敬轩获得广东道监察御史的职位,主要监理湖广银场。寻差湖南沅州银场的地方职位。① 出北京,过河北元氏县、邢台,过河南钧州、襄城、叶县、舞阳、信阳,过湖北襄阳、应山、云梦、武昌、汉口、嘉鱼,过湖南岳阳、洞庭湖、龙阳、桃源、辰溪,最终在七月,抵达沅州。所经过之地,均有诗作,或反映观物所得,或表达自己心性感应之情,或描写大自然的景物,或应酬之作。抵达沅州之后,在黔阳、常德、长沙等地来往,均有诗作。②

① 《薛瑄全集》,孙玄常等点校,第三册,(明)张鼎、杨嗣昌:《薛文清公年谱》,第1184 页。

② 钱国莲、薛冰:《薛瑄年谱》,钱江学术文丛,浙江大学出版社,2015 年版,第98—108 页。

三月,宣宗亲策天下士。杨溥主宴会于聚奎堂,赋诗作文,众皆大乐。八月,随帝田猎。戊申,值西庙。[1]

此年,陈真晟 18 岁。家贫,从攻金之士治业,得其艺。寻自悔曰:"此非君子养心之术也。"[2]

---

[1] (明)杨溥:《杨文定公诗文集》,胡永华:《杨溥年谱》,第 463—464 页。

[2] (明)陈真晟:《布衣陈先生旧稿》,嘉靖十七年戊戌周南序刻本,卷 8《布衣陈先生行实》。

1429年,己酉,宣德四年,39岁。

是年八月己卯,宣宗起复杨溥;十月丙戌,制《猗兰操》赐廷臣,谕以荐贤为国之道。①

康斋深造圣贤工夫,"静里反躬",栽培本心,"透一重关"。阅读父亲遗稿《古崖集》,怀念孔御史,"黄卷须加百倍功",正式提出"养灵台"的道德修养论,与"求物理"的朱子之学相配合。②

罗秀才来学,有诗赠。

玩《易》,有"一玩谦亨辞,冷然涤心垢"。③ 康斋早年在京师,向刘悦学先生学习《易经》,有"恍思玩易京师夜,曾向吾师学看星"④。

是年《日录》总计5条,看《语略》《近思录》,"日长卧看鲁春秋"⑤,求学者愈多,对康斋颇为敬仰,康斋深感教学自得的趣味,见下。

看《语略》,惕然忧念学德不进,何以立世?(己酉)

> 苟一毫不尽其道,即是自绝于天!
>
> 坐门外,图书满案,子弟环侍,乘绿阴,纳清风,群物生意满前,而好山相宾主。览兹胜趣,胸次悠然。
>
> 早枕细思,学德无进。岁月忽晚。回首平生,恍然一梦,可胜悼哉! 继今分阴,须用痛惜! 毋蹈前非也。

看《近思录》,其有所得。鄙吝之怀,为之豁然。⑥

---

① 《明史》卷9《本纪第九·宣宗》
② 《康斋集》卷2《怀孔御史》,第382页。
③ 《康斋集》卷2《晨坐东斋》,第382—383页。
④ 《康斋集》卷2《冬夜步月,怀刘悦学先生》,第384页。
⑤ 《康斋集》卷2《即事》,第383页。
⑥ 《康斋集》卷11《日录》第107—111条,第572—575页。

阅读上述日录，由此可知，在教书中，在耕作中，在反思中，此年的康斋多次担忧自己学德未有进步，因为明年就是四十岁了，五年前的约定没有实现，康斋不免焦虑起来。但是，每每读书进学，康斋总是心胸悠然，这说明他所得益深，操练益熟，开卷有益，故而学生在旁，图书满前，这样就获得天地间最高的快乐：得天下英才而教育之。

是年，寄孙曰让诗："优游新趣佳山水，仰止前谟近圣贤。六籍日须鞭策进，寸心幸莫利名牵。杏坛铎晓光风满，蕙帐琴寒霁月悬。从古男儿当自奋，胜将事业答青年。"①，两人书信来往。

两人都赞同学习以四书为根本，熟玩其间方有效；学问要自得，涵养于身心，见其实效，否则只是虚学；并以"读书千万不计其功、磨以岁月不期其效，优柔厌沃于其中"鼓励进学。

或在此时，与临川友人传秉彝有书信②。期间，曾批评学生九韶等人"鼓乐导葬"。③

有《昼寝觉坐》(己酉)《怀孔御史》(二首)《晨坐东斋》《闲兴》"贫居日寡营，动息得自畛。(自安自得为畛)时课诸生余，还共几童哂。出门望旧山，绿篱探新笋。归坐夕风清，闲情寄瑶轸"《次学者韵》《暇日偶成》《病中枕上作》"一念之微须致精，公私王霸要分明。毫埃丝垢宜揩尽，刚立成心大路行。丝私涤尽未为难，要识时中是孔颜。此个路头何处问，苦心空使鬓毛斑"《新居即事》《改过》《即事》《省己》"此心一失载培力，几向穷途不自持。静里反躬深省处，风霜却是进修资"《处困》"遇着艰难须用心，信有人间百炼金。此关若得千里透，毋令放下便沉沦"《寄曰让祈门训导》《冬夜步月怀刘悦学先生》《枕上偶成》"为学如登万

----

① 《康斋集》卷2《寄曰让祈门训导》，第384页。

② 《康斋集》卷8《与传秉彝书》，第524页。承谴令嗣远辱送葬，兼蒙赙仪正，不任哀感之至。第二令嗣有志于学，此诚美事。意意欲贤友今岁田暂与人佃种，分谷，长嗣早晚照顾家务。今中子来学，明岁又作主张。贱子襄事后，只有读书最切当。整理些书籍，须得几学者抄写。交游中，有的当者，可择与令嗣借来，嗣裘亦间来受学，不宜苟且，因循岁月。如贱子此时，岁月已去，百病侵严，难得向前，日夜痛恨，徒自苦耳，悔何可及？心事万万，何由一面。又云幼令嗣，尚未知学，须用拘束，令其熟读小学，四书五经本文，足下亦宜痛加努力，庶后人有望也。

③ 《康斋集》卷8《与九韶、子濡贴》，第523—524页。

仞山,层崖须用小心攀。前头尽有无穷趣,只是工夫不断难"《冬至夜枕上作》"深造工夫靡敢悭,近来又透一重关。心思只在圣贤上,梦寐不离文字间。斯道极知颠倒易,一身痛惜把持难。微吟又是阳生后,细省迷途驾速还"《昼寝觉作》《寄罗秀才》《中堂即事》《除夕》诗。①

前日录有五年前四十岁成德的约定,同样,在诗作中,康斋也有表达:"四十应当成德时,中心何更有他岐?其终也已宜深察,剔拔毋令利暂糜。"康斋诗作的情绪,与其《日录》所载焦虑的情绪颇不太一致。可见,通过诗歌,康斋可以转移情绪,可以下定深厚涵养的决心,这是康斋时常自我暗示的地方。应该说,是年,诗作中表达的心性工夫愈觉细密。一方面,康斋时常获得心淡气和的圣贤心境;另一方面,康斋在念头上辨识公念与私念的心性工夫也更加成熟,由此治心之苦也常表现在诗歌里。从中,我们可以察觉康斋道德修养的困境和不易,也明白康斋深造工夫、主静之学、深刻反省、涤除心垢之养心养性名目的由来。不仅在《春秋》与《易经》中汲取成圣的资源,如谦亨之辞,敦艮之旨,更要从贫困这一人生大关上有所突破,借助美丽的乡村环境,"青山环远近,碧水带东西。接舍惟樵径,连云只稻畦""遗经闲恣阅,心迹总高栖"等诗句体现出内心的心灵状态还是很高尚与纯洁的。康斋的处困诗作,让人敬仰,"遇着艰难须用心,毋令放下便沦沉。此关若得千里透,信有人间百炼金",这首诗作就表达出"用心""小心"处理人生遇到的每一个难关,不放弃、不抛弃、不离弃,勇于直面挑战,深造自得,左右逢源,快乐面对,挺立道德主体性,做第一等人、第一等事,实现内心的完全自由、自在、潇洒与无忧无虑,也就是康斋自己所说的"廓然泰宇淡何忧"的人生幸福感。

是年,敬轩 41 岁,在沅州。此年下半年七月,敬轩有北京之行。《午日遣怀二律》有曰:"独簪白笔叨天宠,远抱丹心忆帝乡。未必蛮中久留滞,趋朝只应待秋凉。"《对麻遣兴简际侍御七绝》五曰:"君恰来时我欲归,沅江秋雨正霏霏。鹓班若问新消息,为说清霜满绣衣。"秋七月,发沅州。八月十五日,过洞庭湖。八月二十一日,过武昌。过安徽小孤山。过江苏仪真、徐州,游歌风台。敬轩这一路,主要还是看风景

① 《康斋集》卷2,第382—384 页;《康斋先生文集》卷2,第988—992 页。

遗迹,欣赏祖国的大好河山与灿烂的历史文化。秋天,到达北京。出北京,冬十月,过河南襄城。十一月,过湖北襄阳。进湖南境,过岳阳、桃源。所历经之地,均有诗作。此时的敬轩,对于回首都工作,还是满心期待的。①

此年正月己巳,杨溥58岁,仁宗罢朝居斋宫,召翰林学士杨溥从容谕曰:"朕即位以来今四年,常念祖宗创业之难,子孙守成之不易,夙夜惓惓,未尝敢怠。今幸百姓粗安,此皆赖天地祖宗之敷佑,盖亦有群臣励翼之功,朕恒自喜。然自古国家祸乱每生于不虞,又未尝不以为忧。"对曰:"圣人治不忘乱,安不忘危,今圣心如此,足以膺天,眷福苍生于悠久也。"上曰:"沧海之大,皆由江河之助。古之君臣更相戒饬,所以克致太平,号称明良。若为君者,不资于臣;为臣者,不赞辅其君,欲求善治,未之有也。然比来臣下往往好进谀词,令人厌之,卿亦宜勉辅朕于善道。"溥对曰:"臣受国厚恩,敢忘报称?"上曰:"但觉朕有过举,直言无隐,是即为报矣。"溥顿首曰:"自古直言非难,而容受直言为难。陛下乐闻忠言如此,臣等不敢不尽心。"八月,杨溥母亲去世,享年85岁。十月庚辰,上临视文渊阁,杨溥等侍上。上命典籍取经史,亲自披阅,与士奇等讨论,已询以时政,从容密勿者久之。上曰:"朕闻有道之朝,愿治之主,崇礼儒硕,讲求治道,卿等为朕傅保,与诸学士皆处秘阁。朕躬至访问,冀有所闻耳。稍暇,当复至卿等,必有所陈论也。"已而,亲制诗赐士奇等诗。②

---

① 《薛瑄全集》,孙玄常等点校,第三册,(明)张鼎、杨嗣昌:《薛文清公年谱》,第1185页;钱国莲、薛冰:《薛瑄年谱》,第109—116页。

② (明)杨溥:《杨文定公诗文集》,胡永华:《杨溥年谱》,第465—466页。

1430 年，庚戌，宣德五年，40 岁。

此年，康斋家用窘甚，观朱子《晦庵文集》诗，涵泳、默诵《中庸》，以此来鼓励与激励自己。读书之余，习静养心。故，此年康斋涵养本源工夫，大有所得①。读书大悟，有"读书进处心私幸，更把精灵祷上天"的赞叹，正式提出"养精灵"的道德修养论，由此获得"真性"在身的道德修养目标，实现《大学》的"明德"与"新民"的双重目标，超越世俗的功名利禄，与天地万物相谐行同步。②

此年日录有 12 条，如下。

> 夜大雨，屋漏无干处，吾意泰然。（**庚戌**）
>
> 夜默坐，思学不能进。朋友又无向前者，此道日孤，意思忽忽，无聊者久之。
>
> 涵养本源工夫，日用间大得。
>
> 青石桥刈稻，往回村外，与物接春。
>
> 晚谷不收。夜枕思家用窘甚，不得专意于书。辗转反侧良久。因念因穷拂郁，能坚人之志而熟人之仁，敢不自勉？
>
> 夜观《晦庵文集》，累夜乏油。贫妇烧薪为光，诵读甚好。为诸

---

① 《康斋集》卷11《日录》第114条。按：因四库全书版《康斋集》卷8《日录》庚戌、辛亥两年日录合在一起，当时的抄录者者没有细分，时间相去久远，仅仅据四库版今天似难以细分，当时的我大胆地认为，单从日期上看可知，第112—118条当为庚戌年记录，第129—140条当为辛亥年记录，第119—128条难区分也。数年后，余得以阅读宫云维先生标点本与嘉靖本刻本，知四库抄录万历陈维新重刻本，或所据万历版本漏刻或漫漶，或抄录者不小心遗漏，在"游园，万物生意，最好观"语录下遗漏"辛亥"二字，辛亥年，也就是 1431 年，时康斋虚岁 41 岁。今复原修订，重新修改，以飨读者。可见，越早的明刻本对于文献的原始性保存价值越大。而任何的猜测，哪怕是看上去科学的分析，都是可能会有问题的。附上数言，是我的教训，希望撰写年谱的同行引以为戒。

② 《康斋集》卷2《读罢枕上喜而有作》，第 386 页。

生授《孟子》卒章,不胜感激。临寝,犹讽咏《明道先生行状》久之,顽钝之资为之惕然!

途中看《言行录》。归及隔溪,藉草临流观书,甚乐,杳然尘外之趣。

中堂读倦,游后园归,丝桐三弄,心地悠然,日明风静,天壤之间,不知复有何乐?

早枕痛悔刚恶,偶得二句:"岂伊人之难化,信吾德之不竞。"

所得为者,不敢不尽分。若夫利钝成败,非我所计也。此心须常教洒然。

时时痛加持志之功,务消气质之偏。①

可见,虽然生活贫困,但是康斋仍然继续严格要求自己,"时时痛加持志之功",处困自得,不改其乐,难能可贵。从日录来看,康斋在明初思想界首次提出"涵养本源工夫"的修养论,这是白沙"养端倪"、王阳明从本源上下工夫的先声。且康斋的本源工夫与王阳明青年时期对徐爱等人的教诲"本原上下功"是高度一致的。但是,心体"本原上下功"这一条语录竟然被钱德洪编辑时删去,令人疑惑。而正是心体本原上日用间用工夫,"涵养本源工夫,日用间大得","与物接春",康斋获得宇宙的最高快乐,"心地悠然,日明风静",悠悠之怀,这就是超越道德境界的天地自境界,也就是王阳明晚年的"万物一体"之怀在自然界的体现。当然,相比康斋而言,王阳明更关注万物一体的治国理政面向,人人有所养,人人有所居,人人有所安,人人有所归,就是天下大公,政清人和,社会繁荣,国泰民安!

此年,康斋因妻子怀孕,开始在家招收学生、讲学,对贫困的学生免收学费,同时订立严格的学规。

一 须用循序熟读小学、《四书》本文,令一一成诵。然后读《五经》本文,亦须烂熟成诵,庶几逐渐有入。此个工夫须要打捱岁月方可。苟欲早栽树,晚遮阴,非吾所知也。

一 学者所以学为圣贤也。在斋务要讲明义理,修身慎行为事。

---

① 《康斋集》卷11《日录》第112—118条,第576页。

如欲涉猎以资口耳,工诗对以事浮华,则非吾所知也。

一　古人读书皆须专心致志,不出门户,如此痛下工夫三五年,庶可立些根本,可以向上。如或作或辍,一暴十寒,则虽读书百年,吾未见其可也。①

康斋在明宣宗五年(1430年)40岁时期所制定的学规,在中国教育史有标杆性意义,尤其是在明代教育史上,意义更重要。康斋以圣学为目标的立教宗旨,重视经典、涵养、自得与比慢,完全将传统程朱理学性命化、身心化与生活化,为程朱理学转向明代心学铺路,令人肃然起敬。

为唐山戴子颢题《唐山书阁记》和诗:

> 流俗滔滔利是趋,居家高阁独储书。绝韦远绍前人绪,丽泽频来长者车。香雨芸窗春杳杳,清风兰砌日舒舒。小陂茅屋应相近,时喜诸生问鲁鱼。②

> 昔伏羲肇书于龙马之图而文籍生,列圣继作,记载渐繁,皆所以出治道、立民极焉。后世风气日殊,诸子百家杂出而塞圣途,害人之心者非一。此文籍之弊,世道之不幸也。任道者每忧之。所以正人心,息邪说,距诐行,放淫辞者,无所不用其极,而后列圣之绪,赖以不坠。然自古有志者少,无志者多,知而信者恒寡,能不为他歧所惑而卓然自立于斯道者,尤难其入。呜呼!世患不读书,读书又患不能以正而入于邪。夫惟善学者,必本之圣人以教,居敬穷理以修其身,积力久,然后知彼一切世俗之学,举不足为。而吾所以参天地,赞化育者,道弘矣。唐山戴君子颢为阁于堂西,子弟藏修其上而咨读书之方于予。吴与戴世有通家之好,而先君尝事子颢大父于邑庠。诸子姓又皆辱从游,其可无辞以对戴君不予谬,遂书以为《唐山书阁记》云。③

有《元日记梦》(庚戌)《夜读》《诵晦庵诗次韵》"远爱云山近竹林,芸

---

① 《康斋集》卷8《学规》(庚戌),第529页。
② 《康斋集》卷2《题唐山书阁》,第385页。
③ 《康斋集》卷10《唐山书阁记》,第556—557页。

编堆里更瑶琴。时止时行凭谁说,待月西斋自养心。"(《待月西斋》)《晓枕作》《温楚歌》"习静生憎损病心,晚凉门外独横琴。呼童细剔溪头树,为爱青春云际岑。"(《门外闲坐》)"暂出孤村纵野踪,晚凉归咏更从容。盈眸好景新晴后,人在乾坤清气中。"(《独步偶成》)《题唐山书阁》"一念思才起,风波势便增。若非鏖战勇,方寸几时平。"(《私》)《分》《名利》《苦热观晦庵诗集》"读书进处心私幸,更把精灵祷上天。愿假数年无病困,尚当努力继前贤。"(《读罢枕上喜而有做》)"句习章寻几十年,其于统会每茫然。一朝似得优游力,击节深叹圣嗣贤。"(《枕上默诵〈中庸〉,稍悟一书大旨,喜而赋此》)《至日感怀诗》。①

此年的康斋,由《日录》得知,他打开涵养心性的新心法,就是从本源上涵养,也就是养善端,去私欲,心性工夫越来越细密。在诗作里面,他就是从一念之间下工夫,去私欲,存天理,在细微深妙的方寸之心上作得"性真"的工夫,这是康斋的新见,也是他作为明代心学的铺路者角色而做出的新探索。由此,康斋继去年的"养灵台",提出"养精灵"的道德修养论,大大推进明初理学心学维度的发展,由此他成为明代心学的先驱者。这一年,康斋先生40岁,也就是1430年,宣宗五年。由于"养精灵"的道德修养养法,康斋感觉到他可以"参天地,赞化育者,道弘",感觉自己特别的幸运。而他在涵养中,自然放慢了读书的速度,"时止时行",悠然忘怀,比慢养心,随分读书,听天由命,表现出洒脱与超脱的圣人心境。随力所到的"时止时行",后来也成为康斋涵养论的重要概念。

此年,薛敬轩42岁。元宵,回到沅州。帝国盛世,敬轩的心情是开心的。在沅州工作,进入不惑之年的敬轩,还是对工作环境很满意的。元夜同陈侍御观灯,有诗曰:"万里归来自帝朝,沅阳今是两元宵。诗从见月添新兴,人喜观灯得俊僚。北极星辰垂地远,南天瘴疠到春消。柏台风致清如许,梅蕊颁香入冻醪。"夏六月,在靖州。秋九月,祷雨于沅州。冬,至溆浦,逗留十余日,有《南轩记》云:"辰之溆浦,湖北之下邑也。余爱其四山攒拱,众溪经复。留旬余,嫌其宪署后堂东屋蔽昧,遂开南壁,易以轩。积久之障,豁然顿开,昼则日光辉耀,夜则月华穿漏。

---

① 《康斋集》卷2,第384—386页;《康斋先生文集》卷2,第992—994页。

焚香读书其下,心神内外融朗洞达,忽若不知吾身之为小、天地之为大也。因念是屋也,向也蔽,今也通;向也暗,今也明,是在人焉耳。况心为神明之舍,为此蔽暗者,气质人欲也。去其蔽而开其暗,有不在我乎?因治屋而得治心之要,遂书于轩端,以启后之人。"这就是著名的溆浦证道。敬轩在荒蛮之地,继续事上磨练,苦练心性,获得了"心神内外融朗洞达"的愉悦感,并且急切地把这种喜悦感分享给所有沅州的朋友们。敬轩在地方工作获得了"心为神明之舍"的心学领悟,这种"忽若不知吾身之为小、天地之为大也"的感觉,其实不仅是古代读书人苦中作乐的超脱境界,更是读书人服务天下苍生的豪杰情怀,令人动容。我们大胆地认为,在沅州的敬轩,他的思想里,有白沙和阳明心学的影子存在。"闰十二月,在辰州。朔二日,先生州署中入睡之五更,忽念己德不大进,缘旧习缠扰,未能摆脱,自今以往,洗心磨刮,言动求合于道,否则匪人矣。"这是敬轩道德自觉的伟大之处,其心光明可知。时五溪山险多虎,民苦其暴。闻于朝,遣将捕之,二日而杀虎四。将吏均来称贺,地方一时之盛事。①

此年,杨溥59岁。一月,明太宗、仁宗两朝实录成,获赐白金一百两,彩币六表里,织金罗衣一袭,马一匹,鞍一副。八月十八日,宣宗与杨溥再论天下人才之治。上罢朝御文华殿,学士杨溥等侍。上问:"庶官之选,何术而可以尽得其人?"溥对曰:"严荐举,精考课,何患不得。"上曰:"近代有罪举主之法。夫以一言之荐,而欲保其终身,不亦难乎?朕以为教养有道,人材自出。汉董仲舒言,素不养士,而欲求贤,犹不琢玉而求文采。此知本之论也。徒循三载考绩之文,而不行三物教民之典,虽尧舜亦不能以成允厘之治矣。"于是,宣宗令三品以上京官保举全才,厚教养,仁宣之治得以彰显。②

---

① 《薛瑄全集》,孙玄常等点校,第三册,(明)张鼎、杨嗣昌:《薛文清公年谱》,第1185—1186页。

② (明)杨溥:《杨文定公诗文集》,胡永华:《杨溥年谱》,第467—468页。

1431 年,辛亥,宣德六年,41 岁。

是年二月,子璇庆生。①

此年愈加力行农事,闲时游山、读书。劳累之余,读《晦庵文集》。

此年康斋所记日录,有 18 条。

> 游园,万物生意,最好观。(**辛亥**)
>
> 安贫、乐道,斯为君子!
>
> 遇逆境暴怒,再三以理遣。盖平日自己无德,难于专一。责人况化人,亦当以渐,又一时过差,人所不免。呜呼! 难矣哉,中庸之道也!
>
> 近来愈觉为人之难。学不向前,而岁月不待人。奈何? 奈何?
>
> 枕上思《晦庵文集》及《中庸》皆反诸身心性情,颇有意味。昨日欲书戒语云:"温厚和平之气,有以胜夫暴戾逼窄之心,则吾学庶几少有进耳。"今日续之云:"欲进乎此,舍持敬穷理之功,则吾不知其方矣。"盖日来甚觉此二节工夫之切,而于文集中玩此话头,益有意味也。
>
> 夜思承父师傅托之重,士友期望之深,竦然增惧! 思有以自拔于人欲,而未知其方矣。
>
> 日来处困,稍觉有力。六月初一日,早枕念岁月如流,事业不立,岂胜慨叹哉!
>
> 七月初五日,日临钟帖,明窗净几,意思甚佳。平生但亲笔砚及圣贤图籍,则不知贫贱患难之在身也。
>
> 人之遇患难,须平心易气以处之,厌心一生,必至于怨天尤人。

---

① 康斋戊午年有诗作《璇庆夜读,喜而赋此勉焉》(《康斋集》卷 2,第 393 页)内有诗句"八岁知勤学",由璇庆戊午年八岁可以推测出璇庆生于辛亥年,即 1431 年。

此乃见学力，不可不勉。

贫困中事事缠人，虽则如此，然不可不勉，一边处困，一边进学。

七月十二夜，枕上思家计窘甚，不堪其处。反复思之，不得其方。日晏未起，久方得之。盖亦别无巧法，只随分节用安贫而已。誓虽寒饥死，不敢易初心也。于是欣然而起。又悟若要熟，也须从这里过。

中夜思日月逝矣，事业无进，辗转不寐，以达于旦。

凡百皆当责己。

夜诵《明道先生行状》，不胜感激。会心处，不知手之舞足之蹈也。

日来正心工夫，稍有意思。

昨晚以贫病交攻，不得专一于书，未免心中不宁。熟思之，须于此处做工夫，教心中泰然，一味随分进学方是。不然，则有打不过处矣。君子无入而不自得，然是难事。于此可以见圣愚之分，可不勉哉？凡怨天尤人，皆是此关不透耳。

夜说朱子《感兴诗》，因告诫诸生。语意抑扬，彼此皆极感激。

先哲云"身心须有安顿处"，盖身心无安顿处，则日惟扰扰于利害之中而已。此亦非言可尽，默而识之可也。[①]

由上可见，教学中，康斋与诸生说朱子《感兴诗》，师生互相感激。康斋处困，以早年所慕明道的光明人格为指引，内心感激，坚定成圣的勇气。在安顿身心、正心、平心易气、保初心等修养身心的工夫论之下，康斋的工夫越来越踏实，越来越细心，继续在处困的工夫论下作挺立自拔的超越工夫，用康斋自己的话来说就是安贫乐道，继续获得泰然、悠然、安宁的心理状态。康斋继续前几年耕学合一的修养论，一边处困，一边进学，处困是进学之资，进学是处困之方，进而过担忧关，让身心彻底地安顿。

与叶郎中书信往来，"洁居万事愧吾徒，十载猖狂一薄夫。贫病不

---

① 《康斋集》卷11《日录》第123—140条，第576—578页。

胜书课减,怠荒常是力行疏。愁来无地堪容足,老去何时可复初。忽辱高明千里念,题诗遥望独长吁"。①

连珠求药,"问药归来出白云,轻身随处玩余春。会心偶记前贤咏,得自由时莫厌贫"。②

怀念二十四岁东坪岁月,感叹岁月如流,"意曾弥月寓东坪,童冠相亲八九朋。月色满帘天似水,书声辙晓院如水。贤关总拟争先入,尘鞅何期竟久萦。愧我只今空白发,不堪回首负平生"。③

是年十一月乙酉,宣宗分遣御史往逮贪暴中官袁琦等。十二月乙未,袁琦等十一人弃市,榜其罪示天下。④

有《临流瞑目坐》"物外元无我,闲中别有天。临流时抱膝,此意向谁言?"《寄叶郎中》《枕上坐》《连珠求药归道中作》《怀旧》《夜牧》"凉气萧萧露满衣,碧天如洗月如规。浩歌一曲孤村寂,绿树阴中牧犊归"、《讲罢偶成》《东窗偶成》《灌禾》"回头一一荷锄过,自放寒流灌晚禾。随分不辞筋力苦,坐看明月好怀多"《东斋读晦庵先生诗次韵》诗。⑤

从诗作来看,康斋继续前几年时止时行的涵养工夫日渐进步,诚如日录所载,无论是赏心、会心,还是心如止水,都表现出一种淡定、随和的超然心态。康斋"临流瞑目坐"的这种主静涵养过程,在寂寞的环境

---

① 《康斋集》卷2《寄叶郎中》,第386页。

② 《康斋集》卷2《连珠求药归道中作》,第386页。

③ 《康斋集》卷2《怀旧》,第386页。

④ 《明史》,卷9《本纪第九·宣宗》

⑤ 《康斋集》卷2,第386—387页;《康斋先生文集》卷2,第994—996页。按:以四库版而言,此年未见当时编者标注壬子、癸丑两年的诗歌,根据《除夜感怀》"虚堂遥夜忆京师,十八题诗尚记之。二纪光阴何太疾,百年事业竟奚为?"(《康斋集》卷2,第390页)所提示的"十八题诗""二纪"字样,则此诗当作于康斋42岁,即壬子年,而下一首诗歌为甲寅年作,按照四库抄录版编年体例,盖癸丑年(43岁)或无诗作也。与《日录》庚戌、辛亥混杂一样,辛亥与壬子年的诗歌存在混杂现象,现依气候来区分,则《赠山中人》"徐步春山日未晴"、《寄士当》"忽从华里共春风"所提示的春天气候,而《赠山中人》前二首《灌禾》"自放寒流灌晚禾"为秋天季节,则当以《赠山中人》前一首《东斋读晦庵先生诗次韵》分界,《临流瞑目坐(辛亥)》(《康斋集》卷2,第386页)至《灌禾》(《康斋集》卷2,第387页)为辛亥年(41岁,1431)诗作,而《东斋读晦庵先生诗次韵》(《康斋集》卷2,第387页)至《除夜感怀》(《康斋集》卷2,第390页)为壬子年(42岁,1432)诗作。今又据嘉靖版,《懒吟》诗下标有"癸丑",也就是说,仅缺壬子年诗作标注了。

中涵养元神,反思己过,往往培养出物我一体、天人合一的真意真乐情怀,康斋理学中的心学维度,是为多数研究者所忽视。"至理无定在,君子随时难",这首诗作展现出康斋涵养圆融的一面,也写出康斋思想的精妙深奥的一面。在康斋的诗作里,我们比日录感受到更多的担忧与复杂。

此年,薛敬轩43岁,在辰州。元日,书曰:"履端者,时之新也,为学当与时俱新。"自己勉励自己进学,不忘初心。忆三年前秋夜之作,因赋诗,其一曰:"独坐高堂蜡炬红,宛然秋与昔年同。宦情不改来时淡,诗思浑如到日浓。杨柳影斜帘外月,芰荷香老水边风。莫言白笔南征久,赢得归囊一物空。"在湖南,敬轩一方面感受到官场气氛的淡薄,故而自我嘲解;另一方面,儒学家自然应该挺立,不改初心,故而需要奋发,自强不息。冬十月七日,梦从二程夫子游,伊川论紫阳作《明道赞》曰:"扬休山立,不若中和独立。"先生遂起而记之,以此进学。他的《沅州十二什》,读起来令人特别舒服清新,可见他走出了心理抑郁的困境,苦中作乐。他的诗,如曰:"水添沅澧新涛急,山洗黔巫宿障清。"又曰:"新晴眼界河空阔,万里青霄羡鸟飞。"又曰:"庭前绿草飞蝴蝶,城外清江叫子规。"又曰:"几见阑干生薜荔,旋看烟雨绽芭蕉。"又曰:"梅雨来时诸水涨,野云飞处万山苍。"又曰:"万里山连百越远,五溪涨入九江流。"这几首诗,都很欢快,容易让人忘记自己的不利处境,化困境为顺境。①

此年,杨溥60岁,获赐居第于东门外。②

---

① 《薛瑄全集》,孙玄常等点校,第三册,(明)张鼎、杨嗣昌:《薛文清公年谱》,第1186页。

② (明)杨溥:《杨文定公诗文集》,胡永华:《杨溥年谱》,第469页。

1432 年，壬子，宣德七年，42 岁。

是年三月庚申，宣宗下诏行宽恤之政，辛酉谕礼部曰："朕以官田赋重，十减其三。乃闻异时蠲租诏下，户部皆不行，甚者戒约有司，不得以诏书为辞。是废格诏令，使泽不下究也。自今令在必行，毋有所遏。"①

是年日录 11 则，读邵雍诗、《近思录》与《晦庵文集》，有自得之处。

暮春游园，心广体胖，岂虚语哉！（壬子）

穷厄已极，不可支撑，兼病益困，然亦安分，不敢起怨尤之念，而所以益进吾之学，益坚吾之志者，不敢不勉也。②

卧看康节诗，遂熟睡方醒，意思佳甚，不啻封侯赐金也。虽极贫穷，此命也不害其乐。

于《近思录》中所得，比向日大有迳庭，中心洒然，如沉疴去体。

观百卉生意可爱。

晴窗亲笔砚，心下清凉之甚，忘却一身如是之窘也。康节云："虽贫无害日高眠。"

穷通寿天，一听于天，行吾义而已。

月下咏诗，独步绿阴，时倚修竹，好风徐来，人境寂然，心甚平淡，无康节所谓攻心之事。

倦后暂寝，起书先哲格言。明窗净几，清风徐来，不知天壤之间，复有何乐？此身何幸至此也？

昨日于《文集》中又得处困之方，夜枕细思，不从这里过，真也做人不得。"增益其所不能"，岂虚语哉！

日来甚悟"中"字之好，只是工夫难也，然不可不勉。康节诗

---

① 《明史》卷 9《本纪第九·宣宗》

② 厄：困苦、灾难。

云:"拔山盖世称才力,到此分毫强得乎?"①

可见,康斋此年心态平和,无"攻心之事",有"洒然"之意,"如沉疴去体",盖处困有方。上一年,康斋有更多的反思,表现出更多的忧虑。今年,虽然物质上更为贫困,但处困上更觉有方法;心地上,康斋还是觉得有进步,心广体胖、中心洒然,心地悠然,意思快乐,平淡清凉。

今年的康斋,游历大同东坑、连珠、大同西坑、玗溪、桐冈茅屋、东坪等家乡附近山水优美的地方,消除耕作与读书的多年疲劳。

有《赠山中人》《游山(自大同东坑过连珠)》《游山(自大同西坑过玗溪)》《题桐冈茅屋》《病中倦卧,偶思年二十四时寓居东坪,与诸生夜读赋玩月诗,微吟一过,神思洒然,遂次旧韵》。②

从诗作看,此年因去年的担忧,所以今年有在外游历的行动。或许出于外在环境纷纷扰扰会打扰静修的担忧,康斋此年有颇多游山之举,得益于山水清趣之乐,流连忘怀,内心表现出心醉与心和的精神状态。

是年,曹月川 57 岁,秋八月,第三次典试陕西,取士 30 人。③

是年,薛敬轩 44 岁,在辰州。

此年,杨溥 61 岁,获赐材十万斤。④

---

① 《康斋集》卷 11《日录》第 141—151 条,第 578 页。

② 《康斋集》卷 1,第 387 页;《康斋先生文集》卷 1,第 996—997 页。需要指出的是,康斋诗作《病中倦卧,偶思年二十四时寓居东坪,与诸生夜读赋玩月诗,微吟一过,神思洒然,遂次旧韵》,"旧吟诵罢病魂清,犹幸灵台一点明。锻练虽然愧金赐,战兢不敢忘渊冰。未容余日甘衰朽,尚拟诸生更老成。世泽依然诗礼在,好将尘虑静中澄",根据其中的"金赐"内容,康斋一生中只有 68 岁从北京归来,明英宗敕金垦田,42 岁时候的康斋,名声在当时的朝廷并不为人所知,与他第一次被朝廷举荐还有一定的时间差,不存在"金赐"事实,笔者认为,此诗作应该放于 68 岁以后。不知何故,当时的编者将此诗放于 42 岁。另外,"灵台一点明"这样的混合无间境界也只有在 70 岁以后才有,不像是康斋青年时气象。

③ (明)曹端:《曹端集》,王秉伦点校,(明)张信民:《曹月川先生年谱》,第 300页。

④ (明)杨溥:《杨文定公诗文集》,胡永华:《杨溥年谱》,第 470 页。

1433 年,癸丑,宣德八年,43 岁。

是年日录 17 条,学德处困,顺从天命,发大心愿,有挺立拔然的伟岸气象。

正月初一日,夜来心气和平,继今学德,宜加勉也。(**癸丑**)

有困极诗云:困固平生甘,不意如此极。前程一听天,多忧谅何益? 又云:《本心》所主浑由已,外物之来一听天。

早观花草,生意甚佳。食后,意思稍不快,以窘极,故也。寻开解之所得为者,厚吾德耳。穷通非我所能也。

山中独行,甚乐。万物生意盎然,时步岗顶,回望,不胜之喜,欲赋《山椒一览诗》。

处困之时所得为者,言忠信、行笃敬而已。

早观生意可乐,残月尚在,露华满眼,个中妙趣,非言语所能形容。东斋柱贴云:窗前花草宜人意,几上诗书悦道心。

寄身于从容无竞之境,游心于恬淡不挠之乡,日以圣贤嘉言善行沃润之,则庶几其有进乎!

"不怨天、不尤人","下学而上达",非圣人,其孰知此味也哉!

人之病痛,不知则已。知而克治不勇,使其势日甚,可乎哉? 志之不立,古人之深戒也。

勿忘勿助,近日稍知此味。天假以年,尚宜少进。穷通得丧,可付度外也。

患难中好做工夫。所谓:"生于忧患,死于安乐也。"然学力浅者,鲜不为所困也。嗟乎! 梁栋之具,非禁风耐冰,安能胜其重哉?

男儿须挺然生世间。

三月二十一日,食后授书。宿雨初霁,生意充满,甚可乐也。看《春秋》近午,霁景可人,日甚舒长,天地阔远。但病体全乏精神,不免寒饥,亦随分耳。眼前随分好光阴,谁道人生多不足?

夜枕深念不得益精神，以进乎学也。

夜坐，思一身一家苟得平安，深以为幸。虽贫穷太甚，亦得随分耳。夫子曰："不知命，无以为君子也。"

东斋对月，花竹参差，清景可爱，听诸生诵声，甚乐。时游于外，绿阴清夜，真趣悠然。

昨夜思旧时岁月事迹，为之慨然。今日时复在怀。嗟乎！德业不立，而时骎骎晚矣。①

由上述日录观之，康斋涵养、教学充裕之外，有学力攻《春秋》学，盖随分进学多有悠游任运心态，故而康斋有"真趣悠然"之境，非泛泛可语也。随分应事，随分读书，随分应贫，随分进学，随处之学渐成规模。

其实，在这一年农历的第一天，康斋就表现出较高的涵养境界，学德有成，心气和平，这是很自然而然的结果，说明这时候的康斋所得益纯，所操益化。其后在日录里面，康斋继续前几年所提出的"养精神"的道德修养论，他认为这是一种"德业"，是深厚学力修养到一定高度的自然展现。"德业"本自《周易》，是对物质性大业的补充，体现为君子蓄德养身的高度凝聚。在具体修为维度，康斋提出主本心、游心、悦道心、得精神等修法，继续在患难中磨练，更加坚定忠信与笃敬的美德，坚定不拔地朝向儒家的嘉言善行涵养之路。其实，"养精神"就是"养精灵"的另外一种表达，也就是"养灵台"和"养良心"的进一步推进。对于康斋而言，精神好，随分读书，处困自乐，学德修德，不断累积崇高的德业，是一项颇具使命感的道德旅途，也正为这个意义，美国学者克里和把他研究康斋学的博士论文命名为《成圣的亲证》。

春，与翰林院修撰孙曰恭同游石源，同榻，"野径联镳日，山楼对榻时。素心同似水，清兴各留诗"②，谈论学术。临别之际，康斋赠诗，"大

---

① 《康斋集》卷11《日录》第152—168条，第578—579页。

② 《康斋集》卷2《同孙修撰曰恭赋诗留石源黄宅》，第388页。孙曰恭为孙曰让弟，曰让为康斋妹夫，丰城人。孙曰恭（1397—1440），字恭斋，号翼庵，国子监博士孙贞第三子，右副都御史孙曰良胞弟。学于敷山书院，丰城秀市镇同造村人（后该村因建潘桥水库而拆迁），本为永乐二十二年（1424年）甲辰科殿试状元，成祖觉得曰恭合在一起是"暴"字，不吉利，将他降为第三名，将第三名的邢宽易改为第一名状元，（转下页）

地妆新雨,春山张旧容。高人淹信宿,佳兴共和风。丽泽资方好,离歌唱却慵。更怀贤叔氏,何日定重逢"。①

夏季,游石源,宿黄征君馆,视为知己,畅谈,有"负炎困行迈,息肩称幽怀。嚣尘自兹隔,好景从天来。林静风荏苒,池清月徘徊。细交知己谈,佳兴何悠哉"。②

此年多有与宗亲吴士彰、吴士当游,请来讲《中庸》,共游横琴岭。也与叔父吴仲学先生交游,有"弱质何堪终日病,不才误染一年尘。痛惭旧学功焉用,空感春风岁又新。困鬣正怜鱼圉圉,芳心谁似木欣欣。题诗远谢吾宗老,总抱冲襟未易伸"。③

此年交游广泛,应族中亲戚要求,题赠甚多,比如为钟陵高畲学生吴贞题双贞堂,为亲戚学生题友琴轩、北溪松隐、南园、大和堂、听松轩、竹所、翁乐堂、琴室、野塘新墅等处所,提出重要的修养心法,"天人一理费形容,须向三关透后通","氤氲总是吾心妙,保合应须日用功。琴到无弦何所道?始知君子只中庸。"康斋此处明确提出"透三关",并结合易经思想提出保和元气之学,并启发白沙的无言之道说,也就是"无弦"的意境。白沙后来反复提出的无言道学思想其实源于康斋。

游临川名胜古迹金石山(金石台),"闲宿仙家陟翠微,石坛旷望本无期。轻烟杂树新晴后,近水遥山薄暮时。兴逐高歌春脉脉,心悬往事意迟迟。素怀欲共何人写?独咏东风月满衣"④,感怀陆游、林梦英等宋代名士,叹真知自己者少。

此年有《懒吟》⑤《同士当度横琴岭》《寄士当》《同孙修撰曰恭赋

(接上页)曰恭后被授为"翰林院编修",后升为修撰、待读学士,参与编修太宗、宣宗实录,深得"三杨"称道。孙曰恭致仕后定居丰城县城,著书立说。宣德末,曰恭曾访曰让于安徽祁门。

① 《康斋集》卷2《赠曰恭》,第388页。
② 《康斋集》卷2《宿黄征君馆》,第388页。
③ 《康斋集》卷2《除日奉和族叔父仰学先生见寄诗韵》,第390页。嘉靖版作"仲学先生",四库版作"仰学先生"。
④ 《康斋集》卷2《宿金石山》,第389—390页。
⑤ 此诗或为康斋69岁北京返回后诗作。诗作中"锻炼虽然愧金锡,战兢不敢步渊冰。未容余日甘衰朽,尚拟诸生更老成"提到"金锡",而康斋69岁(1459年,天顺二年)方有英宗赐金垦田,而且"未容余日甘衰朽"诗作反映出老年儒家感叹,故(转下页)

诗留石源黄宅》《赠曰恭》《题友琴轩》《宿黄征君馆》《题北溪松隐》《赠宗人士彰》《题南园》《题双贞堂》《题大和堂》《题听松轩》《题竹所》《题翕乐堂》《题琴室》《题野塘新墅》《宿金石山》《除日奉和族叔父仰学先生见寄诗韵》《除夜感怀》诗。《除夜感怀》诗云:"虚堂摇夜忆京师,十八题诗尚记之。二纪光阴何太疾,百年事业竟奚为。良时孤负追宁及,多病侵陵悔已迟。从此残魂须爱惜,闲人闲话不相宜"。①

从康斋的诗作来看,年初的《懒吟》"时止时行学养疴,人心天气共融和。好怀却怕诗拘束,不似前时苦思多"颇与此年日录第一条共鸣,都显出康斋此年道德修养开局更为顺利,也就是继续过去心平气和的心态,时止时行的悠然之心,而他在抚州城西十五里西津渡口的金石山所表现出来的"素怀欲共何人写? 独咏东风月满衣",更是体现儒者高蹈的一面,体现独步学坛的担当与独立精神。尤其是"独咏东风月满衣"与早期"独立东风玩物华"高妙意境很相通,令人寻味。

此年薛敬轩45岁。敬轩先生在沅实际工作时间三年有余,所至多惠政。首黜贪墨,正风俗,奏罢采金宿蠹,沅民大悦。日夕精研理学,寤寐圣贤,手录《性理大全》,潜心玩诵,夜分乃罢。深冬盛寒,雪飘盈几,唔咿不辍。或思有所得,即起燃灯记之;或通宵不寐,味而乐之,有不知手足之舞蹈者,遂积为《读书录》。敬轩不仅在地方事务治理上业绩优良,老百姓拍手称快;同时学问大进,其所著《读书录》数十万字,记录其读书心得,表达自己的思想旨趣,至今仍为经典,各种版本不计其数,可见其学术影响力。此年秋冬间,归家,因去年继母许氏卒,归葬。②

(接上页)诗而,此诗应该为康斋后期之作。"犹幸灵台一点明""好将尘虑静中澄"所揭示的工夫论与涵养心境较符合康斋晚年心法与心境。

① 《康斋集》卷1,第387—390页;《康斋先生文集》卷1,第997—1001页。

② 《薛瑄全集》,孙玄常等点校,第三册,(明)张鼎、杨嗣昌:《薛文清公年谱》,第1186—1187页。

1434 年,甲寅,宣德九年,44 岁。

有日录 3 条。

先儒云:"道理平铺在。"信乎斯言也。急不得,慢不得,平铺之云,岂不是如此? 近来时时见得如此,是以此心较之往年亦稍稍向定。但眼痛废书一年余,为可叹耳。(甲寅)

处大事者,须深沈详察。

早枕思平生践履,愧于圣贤者多矣,至今不能自持。欲大书"不敢尤人"四字,以自励也。①

康斋因眼痛废书一年,更悠游地体认随处之学,自然涵养,"急不得,慢不得",并以"不敢尤人"自励,客观上放慢了进学的速度,表现出较为谨慎保守的心态。"道理平铺",暗示道在日用之间,日用即道,随处即道,随时皆道,我们只需要阔然而大公,物来而顺应,顺宇宙之道,行在日用间,顺势而安,耕作读书,处困进学,自然心平气和,悠然之怀自来,与物皆春,看万物自然生意,满是生生不息的心怀,不断迈入圣人之境。

此年继续力耕营生,"秋风淅淅月辉辉,又是田头放水时。坐倚老梅怡病眼,偶逢佳兴一题诗"。②

曾寓临川宝应寺,"书梦无人搅,春窗一味幽。芳心怜露草,清韵爱晴鸠。踪迹何须泥,琴书且暂留。微吟时出院,随意弄寒流。古塔多高兴,重临又几年。云烟清晓际,花柳仲春天。病眼得无恙,尘襟已旷然。题诗人欲去,好鸟正翩跹"。③

---

① 《康斋集》卷 11《日录》第 169—171 条,第 579 页。

② 《康斋集》卷 2《放水》,第 390 页。

③ 《康斋集》卷 2《寓宝应寺》(二首),第 390 页。

康斋向友人表达出对九韶寄予厚望，"琴书深托绿萝溪，风月何人共品题？流水旧穿幽径转，乔林新与碧云齐。一犁春雨儿耕稼，百瓮寒泉自灌畦。随分无非安稳地，相逢何必问丹梯？"。① 九韶家住崇仁县绿萝溪，将琴书相托，有学问相传之意。盖康斋觉得自己儿子尚小，尚不能传道，而胡九韶正年轻，可以传康斋之学。

劳作之余秋游，康斋儿子璇庆已五岁，逐渐长大，携子女游山，感受天伦之乐，"小春风日佳，意适浑无我。儿女笑相随，绿山摘霜果"。②

是年，胡居仁生于余干县梅溪，父胡子仪（1396—1466）以读书教授乡里，号竹友，母桂氏。③

有《元日即事》（甲寅）《题云涧幽居》《寒夜》《寓宝应寺》（二首）《出城道中》《放水》《赠友人》《即事》诗。④

此两年，康斋心性涵养上，多以素心与芳心自许与自期，一方面表现出康斋跋涉圣途的廓然大公的平淡之心；另一方面体现出康斋将自身放于大宇宙之中，随分人生的超脱情怀，由此获得无物我分别之心、无我之怀，这与当前中国哲学史名家陈来教授名著《有无之境》对王阳明心学精神的解读是契合与一致的。无论是"素心无物我"，还是"意适浑无我"，都是康斋自己的内心感受，或许正是这样的一种温暖的感觉，康斋获得了"心静自应春似海，身闲转觉日如年"的"心宽体胖"感觉，这样一种"心静身闲"的内在快乐与内在超越后来启发了陈白沙的新会心学，就是在宇宙中感受活泼不息的天地大道的至上性、神性与感应性，启发自然主义心学的繁荣和壮大。

是年，六月丁丑，著名理学家曹月川先生捐馆于霍州，享年 59 岁。后其弟子谢琚赞其老师，说其"师道得人，先生一人而已"。⑤

是年，薛敬轩 46 岁。在家。秋，山西按察使李贤来访，商谈学术。

---

① 《康斋集》卷 2《赠友人》，第 390—391 页。
② 《康斋集》卷 2《即事》，第 391 页。
③ （明）胡居仁撰，冯会明点校，《胡敬斋集》卷 2《先君墓志》，南昌：江西人民出版社，2013 年，第 192 页。
④ 《康斋集》卷 2，第 390—391 页；《康斋先生文集》卷 2，第 1002—1003 页。
⑤ （明）曹端：《曹端集》，王秉伦点校，（明）张信民：《曹月川先生年谱》，第 302—303 页。

李贤造门叩质所疑,敬轩亟称之,以为英悟淳确,非俗辈可及。敬轩作《复李德原书》,曰:"前辱书,累数百言,以道德显晦见推为念。窃惟此道出于天,赋于人,全尽于圣贤。六经、四书、周、程、张、朱之说,无非明此而已。某自少时有志于是,心之所存,言之所发,身之所履,少有违理,若一日不能安其身。盖出于道之所不能已者,岂敢僭拟古人而以道学自居哉!阁下之所发,身之所履,少有违理,若一日不能安其身。盖出于道之所不能已者,岂敢僭拟古人而以道学自居哉!阁下与云云,使某抚己增愧耳。若以是声号于人,必且见怪见鄙,不斥以为狂,即笑以为迂矣。往年河汾之会,漫语及之,以世儒所共谈,非某所独见也。而今而后,更欲以众人视某,或欲往来讲切是道,但当熟读。凡圣贤书一字一义,灼见下落,而体之心,体之身,继之以勿怠,则推之人者不外是。而所学皆实理,虽不言道,而道在是矣。"这封书信,敬轩谈了自己对圣贤之学的理解,就是"心之所存,言之所发,身之所履,少有违理,若一日不能安其身",其实这与康斋的身心受益之学如出一辙。敬轩说:"凡圣贤书一字一义,灼见下落,而体之心,体之身,继之以勿怠,则推之人者不外是。"这种身心涵养之学就是日用之学,是帝国盛世时期最好时代背景催生出来的心性涵养之学,也是敬轩自己的成圣之学,故而人称"薛夫子"。冬十月,敬轩如京师,朔二日,先生免丧。①

此年,杨溥 63 岁,八月丁巳,升礼部尚书,兼翰林学士,直内阁。②

---

① 《薛瑄全集》,孙玄常等点校,第三册,(明)张鼎、杨嗣昌:《薛文清公年谱》,第1187 页。

② (明)杨溥:《杨文定公诗文集》,胡永华:《杨溥年谱》,第 472 页。

1435 年,乙卯,宣德十年,45 岁。

正月初三日,宣宗卒,太子朱祁镇(1427—1464,时方 9 岁)即位,以明年为正统元年。二月戊申,尊张皇太后为太皇太后。辛亥,封弟朱祁钰为郕王;甲寅罢诸司冗费。三月戊寅,放都坊司乐工三千八百余人;辛巳,罢山陵夫役万七千人;丙申,谕三法司,死罪临决,三覆奏然后加刑。夏四月壬戌,以元学上崇仁吴澄从祀孔庙。

崇仁县吴澄,是元朝大儒,著名的教育家、哲学家,博学一生,至老不懈,康斋同县先贤也。此事必然激励康斋迈入圣域的持续意志。

是年有日录 9 条,康斋继续眼痛,不敢多看书,心中几多遗憾。

眼痛,不敢看书。暂诵《诗经》,甚觉意味深长。但不敢久读,为之怅叹者久之。(乙卯)

暂阅旧稿。二十八年前事恍如一梦,岂胜感叹。

读韩子《与李翱书》,大有感于吾心。

看《韩文》倦,睡梦中,恍思少年日月,不胜感怆而醒。聪明不及于前时,道德日负于初心。信哉![①]

五月初一早看《韩文》。晴色满帘,清风透户,花草盈栏,幽景可爱。

时出门外,卧绿阴纳凉,甚乐。

七月二十一日,对野讲诵。近晚,曳杖逍遥野外,甚适。

看《晦庵文集》,大有感激。

十二月二十九日,祀先一日。多忧学者既少,而有志者尤少,大为世道虑也。[②]

---

① 韩文,唐朝道统拥护者韩愈的文章。

② 《康斋集》卷 11《日录》第 172—180 条,第 579—581 页。

是年，康斋先生读韩愈文集、晦庵文集，有自得情怀，缓解内心进学不足的缺憾，时常检点自己 28 年读书是否有违成圣的"初心"，体现出儒家的道德自觉气魄。由日录可以看出，此年康斋记载的日记多标注月日，明显体现出他似乎很在意自己在历史上的声誉，这与此年四月吴澄从祀孔庙有关。他也感觉到自己在历史上的重要性，也担心世道传承，他发现读书人不多，有志圣贤的更少，这些都表示康斋作为儒家教育家的担当精神。在身体力行方面，无论是"晴色满帘，清风透户，花草盈栏，幽景可爱"，还是"卧绿阴纳凉，甚乐"，或者"近晚，曳杖逍遥野外，甚适"，一如去年所表现的无我、无物我之分的万物一体感受。

此年，康斋多怀远祖曾祖楚江先生、曾叔祖修辅训导先生，表现出他有很深的慎终追远祖宗崇拜观念，也说明他对家族内部的传承是比较关注的。

出游临川五峰，与陈正言登李家山，和朱子诗："静来荣辱淡无惊，却喜间身去就轻。心目开明随地好，山川奇胜自天成。短筇密倚经行稳，盘石徐登发咏清。却忆携琴曾此憩，尘寰寒暑几回更。"①

是年，璇庆六岁，康斋享受家庭伦理之乐，除了教小女儿弹琴之外，也带小孩出去春游，他说："幽栖心迹似洪荒，花木阴阴日正长。读罢又亲窗下枕，熏风一曲午天凉"②；享受出游之乐，"晴光又值小春天，儿女嬉随度野田，香稻可人时有赖，红尘隔我利无牵。平日暂为寻幽历，细草聊因养病眠。随处会心皆妙境，乾坤生意总悠然"③。"随处会心皆妙境，乾坤生意总悠然"，也总体上体现康斋对宇宙本体的把握达到一个很高的理论高度，特别是"乾坤生意总悠然"，他对内外的感受也体现较高的修养深度，这与大程的"万物生意""与物皆春"的感受很契合。

有《怀曾祖楚江先生》(乙卯)《怀曾叔祖修辅训导先生》《听小女弹

---

① 《康斋集》卷 2《同陈正言登李家山次朱子游山诗韵》，第 391 页。按，陈正言，临川人，为康斋妻子的兄长，康斋客居临川五峰时，寓其家，参见《康斋集》卷 9《临川陈氏家谱序》，第 531 页。

② 《康斋集》卷 2《听小女弹琴》，第 391 页。

③ 《康斋集》卷 2《出游》，第 391 页。

琴》《同陈正言登李家山次朱子游山诗韵》《出游》诗。①

是年,薛敬轩 47 岁。在北京。秋八月二十二日,复除云南道监察御史。因北京当时房价较高,敬轩所买住宅,仅容卧榻,东壁特别暗。②

此年,杨溥 64 岁,正月,复入内阁。六月,上疏言清解军士,盖南人死于寒冻,北人死于瘴疠,杨溥悯其道路艰难,困于无资,留操近地,人宜水土,兵政有备,廷议行之。获任宣宗实录总裁。请开经筵。③

---

① 《康斋集》卷 2,第 391 页;《康斋先生文集》卷 2,第 1003—1004 页。

② 《薛瑄全集》,孙玄常等点校,第三册,(明)张鼎、杨嗣昌:《薛文清公年谱》,第 1188 页。

③ (明)杨溥:《杨文定公诗文集》,胡永华:《杨溥年谱》,第 473—476 页。

1436 年，丙辰，正统元年，46 岁。

二月，"三杨"辅政。中官王振利用多年负责年少的英宗生活起居、读书之便逐渐控制年少无知的小皇帝，得势掌权，铲除异己，打击反对者，朝局不断专制，中央政权动荡。

是年，康斋明确以朱子"从容深宴养"为养法，他也明显感觉到朝局的不可为，也为自己未来的人生确立深养本源的道德修养论，这与阳明夫子早期的本体上用工夫是一致的。①

此后康斋日渐富裕，书籍增多，暇时读《言行录》《二程遗书》《朱子语录》《言行录》，涵养于日用间，"身心稍静，又似进一步"。②

---

① 《康斋集》卷 11《日录》，第 580 页。

② 《康斋集》卷 11《日录》，第 580—581 页。从丙辰至己巳有日录 22 条，也就是康斋 46 岁到 58 岁之间，1436—1448 年 13 年间，所写日录混搭在一起，其中所涉及的日录的具体编年，已不可考证，姑列于此，以备学者研究、考证。

朱子云："纵容深宴养"，旨哉言也！（丙辰）

看《言行录》，龟山论东坡云："君子之所养，要令暴慢邪僻之气不设于身体。"大有所省。然志不能帅气，工夫间断，甚矣，圣贤之难能也！

累日看《遗书》，甚好。因思二程先生之言，真得圣人之传也。何也？以其说道理不高不低、不急不缓。温乎其夫子之言也，读之自然令人心平气和，万虑俱消。

倦睡，觉来坐东斋，看《朱子文集》，天晴日永，竹树扶疏，清景可人，意思甚乐也。

观《晦庵先生语录》，慨然！虑斯道，不自知年之迈、气之衰而病之多也。

涵养此心，不为事物所胜，甚切日用工夫。

中夜梦中，痛恨平生不曾进学，即今空老，痛哭而寤。

出游陂畔，遂于涧底坐久，向日甚适，省察身心，幸有少进。

村外闲行，《遗书》在手。徐步，自后坊坑过大同源。观山玩水，而归于峡里。憩久，枕石藉草而卧，暖日烘衣，鸣泉清耳，有浴沂佳致。

夜枕省己，稍有益，欲大书"多言害道""吉人之辞寡，躁人之辞多""思无邪"，"康节四妄吟"于东西斋。

枕上思：平生学德不进，辗转不安，鸡鸣方寐。

（转下页）

在外出游,经过木黄岭,途中分宿周舌、湖田万氏、慈明寺。返程途中,康斋本想拜访族人吴士彰,无奈天气不好,归程急迫,还是回家,未能成功拜访。

陪儿出游,"物我悠悠付两忘,暮春天气体平康。奇花杂映阶前烂,佳木频分户牗香。童冠芳盟六七辈,圣贤名教两三行。呼儿杖策嬉游罢,又复高眠向北窗"①,继续前两年万物一体的天地境界情怀。

是年冬,陈广文转老师杨文定尚书的问候。

为隔壁县城丰城敷山先贤孙仲迪(1370—1436)作墓志铭,如下:

> 君讳隆,字仲迪,姓孙氏,世为丰城之敷山人。予距君居限一岭耳,然未识也。他日遇于剑水之滨,容仪魁以朴,词气雅而温,予虽寡合而心窃奇焉。已而宾予于其家,敦礼而尚德,名宗故族之翘然者也。正统丙辰正月丁丑,君以疾卒,享年六十有七,将以其年

(接上页)看朱子"六十后长进不多"之语,恍然自失。呜呼! 日月逝矣,不可得而追矣。

观伊、洛、关、闽《言行录》,惕然! 大感于怀。益思奋励以往,不知气之衰、病之愈也。十一月单衾,彻夜寒甚,腹痛。以夏布帐加覆,略无厌贫之意。

闲游门外而归。程子云:"和乐只是心中无事。"诚哉是言也!

近来身心稍静,又似进一步。

暂阅旧稿。偶得胡文定公"盖有名盖天下、致位庙堂,得行所学"一段,不胜感慨!

枕上思,从今须进步,不敢自绝于天。穷通得丧,听乎天命。虽饿死沟壑,不可丧此德矣! 近日多四五更梦醒,痛省身心,精察物理。

世间可喜可怒之事,自家着一分陪奉他,可谓劳矣。诚哉是言也!

先哲云:"大辂与柴车较逐,鸾凤与鸱鸮争食,连城与瓦砾相触,君子与小人斗力,不惟不能胜,亦不可胜也。"

由此可见,康斋或因朝廷无道,政局腐败,人心惶惶,未免祸害,康斋此后数年未写日录,表示自己的政治立场。康斋日录,永乐朝也没有写,表示与不当局合作。仁宗元年1425年也就是康斋35岁时,他才开始写日录,与美好的朝廷一起同步。我们可以推断,在政局日趋稳定与康明的时候,康斋才会写日录。由此可见,康斋日录本为学术,好的时代,康斋就会有学术日录的写作习惯,也间接说明,学术本为时代而生,时势造学术,学术映时势。此时的日录,未见标注丁巳至戊辰字样,或缺失也,或混杂其间,不可得知也。幸运的是,1436—1448年时期,康斋诗歌数量较多,编年还是有迹可循,可以弥补日录少的缺憾。

① 《康斋集》卷2《春日》,第391页。

十一月庚申葬于其乡之某所。其内外亲戚宾友咸以君当辱予,宜托以铭。季子勉将伯兄昂之命来请,予适病勉意益处不易,于是叙次其世而铭之曰:唐处士讳瑶字伯玉者,宣宗时葬敷山。宋迪功即监潭州南岳庙、讳约之者于君为八世祖,始仿欧阳氏法为之谱。伯玉而下系次有阙。谱自南唐仓监讳行琰始,行琰生仁耶,仁耶生敬忠,敬忠生余庆,余庆四子,景运、景福、景纯、景阳。四景以来,胤日益庶,力学为善,待有令闻,而景纯者乃君之十二世祖也。曾祖讳惠,字和仲。祖讳嵩,字纵达。父讳某,字友文。君少孤,凡所以立其家,启其后者皆躬辛以致之。而相厥志者,配徐氏也。子四人:昂、勉、操、持。女二人,孙十人:洪、浩、澄、渊、淑、冶、温、演、溥、济。乃铭曰:孙居敷山,远自于唐。德门文苑,族世厥芳。爰暨君身,适于中徽。惟君奋迈,于祖有辉。既富而寿,亦云福只。慎终刻词,是谓有子。①

并有祭先贤孙仲迪文,如下:

呜呼! 昔我与公邂逅于剑江之滨,投分于片言之顷,遂承步暑,同归仁里,信宿相留,虽再觏止于二三,而爱我不啻平生。方拟春和,杖策携琴,重来谒公,遍访名山以酬旧约,而公弃我以逝矣。呜呼哀哉! 适此卧病,不能往哭,只遣一觞,永诀终天。尚飨!②

是年,陈白沙九岁,幼时无岁不病,其母以乳代哺至于九岁。

有《阅旧稿毕偶成》(丙辰)《春日》《枕上偶成》《偶成》《宿周舍》《宿湖田万氏》《木黄岭》《宿慈明寺》《寄宗人士彰》《山家》《赠陈广文》(承吾师杨弘济尚书先生命来下顾自不肖)诗。③

从诗作上看,康斋特别喜欢自我反思,这是一种很自觉的道德修养活动,是内生性的道德成长自发活动。46 岁以后,康斋的学生明显越来

---

① 《康斋集》卷 12《孙君墓志铭》,第 589—590 页。
② 《康斋集》卷 12《祭孙仲迪》,第 595 页。
③ 《康斋集》卷 2,第 391—392 页;《康斋先生文集》卷 2,第 1004—1006 页。

越多了，所以，出外郊游的他，顺路也会去看望学生，一方面是彼此互通有无，关心问候，另一方面则是鼓励进学，也有督学之意。其中，诗作里的周舍、湖田万氏，应该有康斋的门人弟子。"尝闻《洪范》思能璇，只恐邪思乱性真。能于思处分真妄，便是存心格物人。妄想能除心即清，心清一气自和平。时行时止非人力，慎勿憧憧役此生。"继其早年"养真性"的道德修炼，诗歌中的"时行时止""心清一气自和平"，也都在康斋的心性修炼中反复出现的，只不过一起出现在这首诗歌里面，说明，康斋的工夫越发凝练与深密。而"竹树阴阴隔世尘，吾伊声里着斯人。饥餐渴饮聊随分，信是闲中别有春"的"闲中有春"，说明康斋已经超越时间对他的束缚，而这正是"随分"心诀带来的结果，是可喜的。

是年，薛敬轩 48 岁。夏四月二十八日，除山东督学佥事。先生欣然曰："此吾事也。"过山东通津驿，有诗："六月官船发潞阳，水村烟树共微茫。天门忽已如天上，只见青山一带长。"旅途上，敬轩的心情是愉快的。可见，对于山东的这个职位，敬轩期望还是蛮大的。至山东，首以白鹿洞规开示学者，俾致知而力行，寻敬以穷理，由经以求道。所至先询行而后文词，亲为剖解，告以为人为己之学。取人随材器，或行步，或字画，或讲诵，或诗词，各玉之于成。数者皆无，不得已使儒衣冠谢其祖，乃去之。有一生，以贫废弃，屡举不第，亟求退。学博亦曰："宜罢之。"先生曰："生祭日治何事？"金曰："击磬耳。"先生曰："磬在八音中最难谐，能知之，亦可用也。"不听去。后其人果登第。诸生无少壮贤愚，皆感慕先生，称为"道学薛夫子"焉。正是由于"一个都不能少"的教学理念，使得敬轩未来在山东长达六年的教学业绩，是值得肯定的，这为他以后的仕途建立很好的人望与社会资源。[1]

是年，杨溥 65 岁，三月，任殿试读卷官。任侍讲。每十日讲于文华殿，一月三次，分别为初二、十二、二十二。[2]

---

[1] 《薛瑄全集》，孙玄常等点校，第三册，（明）张鼎、杨嗣昌：《薛文清公年谱》，第1188 页。

[2] （明）杨溥：《杨文定公诗文集》，胡永华：《杨溥年谱》，第 476—478 页。

1437 年,丁巳,正统二年,47 岁。

是年,或由于天气特别寒冷,生活又一度清贫,"当年曾苦读书心,斯道寥寥强自任。不谓阨穷兼疾疹,蹉跎空得雪盈簪"①;有时妻、子身体欠安,"屋弊风如箭,衾单人似水。但怜妻子病,敢计此身宁?夙志空怀古,迂谋拙理生。体羸何所作,漫喜此心平。"②多有贫困、感叹之愁怀。读者读到上述诗作,多有心寒之态。

有时晚上,背负世道的康斋一夜无眠,"风雪无眠夜,冷然细省躬。此心诚易失,物理倍难穷。"③感叹道德与穷理双重工夫实属不易,觉察到心念之微茫,个人能力之渺小,不禁感慨万千。由于康斋一直以圣贤自任,苦读诗书,结果三十年后,依然困苦不堪,难免起计较之心,"当年曾苦读书心,斯道寥寥强自任。不谓厄穷兼疾疹,蹉跎空得雪盈簪",自然难免无限感慨,但也由此,我们可以看到一个真实细腻与无比真诚坦白醇儒的真实面目,更加起敬起仰!

然年终,感觉一家平平安安,甚是幸运,"虚堂明烛小年时,子弄瑶琴父咏诗。会得心中无事旨,乐夫天命复奚疑"④,终有"子弄瑶琴父咏诗",心中无事情怀,乐天知命的开阔之怀一下子就来了,读之令人欣慰。

此年有《孙氏贤母诗》(丁巳)《秋夜感怀》《寒夜枕上作》《枕上绝句》《小年夜》(俗以岁除前一夕为小年夜)五首诗。⑤

此年,敬轩先生四十九岁。在山东。有《元宵诗》曰:"行台北面是仓山,古柏风生分外寒。又值元宵春一度,只烧红烛伴清欢。"这首诗句

---

① 《康斋集》卷 2《秋夜感怀》,第 392 页。
② 《康斋集》卷 2《寒夜枕上作》,第 392—393 页。
③ 《康斋集》卷 2《枕上绝句》,第 393 页。
④ 《康斋集》卷 2《小年夜》(俗以岁除前一夕为小年夜),第 393 页。
⑤ 《康斋集》卷 2,第 392—393 页;《康斋先生文集》卷 2,第 1006—1007 页。

表现出敬轩灯下读书的场面。秋,九月七日,游灵岩寺,宿寺中。有诗曰:"梵宇深沉夜景迟,僧房禅榻果幽奇。竹鸣虚牖风过处,霜落寒岩月上时。纸帐烛光团白玉,石炉香烟霭青丝。红尘马首明朝别,只恐山灵解勒移。"这首诗句表现敬轩公务繁忙之余,郊游闲暇,喜欢在寺庙里面静坐,涵养心性,这与康斋喜欢在寺庙中静坐是一致的。又《秋日灵岩道中》有"照人霜叶红于染,拂袖风光翠欲流"之句,特别传神地写出了大自然的生意景象,情景交融,具有较高的艺术性。①

是年,杨溥 66 岁,三月,《杏园雅集》成,是宣宗盛世的代表作,今存世。春,太后欲诛王振,赖三杨解救得免。冬十月,地方政府管理人才缺乏,京官无人举保,议行保举之法,求贤养民,行仁民之政,明正举主之罪。②

---

① 《薛瑄全集》,孙玄常等点校,第三册,(明)张鼎、杨嗣昌:《薛文清公年谱》,第1188—1189 页。

② (明)杨溥:《杨文定公诗文集》,胡永华:《杨溥年谱》,第 479—480 页。

1438 年,戊午,正统三年,48 岁。

是年王振开始专权,大规模地打击铲除高级官员。秋七月癸未,下礼部尚书胡濴于狱;辛卯,下户部尚书刘中敷于狱,寻俱释之。太监王振大范围专权坏政自此始。

是年,子璇庆八岁,"八岁知勤学,焚膏过二更。圣功从此始,道只在人弘"①。康斋对儿子提出很高的"圣功"期望,期望拳拳。

此年康斋正式提出"养太和"道德修养论,"偶来溪畔爱阳坡,瞑坐光风养太和。幸托林泉交物少,故于情性得功多"②,专门指向性情工夫,这是他对朱子学转向性命化、身心化与心学面向的重要时期。"瞑坐光风"的诗句,指出康斋为了治病养身,借鉴禅宗的静坐心法,养精神,养元气,养精灵。

静坐反思,"月色秋边白,人心夜半平。一尘元不滓,高枕玩虚明"③。通过收敛寸心的反思、观物理和静坐等心性工夫,识泰然至善虚明本体。

闲时,曾出门讲学,"讲罢归来日向沉,嫩凉徐步爱轻阴。芳林秀町盈眸好,谁识乾坤造化心?"④"谁识乾坤造化心"就是指天心,天地之心,便是康斋很享受万物生意的活泼不息,喜欢宇宙变化的造物性,渴望学术同伴的友情支持。而"病枕醒来镇不眠,起看星象听鸣泉。寸心敛处宁容物,始识天君本泰然"之诗句点明不眠的康斋披衣散步,蹀步于万里明月的小山村,向内反思收敛,涵养深厚,更是印证天地之心的"泰然"之态,宇宙本体的大爱之理。见识宇宙的本心,这是康斋涵养学问

---

① 《康斋集》卷 2《璇庆夜读,喜而赋此勉焉》,第 393 页。
② 《康斋集》卷 2《溪畔偶成》(戊午),第 393 页。
③ 《康斋集》卷 2《月夜》,第 393 页。
④ 《康斋集》卷 2《长塘道中》,第 393 页。

的特色之处。

是年,临川友人梁节捐馆,写诗哀悼。是年,对老朋友多有怀想,曾梦戴时雨训导,秋病中卧怀族叔父吴仲学等。

有《溪畔偶成》(戊午)《长塘道中》《月夜》《璇庆夜读,喜而赋此勉焉》《中夜偶成》"病枕醒来浑不眠,起看星象听鸣泉。寸心敛处能容物,始识天君本泰然"《挽梁节》《梦戴时雨训导》《怀族叔父仲学先生》诗。①

是年,杨溥 67 岁。三月,《宣宗实录》成,获赐白金一百两,采币若干,织金罗衣一袭,鞍马一副。②

---

① 《康斋集》卷 2,第 393 页;《康斋先生文集》卷 2,第 1007—1008 页。

② (明)杨溥:《杨文定公诗文集》,胡永华:《杨溥年谱》,第 480 页。

1439 年,己未,正统四年,49 岁。

是年,康斋教学声誉在抚州区域日隆。

是年五月丁巳,明英宗升陆友谅为江西左参政。[1]

原南京户部主事王宇(1417—1463,字仲宏,号厚斋,河南祥符人)[2]以优考特任抚州太守,刚到任,荐举康斋出仕,被康斋谢绝,学生黄节奉书往来。[3]

康斋回信拒绝如下:

与弼不幸,早婴多病,晚益缠绵。窃伏山间,苟延喘息而已。其于学德,有弛无进。重沾父师,抱愧万万。方措躬之无地,尚奚有于四万

---

[1] (明)孙继宗、李贤、陈文、彭时修撰,《大明英宗睿皇帝实录》卷55。需要补充的是,六年后,满两任,陆友谅于正统十年十一月乙未以江西右布政使致仕。参阅《大明英宗睿皇帝实录》卷132。

[2] 据历史记载,王宇为正统四年(1439)进士,有治世之才,政绩卓著。天顺元年(1457),擢为山东右布政使,天顺二年(1458)迁右副都御史,巡抚宣府。不久,又奉命兼抚大同。丁忧,复为大理寺卿。天顺七年(1463)七月十七日卒,年仅四十七,甚为遗憾。而《光绪仁县志》记载为王宇为景泰中任抚州知府,其荐康斋有"古学古行"。崇仁县志原文如下:王宇,祥符人,景泰中任。吏有盗库金者,廉得其状,宿弊尽革。府治后有鱼池十数亩,填之建仓其上,储粟万斛以待歉岁。宜黄有虎害,作文告神,虎皆遁走。金溪有聚掠者,宇叹曰:"此吾良民迫于饥耳。"发廪赈之,众皆感泣解散。崇处士吴与弼古学古行,深为加礼,且荐之于朝,民至今谈之。官至副都御史。见《光绪仁县志》卷39,第634页。

[3] 此前康斋被地方政府要员举荐,有《回宪司经历书》:仆以不才,误蒙宪司列位大人,以为可用。特垂褒荐,致屈尊亲枉顾蓬门。一闻车马之音,惊惶战惧,汗流浃背,无所逃罪。窃惟仆幼受国恩,未答涓埃,正当踊跃以继清尘,少图微效。然仆自二十一岁沾疾,一向缠绵,有加无愈,全然不能进学,是以虚名虽出,实学全无,误蒙齿录,徒增愧赧。兼以见患头风等疾,动作艰阻,虽欲奋身,实不能得。此皆大人亲目所见者,伏乞回司于列位大人前,申此下情,乞赐别选俊彦,以副朝廷求才盛意。贷仆岁年,使得逐渐医治,但身一健,凡有指麾,即当抃欣趋事。冒渎尊严,无任悚罹俟罪之至。(《康斋集》卷8,第524页。)

之志哉？近者伏蒙误爱，以与弼可所驱策，特辱褒荐，遣使临门，闻命震惊，受恩感激，不知所措。夫嘉善而矜不能，固大人君子为政之体。顾仆何人？敢膺兹宠。伏望钧慈，察其无似，哀其疾病，俾得以遂其苗讼之私，不胜幸甚。谨遣学生黄节奉书申覆，兼致谢恩。干渎尊严，无任恐惧俟罪之至。①

此年，重走儿时游览、放牧和嬉戏的莲塘、何家山、坑里、南坑，回忆儿童时的美好时光。经南岗，"忆年童稚时，逐侣于兹牧。赓歌忘渴饥，嘷嘷驱归犊"②；经下厫山，"为童多此游，负薪给吾爨。几度江湖上？青山梦中看"③；经于家陂，"儿童随伯氏，渔此供宾庖。江湖四十载，往迹惟神交"④。四十年过去了，岁月如流，感叹人在梦中。

经陀上，回忆自己十岁随伯父往南京看望父亲别母分别地，"迢迢陀上路，东去通康庄。当年断肠别，观者同彷徨"⑤。

有《莲塘》(己未)《何家山》《坑里》《南坑》《南冈》《对门山》《下厫山》《于家陂》《陀上》(先生别母往京)9首诗。⑥

是年，薛敬轩先生51岁。在山东。三月，拜诏于青州。夏四月，考绩如京师。秋九月，诏复职。冬十月，至山东。十一月，按部出济南。十二月朔，至清平。⑦

是年，杨溥68岁，三月，任殿试读卷官。⑧

① 《康斋集》卷8《回清漳王太守书》(正统己未)，第524—525页。

② 《康斋集》卷2《南岗》，第394页。

③ 《康斋集》卷2《下厫山》，第394页。

④ 《康斋集》卷2《于家陂》，第394页。

⑤ 《康斋集》卷2《陀上》(先生别母往京)，第394页。

⑥ 《康斋集》卷2，第393—394页；《康斋先生文集》卷2，第1009—1010页。

⑦ 《薛瑄全集》，孙玄常等点校，第三册，(明)张鼎、杨嗣昌：《薛文清公年谱》，第1189—1190页。

⑧ (明)杨溥：《杨文定公诗文集》，胡永华：《杨溥年谱》，第484页。

1440 年,庚申,正统五年,50 岁。

三月,英宗建北京宫殿。永乐灾后,重建三殿,修缮乾清、坤宁二宫。秋七月壬寅,三杨中最重要的权臣杨荣卒。王振暗中捣鬼,杨荣闻报,不得已,兼程入京,触冒瘴疠而途中病死。除掉杨荣后,内阁剩杨士奇、杨溥、马愉、曹鼐四人,自此,王振的权力越来越大。

是年,"以省墓之故,侨居临川种湖"。①

临川李县侯来请康斋讲学,郡庠生送江苏高邮米,江西南城麻姑酒,康斋喜。自此,康斋侨居种湖三载。②

有"泥尊满贮盱江绿,玉粒遥传淮甸香。白屋荣沾花县赐,喜从乡党一分尝"③赠答。在临川郡庠,教临川籍学生周观、周圻、程庸、李章、余忠、周邦大、余规、王常、李恪、张循、张实、朱邦政、朱邦宪、李奎等人,后为丰安、五峰、韩家岭、樟溪、吉塘、湖莽等地诸生写族谱序。④

---

① 《康斋集》卷 9《丰安程氏族谱序》,第 534 页。

② 康斋诗"旧乡三载赖周旋"(《康斋集》卷 3《奉别族里》,第 408 页),"省墓归来二载余"(《康斋集》卷 3《复居小陂》,第 408 页),故一斋说康斋"居种湖祖基二载"又非也,载(明)焦竑编修《国朝献征录》卷 114,娄谅:《吴康斋先生与弼行状》,第 459 页。

③ 《康斋集》卷 2《承临川县侯李,降临弊庐,赐以高邮米、麻姑酒,喜与邻里乡党共分其惠,因成此句》(庚申),第 394 页。

④ "若周观、周圻十余士联翩而来,程庸、李章者尝一宿于其家,而承其父祖之欢",见《康斋集》卷 9《丰安程氏族谱序》,第 534 页。"昔四明时原贞、浦城章士言、三衢徐希仁教郡庠时,予适寓外氏,往来墨池,良密一时,俊士若傅纲辈,相与甚善。后周、谭、陈、万诸公,继学事予,又主于墨池者数,若梁节辈相与不减,傅纲诸人,故予于郡庠非一日之雅"(《康斋集》卷 9《丰安程氏族谱序》,第 534 页),可见,当时康斋与浦城人章士言、浙江三衢人徐希仁等训导为教学同仁。这时康斋与抚州临川的知名学者形成一个学术性的非正式组织,有傅纲、周、谭、陈、万、梁节诸人等,地点在傅秉彝的墨池,数次讲学谈论,

后,临川五峰李章游学康斋门下两年①,而王常最久②;朱邦大好问学,笃学复古,气量甚大③。

与学生周圻诗,有序:"周圻生三岁而府君没,母黄氏年二十六,以节自誓。尝手植二柏于府君之墓。今木已拱,而黄亦六十矣。族子民熙县丞公,向为求柏堂二篆,以表其操。自予之复归种湖也,与圻好尤密,且桑梓相望,嘉吾乡之有善事,故乐道而为诗。"④

是年,遣晏海、黎普使金溪,"早晚所读书,及视听、言动、得失、应事、接物当否?途中人家宿泊,凡交游姓名,皆须逐日札记。归日要看,凡交处之际,务要礼貌,从容恭谨,不可傲忽"。⑤

就祖墓被侵盗事,同弟弟与性、与畴等拜书于江西按察使石璞(字仲玉,临漳人)⑥,"抚州府崇仁县百姓吴与弼,见患风气等疾,谨遣弟与性稽颡拜书于宪使河南大人钧座前,与弼辄布腹心,仰乾造化。与弼自幼随亲宦游于外,家山丘墓旷于祭扫。年岁既久,不免为人占侵盗葬,已尝遣弟与畴具诉于官。人顽健讼,慢延至今,不遵迁改。伏惟大人性行安洁,学识高明,德政洽于群情,威刑服于众志。凡抱冤负屈,得以见直于秋霜烈日之表者,几千万人矣。而吾祖独怀羞于九泉,何哉?盖为之子孙者怯懦逡巡,不能伸情于上而然耳。不孝之愆,其何以逃?窃谓礼莫贵于重本,罪莫大于忘先。与弼幼承父师之训,粗知自守,曷敢僭

---

① "郡庠生李章游于寓馆之二载,以交之厚也"。《康斋集》卷9《五峰李氏族谱序》,第535页。

② "郡庠生常征于诸父,谱其可知之世,来以请益于予。自予居种湖,郡庠来游之士,各修其谱,予皆不辞而序焉。然奚足轻重其谱哉?常事予最久,诚能尊其所闻以自新而不已焉",《康斋集》卷9《樟溪王氏家谱序》,第536页。

③ "郡庠生周邦大氏曩承府主命聘予小陂,已而予徙种湖,衰然与其朋十数士来讲学于寓馆,而邦大桑梓尤近,故游从之好,问学之功,为尤笃。每相与谈复古矫俗等事,未始不慨然增气,恒誓以诗书世其家业;又思以强其宗,乃删修其族兄民熙县丞公所述族谱,征予言以为序。"《康斋集》卷9《韩家岭周氏族谱序》,第535页。

④ 《康斋集》卷2《题柏堂》(并序),第394—395页。

⑤ 《康斋集》卷8《遣晏海黎普使金溪》,第530页。

⑥ 石璞,永乐九年乡荐,为御史。正统初,任江西按察使。三年,因故坐逸囚,降副使。在江西数年,风纪整肃。七年迁山西布政使。景帝嗣初,兼大理寺卿。母忧归,起复。六年,升兵部尚书,与于谦同事。明年,总督军务。天顺元年,致仕。四年冬,为南京左都御史。归卒。

踣？今日冒昧渎犯威重而不避斧钺之诛者，诚以本不敢不重而先不敢有忘也。伏望钧慈，俯垂听察，矜其哀悃。特赐施行。俾公法明于上，私情申于下，则死生受赐，子孙敢忘？干冒尊严，无任战栗俟罪之至。"①

此年，有答黄铎信，"胡生龄望者，区区祖居种湖邻友胡子熙之子也，充临川邑庠生，欲于曰让处请《春秋》之学，烦吾友馆之，待彼葬事毕，引去求见。凡百于贤伯仲，青眼为祷"②，请黄铎馆宿学生胡龄望。

此年，与学生周圻讨论诸葛武侯治蜀用法得失，"承喻诸葛武侯治蜀，服罪输情者，虽重必宥，理则然矣。然所谓必宥者，谓如律之自首法也。自首款内有云：'其损伤于人于物，不可赔偿'云云，并不在自首之律。若无斟酌之宜，而一概从轻，正朱子所谓只见所犯之人为可怜，而不知被伤之人尤可念也。鄙见如此，漫以奉复，不宣。"③康斋坚持朱子的观点，重法轻情，认为诸葛亮在治理蜀国的时候，其实还是比较重视法制的优先性的。

春，左参政陆友谅"荣膺大藩之寄"④后，赠宝楮佳纸美味，陆友谅后又"备厚礼于先人之墓"⑤，赐胙，"不肖奔丧时，蒙倡义哀赙，周旋备至，岂胜哀感？自是而后，常于稠人广坐称扬盛德，闻者莫不悚然起敬起仰。今年春，正慕想间，忽辱教帖，拜闻荣膺大藩之寄，南服之民，幸莫大焉。兼拜宝楮，佳纸美味，尤深感感。兹又拜书，获知蒙备厚礼于先人之墓，继惠以胙。益叹仁人君子之高风雅度，邈乎其不可及也。其于师友之谊厚矣，于风俗激昂多矣。顾小子曷足以承下风之万一哉！只增愧感而已。使回，仅此申覆，无任哀感恐惧之至。"

康斋诗谢，"画省颁膰到荜门，极知雅意笃斯文。独惭浅薄将焉称？细与乡邻族党论"⑥。奔波两年后，祖墓被破坏一事终在陆友谅手里得到解决。

---

① 《康斋集》卷8《上石宪使书》（庚申），第525页。
② 《康斋集》卷8《与黄铎书》，第525页。此年五月，曰让父亲国子监博士孙贞捐馆，故有葬事。另，曰让兄翰林院修撰曰恭同年捐馆。
③ 《康斋集》卷8《答周圻书》，第525页。
④ 《康斋集》卷8《答陆参政友谅书》，第525页。
⑤ 《康斋集》卷8《答陆参政友谅书》，第526页。
⑥ 《康斋集》卷2《陆大参赐胙》，第396页。

此年,有《答族人宗程书》:"许生来,承书问,知足下拳拳于学,深以为慰。迩者,因念吴族近代以来不胜衰替,而吾宗种湖为尤甚。不肖早既惰慢,中益病苦,万不如人,悔莫追矣。父兄宗族无德以动之,鲜有一人能以振起后昆、光显祖先为意者。惶恐惶恐。杨溪、彭泽二族,不能不深有望于士彰与吾宗程也。勉之勉之。"①期盼大家修德修学,"振起后昆、光显祖先",有振奋宗族之心。

有《承临川县侯李,降临弊庐,赐以高邮米、麻姑酒,喜与邻里乡党共分其惠,因成此句》(庚申)《留赠湖田万氏》(二首)《赠故里亲友》《题柏堂(并序)》《奉谢诸乡邻》《小年夜绝句》《除日》《除夜》八首诗。②《小年夜绝句》诗云:"煌煌银烛照良宵,乐此升平荷圣朝。门户恍思前甲子,肃然世泽感迢遥。"《除日》诗云:"此地栖迟忽岁除,萍踪如梦对琴书。宗门一一经过处,共喜云孙复故居。"《除夜》诗云:"妻子团乐身少瘥,故居风景庆时和。老年襟抱无他感,但恨读书功不多。"

从诗作上看,此年的康斋在为善去恶方面开始系统地给予重视,"善恶由来不共科",并在行动上有所体现。一方面是祖墓被侵占,他感觉社会习俗和大家的道德水平有待提升;另一方面是在王振混乱独裁的朝局下,个体的独善其身是优先的,这与正德初期王阳明的处境很相似。而为善去恶的优先行动,就是行仁体仁、用仁践仁。在乡村,康斋在临川、崇仁、金溪、宜黄、丰城、兴国、南昌、上饶等地区号召大规模修缮族谱的运动,以读书齐家修身为目标,"工夫不厌读书多",以一种偏于柔性的道德化自觉行为改善地方治安,提升地方秩序与安全水平,这与王阳明的保甲制度偏重军事化不一样。

在其后的读书和日常生活里面,康斋不断重申读书把握经典的重要性,有一种读书至上主义的风骨,"平生拙学无他技,到处逢人劝读书"。同时,他也把体仁的道德修养投身于增厚世俗与游山玩水的活动中,"从今厚俗须交善,自古为居必择仁",正好合乎他 50 岁的年龄,所谓知天命时期,也是体仁和行仁的重要阶段。

薛敬轩先生五十二岁。在山东。春正月十八日,夜卧梦云:"安其

---

① 《康斋集》卷 8,第 526 页。

② 《康斋集》卷 2,第 394—395 页;《康斋先生文集》卷 2,第 1010—1012 页。

内不求于外,见其大而略于小。"做梦自励,继续向内用力,养成包容品格,鼓励进学。①

　　是年,杨溥 69 岁。二月六日,与倡率真会,约十日阁中小集,道义相发,文雅之集也。②

_____

① 《薛瑄全集》,孙玄常等点校,第三册,(明)张鼎、杨嗣昌:《薛文清公年谱》,第1190 页。
② (明)杨溥:《杨文定公诗文集》,胡永华:《杨溥年谱》,第 486 页。

1441 年,辛酉,正统六年,51 岁。

是年三月庚子,下兵部侍郎于谦于狱;五月,释于谦为大理少卿。冬十月丁丑,户部尚书刘中敷,侍郎吴玺、陈瑺荷校于长安门,旬余释还职。闰十一月甲戌,复下刘中敷、吴玺、陈瑺于狱。逾年,释中敷为民,玺、瑺戍边。是年,太后崩,上无人制约王振,杨士奇因子稷豪横不法被杀于京而坚卧不出,内阁仅剩杨溥、马愉和曹鼐三人,王振专权乱政越发明显,让读书人大大心寒,败坏了整个社会风气。

此年,康斋侨居临川种湖,继续教临川郡庠生,闲暇时出游附近山水间,名气、声望渐隆。

杨宪副赠《周礼注疏》,康斋诗谢,"梦寐周公制作心,遗编厚贶辱遥临。焚香拜罢时开卷,感激于君定几深"①。

读《春秋》之书,继续"养太和"的道德修养论,"为恶都缘自放多,私根随处费清磨。从今要术须归约,履薄临深养太和"②。此次的养太和不再仅仅是放在主静中与大自然中,而是放在消磨私根的克制工夫里面,放在为仁之学的新视野,放在世俗社会为善去恶的背景下,让太和之气贯穿整个世俗社会,工夫论上更觉细密。

侨居时,父子共同读书进学,"青灯父子话从容,贫贱逾知乐意浓,从此莫忘慈教旨,诗书宜早用深功"③"养拙柴门日久沉,子勤习诵父哦吟,始知陋巷箪瓢乐,千载同符只此心"④。以亲情战胜贫困,感悟到"千载同符只此心"的真乐。

与崇仁萝溪友人胡子贞、学生九韶、乡贤黄季恒交游论学。诗作中

---

① 《康斋集》卷 2《寄谢杨宪副赠〈周礼注疏〉》(辛酉),第 395 页。
② 《康斋集》卷 2《约》,第 396 页。
③ 《康斋集》卷 2《示儿》,第 396 页。
④ 《康斋集》卷 2《即事》,第 397 页。

流露出康斋对朋友与学生的深切关怀,"梅竹幽栖处,良朋偶盍簪,留连清夜饮,俯仰莫年心,明日又南北,转头成古今,平生江海梦,偏向旧游深。"①

去年,康斋就祖墓被"侵盗葬"一事求助于石宪使②,后在陆友谅等官员帮助下,事情最终得以妥善解决。为表谢意,有题石宪使慈寿堂:"西山淑气蔼蓬莱,华馆春风寿域开。信是深功由我积,固应余庆自天来。兰阶彩绣荣南服,锦巷球玑应上台。疏薄岂胜膺授简,日同梨庶仰崇台。"③

正统四年上任的王太守三年荣满,将离任,康斋感激其己未年"褒荐"④,有诗赠:"皂盖朝天日,黎民卧辙时。重临俱有望,竹马候归期。"⑤

庚申、辛酉间,浙江湖州吴兴潘宏道来训导临川,拜访康斋于种湖之上。⑥

寄黄泰庄先辈诗,"惆怅白头吟,云山契阔深。何当重剪烛?细叙百年心"⑦,表达了自己的思念之情。

冬十一月底,康斋携其子及学生数人赴南昌"半月之游"⑧,拜望前国子祭酒胡俨(颐庵),在其家抄书。⑨

---

① 《康斋集》卷2《夜宿胡氏梅竹轩,九韶、季恒在焉》,第397页。

② "与弼自幼随亲宦游于外,家山丘墓旷于祭扫,年岁既久,不免为人占侵盗葬。已尝遣弟与畴具诉于官,人顽健讼,慢延至今,不遵迁改。"《康斋集》卷8《上石宪使书》(庚申),第525页。

③ 《康斋集》卷2《题石宪使慈寿堂》,第396页。

④ 《康斋集》卷8《回清漳王太守书》(正统己未),第524页。

⑤ 《康斋集》卷2《赠王太守荣满》(漳州人),第396页。

⑥ 《康斋集》卷9《潭江潘氏族谱序》,第537页。

⑦ 《康斋集》卷2《奉寄黄泰庄先辈》,第398页。

⑧ 钟彩钧:《吴康斋的生活与学术》,台湾《中国文哲研究集刊》1997年第10期,附录《康斋略谱》,第312页。

⑨ 胡俨(1361—1443),字若思,号颐庵,江西南昌人,明代著名文学家、教育家。少时嗜学,于天文地理律历医卜,无不练通,兼工书画。洪武二十年(1387)举于乡,初授华亭教谕,能以师道自任。母忧,服除,改长垣,乞便地就养,复改余干。学官许乞便地自俨始。建文元年(1399)荐授安徽桐城知县。胡俨兴修水利,灌溉农田,为民兴利除弊,深受百姓爱戴。明成祖朱棣即位后,由解缙荐举而任翰林检讨,尔后迁侍讲,又升任左庶子,成为内阁成员,参与机密政务。永乐二年(1404)九月,拜为国子监祭 (转下页)

舟中，璇庆或与友人游，"童冠相呼六七朋，晴沙迤逦并舟行。个中真意人谁会？慨想当年与点情"①，康斋心中颇喜悦。途中，璇庆失金（时11岁），"人亡人德不须怜，佩服嘉谟亦有年。今日失金何足较？自当观理学前贤"②，康斋表现出豁达的态度。自此，康斋结束了自己自父亲捐馆后十五年不远游的经历。③

此年，有老友黄季恒信，"行李往来，知贵恙安愈，不胜为慰。贱子到此，病体不佳，兼苦于疮。四月初，方少缓痛，远人事，养病观书，颇为自在。虽居市，不异山间也。诸生授业，皆略有绪，但恨吾友隔远耳。子颜、励节二亲，契同此申。意未会间，各冀保爱。不宣。"④

康斋南昌抄书期间，学术影响越来越大，酬和诗作较多，有《洪都稿》。客居南昌，拜访南昌的孺子亭，和朱子诗韵："孺子高风固莫寻，紫阳余韵感人深。乾坤那得有今古？千载斯人只此心。"⑤深赞朱子著述惠泽后学之功，体认到与朱子"千载斯人只此心"的同乐。

自钟陵归，假道湖莽，望有一村，大陂也。⑥

归家路途临别，谢颐庵先生，"近别伏想，尊候起居，万福为慰。与弼十二月十三日，南浦问舟。十四日早行，十八日抵家。诸生及璇庆，席尊庇皆获粗安。窃伏惟念与弼率意拜造，少申谢恳，瞻仰门墙，负罪戚恧。特蒙钧慈，缓其逋慢之诛，备沐欸教之至，仁人君子之心固如是矣。璇庆虽幼，均拜隆受，何感如之。赠言过许内省坎然。虽为闾里之荣宝，重父师之辱，愧悚愧悚。拟明春来亲德音，携数生拜假《程氏遗

（接上页）酒，掌管国学。居国学久，以身率教，动有师法。在任二十余年，重修《太祖实录》，编纂《永乐大典》《天下图志》等书，均任总裁官。洪熙元年（1425）借病辞职，仁宗特赐升他为太子宾客，仍兼祭酒，敕免子孙徭役。胡俨辞官居家后，有《颐庵集》三十卷（参阅《颐庵文选》，文渊阁《四库全书》第1237册，上海古籍出版社，1987年）、《胡氏杂说》。

① 《康斋集》卷2《璇庆同余李友登陆游憩》，第400页。

② 《康斋集》卷2《璇庆失金》，第400页。

③ "不出门庭十五年，旧游遥历重凄然"，此次抄书出游，无疑触动康斋的伤心情怀，《康斋集》卷2《舟次打石港感怀》，第399页。

④ 《康斋集》卷8《与黄季恒书》，第526页。此封信四库抄录版未标注写作年份，而嘉靖明刻本标注为辛酉年。参阅宫云维标点本《康斋先生文集》卷8，第1228—1229页。

⑤ 《康斋集》卷2《游孺子亭次朱子诗韵》，第400页。

⑥ 《康斋集》卷3《赠李生归觐》，第415页。

书》及《三礼》诸书抄录。但未知家事如何,行得否也。今因王生行,便敬此申覆,企仰西山,无任瞻恋激切之至。不具"。①

在颐庵先生胡俨(1360—1443,字若思,江西南昌人)家抄书时,住在友人伍佰逊(原湖南宁化人,客居南昌)家,后有信回谢:"得假华馆,辱爱良多,重承厚贶,尤所不胜。近别想动履清胜为慰。不肖十八日抵家。诸生及小儿皆席庇粗安。每于亲友话次,未尝不乐道贤主人伯仲和乐之意,以为薄俗劝。敬羡! 敬羡! 今因王生行便,专此驰谢,不宣。"②其子伍恒从康斋学,景泰间征贤良。

归家有五日时程,十二月十三日,南昌南浦问舟。十四日早行,十八日抵家。康斋深深感谢学生的抄书辛劳,"半月追随谒国宾,今朝分手重殷勤。还家各记丁宁教,私录工夫日月新"③,劝学生自学日新。

新年将至,有怀孔御使,"当年曾辱报亲书,意气深惭过许予。夜雨空怀人似玉,华颠谁念挂钩鱼"④。

与族老仲学先生诗作:"江湖半月忝为宾,浪说文章泣鬼神。自是秉彝攸好德,谁怜观过却知仁? 倦酣竹叶缘多病,剩赋梅花为好春。幸免非几全素履,未妨来往作闲人。"⑤汇报自己一年来进学的努力。

有诗作吊先友国子监博士孙贞(1366—1440,江西丰城县人)先生:"忆瞻颜色自儿童,回首官居一梦中。试问寂寥先友记,玉山多在白云封。"⑥孙贞先生与康斋父亲吴溥关系密切,其于正统五年五月捐馆,官至国子监博士,终年75岁。⑦

---

① 《康斋集》卷8《奉颐庵胡祭酒先生书》,第526页。

② 《康斋集》卷8《与伍佰逊书》,第526页。

③ 《康斋集》卷2《赠同行诸生》,第402页。

④ 《康斋集》卷2《怀孔御史》,第402页。

⑤ 《康斋集》卷2《奉和族叔父仲学先生》,第402页。

⑥ 《康斋集》卷2《吊先友孙博士先生》,第402页。

⑦ 孙贞有三子,分别为曰让、曰恭、曰良,均为进士。其中曰让历任祁门训导、绍兴教谕、礼部主事、南京礼部郎中、应天府学教授,与康斋关系密切;曰恭字恭斋,号翼庵,永乐二十二年探花,为翰林院编修、修撰、侍读。据传他为人端志雅操,学行醇笃,为文简古有法度,受到"三杨"器重,与康斋关系密切;曰良(1388—1474,字艮斋),为1411年进士,历任监察御史、交州知府、广西右布政使、右副都御史等。所至有能声,有古循吏之风。

感谢抄书周、余诸友，惠赠"石竹""雪竹"诸字，"节序明朝岁已除，青衫犹辱访侨居。预留拙笔聊相赠，点画虽疏意有余"①。

因15年未出远门访学，今年康斋的诗作特别多，其诗作有《寄谢杨宪副赠〈周礼注疏〉》(辛酉)《题太古轩》《种湖》《大桥》《何陂》《江家山》《城上松》《读〈春秋〉》"世情思诗两悠悠，老去何心复梦周。风雨午窗春睡起，闲将吾志向《春秋》"《自讼》"途而昂藏生世间，可怜此志久希颜，如何白发龙钟际，依旧身心就检难"《约》《陆大参赐胙》《题石宪使慈寿堂》《赠王太守荣满(漳州人)》《示儿》《丰安道中》《即事》《奉寄家兄》《寄胡子贞》《昼寝偶成》《子贞及一舍弟送归途中口号》《宿湖头》《重游瓜石感怀》《夜宿胡氏梅竹轩，九韶、季恒在焉、望家山感怀》《追和刘秀野诗韵》(十首)《宿楼府庵中》《宿格山禅林寺》《途中偶成》《奉寄黄泰庄先辈》《秋夜》《柬黄季恒》《舟次打石港感怀》《璇庆同余李友登陆游憩》《独坐偶成》《发桂家林》《宿池港》《蓬漏不堪坐起赋此以慰余李诸友》《次桃树港与璇庆登岸闲眺》《宿板溪》《辞李氏宴》《道中见梅》"虬枝忽见雪交加，自在芳心阅岁华。客里但贪春意好，短墙不必问谁家"《望豫章城怀胡祭酒先生》《璇庆失金》《宿悬榻里有怀往事》《拜胡祭酒先生》《留题伍氏馆》《客夜》《喜晴》《游孺子亭次朱子诗韵》"孺子高风固莫寻，紫阳余韵感人深。乾坤那得有今古，千载斯人只此心"《宿豫章城》《奉次胡祭酒先生诗韵》《问舟南浦》《发南浦示璇庆及诸生》《野宿》《月下行舟》《次槎江》《次嵩山》《宿曹溪感兴寺》《早行马上口占》《次湖荞》《崔氏默庵偶成》《喜晴马上古占》《宿潼湖》《舟中听诸生歌诗》"行李宁家已有期，云帆更喜夜风吹。诸生各有平安庆，促膝闻歌往复诗"《赠同行诸生》《次娄家洲》《听本宗诸生早读》《怀孔御史》《奉和族叔父仲学先生》《吊先友孙博士先生》《留凤栖原周氏》《以石竹、雪竹诸字赠周余诸友》诗。②

从诗作来看，康斋继续修炼素心、天地仁心、无外之心、万古一心、千载之心的涵养本体，以追求真意、真乐、真趣为涵养目标，多以朱子自励，体会乾元之气，以清觉之态与大丈夫的气魄得到豁然之意、静虚之

---

① 《康斋集》卷2《以石竹雪竹诸字赠周余诸友》，第402—403页。
② 《康斋集》卷2，第395—403页；《康斋先生文集》卷2，第1012—1025页。

身,真正做到了安贫乐道的理想人格状态。

是年,薛敬轩先生五十三岁。在山东。春,谒先师于阙里,为衍圣公彦缙作《存化书堂记》。与李贤论学,有《报李文达书》,曰:"屡承手书,切磨斯道。前年至京,极欲面悉纸笔所不尽。未几又归。去年春,王公来,承书见示。书旨宏博,未易了悉。谨取三四条奉答,伏惟择焉。是道之大,原于天,具于人心,散于万事万物,非格物致知不能明其理。故大学之教,以是居首。然此心非虚明宁静,则昏昧放逸,又无以为格物致知之本。程子所谓'涵养须用敬,进学在致知'者,正欲居敬穷理,交互用力,以进于道也。足下论学,首及于此,诚得程子教人之要。能寻此而进,所至其可量乎!足下又谓忠孝大节固不敢亏,圣贤细腻工夫决不能到。乃足下自歉之辞耳。朱夫子有言:'愈细密,愈广大;愈谨确,愈高明。'是则大节固当尽,而细腻工夫亦不可不勉也。足下又谓,动作毫厘小差忽,不知堕于为利之域。省察至此,极为亲切,更加以精辨持守之腻工夫亦不可不勉也。更加以精辨持守之力,必能为己而不为人也,为义而不为利也。"

敬轩说,"道之大,原于天,具于人心,散于万事万物,非格物致知不能明其理。故大学之教,以是居首。然此心非虚明宁静,则昏昧放逸,又无以为格物致知之本。"他认为应该从涵养虚静之心开始,管束身心,这与后来吴康斋写给李贤的信,思想也是类似的。程朱理学把握真理的方法,就是磨练心性,锻炼虚灵之心,存天理,去人欲。

夏五月,奉敕过诸城。秋九月,如京师。初,吏部尚书何文渊致政去,谓杨士奇曰:"薛某学行无愧往哲,吾不能进,愿举以自代。"至是,奇荐先生。二十三日,被诏赴阙,诸生涕泣远送,徘徊不舍,为木主生祝之。比至京,权阉王振闻先生名,谬以桑梓之好,邀先生为重。使致饩,先生却之。其仆曰:"君何呆?诸方面以千金求阶于吾公,不得。反却馈耶?祸且至,吾危君!吾危君!"不听,馈至再,终固辞不受。冬十月,升大理寺少卿。朔二日,除右少卿。又二日,改除左。作《大理箴》以自警。时振权倾中外,三杨知憾先生,因言:"时势所在,虽某荐先生,彼亦素闻名,盍同谢之?"先生毅然曰:"安有受爵公朝,拜恩私室耶?"后有事议东阁,公卿见振拜,先生独立不为动。振知而揖之曰:"多罪,多罪!"

实大衔焉。有侍郎不悦先生者,亦曰:"先生泥古,不知变通。"我们认为,恰恰是因为薛敬轩的正大光明之心,在官场上容易遭到当权者的排挤与打压。①

① 《薛瑄全集》,孙玄常等点校,第三册,(明)张鼎、杨嗣昌:《薛文清公年谱》,第1190—1191页。

1442 年,壬戌,正统七年,52 岁。①

此年开春,继续去年的南昌第二次抄书之旅。顺道与归道游历钟陵城南、九莲寺、南浦、丰城、龙潭、吉塘、樟镇灵峰寺、吉塘、天井、沙溪、龙溪、金鸡城、五峰、彭源、原丰稔坑、东山、湖田、云峰寺、厚郭、樟溪、慈慧寺、临江寺、石井、栎原等。丰城县、临川县诸处,均有唱和诗作。

元旦,康斋有大公心怀愿景,"升沉荣悴信由天,莫以私心搅自然。人事尽时须委命,春风随处咏新年"②,尽自然工夫,随处态度,顺从天命。

寒夜怀九韶同奔丧金陵,感慨良多,"昨夜寒窗寐不成,荒迷却忆旧游情。孤舟反侧天涯梦,千里劳君两眼青"③,对学生九韶充满感激之情。

春,再携璇庆、诸生赴南昌"十日"抄书④,"携数生拜假二程的《程氏遗书》及《三礼》诸书抄录"⑤,寓居城南,另抄得闽学开山宗师的罗从彦《豫章文集》,"闽学渊源夙所钦,遗编伏读更沉吟。余生苟得分毫益,总是先生嘉惠心"⑥,获悉闽学渊源。

旅途间有《洪都抄书稿》系列诗作,诗"江天冥漠橹呀哑,云树烟村野鸟斜。船头骥子时同坐,久话令人忘算沙"⑦见康斋护子情深;诗"柱渚平林烟雨昏,一篙春涨泊柴门。吾伊莫使新功缓,共拟青灯入夜

---

① 此年开始,诗作进入卷三。
② 《康斋集》卷 3《元旦枕上作》(壬戌),第 404 页。
③ 《康斋集》卷 3《寒夜有怀九韶同不肖奔丧金陵》,第 404 页。
④ 《康斋集》卷 3《南浦登舟》,第 405 页。
⑤ 《康斋集》卷 8《奉颐庵胡祭酒先生书》,第 526 页。
⑥ 《康斋集》卷 3《承大司成先生惠〈豫章文集〉抄录已完成偶成鄙句》,第 404 页。
⑦ 《康斋集》卷 3《船头与璇庆闲眺》,第 405 页。

分"①见崇仁学派诸儒逆境中进学的魄力;诗"晴色微开远近山,倚篷闲看鸟回还。数声柔橹苍茫外,又载吾伊过别湾"②足见康斋触物情怀。

抄书回程,郡庠生吉塘张循、张实兄弟来请做客其家,经剑江,客居樟木镇,游灵峰,尽两日之游,倚楼赋诗而别。

"正统壬戌春,予携儿子诸生抄书豫章胡先生,李恪、张循亦继诸生至。既而循偕兄实,侍予剑江。承祖景常、父嘉谟命礼予其家,二生诚足念,儿辈恪重赞,遂一游焉。因以访名山于樟木之镇,二三胜友壶觞劳中道,俱至镇之灵峰而止。张氏少长,追逐后先益欢。明日复于始游之地,倚楼赋诗而别。"③

访郊林丰城史郎中史安(1386—1427,字志静,江西丰城县人)④宅,叹故人不在,"桃李春风访郊林,青灯犹记旧时吟。图书满目人何在?万里凄凉瘴海心"⑤,无限感慨,唏嘘万千。

过龙潭,或在此时,与丰城易学名家龙潭老人(后白沙与之论学)论学,"微雨沾鞍风满襟,长途无使客愁侵。天光云影投装处,流水高山是我心"⑥,其中的"流水高山是我心"诗句表达出康斋热爱旅游、喜欢大自然。

回程,访临川五峰老友傅秉彝,有"日明风淡橹柔和,红树村村逐望多。笑指竹林曾宿处,遥携爱子抱琴过"⑦。

归,继续侨居种湖,至年底。

此年⑧,继续出游崇仁隔壁县城丰城,拜访厚郭胡氏,宿其家,"烟外微闻叹语声,马前徐问二生名。回头喜接平生友,拥道难胜盛族情。绿酒歌酣霜夜月,青灯人在玉壶冰。巡檐更数高居好,胜水佳山眼倍

---

① 《康斋集》卷3《宿万石渡示璇庆及诸生》,第405页。
② 《康斋集》卷3《舟中小立》,第405页。
③ 《康斋集》卷9《吉塘张氏族谱序》,第536页。
④ 史安为永乐九年辛卯进士,后任礼部郎中。随柳升攻交趾黎利,逮捕而亡。
⑤ 《康斋集》卷3《丰城史郎中宅》,第405页。
⑥ 《康斋集》卷3《宿龙潭》,第405页。
⑦ 《康斋集》卷3《重访傅秉彝》,第406页。
⑧ 自壬戌至甲子三年间(1442—1444),康斋诗歌未见编年。

明",后将女儿许配给丰城胡全。①

访丰城孙曰让,仲氏侍读公孙曰恭往洪都,未能拜会,宿其宅,有
"杖策欢迎荷老亲,侯门稚子总欣欣。独怜霁月光风夜,白雪阳春忆远
人"②。

时丰城杨德全罢政而归,故而有再访故人杨德全之举。康斋曾与
杨德全同舟,并有进学成圣文赠。有诗"罢郡归时已白头,杖藜日看橘
林洲。客来若问浮生事,明日清风酒一瓯"③。

经东山、彭源,访先君师李原成先生教学遗迹。④

康斋此前曾给郡庠生临川樟溪王常(字邦大)撰写《樟溪王氏家谱
序》⑤,有诗作留别樟溪王大邦,"桑梓连阴三百春,重来谢别访高门。白
头相眷无他属,剩买诗书教子孙"⑥。

冬日,拜先祖五府六君墓,"断续崇冈野渡傍,朔云寒日共荒凉。劫
灰容易成今古,文献凋零事渺茫"⑦。

冬十月乙巳,太皇太后崩。自此,王振更加无人可以制衡,肆无忌
惮,完全左右英宗,大肆打击异己,朝政越发地混乱。

---

① 《康斋集》卷3《宿厚郭胡氏》,第407页。白沙与康斋女婿胡全和外孙胡宁寿也
有联系。"居邻厚郭一鸡飞,桂树于今大几围? 老忆旧时灯火伴,青山何处望霏微。"
[《陈献章集》,《问厚郭胡父子起居于其乡人苏》(有序,胡君名全,先师康斋先生女夫也。
其子曰宁寿。景泰甲戌,予游小陂,与君父子同处先生之门。时宁寿方七岁,工于笔,今
二十又七年矣),第601页]、"年华当转鸟,诗思更涂鸦。父子皆吾友,箕裘一舅家。人
犹思岭北,书不到天涯。莫作妻孥计,浮生日易斜。"参阅《陈献章集》,《寄胡宁寿》(康斋
先师之甥),第333页。

② 《康斋集》卷3《宿曰让宅》,第407页。

③ 《康斋集》卷3《访杨德全致政归》,第407页。

④ 康斋父古崖曾学《春秋》于李原成先生,李原成曾教授东山、彭源等地。"洪武
丙寅,邑大夫知其才贤,乃举邑庠弟子员,从前进士李原成治《春秋》,文藻甚为原成称
赏。"(杨荣:《故国子司业吴君墓表》)

⑤ "王氏,世居临川之樟溪,郡庠生常征于诸父谱其可知之世,来以请益于予。自
予居种湖,郡庠来游之士各修其谱,予皆不辞而序焉。然奚足轻重其谱哉? 常事予最
久,诚能尊其所闻以自新而不已焉,必有以淑于家以及于其族。夫谱有不重者,彼徒文
焉耳,虽百序,其何益?"《康斋集》卷9《樟溪王氏家谱序》,第536页。

⑥ 《康斋集》卷3《留别樟溪王大邦》,第407页。

⑦ 《康斋集》卷3《冬日拜五六府君墓》(二首),第408页。

　　此年冬,复居崇仁县小陂村,有诗"省墓归来二载余,青山绿水复相娱。两乡故旧皆青眼,何处人烟不可居?"①

　　有《元旦枕上作》(壬戌)《奉寄家兄》《寒夜有怀九韶同不肖奔丧金陵》《发新庄渡》《船头与璇庆闲眺》《宿万石渡示璇庆及诸生》《舟中小立》《钟陵城南江畔》《九莲寺即事》《承大司成先生惠豫章文集抄录已完成偶成鄙句》《南浦登舟》《发南浦》《丰城史郎中宅》《宿龙潭》《宿吉塘》《宿樟镇灵峰寺》《别吉塘》《经天井》《重访傅秉彝》《宿沙溪》《宿龙溪》《宿金鸡城前》《宿五峰》《重经彭源》《自赤碉先陇后岭,循北原丰稔坑以出,偶成绝句》《游东山》《别湖田》《宿山家》《云峰寺即事》《宿曰让宅》《访杨德全致政归》《宿厚郭胡氏》《留别樟溪王大邦》《宿城南慈慧寺》《城南识别》《题临江寺》《石井山家》《梦中题画龙》《冬日拜五六府君墓》(二首)《奉别族里》《宿栎原》《复居小陂》诗。②

　　此年,康斋继续践履 50 多岁的"知天命"之学。他认为天命学就是自然之学,也就是要克服私心,由此培养大公之心,涵养天地仁心,也就是宇宙自然的博爱之心,辅之以主静冷然心法,深默于惺惺之法,涵养于读书之中,时时刻刻保持随意、随处的悠然之怀。康斋说,"人事尽时须委命,春风随处咏新年","简编随意闲舒卷,尽日春窗独掩扉",均表现出儒者高蹈的安心读书、淡泊超脱的圣贤情趣。这种光风霁月与儒家浩然的胸怀,是我们现代社会过度焦虑的职业人群的清凉剂。

　　此年,薛敬轩 54 岁。在京师任大理寺左少卿。不数月,处理了锦衣卫大狱十余案。四月念日,上赐纱。五月朔日,赐扇。先生秉公断案,为后来得罪大权臣王振埋下祸根。③

---

① 《康斋集》卷 3《复居小陂》,第 408 页。

② 《康斋集》卷 3,第 404—408 页;《康斋先生文集》卷 3,第 1026—1033 页。

③ 《薛瑄全集》,孙玄常等点校,第三册,(明)张鼎、杨嗣昌:《薛文清公年谱》,第 1191 页。

1443年,癸亥,正统八年,53岁。

六月丁亥,侍讲刘球陈十事,下锦衣卫狱,太监王振使指挥马顺杀之。甲辰,下大理少卿薛瑄于狱。秋七月戊午,祭酒李时勉荷校于国子监门三日。冬十一月丙戌,驸马都尉焦敬荷校于长安右门。

元日有怀:"山川依旧岁华新,又见纷纷拜节人。昨见儿童今皓首,蹉跎羞看故园春。"①此年康斋的身体不太好,故而心情似乎不太好,不如去年那样开怀。②

> 是年,薛敬轩55岁,在京师任大理寺左少卿。春,诏下狱。初,先生既却振馈,又不一见振,与振遇,又违众不为礼,振滋不悦。会百户某实病死,妾欲嫁其私人王山。山,振侄也。妻在,持妾弗得嫁。山教妾诬妻以魇魅杀夫,下御史狱,坐死。妻诬服,莫能白。先生察其冤,数救解之。调问者八道,皆畏振、山势,因仍无所平反。先生奏下刑部议,郎中潘洪廉得其实冤,先生遂劾诸御史官经讯者。都御史王文,素恨先生,欲以先生媚振,而庇诸侍御。乃与指挥马顺交谮振前,振大怒,嗾谏官劾先生是古非今。妄辨已成大狱。下狱,拟大臣巧言谏免,暗邀人心。罪大辟,待决。秋,诏弃市。寻削籍赦归里。时复奏,将决。工部侍郎王伟素善振,闻公论不惬。谓振曰:"人言薛某狱实冤,若决之,谓不能容贤何?"振默然。遂调先生锦衣卫狱。先是,学士刘球上章忤振,下锦衣卫狱。振使人缚至暗壁中,斧钻暴下,支解其体。先生继至,人皆危之。

---

① 《康斋集》卷3《元日感怀》,第408页;《康斋先生文集》卷3,第1033页。此句视作,四库全书抄录本未标明写作日期,嘉靖本标注为"癸亥",由此可见,嘉靖本的重要性与优先性地位。

② 需要读者注意的是,正统八年、九年间,癸亥、甲子间,康斋诗作未编年。

先生怡然曰："死生命也！"读《易》不辍。通政李锡闻之，叹曰："真铁汉也！"及午门会问，先生呼王文曰："若安能问我！若为御史长，自当避。"文怒奏先生"囚不听理"。诏绑于市杀之。门人皆惶惧错愕，睨先生神色自若。会振有老仆素谨厚，是日哭于厨下。振问："何为哭？"对曰："闻薛夫子将刑，故泣。"振曰："何以知之？"仆曰："某乡人也。"备告其贤。振意解。王伟亦抗疏固争，削籍放归田里。时贤达多有以诗送敬轩者，如李贤诗曰："平反不愧张廷尉，三黜何妨柳士师。已把一身中道立，更看千古大名垂。"先生亦有《出京诗二律》，曰："孤臣泣血省愆尤，诏释羁缧出凤州。满目山光迎马首，一鞭归思绕林丘。罢官已是安时命，报国空惊不自筹。遥想到家春已暮，麦黄蚕老稼盈畴。"又曰："久知樗散是匪材，几载超迁历寺台。松柏每期冬雪茂，春花不逐艳阳开。数茎白发还禁老，一寸丹心未觉灰。此日为农归故里，河汾岁晚兴悠哉。"

感叹自己遭遇巨大的不公，险些丧命。平安归家，内心还是感激的。故而归家之后，敬轩先生诗歌中流露愿意作老农的角色，安心学术。①

是年，杨溥 72 岁。胡俨捐馆，杨溥作墓碑祭文。初，入乡试为首选，胡俨典文衡，批其所刻文曰："初学小子，当退避三舍，老夫亦让一头地。"又曰："他日立玉阶方寸地，必能为董子之正言，而不效孙弘之阿曲。"人以胡俨为知人。后胡俨历官祭酒，先生已在禁垣。既而俨以病免。仁宣以来，先生位望益高，终身执门生礼，俨亦自任而不辞，士论两高之。俨为祭酒，以师道自重，文庙亦宠之，公卿莫不加敬，士由太学出至显位者执弟子礼益恭，俨遂名重天下。②

---

① 《薛瑄全集》，孙玄常等点校，第三册，(明)张鼎、杨嗣昌：《薛文清公年谱》，第1191—1192 页。

② (明)杨溥：《杨文定公诗文集》，胡永华：《杨溥年谱》，第 492 页。

1444 年，甲子，正统九年，54 岁。

是年三月辛亥朔，新建太学成，释奠于先师孔子，杨溥题词；甲子，杨士奇卒；夏四月丙戌，翰林学士陈循直文渊阁，预机务；秋七月己酉，下驸马都尉石璟于狱。此年，杨溥升内阁首辅。

癸亥、甲子间，游罗山，"流水溅溅石峭棱，天风袅袅景平和。殷勤不惜跻攀力，绝岭须教一共登"①，表现他的豪迈情怀，这样的开心，在这一两年是不多见的。

期间，曾宿石桥宗人家。

癸亥、甲子间，周圻、王常与邹观先后来小陂传讯送书，同安二十年前旧友任伦教授来掌教务，并传达老师杨文定的问候。

> 同安旧游，风流云散，音问寥阔，二十年矣。周圻到山间，忽知阁下来教弊邦。庆喜之余，恍然如梦。继王常至，则教铎已施，出人意表，敬仰！敬仰！邹观来，辱华笺及笔墨书籍之贶，兼承吾师少保杨先生远命，尤以为感。细询泮水新政，不觉抚掌，叹赏无已，实吾邦之幸而斯文之光也。与弻离群索居，旧学荒凉，懒病日向衰惫，负我良朋多矣。阳春白雪，称道过情，何敢以当万一？只益愧报耳。鄙句奉酬，漫尔备礼，无复思致，幸恕昏惰。种湖之行，必有一日未间。冀以道自任，益坚雅操，至诚乐育，荣膺天宠。不宣。②

同时，回任伦教授诗，"独怜樗散滥时名，何意珠玑落玉京？侧喜满城新教化，男儿端不负平生"③，热烈欢迎并鼓励其来抚州府任教授，并

---

① 《康斋集》卷3《游罗山》，第408页。
② 《康斋集》卷8《答任教授书》，第527页。
③ 《康斋集》卷3《次任教授见寄诗韵》，第409页。

以"至诚乐育"相鼓励。

癸亥、甲子间,有诗作谢族里三年种湖侨居给予的物质支持:"琴剑南来楼孟邻,四桥桑梓托情亲。三年馆谷春风里,谁道今人乏古人。"[1]

癸亥、甲子间,学生周圻外地任职来别,赠诗"欲写离情久倦吟,一尊聊向菊花斟。悬知南北天涯梦,总是平生旧好心"[2]。

癸亥、甲子间,任教授倡义哀赙葬余忠母子,因余忠为康斋的学生,康斋亦有支持,"泮水横经属老苍,余波重被困穷丧。位卑正忆兼山艮,河广俄惊一苇航。白屋伊威从壁立,浮名蠛蠓任天荒。我歌漫答仁人利,勉尔遗孤勿太伤"[3],勉励遗孤。

此年仲冬,为吉塘学生张循、张实写族谱序言,见下:

> 甲子仲冬,张修族谱成,二生复以父祖命来请题。
>
> 噫!吉塘予旧游,而张氏予故人也,其可以辞哉?……(张之)七世洽,考亭门人,著作公尤其特然也,景常祖子孙成叹思著作之为人,而笃循等于学。夫著作之贤,人当企效,况族胤乎。然流俗滔滔,志绍其世者几,则张氏不其贤矣哉!呜呼!廓是心用宏于德,曷量其至耶?张氏勉乎哉!乌知他日之吉塘,不犹昔日之官塘乎?又乌知诸塘不相观而起乎?张氏勉乎哉![4]

癸亥、甲子间,康斋53到54岁这两年间,有《元日感怀》《偶成》《游罗山》《宿石桥宗人家》《示儿》《次任教授见寄诗韵》《奉寄族里》《赠别周圻》《次任教授倡义哀赙葬余忠母子诗韵兼挽生焉》《除日祀先?》《除夜独坐》共11首诗歌。[5]《元日感怀》诗云:"山川依旧岁华新,又见纷纷拜节人。昨日儿童今皓首,蹉跎羞看故园春",《偶成》诗云:"病躯倦长书,出门俯清湍。倚筇坐浓樾,支颐不胜冠",《示儿》诗云:"病多自愈慝,夙志竟成空。所属惟吾子,云何不着功?"

---

① 《康斋集》卷3《奉寄族里》,第409页。

② 《康斋集》卷3《赠别周圻》,第409页。

③ 《康斋集》卷3《次任教授倡义哀赙葬余忠母子诗韵兼挽生焉》,第409页。

④ 《康斋集》卷9《吉塘张氏族谱序》,第536—537页。

⑤ 《康斋集》卷3,第408—409页;《康斋先生文集》卷3,第1033—1035页。

从诗作可以看出,这两年康斋身体不太好,精神也不太好,无论是日录,还是诗歌写作,均不多。盖亲证圣贤之道,不在言语之中,深厚涵养,沉潜保任为主。固然一方面,王振在中央朝廷的专权,政局黑暗,导致康斋无意愿来表达自己的心情,另一方面,抄书归家之后,身体、精神都不太如人意,且要安心读书与研究,这些都会影响康斋在诗歌创作与学术日记的更新。比如,在新年的时候,由于身体不好,居然连喝酒这样的行为都不愿意,"坐久寒炉频自拨,倦来岁酒不成斟。细看万事无能处,空忆平生慷慨心"。本来是一年一度的守岁,但回想自己"万事无能""平生慷慨心"一下子涌上心头。且当日白天在祭祀祖先的时候,"恍然今古凄其处,老泪难胜罔极心"。内心的这种悲凉感,令人动容。

1445年,乙丑,正统十年,55岁。①

春三月,杨溥任殿试首席读卷官,

或在闲暇时牧马,牧归作诗:"夕阳归马正从容,出峡时迎入峡风。无数好峰罗远近,朗吟身在翠屏中。"②康斋触物之怀体现出诗意化的一面,人在画中的意境跃然而出。"无数好峰罗远近,朗吟身在翠屏中",细致入微地体现出一代儒家置身于博大宇宙中的参与精神,表达出万物合一的自由与共生共长性。

春,与炼丹人道士王九鼎交往,多有诗歌往来,"归骑翩翩大药成,野花蹄鸟踏新晴。绣衣时间衔门旧,老鬓萧疏学养生"③"离坎功成协太和,微躯偏幸得春多。何由广假回生手,遍起群生远近痾"④,体现了康斋广泛交友的平等态度,对道家研究的朋友也不排斥,虽然学术上不同,但二人关系甚好。

旅途中,雨后游览神岭,"烟收云敛夕阳残,高下青松远近山。白鸟自飞人自度,个中真意淡忘还"⑤,内心时时遏制不住对自由本体的向往和追求。

赠别邹、丘、王三生⑥:"送送城西道,踟蹰故意深。一杯西廨酒,聊赠白头吟。"⑦

题牛氏慈侍堂:"高堂彩戏寿如山,帘幕春风燕语闲。今日老莱头

---

① 康斋此后三年,诗作未分年,混在一起。笔者根据诗歌编年一般体例,今按照时间,粗略划分三年的总体诗作数量。

② 《康斋集》卷3《牧归途中作》(乙丑),第409页。

③ 《康斋集》卷3《赠王九鼎丹成还郡兼秉任郡博》(任以御史教授职),第409页。

④ 《康斋集》卷3《又赠九鼎》,第409页。

⑤ 《康斋集》卷3《雨后神岭晚眺》,第409页。

⑥ 邹生是邹光,王生是王常,见《康斋集》卷8《答任教授书》,第527页。

⑦ 《康斋集》卷3《赠邹、丘、王三生》,第410页。

复雪,庭前依旧舞斑斓。"①后牛升随学,有"昨日追寻今又来,好怀端为故人开。殷勤更有平生念,群从何时访翠崖"。②

重宿宝应寺彝公房,"玩水看山偶独来,西风重历旧楼台。光阴一纪如旋毂,又听晨钟动老怀"③,怀念12年前故事。

赠父亲友人胥经历诗:"连矶锦里偶经过,华发青灯叙旧多。更欲细聆先子梦,何时飞旆碧山阿?"④

徐陂道中有"观生"诗作:"作客秋城百里归,重冈歇马步逶迤。观生恰喜心无事,缓数云峰独咏诗"⑤,"观生恰喜心无事,缓数云峰独咏诗"特别提出观天地之心所焕发的生生不息之意,由此领略大宇宙无边无量、厚载万物的责任和担当,那时,康斋阅此,该是何等的惊喜与赞叹。时间刹那的停止,主体劳累之后的放心休闲,康斋的内心世界是如何的愉悦与舒心呢?

送以前的学生陈庸从军江浦:"慈母新成游子衣,离歌欲唱意迟迟。四方总是男儿事,,忠孝惟应两勖之。"⑥

秋,同王九鼎拜石井先祖墓,"故郡成头话儿朝,飘然石井有联镳。高吟共得清秋兴,斜日不知归路遥⑦。宿惠民药局,"江山随处倚高秋,一榻时从药局留。明月满城更向寂,缓携儿子语街头"⑧。从与炼丹道士的交往中,可以看出康斋的开放精神和兼容并包的胸怀。"明月满城更向寂,缓携儿子语街头"诗,特能表现康斋作为父亲的慈爱,具有祥和的诗情画意。随后的三年,道士宴请康斋三次,学生九韶都来同饮,师友之间,一时辅仁之乐也。

是年胡居仁年12岁,随亲始居江西余江县(古安仁县)之大原村,

---

① 《康斋集》卷3《题牛氏慈侍堂》(予昔假馆牛氏皆未有子,今子且冠矣),第410页。

② 《康斋集》卷3《赠牛升》,第410页。

③ 《康斋集》卷3《重宿宝应寺彝公房》,第410页。

④ 《康斋集》卷3《留赠胥经历》(与先君向厚,小子交亦深),第410页。

⑤ 《康斋集》卷3《徐陂道中》,第410页。需要提醒的是,弘治本的"城",正德本、嘉靖本、咸丰本作"成",万历本、四库全书抄录本作"风"。

⑥ 《康斋集》卷3《送陈庸从军江浦》,第410页。

⑦ 《康斋集》卷3《同王九鼎省石井先陇》,第410页。

⑧ 《康斋集》卷3《九月壬午,承王九鼎同省石井先陇,罢宿惠民药局。丙丁夜,虚堂隐几,偶思及之,因成此句》,第410页。

居此约 20 载。

大约此年,有《牧归途中作》(乙丑)、《赠王九鼎丹成还郡兼柬任郡博》(任以御史教授职)、《又赠九鼎》《雨后神岭晚眺》《赠邹丘王三生》《题牛氏慈侍堂》(予昔假馆牛氏皆未有子,今子且冠矣)、《重宿宝应寺彝公房、留赠胥经历》(与先君向厚,小子交亦深)、《赠牛升》《徐陂道中》《送陈庸从军江浦、游西京赤冈故郡遗迹、同王九鼎省石井先陇》《九月壬午,承王九鼎同省石井先陇,罢宿惠民药局。丙丁夜虚堂隐儿,偶思及之因成此句》。①

是年,薛敬轩年 57 岁。居家。是时先生难后,已无心仕进矣。且家道没落,连及子孙,子治卒。故敬轩说:"归乡里,丧第四子、子妇三人,孙二人。"其心情之凄惨可见。八月十日,登南坡赋诗:"雨霁涉岩峣,凉风作阵飘。目随青嶂远,心与白云高。野草连岗细,家林百尺乔。茫茫天宇内,倦鸟已安巢。"往故镇探妹有诗曰:"千年土地唐风旧,一派河流禹迹间。鸟戴夕阳归远树,龙携暮雨过前山"。②

是年,杨溥 74 岁。十月,升曹鼐为次辅,增苗衷、高穀入内阁,加上去年增加的陈循,内阁为 6 人,分别为杨溥、曹鼐、马愉、陈循、苗衷、高穀。杨溥深感时日不多,故而有此举。③

此年,陈真晟 35 岁。卫所征召赴科,以无进士礼,未及场而返。剩夫先生此年大悟,觉圣人之学在此不在彼,自是绝去词章之学,不复仕进,真积力久,大有了悟。于孔子,得圣道一贯宗旨;于易学,悟万物一体之学;于横渠,得养理一分殊之仁;于《中庸》,得扩充;于孟子,得圣学始终之要;于《大学》,得知行二字为用功,以敬字为其要。静以此敬,涵养此心。④

---

① 《康斋集》卷 3 第 410—412 页;《康斋先生文集》卷 3,第 1035—1037 页。

② 《薛瑄全集》,孙玄常等点校,第三册,(明)张鼎、杨嗣昌:《薛文清公年谱》,第 1193 页。

③ (明)杨溥:《杨文定公诗文集》,胡永华:《杨溥年谱》,第 496 页。

④ (明)陈真晟:《布衣陈先生旧稿》,嘉靖十七年戊戌周南序刻本,卷 8《布衣陈先生行实》。

1446 年,丙寅,正统十一年,56 岁。

是年春正月庚辰,太监王振等弟侄世袭锦衣卫官;三月戊辰,下户部尚书王佐、刑部尚书金濂、右都御史陈镒等于锦衣卫狱,寻释之;七月庚辰,康斋老师大学士杨溥卒。张太皇太后崩与"三杨"全部去世后,朝中再无人可与王振匹敌。自此,朝廷当局进入王振全面掌权时代,政局一变,为日后的土木堡之变埋下祸根。

春,康斋应当时南城县领导邀请,东游抚州各地,出游临川县、南城县、黎川县等地讲学,过白杨寺,宿盱江郡庠,游龙安镇、慈明寺。

宿盱江郡庠:"诵言曰惟熟,析理尤宜细。仁哉后获心,正谊宁谋利?"①这首诗透露出康斋独特的教学思想,精密严谨的析理,最终通往仁义之域。

晚,夜宿白杨寺,"策马平桥又问禅,萋萋春草月娟娟。萧然一榻平安梦,夜半溪声落枕边"②,说明康斋对禅学并不反感,而且还自作"萋萋春草月娟娟""夜半溪声落枕边",体现出禅学的诗画意境。

冬,怀先友秦壮仲纶,"旧游久矣怅晨星,溪上梅花岁又更。寂寞柴门多病际,平生双眼为谁青?"③

有杭州西湖旅游怀古愿望,希望明年春天可以成行,"朔漠心旌日夜悬,义旗遥驻此山川。只疑春物芳菲处,莫是人间别有天?恩隆义重是君亲,忍着南冠一水滨。顿首无衣谁氏子,卧薪尝胆乃何人?"④。

三年前,璇庆读书不甚用功,"所属惟吾子,云何不着功",康斋很着急。三年后,康斋激励璇庆进学,题芸阁、雪窗,有"从古共尤时易失,前

---

① 《康斋集》卷 3《宿盱江郡庠》,第 411 页。
② 《康斋集》卷 3《夜宿白杨寺》,第 411 页。
③ 《康斋集》卷 3《冬窗独坐,有怀怀先友秦庄仲纶》,第 411 页。
④ 《康斋集》卷 3《拟钱塘怀古》,第 411 页。

程谁进日无疆"①、"笃志宜师古,深功贵自今。弄丸元是熟,添火戒非钦。历历圣贤对,昭昭上帝临。老怀何所祷?细写《雪窗吟》"②,其深意希望儿子以虔诚之心对越圣贤,坚定志向,作深厚工夫,"家学相传父子间",勿忘勿助,拳拳之意,亲切而真实。

叹师道不存,有《立雪斋》诗自警。为黎川县弟子俞都题樟溪书屋大字:"桑梓阴阴接种湖,湖边心事寄俞都(从余授书)。风流云散春光莫,几对溪头夜月孤。"③

题耕乐轩:"风景依稀似有莘,东皋谷雨满春田。箇中乐事人谁会?日用由来总是天。"④对于日用之学的本体性、本源性作用,康斋上升到天道的层次,他特别看重耕作对学问的养成、激励和垂炼作用。

此年冬,当局回应江西按察使佥事何自学(1397—1452,字思举,江西金溪县左坊后车人)十一月初一日向正统皇帝推荐奏疏:"为举扬清节事。查得正统六年十一月初一日节该钦奉诏书内一款:民间果有真才实行,堪称任使,许按察司具实奏举,以凭试用。钦此。臣闻自古有国家者,必有清节之士,怀抱才德,不轻仕进,如汉之周党,宋之种放、邵雍、孙复。当时咸加褒赠,以励风节。访得江西抚州府崇仁县儒士吴与弼,系已故国子监司业吴溥男,守素尚义,言行不愧于古人,好古通经,学术足开于后进,待妻子如宾客,视财利若鸿毛,即今年过五十,不求闻达于时,惟开义塾于家,弟子慕义而乐从,乡人闻风而敬式,真儒林之清节,圣代之逸民。如蒙准奏,乞敕该部起取到京,考察其实,量授文学清职。如不愿仕,量乞褒嘉,俾之还家,以遂其志,亦足以敦士风,励节行。缘系荐举人材事理,未敢擅便,谨具奏闻。"⑤

这一次由何自学负责举荐的活动,为康斋在抚州、上饶等地区赢得很高的声誉。此后,不断有地方官员聘请康斋夫子出门讲学。

大约此年,有《樟溪即事》《重宿白杨寺》《宿盱江郡庠》《自慈明寺东

① 《康斋集》卷3《题芸阁示小儿璇庆》,第411页。
② 《康斋集》卷3《题雪窗示璇庆》,第412页。
③ 《康斋集》卷3《题樟溪书屋》,第412页。
④ 《康斋集》卷3《题耕乐轩》,第412页。
⑤ (清)熊赐履撰,《学统五十六卷》卷42上《附统》,《四库全书存目丛书》史部第124册,第415—416页;《康斋先生文集》《附录》,第1327—1328页。

游龙安镇》《慈明寺即事》《宿南城邑庠》《寄题程氏春风亭》《东窗独坐有怀先友秦庄仲纶》《拟钱塘怀古》《题芸阁示小儿璇庆》《题雪窗示璇庆》《题立雪斋》《题樟溪书屋》《题乌冈别墅》《题耕乐轩》诗。①

　　是年，杨溥75岁。七月十四日，杨溥卒于官。十二月十七日，葬石首高陵岗。②

---

　　① 《康斋集》卷3，第412—413页；《康斋先生文集》卷3，第1037—1040页。《樟溪即事》此诗，未见季节气候明显提示，故放于此年。自乙丑至丁亥间诗歌，未见编年提示，根据诗作的反映的四季季节特点，较易区分期间的年限。
　　② （明）杨溥：《杨文定公诗文集》，胡永华：《杨溥年谱》，第497—498页。

1447年，丁卯，正统十二年，57岁。

今年，多在家读书放牧。

春夏放牧时，或为邻近儿童讲学，或游览附近山谷，如江家坑、二峰尖、黄家坪、连珠岭、东坑、大畲冈之地，有诗"放犊长村月正明，归来暂喜病魂清（足成）。一衾幽梦春风里，又度良宵三四更（梦）"①"残经挂角日来游，邃谷青山处处幽。积雨草肥黄犊饱，吾伊声里一晴鸠"②"群芳深处绿阴凉，童冠相呼受讲忙。又与山灵添故事，曾从此地说匡章"③"盘盘樵径入云丛，选胜寻幽到碧空。不意羽翰生病骨，翩翩归袂又乘风"④"崖倾谷转水溅溅，物外乾坤自杳然。待得岭头幽构毕，时时来伴白云眠"⑤"东坑有幽谷，邈尔浮云端。阴林白日静，石溜寒潺潺。苍苔人迹罕，好鸟时绵蛮。我游日心醉，闲谣淡忘还"⑥。这些诗作体现康斋农忙之余放牧、游山玩水的情况。在辛苦的劳作与压抑的读书之后，康斋亲近山水，往往会有潇洒的趣味，所谓"物外乾坤自杳然"，这也就是大程子所喜欢的仁者无敌一体之乐。

游大畲冈，望抚州城，怀潘弘道训导、任伦教授及亲旧吴仲学先生："亭亭古木转繁阴，拂面清风画满襟。坐接水云城郭近，新诗聊为故人吟"⑦。

今年，为种湖同社好友韩孟暄、韩永春作族谱序："韩为种湖旧姓，尚矣。予复居故里，于韩为同社。韩之彦曰永春，爱敬于我，三载如一日。季父孟暄，犹永春也。二公惧丘垄之或芜以湮也，率众修治而封树

---

① 《康斋集》卷3《足成梦中绝句》（梦中成诗忘前联），第412页。
② 《康斋集》卷3《牧江家坑》，第412页。
③ 《康斋集》卷3《江家坑偶成》，第412页。
④ 《康斋集》卷3《游山》（自二峰尖黄家坪至连珠岭），第412页。
⑤ 《康斋集》卷3《东坑幽谷》（山翁去日，下构亭，为牧者避暑之所），第412页。
⑥ 《康斋集》卷3《东坑幽谷》，第413页。
⑦ 《康斋集》卷3《大畲冈望抚州城奉怀任潘诸广文五峰亲旧》，第413页。

焉,惧昭穆远而日忘也,谨祀田以勤拜扫焉;惧族属日繁而日疏也。合少长以笃其伦焉,复作谱以为纪载之本,而属予为序。予以二公相与之厚也,故不辞而为之书。"①

为北宋望族后裔湖㳇(剑江之北)学生李奎、李恪、李旭写族谱序言,应其父师旭佐、杲光要求,"剑江之北曰湖㳇,李氏世居之……(李之七八世)子襄珪孙冕皆以儒术登仕籍,秉与司马公范蜀公为同年,冕于晏元献为甥舅,于蔡君谟、王荆公为寮属,率际当时名贤,以薰德而厉行。自是衣冠接武,族益著矣……正统丁卯,旭佐、杲光辈,命其子弟奎、恪遵欧阳法,重为谱先文之仅存者,正其讹误,阙其疑以附于图,而续增事迹继焉。游从之暇,致诸父祖之恳,示予请题,而旭等继至,盖拳拳乎尔祖者。而恪也五七载始克遂乃志云。"②

吴兴潘宏道训导临川郡庠多年,"考绩伊迩,便道东归,拜潭江",将离临川,康斋题潭江先址,"时从官舍梦家乡,先址依稀事渺茫。欲托孝思知有在,潭江烟雨树苍苍"③。是冬,宏道再访康斋小陂风雪中,联镳石井先陇,而跫临川金石台,"石井朝联二妙来,提壶兼历古名台。长空漠漠收新雨,含笑江山畅一杯"④。后,宏道任满考绩,便道东归,康斋为宏道作《潭江潘氏家谱序》。

> 吴兴潘君宏道,训导临川郡庠,访予种湖之上,而遣子学焉。再访予小陂风雪中,又联镳石井先陇而登金石之台。以其故,颇及其先之概。潘氏世居乌程之潭江。宏道尊府君祥卿,洪武辛未始婿苕溪某庄而家焉。既而潭江之族,悉厄于疫,祥卿且弗永年,故弘道近欲追世谱,讯先茔,有不可得之叹。予为赋潭江先址诗,以述其情意,谓虽无以髣髴吾先矣,然即桑梓之地,以顾瞻烟云竹树而徘徊焉,亦足畅孝思之万一云耳,抑使后之人,知潭江尝为潘氏居也。弘道未之惬,驰书以咨乡之耆旧,尚冀闻其大较焉,既不可

---

① 《康斋集》卷9《种湖高街韩氏族谱序》,第538页。
② 《康斋集》卷9《湖㳇李氏族谱序》,第537页。
③ 《康斋集》卷3《题潘氏潭江先址》,第413页。
④ 《康斋集》卷3《郡庠潘梁二广文辱载酒偕往石井先陇,小酌金石台而还》,第413页。

得矣,则谱其可知,命使来告曰,丐吾要之一言,仁矣哉,君子之用心! 且曰'不敢辄有附益,惟传信是尚',尤得作者之体云。"宏道考绩伊迩,便道东归,拜潭江之涘,时有新制,宜飞以示我。

此前,宏道曾访康斋于种湖,遣子学于康斋门下。①

奉寄族叔父仲学先生问候:"游子归时亲倚闾,斑衣华发近何如? 生涯随分田园好,日课诸孙读父书。"②

怀七年前晏、黎二生在临川时代为出使金溪县,有"风雨凄其客路赊,君心无事我心嗟。玉楼人去春寥落,几对青灯念子华"③,表达自己寒雨中对去世学生的思念,体现康斋作为教学老师人性化的一面。

怀念同安故友黄锦章教授:"同安烟柳杂晴川,江夏清风十丈莲(城中雨莲池)。此日相思头总白,几时重泛剡溪船?"康斋表达渴望再相逢,共谈圣贤之学。

儿时老师少傅先生捐馆,有诗悼,"少小亲仁长事师,讲帷无复再趋期。不眠此夜相思处,敢忘平生刻骨辞。"④

南昌学生吴贞(1393年生)将归钟陵高畲,赠诗"白发慈颜日倚闾,青灯游子正劬书。朝来黄色眉端动,乾鹊声中庆有余"⑤,为其家谱作序:"贞早失怙,旷于学问。既长,恒感慨,欲从师。食贫养亲,未暇也。年四十始游吾门。同侪久益敬爱之,予尝赠以觐亲之词,而题其柏舟之堂,兹复序其族之谱云。"⑥早在壬子年(1432年),年已40岁的吴贞来学,康斋赠"觐亲"之词,并作《题双贞堂》,称赞其母,"孀居重见古今悲,一室双贞天下奇。粹玉精金同姓字,霜松雪竹表心期。高踪合继前贤传,懿范宜为后辈师。多少高谈仁义者,几人无愧柏舟辞?"⑦

---

① 《康斋集》卷9《潭江潘氏家谱序》,第537—538页;《康斋先生文集》,第1244页。
② 《康斋集》卷3《奉寄族叔父仲学先生》,第413页。
③ 《康斋集》卷3《怀晏、黎二生》》(予居种湖时,晏海、黎普为使金溪,今亡七年矣),第413页。
① 《康斋集》卷3《悼少傅先生》,第413页。
⑤ 《康斋集》卷3《赠吴生归觐钟陵》,第413页。
⑥ 《康斋集》卷9《高畲吴氏族谱序》,第538页。
⑦ 《康斋集》卷2《题双贞堂》,第389页。

为剑水易縶张母易氏孺人(1393—1446)作墓铭。

> 縶张有母慈且淑,剑水凄凉久埋玉。哀哀孤子迟我铭,图报昊天难遂欲。寒暑互往岁月道,出入起处常幽幽。安得特书不一书,晶荧金石宽吾忧。我闻中心怛以恻,纪德述行固其职。母生癸酉卒丙寅,葬惟丁卯湖名墨,妣系熊兮考南维祖克俊兮氏曰易。十六归作嘉谟配,代绝有道无元悔,熏蒸融液家以成,年不足兮众所矜。我歌不磨千载名,恃此庶以慰冥冥。孤子长跪泪盈盈,生死肉骨惟先生。狨狨孤子其为谁?曰循千载受予经。①

是年,陈白沙 20 岁,九月中广东省乡试第九,充邑庠生。②

除夜,怀念崇仁县萝溪友人子贞、学生九韶,并寄书问询:"溪上寻梅归去还,虚堂剪烛坐题诗。精神已是龙钟后,涉历翻思少小时。幸得简编常满眼,敢辞尘土暂侵衣?家山旧有良朋约,试向东风一问之?"③对于二十多年前的好学生胡九韶等人,康斋总是体现出特别的期望。

有《足成梦中绝句》(梦中成诗忘前联)《牧江家坑》《江家坑偶成》《游山》(自二峰尖黄家坪至连珠岭)《东坑幽谷》(山翁去日下构亭,为牧者避暑之所)《东坑幽谷》《大畬冈望抚州城奉怀任潘诸广文五峰亲旧》《题潘氏潭江先址》《奉寄族叔父仲学先生》《怀晏黎二生》(予居种湖时,晏海黎普为使金溪,今亡七年矣)《寄黄锦章教授》(同安人,江夏教授。初识同安,再会江夏)《悼少傅先生》《赠吴生归觐钟陵、郡庠潘梁二广文辱载酒偕往石井先陇小酌金石台而还》《除夜书怀兼柬子贞九韶》诗。④

从诗作上看,康斋继续前几年"养精神"道德修养论,或寺庙,或山间,或流水边,专心于读书劳作和涵养,选胜寻幽,溪上寻梅,含笑江山,正是在美丽的家乡山水的畅游中,康斋获得心醉忘返的效果,随分田园,随分读书,多角度展现一个乡村老儒立体而又丰满的一面。

---

① 《康斋集》卷 12《易孺人墓铭》,第 592 页。
② 《陈献章集》附录二,第 805 页。
③ 《康斋集》卷 3《除夜书怀,兼柬子贞九韶》,第 413 页。
④ 《康斋集》卷 3,第 412—413 页;《康斋先生文集》卷 3,第 1040—1042 页。

1448 年，戊辰，正统十三年，58 岁。

是年，自江西按察使金事何自学推举康斋贤能后，康斋教学声誉超出抚州之外，在江西东部区域日隆，远道来游学的人数日多。此年，康斋最著名的弟子之一娄一斋从上饶地区，跋涉近五百里，前来崇仁县读书进学，同行的还有周文等人。而娄一斋最终成为康斋之后，当时著名的教育家之一。其一子与王华为同年进士，关系特别好，因此，王华之子王阳明在经过上饶时，拜访当时最出色的理学家，而那一年，娄一斋夫子已经 71 岁了。拜访之后不久，娄一斋就捐馆了。

元日，寻梅踏雪，心情愉快，"溪上寻梅雪乍晴，溪头流水已春声。呼儿旋涤芸窗砚，准拟新诗颂太平"①，呼儿涤砚，抒写心怀。

正月乙未，封朱祁铨（1502 年捐馆）为淮王，属地在江西鄱阳县鄱阳镇（明代属饶州府地），后建永乐宫。②

春，和学生九韶、友人子贞相访于胡二家，谈论半日，"帘户沉沉午梦余，新晴天气景舒舒。和风细拂家山袂，半日清淡故友庐"③。师友间论学谈心其乐融融。

怀少傅先生。有挽盛山人诗："当年卜筑镇关心，绿水青山几访寻。不有高人符往古，何由胜概见于今。圆书映带供多趣，松竹周遭已茂林。却念驿溪云黯淡，芒鞋何处觅登临。"④

上饶周文、娄谅承其府主命来崇仁小陂游学。

按：周文，字焕章，号复斋，江西广信府（今上饶市）上饶市区人。游吴康斋门，刻意理学，不乐荣进，以身率物，睦族敦让。岁饥，常作粥以

---

① 《康斋集》卷 3《戊辰元日》，第 414 页。

② 《江西鄱阳县王府遗址主人系明代淮王》，《江西晨报》，2013 年 1 月 14 日。

③ 《康斋集》卷 3《访子贞九韶同话胡二宅》，第 414 页。

④ 《康斋集》卷 3《挽盛山人》，第 414 页。

活乡之贫者,终其身家,无异爨者。①

谅得寒疾先归,"稚志谆谆在广居,闲侯盛德远吹嘘。独怜樗散空衰迈,丽泽何时重起予?"康斋对其前程寄予厚望。② 由此可见,康斋对一斋的学术能力与传道气魄还是比较首肯的。虽然短暂一起论学,但循循善诱的康斋夫子,非常欢迎一斋再来游学,一起亲证圣贤之道。

三月丙申,礼部依旧例,二十五岁以上副榜举人可授教授,二十五岁以下则或入监,或依亲。副榜举人司马恂等413人或入监读书,或归家依亲;刘瞒等189人愿授教职。庚子,英宗奉天殿策士岳正等举人151名。壬寅,英宗阅策,以彭时、陈鉴、岳正列为第一甲,万安为二甲第一名,孙茂为二甲,总计151人。是为正统十三年戊辰科(1448)

时,21岁的陈白沙中副榜(乙榜)进士,入国子监读书。

学生李勘来请序族谱。

小陂村前有两条小溪,小溪的交汇处正好在康斋家旁,因此渔产丰富。崇仁溪河多有水獭,晚上常来破坏家里东西。康斋和学生一起弄了个围墙,防止水獭跑入房子里来,"躬事胼胝少长同,忽于平地见崇墉。溶溶春碧歌于牣,不日还应懋尔功"③。

上饶学生周文因事归家,"日讲残经味正齐,告归情急忽依依。人生万事无不有,细诵前贤素位辞"④,康斋颇感慨。

原临川郡庠生程庸以种湖所书字、句见示,"陈迹依稀慨昔游,寒窗

---

① 《广信府志》卷9之三《人物·儒林》,第88页。

② 《康斋集》卷3《赠娄谅归上饶并序》(并序):上饶郡庠生周文娄谅,承其府主命来学。谅得寒疾归,裁此且赠其行云),第414页。娄谅(1422—1491),字克贞,号一斋,江西上饶人,明代著名理学家。少时志于成圣,求教于四方。学吴康斋。景泰中举于乡,后选为成都训导,不久辞归。精《春秋》《三礼》。王守仁少时曾从学于他。门人私谥文肃先生。著有《春秋本意》《三礼订讹》《日录》《诸儒附会》等,战火中大部分遗失。一斋高弟夏东岩有一斋受学康斋门下的记录。"闻聘君吴康斋讲学小陂,往从之游。康斋一见,器之。谓学者须带性气,老夫聪明性紧。贤友亦聪明性紧。小儿睿聪明,而性气不逮贤友。先生豪迈,不屑世务。康斋一日填地,槱召。谓之曰:学者须亲细务。由是益加下学之功。""往来师门者十有余年。"学以主敬躬理为主,议论慷慨,善开发人。参阅(明)夏尚朴撰,《夏东岩集》卷5《娄一斋先生行实》。

③ 《康斋集》卷3《壁沼以御獭,诸生咸用力焉,诗以记其成》,第414页。

④ 《康斋集》卷3《赠周文东归》,第414页。

遥夜意悠悠。他年萍水重相念,何处西风独倚楼?"①康斋师生之情浓意满满。

道士王九鼎还临川五峰,"四年三度款柴荆,更笃良朋永夜情。别恨又添他日梦,生涯何处一浮萍"②。

循例,冬季天寒地冻,梅花独自开放,康斋往往都会有一首诗作,赞扬梅花凌寒独自开的艰苦卓绝精神,"偶尔闲行绕碧溪,梅花开处咏多时。固知道理平铺在,方寸何容半点私?"③,似乎就是自己在困难的不断打击下,顽强地像梅花一样不断地生长。康斋此处咏梅,不仅仅是赞叹梅花的傲骨,而是在梅花开放的良好环境里,推进良心学的义理发展,认为这就是大程提出的"道理平铺"所昭示的,自然而然思想。真理往往在当下,在平凡的世界里,只需要我们有一颗火热的公正之心,宇宙最高真理是日用当下发现并实践的。

此年,有《戊辰元日》《访子贞九韶同话胡二宅》《追次少傅先生寿日诗韵》《挽盛山人》《赠娄谅归上饶》(并序)《壁池以御獭,诸生咸用力焉。诗以纪其成》《赠周文东归》《程庸以种湖所书拙字及鄙句见示,怅然有作》《赠王九鼎还五峰》《溪上偶成》诗十首。④

是年,薛敬轩年 60 岁。居家。至镇有诗曰:"薛子时年六十秋,又登萧寺古钟楼。仰观翠岭常临险,远望黄河不断流。椒染红颜香满地,柿添黄色艳垅丘。人生今古知多少,畴不闻风到此游。"⑤这首诗充分表现薛敬轩潇洒于家乡山水的心情,对于京城难事也能放下了。

---

① 《康斋集》卷 3《程庸以种湖所书拙字及鄙句见示,怅然有作》,第 414 页。

② 《康斋集》卷 3《赠王九鼎还五峰》(每度九韶皆在会),第 414 页。

③ 《康斋集》卷 3《溪上偶成》,第 414—415 页。

④ 《康斋集》卷 3,第 414—415 页;《康斋先生文集》卷 3,第 1042—1044 页。

⑤ 《薛瑄全集》,孙玄常等点校,第三册,(明)张鼎、杨嗣昌:《薛文清公年谱》,第 1193 页。

1449 年,己巳,正统十四年,59 岁。

元日有随处进学之怀,"长风半夜卷顽云,霁色曈昽映雪分。又感一元新惠泽,微吟随处咏洪钧"①。

正月十七日,夜梦玉生花如兰满地。(己巳)②

或源于此年为多事之秋,朝廷内外动荡,故日录仅此一条。

30 年交情的老友黄季恒仙逝,"高谊真情三十年,老怀何忍诀终天?茫茫石马江头路,冻雨寒云倍黯然。"③

春,石泉开垦农田,"风雨潇潇小满天,四山蓑笠事新田。个中会得艰难意,细和豳风七月篇。"④

此年大事:权臣王振多杀朝廷官员,夏五月庚子,巡按福建御史汪澄弃市,并杀前巡按御史柴文显。朝廷动荡,多事之秋。

七月己丑,也先犯大同,王振鼓动英宗亲征。兵部尚书邝埜、侍郎于谦、吏部尚书王直率等力谏不纳。⑤ 癸巳,命郕王居守。己酉,广宁伯刘安为总兵官,镇大同。庚申,瓦剌兵大至,恭顺侯吴克忠、都督吴克勤战殁,成国公硃勇、永顺伯薛绶救之,至鹞儿岭遇伏,全军尽覆。辛酉,次土木,被围。壬戌,师溃,死者数十万。英国公张辅、学士曹鼐等随同文武大臣皆死,王振被护卫将军樊忠当场锤杀,英宗被俘。甲子,京师闻败,群臣聚嚣于朝,侍讲徐珵请南迁,兵部侍郎于谦不可。乙丑,皇太

---

① 《康斋集》卷 3《元日怀感》(己巳),第 415 页。
② 《康斋集》卷 11《日录》,第 202 条,第 581 页。
③ 《康斋集》卷 3《哭黄季恒》,第 415 页。
④ 《康斋集》卷 3《石泉开田》,第 415 页。
⑤ 于谦(1398—1457),字廷益,浙江钱塘人,明朝名臣,民族英雄。永乐十九年,中进士。

后命郕王监国。己巳，皇太后命立皇子见深为皇太子。九月癸未，郕王朱祁钰(1428—1457)继统即位，以明年为景泰元年，遥尊祁镇为太上皇帝。① 是日，景帝大赦天下，免景泰二年田租十之三；甲申，夷王振族。冬十月戊申，也先拥上皇至大同。乙卯，于谦提督诸营，石亨及诸将分守九门。庚申，于谦、石亨等连败也先众于城下。壬戌，寇退。② 是为明英宗"土木堡"之变。

病中怀念故人学生九韶、友人子贞，"老病怀思只故人，故人疾病总酸辛。如何得似平康步？选胜寻幽处处亲。"③康斋病愈之后，访九韶、友人子贞、表兄锁秉端(伯仲)、章二(伯仲)，九韶同饮。

睹小儿鸣琴，"竹树交加转午阴，衣冠秩秩夜沉沉。雪泥鸿爪他年梦，记得从容抱此琴"④。

大陂学生李昴游学归，赠诗，有《赠李生归觐》："曾于道上瞻乔木，他日遗文话大陂。吊古未遑重策马，西风先唱觐亲词。"⑤去年，康斋曾序其族谱。

秋风中牧马，"挂角残经一解颐，秋风淅淅日斜晖。会心偶尔微吟好，又向清流饮马归"⑥，自己也在放牧当中，边读书，边养心。

重阳佳节在子贞家，与九韶、子贞共饮，"平生佳节嗜狂吟，中岁方知学养心。不问菊花开与未，无端新兴为君深。"⑦

怀念安徽安庆的老学生李宜之，寄去诗一首："城北南庄入梦频，岁华偏感老怀新。孤吟辗转寒窗雨，尊酒何时共若人？"⑧。

客中有诗："辗转才安枕屡惊，金鸡忽送五更声。江枫细雨斜风梦，

---

① 《明史》卷 10《本纪第十·英宗前纪》。
② 《明史》卷 11《本纪第十一·景帝》。
③ 《康斋集》卷 3《病中有怀子贞九韶》，第 415 页。
④ 《康斋集》卷 3《小儿鸣琴》，第 415 页。
⑤ 《康斋集》卷 3《赠李生归觐》(并序)，第 415 页。序云：正统辛酉，予自钟陵假道湖莽归种湖，瞻陂陀之麓有族居焉。后七年，李生昴来请序其族之谱，乃知其为大陂也。回思旧游，隐约如梦。明年李生游学归觐裁以此赠云。
⑥ 《康斋集》卷 3《牧归马上口号》，第 415—416 页。
⑦ 《康斋集》卷 3《九日同九韶饮子贞宅》》，第 416 页。
⑧ 《康斋集》卷 3《寄李宜之》，第 416 页。

总是衰龄悼古情。"①时时表达自己身心所常有的警觉状态体现忧患精神。

秋山中，与儿子璇庆、学生曾正牧马于深山老林，"斜穿香稻度秋山，细讲残经午始还。幸际时雍身少恙，明朝依旧此开颜"②。康斋于大山深处，一边放牧，一边讲解经学，中午方归。康斋这样的诗意化讲学方式，学生们置身于空阔自由的大自然中，耳听秋虫的鸣叫，眼观天上的云彩变化，身感温暖的太阳，学生很容易走进深奥经学的世界。这样一种对野讲诵并感受大自然生意的教法，由于充满多元的立体与生动气息，直接继承孔子的盘腿大树之下的私学教法，值得现代教师学习和运用，有助于增强对枯燥难懂经学知识的体认和运用，对野讲诵的教法可以弥补课堂教学狭窄与呆板性缺陷。

为剑江学生李恪题其祖李元凯茅塘书屋，赠诗："茅屋何年占小塘，宋元甲子几星霜？清门种德高征士，紫诰推恩秩侍郎。快睹来云绳步武，能令山水益辉光。一经从此尤珍重，日向兰阶迓百祥。"③元凯曾于近七十岁高龄来小陂求族谱序。

冬十一月己酉，应学生牛演之请，为其父临川五峰主人作墓志铭。

> 五峰主人牛君将葬，仲子演致其临终之命曰："欲铭我，其吴先生乎！"呜呼！君知我者，恶得不铭？君讳琛，其先由河南官游于蓟，因家遵化县之王家庄。大父讳彦，赠昭信校尉，抚州守御千户所百户。父讳均美，抚州守御千户所百户致仕。传子忠，寻升副千户，封厥考武略将军副千户，母田氏宜人。既而调赣之会昌。会昌君卒，子暹嗣。暹嗣未有后以卒，夏官以次君当践会昌，君以微疾

---

① 《康斋集》卷3《客夜述怀》，第416页。
② 《康斋集》卷3《大同原牧归后坊道中，口占授小儿及曾正》，第416页。
③ 《康斋集》卷3《题茅塘书屋》（并序），第416页。序云：予昔侍亲太学，识李君元凯于上舍稠人中。李君罢官归剑江，先施以朱子感兴之诗以致其绸缪愿交之意，继以族谱之故来访小陂，时年几七十矣。虚心进善，每见益亲，晋伯可爱，岂欺我哉！近与其祖孙恪谈乃悉李君平生误爱，且请赋其小塘茅屋焉。尝观其世谱，知讳琛侍郎府君为小塘始迁之祖。又观其先文，知府君为有德之士，所垂既裕，嗣之者贤，宜乎书其族愈久弥彰也。

让弟斌。斌卒,君复让诸子,夏官竟官君子澄。君为人端毅疏畅,勤礼而泛爱,尊贤若不及。家庭之间,肃然以和。先府君建博文堂,聘名缙绅次讲授。君与仲氏俱读书,通大义,卒克拔等夷为大家。知我实由于仲氏,而君固一致焉。托门墙仅四十载,岂偶然而已哉?君生洪武戊申十二月十三日,年八十三。气体倦勤,内属家事,外与亲交。诀迁正寝之二日,乃曰"明当去矣。"翌日果然,正统己巳五月二十六日也。君娶黄氏,继室周氏。子四人:长昱,学于予,诸父甚爱重之,蚤世矣。澄,会昌千户。演、溥与吾儿游。女一人,适抚州正千户夏昶。澄等以景泰冬十一月己酉葬君临川银锭塘之先兆。铭曰:于昭世德,博文有堂。克敬克绍,雍雍雁行。先兆于归,银锭之臧。①

有《元日怀感》(己巳)《哭黄季恒》《石泉开田》《病中有怀子贞九韶》《访表兄琐秉端伯仲》(九韶同饮二人皆辛未生)《访表兄张二伯仲》《小儿鸣琴》《赠李生归觐》(并序)《牧归马上口号》,《九日同九韶饮子贞宅》《寄李宜之》《客夜述怀》《大同原牧归后访道中口占授小儿及曾正》《题小塘茅屋》(并序)诗十四首。②

从诗作上看,康斋此年继续安心于农事,而且还让娄一斋、周文等学生共同参与农业劳动,粗粮淡饭,可见,康斋的教法是严谨的,也是高要求、高强度的。或许繁重的劳动让养尊处优的一斋一时不能适应,生病回家。另外,康斋继续保持随处读书与随处游山玩水的心情,"又感一元新惠泽,微吟随处咏洪钧",领略宇宙"乾元"造物之妙,有时也会心情大好,"会心偶尔微吟好,又向清流饮马归",随处随时"养良心",康斋随时随处注意对心的涵养的重要性,可见一斑。

可见,在过去的十年里,康斋没有写日录。他认为"三杨"退居历史的二线,朝政几乎被权臣王振所控制,与仁宣之治的和谐政局又一变。见政局之不可为,康斋在52到53岁往南昌抄书,由此深潜涵养,而且在53岁到57岁这五年间的诗作上,均没有系统的编年,特别是正统十

---

① 《康斋集》卷12《牛君墓志铭》,第590—591页。
② 《康斋集》卷3,第415—416页;《康斋先生文集》卷3,第1044—1047页。

一年 56 岁时拒绝何自学的推荐,这些都说明,康斋在王振专政时代,表现出不与当权者合作的态度,这与他在永乐朝"焚烧路引"不参加科举考试一致。康斋安心乡居、坚定学术的做法,反而更加提高了自己在全国的声誉,特别是江西地区的声誉,出外讲学的机会多了,优秀的外地学生不远几百里远途跋涉而来,这些都增强了康斋作为全国著名教育家的优势。如果说,康斋年轻时候是往外地教学谋生,而 56 岁以后的康斋,不少优秀的学生风餐露宿,不远千里而来,这是中国教育史上的重大事件,也是康斋学全国化的表现。

是年,薛敬轩年 61 岁。居家近 6 年。而秦、楚、吴、越间来学者以百数。先生拳拳诲以小学以及大学,由扫洒应对至于精义入神,居敬以立其本,明经以求其道,不事言语文字,而必责诸躬行之实。问科举之学,则默然不对。终日正衣冠危坐,如对神明。洛阳著名亲传弟子阎禹锡(1426—1476,字子与,洛阳人,景泰间举人,历任徽州府经历、南京任国子监丞、御史。有《自信集》《河汾诗文》等)徒步来游,及别,先生送之里门。谓曰:"程门教人以居敬穷理为要,女归勉之。"秋九月,被诏入京师。时英宗北狩,恭仁帝权国事。台省上言先生学究性理,诏起田间。九月朔五日,驿使到门,遂诣阙。冬十月,除大理寺右寺丞。先生至京,恭仁帝已正位,除右丞,领北门锁钥。时敌骑薄都城,都帅惧,欲避其锋。先生曰:"敌悬军深入,势必不久。"已,果遁去。朝论取诸王入议事,先生疏择取其贤者。又上《讲学章》,劝皇帝选择儒臣 20 余人辅佐。[1]

是年,黄南山 59 岁。五月五日,撰成《仪礼戴记附注》,自序曰:"唐虞而降,殷因于夏,周因于殷,凡纲常之礼原于大经者,固百王所不易,而其仪文度数之散在万殊者,郁郁乎周礼之盛,虽后圣有作,不过随时损之、益之而已。周衰,诸侯僭窃,礼籍灭亡,时则有孔子之圣,历聘弗售,归老于洙泗之上。考定礼经,日与游、夏诸弟子答问论著,而后门人各记其所传,若今《仪礼》《礼记》诸篇是也。……嬴秦焚书,幸焉《仪礼》十七篇脱于煨烬,而《礼记》四十九篇萃集之于汉儒。其《大学》《中庸》,

---

[1] 《薛瑄全集》,孙玄常等点校,第三册,(明)张鼎、杨嗣昌:《薛文清公年谱》,第1193—1194 页。

程夫子固已表章之,而子朱子乃取余篇,及诸经子史言及礼乐者,类附于经,作《仪礼经传通解》。奈丧、祭礼稿未完而不录。其书世虽镂版,亦弗克盛传天下,深可慨也!润玉穷经如仕,而于《仪礼》常究心焉。辄不自量,僭仿朱子遗意,以经统记,因类附编题曰《仪礼戴记附注》。凡所以芟经疏之繁、剔记说之冗者,非欲求异于前人,第恐简编滋多,徒启学者望洋之,而于典礼卒无以究夫本经也。于是约其辞,以便观览焉,博而求之,则有诸儒之注疏在。正统己巳五月五日序。"①

是年秋,南山与礼部侍郎王一宁并官船,过洞庭湖,相与论诗,"正统十四年,岁在己巳,秋仲之末,予与礼部侍郎天台王公一宁并官舫,过洞庭之湖。公曰:'潇湘好八景,但无好诗。'予因舟中缀五言四句八章进之。且语公曰:'凡作诗,贵风韵圆洁,如隔纱看花,但见其影,不见其形。惟模写其手度、情思,则景趣幽远,庶得盛唐音响,上溯三百篇之渊源也,犹贵'诗中有画,画中有诗',如王摩诘辋川景致,始可以言诗也矣。'公实额之。时予不揆鄙陋,纪其事于舟中。深慨公没世已久矣,今予致政归鄞,乃图其景而写其诗于左方云。时成化九年十二月八腊日,南山叟识。"②

① (明)黄润玉:《南山先生家传集》,浙江省图书馆藏,孤本,卷30。
② (明)黄润玉:《南山先生家传集》,浙江省图书馆藏,孤本,卷31。

1450 年,庚午,景泰元年,60 岁。

是年,或鉴于朝局开局之初,尚待观察,学术探索方面,深潜涵养为主,此年无日录。

> 是年,云南道监察御史臣涂谦谨奏:为荐贤事。臣访得江西抚州府崇仁县处士吴与弼,淹贯六经,博通诸史,至于安邦定国之谋,行军设法之计,无不优长,诚圣代之遗逸,有用之良材。如蒙乞勒该部起送来京,量加褒擢。缘系荐贤事理,未敢擅便,谨具奏闻。景泰元年。①

此年春,与璇庆、诸生多有游牧、讲学之作,如禅峰、南岗、下陂、觉溪、黄柏、聂家峰、李家山、黄岚坑、转岗头、龙门七宝寺、后坊、阴源、连珠峰、倒桐塍诸地。入夏之后,又有石牛埠、方家坪先陇、曲冈、狭原、中原桥诸地出访之游,均有诗作。如,与璇庆、亨庆、烈登黄柏最高峰,"局促倦埃氛,游衍稀铸侣。骥子能娱人,慕韩耽岣嵝。青天卷片云,春山霁寒雨。杖策不知疲,鱼贯何容与?遂跻凌宵峰,徘徊以延伫。长空极遐瞩,松阴相欸语。日昃淡忘归,清风助高举"②,"日昃淡忘归"诗句说明康斋继续涵养,又在教学上游刃有余,"清风助高举"暗示他自己要继续辅仁丽泽,教育天下英才。与熊渤游牧后坊坑,"节候适清和,田家雨新足。芳林牧马来,露草萋以绿。乃有儒一生,吾伊荫修竹。畅我仁知心,跻攀散遐躅。一览长天云,真趣良可掬"③,在家乡附近的旅途中,

---

① 《康斋先生文集》附录,第 1328 页。

② 《康斋集》卷 3《登黄柏最高峰》(由聂家峰、李家山而下小儿及亨庆、烈生从),第 417 页。注:亨庆或为康斋侄子,烈或为来学生饶烈。

③ 《康斋集》卷 3《同熊生渤牧后坊因登绝岭》,第 418 页。

"畅我仁知心"与"真趣良可掬",表现出康斋特别幸运的心情。师生砥砺,互增感激。"田家雨新足"与"露草萋以绿"衬托出放牧的恰好时候,宇宙万物勃发,一片生机盎然,正好"一览长天云",真是万里无云的好风景,心情是如何的好呀!

后,应唐山戴亨庆之请,为其祖妣蒋氏墓(字满奴)作《蒋节妇墓表》。

> 戴生亨庆以祖妣墓未铭,惧夫节义久将湮没不传也,恒戚于其心,乃咨于其父,请族祖子颖君撰其世与行,丐予文以表焉。节妇讳满奴,姓蒋氏,世为南昌丰城族。曾祖讳钧,字洪仲。祖讳沐,字叔新。父讳椿,字子庄,母某氏,节妇,年二十余归,配唐山戴子鼎氏,逾纪而子鼎遂卒,有子才五岁。戴故大家,当是时,孰不欲乘其危而利其有?节妇介持愈严以勤,卒能完其家,无毫发丧。教其子以及其孙不少替,君子以为难。呜呼!疾风知劲草,不其然乎?姑氏姑妇亦皆以节终,时号一门三节,冰霜互列,而金玉交辉,盛矣哉。铭曰:超逸驾兮,往哲是程。激薄俗兮,壹彝惟馨。玄庐载铭兮,永流厥声。[1]

此年春,为崇仁县郭圩乡务东村先母家周颜仲及其子周元昂写《务东周氏家谱序》。

> 周,吾母家也,世居务东。有文五府君者,娶裴氏。府君殁,二子皆幼,鞠于舅氏,遂因舅姓而家于裴坊,今四世矣。周君颜仲与其从子元昂,作谱以复其姓,而偕周氏婿傅君汝恭往询其世。务东则族之耆旧,皆已物故,子孙多散处于外。文五府君而上莫得而考,惟乡邻尚能谈周氏之盛。皆曰:"楼下周焉!"呜呼!与弼十岁别母京师游,又十岁归。母卒七寒暑,踣地号天墓侧,欲绝不能。今又四十年矣。每瞻望裴坊云物,与经是山川,心辄如割,尚忍题

---

① 《康斋集》卷12《蒋节妇墓表》,第593页。

斯谱耶？尚忍题斯谱耶？①

为崇仁县郭圩乡裴坊村先母外氏家裴彦文、裴彦信兄弟写《裴氏族谱序》。

> 裴氏，其先闽之全州人。宋季以游宦流，止抚之崇仁。先谱亡逸已久。近彦文君偕弟彦信君慨世系寥阔，诸茔无所纪录，乃命与弼为之序。与弼，周出也。周之先，以幼孤鞠于舅氏裴府君。与弼幼来外氏，辱府君家惠爱厚，故不敢以不敏辞。夫裴君伯仲，谱牒已谨，先坟可以不忘如魏公矣。若其立身立德，如传所云，则尤裴君之素愿而后人所当尽心也。②

为湖荞李南溟题素庵赋，"一点虚灵天地参，忍将至贵堕春酤。请看天泽初爻旨，是我蓍龟与指南"③，"一点虚灵天地参"指出细微的人心具备获得真理的能力，并开始于"天泽初爻"之几④，康斋抬升心感悟万事万物真理的明觉能力。两年前，南溟因修谱来小陂，索"素庵"两大字。

为湖荞李南溟学生李世熙题历斋赋，"韦弦何用佩诸身，矫枉扶偏各有因。细向堪舆观万物，反躬皆足熟吾仁"⑤，观万物以熟仁，辅之以细堪与反躬之法，相期与彼此，借以此励其子学生李生恪。

---

① 《康斋集》卷9《务东周氏族谱序》，第539—540页。颜仲婿为傅汝恭。
② 《康斋集》卷9《裴氏族谱序》，第540页。
③ 《康斋集》卷3《素庵题》，第417—418页。序曰：正统辛酉冬，予归自钟陵息肩湖荞。李氏南溟伤其宗以迓礼于从子世熙之堂。崔氏文策翁古服来，临酒数行欢然。赋诗而别。后七年，南溟修世谱，话旧小陂，索素庵大书以归。又二年，持以求赋诗。
④ 吾学友、中国古典文献学博士邓凯讲师告诉我，此卦为履卦，意指旅途，正好与诗句相契合，拜谢邓君丽泽之怀。
⑤ 《康斋集》卷3《题历斋》（并序），第418页。序曰：予寓种湖时，将拜颐庵胡先生于豫章。李生恪在馆下，属儿辈致其尊府世熙及其外祖默庵崔翁愿识之勤。归途乃遂其请，明年，二公冒风雨复予剑水，至则予去矣。屡有期于小陂，而翁向髦。近世熙过我，翁则物故。俯仰畴昔，不能不为怅然也。兹赋世熙厉斋之词，虽以助李氏，尚亦有激于崔云。

又造新堂，"平生山水心，于焉得休卜。一堂虽甚毕，素意良自足。坐看风雨来，已喜无沾漉。赋诗纪吾成，古人有芳躅"①，由心到意，由"素心"到"素意"，以达圣贤的"芳躅"之学，康斋的心学维度逐渐深入，素心的涵养与自觉势必会触发对"素意"范畴的认识，越发接近王阳明的诚意之学，由此管窥康斋在明代理学向心学的转型的先驱与启明作用。

夜起，编茅造自得亭，这是康斋对圣贤修养的自我警觉，有诗"幽怀不能寐，揽衣造新亭。曲池湛华月，芳树还冥冥。群峰远映带，一水近回萦。坐久欢未竟，夜迥气逾澄。寂感玄化微，伊洛歆余馨"②"幽怀不能寐"盖由于读书涵养产生的悠远之意，"芳树还冥冥"与"夜迥气逾澄"细微地的写出了氤氲之气的产生与变化之态，而"寂感玄化微"体现的"知几"之学正好说明此年康斋进入"耳顺"状态，这与他后来的"知几渐觉工夫密"暗合，这个"几"就是氤氲之气碰撞交感而产生的恰好时机，而这样的玄妙状态由素心素意的康斋所深刻查觉，是应该的。

入夏，有诗作"卧病止衡门，何以娱长日？卷舒架上书，游戏闲窗笔。南亩果农余，东园雉蔬毕。务我分宜然，无劳知难必。道泰身自享，作德心斯逸。长歌书座隅，庶用箴吾失"③。"道泰身自享，作德心斯逸"高度凝练地写出了康斋在修道与养德上的立言宗旨，体会宇宙之道生意无穷，宇宙之"几"阴阳和谐，变化玄微，而养德就是体会并身体力行涵养这样的"真几"之学，身心自然舒服与安逸。康斋终于体会到安逸的心态，而且是六十耳顺的情形下，说明康斋工夫的卓绝与艰苦。"务我分宜然，无劳知难必"，证明康斋身享心逸的得来是多么的不容易，是一场43年多的严谨而又惊心动魄的道德修养长征。

夏六月，也先复拥上皇英宗至大同。戊子，瓦剌寇宣府，众将士御却之。七月己巳，杨善至瓦剌，也先许上皇归。八月甲申，遣侍读商辂迎上皇于居庸关。丙戌，上皇还京师，相持泣送，居南宫。辛卯，刑部右

---

① 《康斋集》卷3《新堂即事》，第418页。

② 《康斋集》卷3《沿上编茅为亭，取程子秋日之诗名曰自得，夜坐其中，因成此句》，第419页。

③ 《康斋集》卷3《夏日偶成》，第419页。

侍郎江渊兼翰林学士,直文渊阁,预机务。①

夏,为丰城玉溪生戈瑛写族谱序言。宣德中,戈瑛来游小陂。

> 宣德中,祥重诸孙瑛游予小陂。于时,戈氏丰裕矣。瑛孟氏敏义相慈,亲主其家,指甚众而家肃雍也。予间适水边林下,而瑛从焉,因语之:"宜及是时,以勉于学云。"今年夏,敏义以其贤尊某所刻族系为谱。谱成,命瑛复有请焉。予何言哉?亦惟向所勉者以勉之耳!然学岂直词章诵说为哉!俾称戈氏族者,不徒日士人焉,又曰君子焉。为之子孙者,不徒日学为士人焉,又曰学为君子焉,不亦善乎?苟惟措其心于言语文字之末,而不免于猩猩鹦鹉之诮,君子奚取焉?②

六月丁丑,塘下吕肃不远百里冒暑来求族谱序言。③

夏,为崇仁县礼贤乡吴营桥元贵源诸兄弟撰写《吴营桥元氏族谱序》。④ 为南昌长湖生章献、章朴撰族谱序。⑤

秋,熊宗义冒风霜来访,"不惮风霜跋涉遥,翩然来访白云桥。嘉宾盛处归怀好,茂对良辰话久要"⑥。

为五峰李章题勉学斋,"浮生事业易蹉跎,百岁光阴定几何?不觉秋霜空满鬓,玩君华扁谩高歌"⑦。

拜方家坪曾祖妣颜氏、祖妣章氏先陇,"方家坪侧接连塘,二代铭旌托此藏。孱薄每惭荒世德,阖仪空感孝思长"⑧。其尊重先祖之精诚与细心可见。

---

① 《明史》卷11《本纪第十一·景帝》。

② 《康斋集》卷9《丰城戈氏族谱序》,第540页。

③ 《康斋集》卷9《吕氏族谱序》,第540—541页。

④ 《康斋集》卷9《吴营桥元氏族谱序》,第540—541页。

⑤ 《康斋集》卷9《长湖章氏族谱序》,第542页。序曰:献弟朴从予拜胡先生于豫章,其还也,朴与从兄文英迂于南浦。明日识贤尊定夫于嵩山,而文英尊公清夫群从竞欲宾致长湖,俊夫跃马,隔溪追莫及矣。今年夏,文英奉诸父之命来告以其族之世。

⑥ 《康斋集》卷3《赠别熊崇羲》,第419页。

⑦ 《康斋集》卷3《题李章勉学斋》,第419页。

⑧ 《康斋集》卷3《携小儿方家坪拜先陇》(曾祖妣颜氏、祖妣章氏),第419页。

寄诗歌给朱梦直教谕,"青春桃李忆成均,两造高门剑水滨。闻说轩车能我顾,无端旧梦欲书绅。"①

孟冬,游临川狭原秋山之头,洪祯"立马拱道侧者"。后两日,应祯之邀,继游狭原洪祯诸父兄里,"芒鞋又作葛天民,童冠追随五六人。绿树池塘投辖处,梅花如雪昼如春"②。梅花开放,又到一年快要结束的时期,最爱梅花的康斋,出游甚为快乐。后一日,作朋走风雪来谢。未及,祯来求族谱序。③

冬,下雪,屋居读书,"四檐风雪夜漫漫,独拥残炉对岁寒。细忆晏庭诗思切,是知仁者敢偷安?"④这首诗说明康斋继续做圣贤仁之向度工夫,体会万物一体之仁,也就是张载的"民胞物与"的精神。

腊月,寒梅开春,"万缘有命不须嗟,遮莫飞腾暮景斜。偶度小桥流水曲,缓从梅下玩孤花"⑤,"万缘有命""小桥流水""梅下玩花",儒家仁者心态跃然纸上,栩栩如生,豁达大度,随遇而安。诗中有画,画中有诗,行云流水之趣令人向往,唯有深厚涵养本源者方能体会到此等真境。

有《游禅峰》(庚午)《游南岗及下陂山水》《小憩觉溪徐氏》《登黄柏最高峰》(由聂家峰李家山而下小儿及亨庆生从)《牧黄岚坑》《游黄岚坑》《游黄岚坑》《牧转岗头》《游龙门七宝寺》《素庵题》《题厉斋》(并序)《不寐》《同熊生渤牧后坊因登绝岭》《同诸生游阴源》《新堂即事》《题凝翠字后》《登连珠峰》《同诸生游倒桐胜塍》《沼上编茅为亭,取程子秋日之诗名曰自得,夜坐其中,因成此句》《夏日偶成》《游石牛埠》《赠别熊崇羲》《题李章勉学斋》《携小儿方家坪拜先陇》(曾祖妣颜氏、祖妣章氏)《寄朱孟真教谕》《杨溪故居》《曲冈道中》《狭原洪氏》《雪夜偶成》《中原桥黄氏》《溪上偶成诗》诗。⑥

从诗作中可以看出,景泰元年,越到后面,朝局越趋于稳定,故而此

① 《康斋集》卷3《寄朱孟真教谕》,第419页。
② 《康斋集》卷3《狭原洪氏》,第420页。
③ 《康斋集》卷9《狭源洪氏族谱序》,第542页。
④ 《康斋集》卷3《雪夜偶成》,第420页。
⑤ 《康斋集》卷3《溪上偶成》,第420页。
⑥ 《康斋集》卷3,第416—420页;《康斋先生文集》卷3,第1047—1053页。

年诗作比往年要多。在不断放牧、对野讲诵与继续涵养于自然之学的过程中，"慕陶得自然""时止时行任自然"，康斋获得道理平铺的自然之趣，感觉到"道泰物本小，虑淡意自足"。这个"道泰物小"的说法，源于体认，是观察主体评价道、天地万物与人三者关系的定位，是一种他者的相对观的产物，这与后来白沙的"道大物小"观点完全一致，进而康斋提出"虑淡意足"的思想，就是一个人如果念头平淡就会获得心满意足的感受，念与意有密切关系，这是康斋在旅游当中放牧而产生的思想火花，也是他和友人长期谈论心的结果。进而，他觉察到的"契彼造化微"诗句正好与后面的《沼上编茅为亭，取程子秋日之诗名曰自得，夜坐其中，因成此句》中的"寂感玄化微"所暗含的天地"真几"之学呼应，是其早期"觉至理有契，不觉抚席"的"心与理一"的天人合一再发展再推进，是由理到心，由心到意，由意到念，再由念依气，气中行知，展现了明朝儒学的内在自觉发展历程。其实，也就是康斋试图回答"定力嗟学微，长夜谁于警？"的儒家哲学难题，而破解之方，不同的时代，有不同的解决办法。在康斋，素心素意，以"巢许"隐逸之心为依归，放怀大自然，拥抱自由，"畅我仁知心""振衣发啸歌"，完全潇洒于宇宙之中，也直接启发白沙自然主义心学的产生，明朝学术打开了一个完全崭新的局面。

是年，薛敬轩年 62 岁。在京师。春二月，奉敕如四川、云南督饷。贵州苗叛，命将征之，委先生督饷，且赞画军事。先生遗都御史李匡书曰："窃惟蠢兹丑类，与振威武以服其外，不若布诚信以结其心。勉而行之，大功可立，况小寇哉。"都帅然其计。先生为檄布谕诸苗，示以祸福，然后耀武以惧之。贵州渐平，先生复以书答曰："昔赵充国讨叛羌，缓于攻战，但抚其渠魁，而坐解其党。朱子大书于《纲目》，以美其绩。以此知安边境，治蛮夷，盖以怀柔为先，不以攻战为贵也。足下此行深得安边之计，垂声竹帛，又岂逊美于古人耶？"夏六月，自永宁如泸州，偶感暑疟，寒热大作，数月稍愈。秋九月，游草堂，作《草堂记》，讽刺唐朝缺乏正直官员。时游者，佥都御史李匡、大理寺少卿张固、监察御史罗俊等四人。①

是年，浙东大儒黄南山六十岁。是年三月十日，在湖南，自序《南山

---

① 《薛瑄全集》，孙玄常等点校，第三册，(明)张鼎、杨嗣昌：《薛文清公年谱》，第1194—1195 页。

先生家传集》第一稿,其自序曰:"念吾幼时,吾父命学诗对于邂翁全先生。先生有《述佑圣城南八咏》等篇,必令吾属辞,弗少贷。吾之幸识理趣于稚年者,皆吾邂翁先生之教也。奈祚薄役繁,曝寒丧业,甫成童,分籍京畿。间有思亲悼己发为声歌者,固无足观。偶题洪氏清逸轩:"竹销芸窗尘不到,苔封花径客稀来"之句,县尹孙公理见而喜,遂成吾出身之媒。后官南昌,入宪台,出督学政于桂,时有应酬诗文。性慵于誊录,稿多散逸。兹来湖湘,因养病休暇,观韩思庵文集贻诸子孙,俾知吾志之语,惕然有感。于是,搜索逸稿及尝记忆者,类成此集,并书先世遗文不传之由以遗吾子孙,庶知所珍惜,俾毋蹈吾之所慨。外有《中庸脉落》《大学旨归》二篇,《仪礼戴记附注》五卷,《道德阴符诸释》藏之家塾。或退息而游焉,亦可资正业。……景泰庚午三月十日甲寅四明黄润玉序。"①

---

① (明)黄润玉:《南山先生家传集》,浙江省图书馆藏,孤本。

1451 年,辛未,景泰二年,61 岁。①

二月辛未,景帝幸太学,释奠先师孔子,分献四配十哲两庑,礼毕幸彝伦堂,当时国子监祭酒萧镃、司业赵琬讲书。太保宁阳侯陈懋、少保兼兵部尚书于谦、太子太保兼吏部尚书王直、户部尚书兼翰林院学士陈循、工部尚书兼翰林院学士高谷、户部右侍郎兼翰林院学士江渊(康斋老友)、翰林院学士商辂、翰林院侍讲学士刘铉陪同。② 帝回户科给事中李侃、刑部侍郎罗绮等建议,赞同会试礼部奏准取士不分南北的做法。永乐二十年间,凡八开科所取进士,皆不分南北惯例;仁宗遵杨士奇等定议,取士之额南人什六、北人什四。丁丑,户部侍郎兼翰林院学士江渊、修撰林文为会试考官,赐晏于礼部。三月庚辛,景帝亲奉天门策举人吴汇等,王直、金濂、于谦、陈循、俞士悦、高谷、王文、杨善、李锡、商辂、萧维祯等为读卷官。壬寅,亲阅举人所对策,赐柯潜等 201 人进士及第出身有差。

此年,陈白沙 24 岁,第二次会试,再下第。

是年日录仅 2 条。

所凭者,天。所信者,命。(辛未)③

八月初二,夜梦日有食之。既,与弼从旁吹之,火焰即炽,寻复其明。④

61 岁的康斋夫子,听天由命,顺其自然,心态更加的和平。从他的梦似乎暗示他有改变黑暗、增加光明的能力,他说的"日有食之。既,与弼从旁吹之,火焰即炽,寻复其明",这显然受孔子"素王"人格理想的鼓

---

① 此年,诗作进入卷四,康斋 61 岁开始,景泰二年。
② 《明英宗睿皇帝实录》卷 201《废帝郕戾王附录第十九》。
③ 《康斋集》卷 11《日录》第 203 条,第 581 页。
④ 《康斋集》卷 11《日录》第 204 条,第 581 页。

舞,而在那个时代,明景泰皇帝亲历国子监鼓舞教育的做法应该对康斋有刺激,故而受此鼓舞,他全面投身辅仁教育的自我使命感更加地自觉与强烈。诗作中的阅读韩愈文集,其自任道统担当的使命意识一下子全面活跃起来。

寒春,攻韩愈文集,有"重云密雨锁春寒,病思无端强自宽。逝矣古人心独在,遗编一一静中看"①,因康斋学识深厚,其读韩愈文集,应该比一般人看得更深切更远。

此年春,旧疾复发,身体似乎不太康健,多有看病、买药之举,故而感谢医生亲友,有寄谢王医博、高、危诸医士、李、王诸亲友诗作,题黄氏花蕚楼、水竹居。

康斋题水竹居,"结架媚闲旷,夐然面寥廓。水环白云隈,竹带青山郭。云霞生我衣,鱼鸟同人乐。曰予固静者,煮茗相宾客。意遣淡忘归,会心弥洒落。缅怀恍如梦,赋诗酬旧约"。"曰予固静者"诗句说明康斋还是偏于主静,这是他生病时不敢出门走动所限,而去年诗句"悟彼静者心,乐此动时趣"为其《游黄岚坑》所作,凸显动静合一的意思,那时身体甚好。一旦身体不允许,康斋多依赖静坐养身,所谓的"养衰残",这是康斋经济贫困条件下自我保护措施,以今天的话而言,就是纯粹的"技术性"治疗。而"意遣淡忘归,会心弥洒落"诗句所包含的"意遣会心"心意涵养之法,则是去年心意之学的再涵养与再沉潜,是其对青山白云幽怀之趣的体认。

临川学生程庸等人再来访学,"二生忽喜后先来,无德相资愧尔才。黄卷有师当自勉,关闽濂洛是梯阶"②,勉励他们以程朱理学为学术归依。

此年,有《读韩子》(辛末)《寄谢王医博、高危诸医士、李王诸亲友》《题黄氏花蕚楼》《题水竹居》《程庸承府主命李章观光,取别皆集小陂,

① 《康斋集》卷4《读韩子》,第421页。
② 《康斋先生文集》卷4《程庸承府主命李章观光,取别皆集小陂,讲颜子喟然之章,赋此以勉焉》,第1055页;《康斋集》卷4《程庸承府主命,李观光章取则皆集小坡,讲〈颜子喟然之章〉,赋此以勉焉》,第422页。此诗题目颇觉奇怪,四库本作《程庸承府主命李观光,章取则皆集小陂讲颜子喟然之章,赋此以勉焉》,嘉靖本作《程庸承府主命李、章观光,取别皆集小陂讲颜子喟然之章,赋此以勉焉》,似乎有漏字,今采嘉靖本说。

讲颜子喟然之章,赋此以勉焉》诗仅五首。①

是年,薛敬轩年 63 岁。在京师。春二月,归于京师。疏请告,许之。时督饷事竣,还京。先生上言:"番州远夷,但当羁縻之,不宜责以贡赋。"不报。叹曰曰:"民力竭矣,吾忍重急之耶?"上章乞致仕。秋八月,诏复秩。户部侍郎江渊上言:"薛某躬行实践,深明理学,宜留内阁,以资启沃。"上可其奏,诏复除大理寺右丞。是月八日受事。冬十二月,诏升南京大理寺卿。②

---

① 《康斋集》卷 4,第 421—422 页;《康斋先生文集》卷 4,第 1054—1055 页。
② 《薛瑄全集》,孙玄常等点校,第三册,(明)张鼎、杨嗣昌:《薛文清公年谱》,第 1195 页。

1452 年，壬申，景泰三年，62 岁。

是年日录仅 1 条。

四月早写稿："红日当窗，秋花映日，清风绿阴，意豁如也。"（壬申）①

这几年，康斋特别留心意学的维度，这是他涵养心学维度的再推进，由于天气好，自然就心情好，深厚涵养的读书人，往往会有"豁如"之意思，而"秋花映日，清风绿阴"的丰收季节，"红日当窗"，该又会是如何的诗情画意？

夏五月甲午，景帝贿赂文武诸臣，废皇太子见深为沂王，立自己皇子见济为皇太子；废皇后汪氏，立太子母杭氏为皇后。

或在此一二年间，为崇仁县沙堤乡文家桥周子瓛族人撰族谱序。② 为丰城县乡塘村周顺撰族谱序。③ 为临川县西廨彭九璋族人撰族谱序。④

或在此一二年间，江西兴国县牌港人汪潜来求族谱序。汪潜与康斋子研读《春秋》两月而归。九年前，兴国州侯樊继推荐汪鸿、汪潜来游学。

> 兴国汪氏鸿、潜二子之学于予也，其州牧樊侯，不知予之无似，徒以虚声误其辱。鸿父兄宗族由侯故，益激其尚德之心焉，而侯之与汪多矣。鸿归之九年，潜复领其合族之欢心，以诸兄从魁等所着世谱，请于不德之文。汪氏世居兴国之牌港，仲敬府君由牌港徙乐平里之同步。牌港之东有祖墓，曰蒋三府君，子孙世祭扫之，岂兴国始迁之祖与？谱亡于兵，无所征，必欲为之傅会，是诬也。今谱自可见之世而阙其疑，得之矣。潜之来，鸿以亲丧沮。潜与吾儿读

---

① 《康斋集》卷 11《日录》第 205 条，第 581 页。
② 《康斋集》卷 9《周氏族谱序》，第 543 页。
③ 《康斋集》卷 9《乡塘周氏族谱序》，第 543 页。
④ 《康斋集》卷 9《西廨彭氏族谱序》，第 543—544 页。

《春秋》,凡两月而归。家庆礼毕,为我谢诸父兄,而语诸鸿。樊侯奖励之重,得不服膺书绅,勉为令族,以光尔祖而答贤侯耶?事会难逢,而时无再至,其念之哉!侯名继,金陵人,去官久而民益思之云。①

春天,牧大同原、杨林坑,对野讲课,与诸生说兑卦,"既辍黄岚游,却入同原嬉。三阳时向交,暖律回春晖。人情惜旧好,物态含新辉。悠哉四圣心,静向林间窥。单骑日日来,飘飘淡忘归。偶携二三子,丽泽同箴规"②,展现出一幅教学相长、师生同趣的美丽画面。"静向林间窥",说明康斋此时心态很好,心静如海,而"偶携二三子,丽泽同箴规","单骑日日来,飘飘淡忘归",则更说明他乐此不疲的山中讲学的习惯。诚如钱穆所赞扬的乡村可爱的老儒形象,形态可掬。

暮春,游大同原,适学生杨珉来访,"林西日月长,讲罢无余事。东皋束吾马,聊尔川原憩。风景惟暮春,烟芳媚初霁。理会尘外心,道醅淡中味。惠然嘉友来,共此无怀世"③,欣然讲学,"理会尘外心,道醅淡中味",康斋的"理心醅道"的专一程度在当时那个时代无人可比,由此无竞无争,享受太平盛世,获得了潇洒出尘之趣。

枕上静思,有"萧然陋巷日希颜,独把遗经静处摊。准拟朝来风日好,遍随晴色踏青山"④,安贫乐道,主静读书,踏山看水,康斋一个人独自生活于偏僻乡村,无权无钱,无名无利,远离官场和商场,他安于寂寞与平淡的生活境界远超于其同辈,或许这个意义,刘念台赞誉康斋为"醇之又醇",黄梨洲认为他是明代学术的"椎轮"。

此年,胡居仁年19,从余江县于准(字世衡,号平斋)学《春秋》学,开始迈入圣学之域。

按:于准,字世范,江西饶州府(今属上饶市)安仁县人。康斋夫子弟子。正统十二年领乡举。历长沙卫辉通判,有惠及民,立祠祀之。尝

---

① 《康斋集》卷9《兴国汪氏族谱序》,第544页。
② 《康斋集》卷4《牧大同原杨林坑即事》(壬申),第422页。
③ 《康斋集》卷4《与杨珉游大同原》(予游原方憩林薄,适杨生来访,欣然赋此),第422页。
④ 《康斋集》卷4《枕上作》,第422页。

吞蝗,蝗悉死,民得有秋。巡镇二司累荐,迁松江同知,清约慈惠。罹火焚,拜祷遂息。部使者数荐之,秩满,乞致仕。升知本府,俾仍还。莅事三日去,时人高之。初授胡居仁学,后从康斋学。卒,居仁有赞。①

此年,仅有《牧大同原杨林坑即事》(壬申)《与杨珉游大同原》(予游原方憩林薄,适杨生来访,欣然赋此)《枕上作》诗3首。②

　　是年,薛敬轩年64岁。春二月,到南京。既抵任,有豪民挟赀杀人,狱不决,执法欲贷之。先生曰:"死者何辜?"竟抵法。又有周氏狱,沉冤已久,先生雪之。其他多所平反,未易悉数。中官袁诚镇留都,气炎甚盛。会诸部僚往议事,同年都御史张纯谓先生曰:"初见中贵,盍加礼焉?"先生不应。既至,诚降阶相迎,执主人礼,甚谦卑。退谓人曰:"此人曾与王振作对头,岂肯为吾屈耶?"午日馈扇,先生辞曰:"赐扇乃朝廷之礼,不敢受。"太监金英以使至,及还诸司,祖道江上,先生不出。英谓众曰:"南京好官,惟薛卿耳!彼虽不吾送,吾不怪也。"时刑部尚书张宁、少卿廖庄,皆以文名相尚,见先生,叹曰:"先生当于古人中求之,岂敢与之辈行耶?"是年有《答阎禹锡书》,曰:"某本世俗之学,中年稍知理趣,而卒有所未得,亦仅置于心不忘耳。承谕所学之正,进修之笃,敬美。第别纸所录《释毁赋》,多用骚意。窃惟古人为己之学,于人之知不知、与夫毁誉之言,皆不足以动其心。若此赋之词,似有激发不平之意,得不为此心虚明之累乎?所望一切除去此意,日求吾所未至,使反身诚而乐莫大,则彼毁誉之言乌足以动吾心哉!"第二书又谓:"学徒告以微渺。茫茫,若夏虫之疑冰,是诚然也。夫以子贡之高识,仅悟性天道于晚年,况他乎哉!程子终身不以《太极图》示人,正谓是耳。故教人之法,最宜谨其先后浅深之序,若不量所至,骤语以高妙,不止不能入,彼将轻此理为不足信矣。③

---

① 《饶州府志》卷二十《人物志三·宦业》,第553页。
② 《康斋集》卷4,第422页;《康斋先生文集》卷4,第1054—1055页。
③ 《薛瑄全集》,孙玄常等点校,第三册,(明)张鼎、杨嗣昌:《薛文清公年谱》,第1195—1196页。

1453 年,癸酉,景泰四年,63 岁。

是年,山东道监察御史臣陈述谨奏为举保贤才事。伏覩诏书内一款:"朝廷治政,务在得人,果有怀材抱德、通今博古、文章超卓、名行相称之人,许该司府县正官及风宪官举保赴京考用,不许滥举。"钦此。臣先差江西清军,复差审刑,访得抚州府崇仁县儒士吴与弼,乃已故国子监司业吴溥之子,赋性端凝,居家孝弟,经史该博,理学贯通,守道安贫,动循矩度。约年六十,心忘仕进,躬耕陇亩,以教其乡。其教人之法,本之以小学、四书,持之以躬行实践,益久益勤,人多感化。臣观宋儒程颐以司马光荐,由布衣而为侍讲;苏洵以欧阳修荐,由布衣而为主簿;元儒许衡,亦由布衣召,起为京兆提学,继为国子祭酒。若此数儒,有功当时,有功后学。臣窃以吴与弼德修于己,行孚于人,学宗程、许,文法欧、苏,绝迹公门,不求闻达,以道自高,人所推重,真儒者之高蹈,盛世之逸民。养高丘园,盖亦有年。累次荐举,不屑就己。仰惟国朝自太祖高皇帝以来,崇儒重教,列圣相继,垂九十年,文化之盛,超轶前代。皇上中兴大业,政宜奖用贤才,以励风教。如蒙准言,乞勅该部遣使优加礼聘赴阙。或如宋哲宗之用程颐,则以之侍经筵,必有资于圣学;或如元世祖之用许衡,则以之任太学,必有益于后进。缘系举保贤才事理,未敢擅便,谨具奏闻。景泰三年。①

是年日录,仅 4 条,继续以"涵养自得"为始终不懈的为学宗旨。

涵养吾一。(癸酉)

---

① 《康斋先生文集》附录,第 1328—1329 页。

沼上看《自警编》二三条①，甚好，益知人当以圣贤自任也。

学《易》稍有进，但恨精力减，而岁月无多矣。只得随分用工，以毕余龄焉耳。

山千形万状，观者自得之，可也；文千形万状，作者自得之，可也。②

康斋63岁的此四条语录，语言简洁，但意味深远。他随分用工，自得涵养，自任圣贤，满含勇气与决心。对于一个63岁的老儒而言，不问功名利禄，在读书的海洋里涵养成长，自任圣贤，无畏担当，朝向艰难的目标前行，本身就是一件令人敬仰的事情。而他的随分用工，脚踏实地，博览群书，增长智慧和见识，确保圣贤之旅的早日实现，并时常感受到圣贤气象，悠游于圣域，心如止水，心如静海，与天地岁月相阔远，这是一种由自然之学而产生的自得，直接启发远道而来的陈白沙，掀开明代学术的心学面向。

因事入城，假宿临川县西廨彭九璋家，"细雨斜风困马蹄，年过六十未知非。客窗辗转难成寐，定力何能一庶几？"③康斋再论定力，盖道德修养的自我暗示与自觉进学的勉励之词。

拜访学生程庸，宿学生家，"春风堂上降鸾凰，瑞气祥烟日正长。翠竹碧悟歌不足，高烧银烛夜煌煌"④。

是年七月，康斋自临川出游，过南康，顺长江而下，经安徽同安，至江苏南京求医，希望绵延多年的疾病可以治愈，经丹阳、苏州吴江，浙江嘉兴、杭州、衢州、常山及江西玉山、上饶诸地，一路有诗作，有游《金陵稿》诗作多首。

过熊玘家，"江湖远适为求医，首寓高斋惬故知。良夜好天忘倦处，

---

① 据史料记载，《自警编》为宋太宗七世孙赵善璙所编。此书编宋代名臣大儒嘉言懿行之可为法则者，其中凡学问类、操修、齐家、接物、出处、事君、政事、拾遗，盖仿《言行录》体例也。靖康而后，惟朱子议论间为采入，其余多不采录也。
② 《康斋集》卷11《日录》第206—209条，第581页。
③ 《康斋集》卷4《以事入城假宿西廨彭氏》（癸酉），第422页。
④ 《康斋集》卷4《暂寓程庸氏，屈府主王侯贲临，夜承郎君伴宿》，第422页。

清风明月细谈诗"①，月下谈诗，康斋所喜欢的事情。

过临川，哭好友傅秉彝仙逝，作诗哀悼："独步来寻洗墨池，秋风禾黍正离离。一丘旧隐成春梦，非恸夫人而为谁？"②人生之痛苦，莫过于故友之离去。

七月壬午，访安徽同安旧生李宜之，宿其家，"四十年前此寓居，华颠重宿意何如？不堪潦倒浑无似，谩拖狂歌寄我吁"③。

> 为其族谱写序："李氏讳雷奋者，由鄱阳界田丞同安之同城，子孙因家怀宁望城冈之檀冲，中徙同安城北之南庄岭。永乐丙申，予省觐太学，次同安傅舍。闻孙思诚招致南庄之上，以教其二子性之、宜之，而季子尚在孩提也。后三十有七年，重访旧游，则思诚与冢嗣久物故，宜之与季崇之克隆先训，博交当世缙绅，以充其才性，而以诗书华其户庭，襄然为同安著姓，可嘉也！适成其族氏之编，而请文焉。予感夫逝者之不可作，而重其后之有征，足为李氏庆也。于是乎书。"④

居何家圩，八月十二夜，玩月洗心，"访古微私不易酬，心期江汉日悠悠。行藏信有平生分，谩向凉天咏素秋"。⑤

八月十四夜，继续与李进士玩月洗心，"别却乡园纵远观，前期浩荡路漫漫。何如今夜高秋月，万里清光此共看。"⑥

李宜之送行，何家圩道中临别，赠诗，"昨夜巡檐同霁月，今朝联辔共秋山。恍思三十年前梦，信是人生会合难"⑦。

临别，有诗寄赠李春，"天柱峰前忆旧知，江湖秋兴总如飞。金台早

---

① 《康斋集》卷4《宿熊玑氏》（七月），第422页。
② 《康斋集》卷4《哭傅秉彝》，第423页。
③ 《康斋集》卷4《重宿南庄》，第423页。
④ 《康斋集》卷9《同安李氏家谱序》，第544页。
⑤ 《康斋集》卷4《八月十二夜何家圩玩月》，第424页。
⑥ 《康斋集》卷4《十四夜与李进士玩月》，第424页。
⑦ 《康斋集》卷4《别何家圩道中口占授宜之》（占去声，隐度其辞，以授人曰口占），第424页。

得春消息，好寄东风汝水西"①，勉励其参加科举考试，早中进士。

　　七月壬午，应学生方文照之请（江西临川县述溪人，以书经领荐教同安），序其族谱："方氏，其先安陆人，镇国君文，仕元，为江西、福建等处征蛮统制都元帅兼招讨使，封镇国公。子明威将军，仕抚州万户府总管，授世袭五世总管。君伏节大明，洪武初，子孙家临川之述溪与崇仁之郭墟。予种湖故址于述溪桑梓连，故得与方生文照游，且尝属其世德，不可以无述也。既而生以《书经》领荐教同安。景泰癸酉七月壬午，访予同安城北南庄李氏之寓，欣然以族氏书成告。夫事患后时，机贵早断。世泽将斩之余，纪载少稽不逾远莫究，而遂忘其先邪？恳乎生之用心也！廓是心以念镇国、明威，著功于其始，而慨总管以节善其终，追逸驾而贻嘉谋，家法当如是矣。"②

　　为同安县蔡家坂黄翠屏及其子逞永常序家谱："予寓桐城何家圩，尝见礼于黄氏翠屏翁与仲子永常焉，论其世系之记述，而知其族孙金之有志于斯也。已而，会金于秣陵，款洽连日夜，乃记忆尊公菊窗所授，次第之以请，且曰十五载之心事云。黄氏其先由鄱阳徙桐城之鹿儿城，谱以兵燹而亡。原仲府君国朝初徙近地之蔡家坂，今同高视之亲聚处一地，指逾三千，食禄者日众，而业儒者日多。夫先积之征如此，而金也复倡其宗，益隆于善，方来之庆可量哉！金为礼闱乙榜进士，复会多士，就试神京。盖将推其家族以达于邦，宜愈自克矣。③

　　为礼闱乙榜进士黄金题其具庆堂："爱汝清溪寿二亲，云笺晴染坐生春。九天会沐恩波阔，戏采堂前百福新。"④

① 《康斋集》卷4《寄赠李春》，第424页。
② 《康斋集》卷9《述溪方氏族谱序》，第544—545页。
③ 《康斋集》卷9《同安黄氏家谱序》，第545页。
④ 《康斋集》卷4《具庆堂为桐城黄金题》，第425页。

为同安县小南门同安坊丘士安序家谱："予以寻医问药之故，息肩桐城何家圩丘氏之里。国子上舍生丘士安承其尊公志原之命，宾致鲤庭，以家谱请为序。丘氏世居同安小南门同安坊，元季之变，志原大父济民挈家逃难，流寓同城。考君仲华赘于邑南何家圩周氏，因以为家。志原君躬勤瘁以立，其门户丰裕矣。遣子学邑庠，既升胄监，仍隆师别墅，以淑诸孙。年过八十，而笃励之志不少懈。古人云：'广积不如教子。'丘氏有焉。子孙其勿替引之哉！"①

八月，途遇学士江渊，"久重才华识俊英，偶从此地共茅亭。几时更对何乡榻？细写江东渭北情"②。

是年八月戊申，前按察使、太子太保兼工部尚书石璞得请致仕归。

为桐城黄金题其具庆堂："爱汝清溪寿二亲，云笺晴染坐生春。九天会沐恩波阔，戏采堂前百福新。"③

为桐城朱善题其永感堂："欲报劬劳慨昊天，青灯耿耿思绵绵。顾我旧游挥客泪，与君同废蓼莪篇。"④

过南京，遇章、余、李三生，赠诗："客中欣遇二三生，送送无端故国情。佳麓山川同一览，楼台高下凤凰城。"⑤

过江苏句容，拜樊继宅，叹樊知州捐馆："饱听邦民颂去思，玉楼人去已多时。阳春白雪惭吾辈，流水高山吊子期。"⑥深深感谢樊知州的知遇之恩。

过杭州，了自己多年前的钱塘怀古之梦，"一枕平安昼梦浓，起题红叶数青松。老于世态无心处，到处身疑是梦中"⑦，感慨万千。寓居钱

---

① 《康斋集》卷9《同安丘氏族谱序》，第545页。
② 《康斋集》卷4《赠江渊》，第424页。江渊（1400—1473），字时用，号定庵、竹溪退叟，重庆江津县人。宣德五年（1430年）进士，入选翰林院庶吉士，授编修。代宗时历任任刑部左侍郎、工部尚书等职。英宗复辟后，贬辽东。成化时官复原职，着有《锦荣集》等。
③ 《康斋集》卷4《具庆堂为桐城黄金题》，第425页。
④ 《康斋集》卷4《永感堂为桐城朱善题》，第425页。
⑤ 《康斋集》卷4《别金陵道次五显旧游口占授章余李三友》，第425页。
⑥ 《康斋集》卷4《句容樊知州宅》，第425页。
⑦ 《康斋集》卷4《昼梦觉作》，第427页。

塘，"曾拟钱塘吊古词，薄游今乃戏于斯。西风何限平生思，斜日纵谁一咏之"①。钱塘，留谏学生程庸诗："准拟名山复并游，朔风无奈日飔飔。金陵已失连枝喜，吴会仍为落叶愁。南指片帆应迅速，北来行李莫淹留。丹枫黄菊同归梦，定约三衢与信州"②。诚敬之心，静观西湖，"先声隐隐远如雷，高浪排空雪作堆。欲记新题何处写？伊谁一醉菊花杯"③。

过桐庐县子陵钓台，"王孙旧是布衣伦，岁晚如何又屈身？不有先生高致在，滔滔俱羡拂鬓人"④，赞叹严子陵之高尚品格。

过大浪滩，感怀父亲福建往返之辛劳："先君遗墨识名滩，使节曾经此往还。改罢新诗吟未了，舟人又指富春山。"⑤

过衢州常山，访问曾任临川训导的旧友徐希仁，"跋涉遥寻玩《易》踪，幽栖近在县南峰。松篁共听今宵雨，礼乐多存太古风。俯仰浮生一梦寐，相看华发两龙钟。酒酣细和《辛夷》什，丹桂丛兰思正浓"⑥，表达了诗人与友人之间最诚挚的友情。临别赠诗："彼此浮生类转蓬，青山端似梦中逢。明朝努力加餐饭，又隔南云少便鸿。"⑦

因老友徐希仁之请，跋徐氏家谱："昔三衢徐君希仁教吾临川也，寓五峰外氏，因以得陪余论，尝辱其世谱之命，而以不敏辞焉？君既调官，且归休林泉矣。每欲一访郑公之乡，今乃始谐夙愿。而君已老，握手嘘唏，语笑未洽，而予以多病迫归，君犹以旧命命我。噫！先德之美自足名家，浅薄焉能为有无？而知我之过，无以谢万一，以益颜厚耳！"⑧

应老友徐希仁子徐仕之请，撰其母汪氏墓表："三衢之常山邑庠生徐仕承尊公希仁命请其母孺人墓石之文。予与希仁知己仕

---

① 《康斋集》卷4《钱塘绝句》，第427页。
② 《康斋集》卷4《钱塘留柬程庸》，第427页。
③ 《康斋集》卷4《观湖》，第427页。
④ 《康斋集》卷4《子陵钓台》，第427页。
⑤ 《康斋集》卷4《大浪滩》（洪武间先君奉命往福建，有《大浪滩谣》），第428页。
⑥ 《康斋集》卷4《题徐氏村居》，第428页。
⑦ 《康斋集》卷4《别徐希仁》，第428页。
⑧ 《康斋集》卷12《跋徐氏家谱》，第588页。

旧，生其何辞？孺人姓汪氏，讳凤娘，世为常山士族。高祖讳文璟，登元进士第，仕翰林编修。曾祖讳绍，柳州教授。孺人年二十七归，希仁游邑痒得专经为进士，以孺人综家也。既而偕希仁官临川。归，希仁调山东，孺人以姑老弗往。希仁厄于诖误久，三子皆远省，时乡里门户甚迫，孺人极力以应，卒无败事。希仁谢事，自邑徙近地之新溪，凡平生开创与结架之劳，多资贤助焉。孺人生洪武丙辰二月初一日，卒景泰癸酉六月初十八日，八月壬酉葬十八都蒙撑桥头先兆之侧。子三人：畊、学、仕”。①

过常山、玉山，至广信，看望旧生周文、娄谅。
在上饶，留宿学生娄谅家，登其芸阁，赠“芸阁”二字②，序其家谱。

　　昔上饶周文、娄谅承其父兄之命来游小陂。未几，谅得疾归，行祖之赠有“丽泽何时重起予”之句。后五年，予自金陵经贵郡，暂留宾馆，接诸父兄子姓，而观厥世谱焉。娄氏其先信阳人，元季有讳子福者，与其乡人逃难南奔，因家信城之盈济坊。在信阳故大家，今上饶为著姓。抚卷之余，病催归，志起予之云，徒成虚语。岂惟生有不豫，而予亦焉能怃然哉？虽然，学之方，凡目视、耳聪、口诵，心惟善者从而否者改，皆足以发吾聪明，而崇吾德业，此古人所以贵于能自得师也。况生也观光礼闱，俊游日富，樗散如予，虽日同堂而共席，奚能以资丽泽之万一哉？厕名芳籍，愈以自歉耳！③

在上饶，序周文族谱。

　　周氏世居上饶古梁之周村，谱亡于兵。昭穆世次与其遗迹，子

---

①　《康斋集》卷12《孺人汪氏墓表》，第593—594页。
②　另见胡居仁记述，“上饶娄君克贞，予同门友也。所居东有重屋，为燕朋讲学之所。每遇有学之士，则延于其间，相与讨论。景泰癸酉冬，吾康斋先生尝登焉，因书“芸阁”二字以贻之。”(明)胡居仁撰，《胡敬斋集》卷2《芸阁记》，《王云五主编商务印书馆丛书》本，中华书局，1985年。
③　《康斋集》卷9《上饶娄氏家谱序》，第545—546页。

孙皆不能追忆矣。惟传闻宋有堂名天恩，御为记，亦不存焉。近茂杰审理公尝命族子文谱其可见之世。正统戊辰，文与其友娄谅游馆下以语予。后五年，予自金陵经贵郡，青灯话旧娄氏之堂，昔者之来，跋涉晨昏，忘其饥渴。盖当是时，惟懿德是尚而不知疏薄之无足与，徒虚誉是信而不知实德则病，是以误生之辱也。虽然，予覆辙宜戒，而生凤志不可以不笃，世德不可以不求。坚金兰之谊，增华谱之重，顾自力何如耳。①

上饶，诗作赠别周文、娄谅："自叹虚名忝士林，殷勤孤负二生心。莫云春树他年梦，杰阁高轩记短吟。"②

过金溪，序金溪嵩湖黄衍、程坊黄衍族谱："金溪黄衍、黄衍，氏一而族殊也。近各著其世系以为之谱，皆莫详其所自来相承。衍之先，由南丰双井徙临川之广下，由广下徙金溪之嵩湖。衍之先，由崇仁古塘，徙金溪之程坊。程坊与嵩湖桑梓连，而衍、衍缔交密，故谊同兄弟焉。然平仲世希，而善终者难。是以岁寒然后知松栢也，岂惟交哉？先正谓今之学者如登山麓，方其迤逦，莫不阔步。及到峻处，便逡巡。苟能遇难而益坚，何远弗至也？"二生并学吾门有年矣。慎斯言也以往。辉黄氏之宗，而生邑里之光也。何有交云乎哉？③

过临川，序五峰黎淳族谱："尝与故人黄季恒论五峰旧族，因及其子婿黎淳家世，淳亦间语焉。黎氏，浙人也。再世仕临川，子孙遂家五峰。三世讳益，葬南乡孟婆峰，号尚书坟。四世号月楼，读书尚书坟，所葬十八里铺，号学士坟，皆莫究其履历之实。月楼当宋末，罢官，复于尚书坟所构日新书院以教授，元累征不起，号南隐。所居后名黎家坑。五世讳谦，六世讳友直，中元乡贡进士，赴春官，道卒。七世字伯中，是为淳曾祖。故有谱，近毁于其族人之

---

① 《康斋集》卷9《上饶周氏家谱序》，第546页。
② 《康斋集》卷4《与周文娄谅二生》，第428页。
③ 《康斋集》卷9《黄氏族谱序》，第546页。

手。淳所谱,特旧藏神位及粗闻家世所传耳,其详不可得而考矣。惜哉! 使谱修于伯中时,先谱固无恙,而记忆为犹近。今去伯中三十年矣。更三二十年,代序异而人事殊。欲为之谱者,不尤难乎? 淳也其于是举,良足嘉哉! 是为序。"①

归途,与李公迪饮金溪举林车氏(金溪归德乡举林学生车泰)宅,"严濑扁舟话举林,诗情遥向故人深。一杯宾馆论文酒,细写高山流水心"②,并序其族谱,"车氏,莫详其所始,世居临川长宁乡之桐源。五府君者,徙金溪归德乡之举林。谱倡于十世孙用烈,而赞襄于用正、用彰、用彻也。五峰李公迪,宾其西塾久,予知车氏,由公迪焉。近进用烈嗣子泰业馆下,复为请大书其堂曰'尚义',楼曰'读书'。既而,予归自金陵,经车氏,与公迪论文尚义之堂,而顾瞻读书之楼,以叹曰:车日大,而举林其日重乎! 盖义者,天爵之贵;书乃圣言所在。雍容是堂,登降是楼者,能不奋思以有作哉? 姓随事显,地以人胜。用昭师友之谊,而壮厥孙谋,族氏之光,孰大焉? 因谱乞言,序以勖之。"③

过临川五峰,宿学生周圻家,"千里归心逐明月,平林曲径欹柴扃。故人问药入城郭,爱子难兄共短檠"④。

有诗作寄上饶汪秀才郡中诸俊彦,"客里微躯病莫任,金兰多负秉彝心。不眠几动山阴兴,无雁能飞懒拙吟"⑤,表达自己懒于应酬的素心。

秋,居家,闲时游览东坑稍箕窠最高峰,"寒窗倦局促,兹晨脱樊笼。

---

① 《康斋集》卷9《五峰黎氏族谱序》,第546—547页。

② 《康斋集》卷4《同公迪饮车氏》,第429页。据载,车泰,字子谟,金溪人。与兄弼、宗弟亨具受业康斋,而泰最久,笃信力行,师友咸称之。康斋应聘辞归,遣泰诣阙谢。大臣杨守陈、邱浚皆有赠述,期其用世,而泰竟不仕。泰之学以小学为阶梯,而要归于《礼》,尤邃于《易》《春秋》。其大书绝类康斋,诗文亦平实浑淡,以敦复名斋,有《敦复遗稿》存于家。参阅《抚州府志》卷56《人物·理学》,第296页。

③ 《康斋集》卷9《举林车氏族谱序》,第547页。

④ 《康斋集》卷4《宿周圻氏》,第429页。

⑤ 《康斋集》卷4《寄上饶汪秀才郡中诸俊彦》,第429—430页。

远随伐木伴,暍谷舒孤踪。奇峰发高兴,迤逦缘霜丛。沃咽有山果,爽袂来天风。是时雨初霁,心赏超鸿蒙"①。

给黄、饶、李等四生讲《易经》,"新功近喜四生深,夙夜沈潜四圣心。六出六经功愈苦,冻毫特赋雪窗吟"②。

是年,上饶弟子娄谅举于乡。始上春官,至杭复返。杭州之返,人问云何,先生曰:"此行非惟不第,且有危祸。"春闱果灾,举子多焚死者。③

是年,胡居仁年二十,从老师于准处归家自学。

是年,十一月辛未,景泰帝皇太子见济薨。原英宗子太子之位被废,景泰帝皇太子见济又薨,储君未例,权臣惶惶,为后来的宫廷政变埋下一颗火雷。

此年,有《以事入城假宿西廨彭氏》(癸酉)《暂寓程庸氏,屈府主王侯贲临,夜承郎君伴宿》《闲中偶述》《绝句》(于三峰尖之中峰架以小木,覆以杂薪为牧所之凉棚)《东坑幽涧》《题菊窗》《宿熊玑氏》(七月)《发孔家渡》《次打石港》《哭傅秉彝》《守风青草洲》《答舟人》(过家)《南康舟人》《志喜》《重宿南庄》《龙井道中》(七月)《次练潭》《横山双港道中》《阁中即事》《窗间独坐》《赠江渊》《八月十二夜何家圩玩月》《墙下对淮山独坐》《十四夜同李进士玩月》《别何家圩道中口占授宜之》(占,去声,隐度其辞以授人曰"口占")《寄赠李春》《贻南庄李氏》《独步江岸》《次西梁矶》(属和州)《登西梁矶尾》《江边独步》《具庆堂为桐城黄金题》《永感堂前为桐城朱善题》《别金陵道次五显旧游口占授章余李三友》《旅次晓立》《次东馆头》(上元县地)《宿杜家村》《句容樊知州宅》《宿徐村》《宿案头》(丹阳地)《发丹阳》《舟中九日》《吕城坝》《戚墅铺》(武留地)《苏州绝句次唐诗韵》(二首)《过吴江县》《次嘉兴》《舟中望月》《长安坝》(崇德地)《望越中山》《平林舟中》(杭州地二首)《昼梦觉作》《钱塘绝句》《钱塘留柬程庸》《观湖》《发钱塘》《即事》《子陵钓台》《即事》(舟人唱曲吹萧殊

---

① 《康斋集》卷4《登东坑稍箕窠最高峰》,第430页。

② 《康斋集》卷4《黄李四生习〈易〉小陂寒窗旬月间六经风雪赋此以劳之》,第430页。

③ (清)黄宗羲撰,沈芝盈点校,《明儒学案》卷2《崇仁学案二·教谕娄一斋先生谅》,北京:中华书局,2008年,第43页。

胜蛮音,聒耳也)《大浪滩》(洪武间先君奉命往福建,有《大浪滩谣》)《近衢州》《过衢州》《题徐氏村居》《别徐希仁》《常山道中》《玉山舟中》《与周文娄谅二生》《发广信》《晓发》《宿横石》《次上清》《野桥小憩》《孔方道中》《宿小岭》《小岭店中即事》《童子馈蔗》《白水寺》《同公迪饮车氏》《瑶湖渡》《宿周圻氏》《次穟湖》《还乡道中》《寄上饶汪秀才郡中诸俊彦》《登东坑稍箕窠最高峰》《黄李四生习〈易〉小陂寒窗旬月间六经风雪赋此以劳之》诗。①

此年诗作较多,而康斋的思绪似乎不如年轻时期那样敏感,对心性的微妙思考似乎随着年龄的增长而减少了,或许这就是我们中国人说的难得糊涂的心态吧。此年,康斋提出"任天真"的道德修养说,继续完美德性的深厚涵养,不断洗心,对越天地之心,致力于悠然之心的修法,体贴自然之妙,继续随处之学的实践,常常有万物一体、心与物融的胸怀。一方面固然是求医,顺便一路探访学生,拜访老友,甚至就是为了自己以前想去杭州看看,足迹几乎遍布整个长三角,旅途范围之广,对于一个63岁的醇儒而言,也是不容易的事情。

是年,薛敬轩年65岁。秋九月,调北京大理寺卿。朝廷欲大用先生,遣使召还。会中官有惮先生者,沮之,遂除大理卿。十月十日视事,适草场灾,上怒,欲尽诛典首者,先生辨其冤。苏松饥民乞富室粟,不与,火其屋,蹈海避祸。太保王文往核之,以诛叛论,籍平民家五百余来京。众畏文势,莫敢言。先生首抗章争之,文大恨,思报先生。谓人曰:"此老倔强犹昔。"先生闻而笑曰:"辨冤获咎,死何愧焉!"争益力,台省因交章继之,竟得请诛渠魁三四人而止。②

---

① 《康斋集》卷4,第422—430页;《康斋先生文集》卷4,第1056—1070页。
② 《薛瑄全集》,孙玄常等点校,第三册,(明)张鼎、杨嗣昌:《薛文清公年谱》,第1197页。

1454 年，甲戌，景泰五年，64 岁。

是年正月甲戌，平江侯陈豫、学士江渊巡视山东、河南受灾军民。三月壬子，赐孙贤、徐溥等进士及第出身有差，其中，丘濬二甲第一。辛酉，康斋老友、学士江渊赈淮北饥民。五月甲子，礼部郎中章纶、御史钟同以请复沂王为皇太子，下锦衣卫狱。

> 是年，（原）江西抚州府知府臣王宇谨奏为开读事、臣访得本府崇仁县儒士吴与弼，通贯六经，旁该史传，明圣贤之道，躬践履之实，隐居教授，自守甚坚，年逾六十之上，不求闻达于时，宦达愿交而不应，乡间仰德而知钦。其文学才行，可以无愧古人，超越流辈，似此贤才，堪以荐举。如蒙乞勒该部行取赴京，量加擢用。缘系荐举贤才事理，未敢擅便，谨具奏闻。景泰五年。①

是年，有日录仅 4 条，学术日记数量同于去年。

> 读奏议一篇，令人竦然。噫！清议不可犯也。（甲戌）
> 今日思得随遇而安之理。一息尚存，此志不容少懈，岂以老大之故而厌于事也。
> 累日思平生架空过了时日。
> 与学者话久，大概勉以栽培自己根本，一毫利心不可萌也。②

此年康斋继续随遇的养法，深厚地涵养本源，通往大公之心的圣贤旅途，他的"随遇而安之理"即"道理平铺在"的意思，即以自然之心体

---

① 《康斋先生文集》附录，第 1329 页。
② 《康斋集》卷 11《日录》第 210—213 条，第 581—582 页。

察、涵养万物之理，"栽培自己根本"，从本源上用工夫，坚持不懈，悠游涵养，最终实现二程的廓然而大公的天理周流境界。盖此年康斋感悟到自然涵养本源的心学思想，对白沙后来静坐涵养的心学思想当有所启发。

春，出游新正峡，"积雨逢春却好晴，石桥又听涧泠泠。沙头饮马闲停辔，时止时行理本平"①，在与自然融合的环境中，"时止时行"，张弛有道，感受宇宙万物自然生发的生机，道理平铺在，急不得，慢不得。

春雪，饶、李四生将有远程之劳，康斋赠诗："绿酒酬高谊，新诗祝远程。各坚松柏操，共固岁寒盟。"②与学生们一起勉励，"各坚松柏操，共固岁寒盟"，这与后来王龙溪与他的几个学生的结盟有点像，共同推进学术的传承与发展。

或在此年春，吉安永丰罗伦（一峰）③未第时携友廖简④来访，康斋未接见他们，令其子招待午餐后告别。康斋在自己的诗作中解释自己为何不见泛泛之辈，"病来文籍久相抛，闲看松篁雪后梢。懒性避人非敢傲，平生厌结口头交"⑤。盖康斋学规严，严立师道，欲三而待之。惜乎一峰、廖简与张东白不悟。

春耕，力农事，"濯罢清流似浴沂，轻风拂面课农归。北窗一觉羲皇梦，又喜雍容事讲帷"⑥，归家，则开心地给学生授课，盖应事后即须读书，读书累后需要劳作。

年轻时赁屋处石泉有题："莫讶涓涓势在蒙，阴崖应与八溟通。试

---

① 《康斋集》卷 4《新正峡中作》（甲戌），第 430 页。
② 《康斋集》卷 4《赠饶李四生雪夜劳以酒而勖以诗》，第 430 页。
③ 罗伦（1431—1478），字应魁、彝正，号一峰，吉安永丰人。家贫好学。成化二年（1465 年）进士第一（状元），授翰林院修撰，抗疏论李贤起复落职，谪泉州市舶司提举，次年复官改南京，居二年，以疾辞归，教于金牛山。有《一峰集》。
④ 廖简为崇仁县十三都人（近崇仁县河上乡地），景泰七年（1457 年）乡试举人，曾任金华训导、增城训导，卒年 49。参阅（清）刘寿祺撰，《增修崇仁县志〈雍正〉四卷》，（清）谢胤璜修、（清）陈潜续修，国家图书馆藏清代孤本方志选第一辑第 18 册，北京：线装书局，2001 年，第 820—821 页。
⑤ 《康斋集》卷 4《偶述》，第 430 页。
⑥ 《康斋集》卷 4《即事》，第 430 页。

看万折趋东处,何险能纡远到功?"①"试看万折趋东处,何险能纡远到功",语言果敢,有坚定涵养本源工夫的志向,体现康斋豪迈志向的一面。

秋,菊花开,在长源独自牧马,"匹马长源又独来,野园时见菊将开。忽惊往岁看花处,天外孤吟越徼回"②,内心的自觉往往时不时惊醒康斋,令他愉悦于圣贤洗心之旅。

秋冬之际,广东何潜、陈献章与谢胖来学。③ 陈白沙回忆说:"仆年二十七始发愤从吴聘君学,其于古圣贤垂训之书,盖无所不讲,然未知入处。"④白沙学半年后,别何潜先归。康斋令白沙从事下学之功,白沙每日接人待物,端茶研墨,从事田间劳动。康斋女婿丰城厚郭胡全与白沙友,全子宁寿方七岁,工于笔。其家童返粤,大书"孝思"赠白沙之堂,并撰文广其意。

> 人之生,乐莫乐于父母之具存。番禺陈生献章,方娠而严亲弃世,则不幸之大者也。赖三迁之教,中戊辰乙榜进士,笃漆雕之信,复淹吾馆。每痛鲤庭之永隔,感孟机之多违,闻者动心焉。家僮之返,予为大书"孝思",题其白沙之堂,而文以广其意曰:君子之于亲,跬步不忘于孝,矧幽明之异,侍养之旷哉!然全其大,必当略其小,慈颜无恙,伯氏综家,正自求多福之时也。及是时,悉其心以立乎已,俾人知陈氏之有子,先君为不亡矣。陈生勉乎哉!伯氏朝夕为我申其说,于定省之余,亦足少慰倚门之况云。⑤

---

① 《康斋集》卷4《题石泉》,第430页。

② 《康斋集》卷4《源中即事》,第430页。"越徼"为南方边远之地

③ 陈献章(1428—1500),字公甫,号石斋、石翁,广东江门新会白沙人,明代心学家、教育家,与王阳明齐名重要思想家。师别康斋后,困学知变,书房苦读,穷典籍,旁及释老稗官小说,大有所得。39岁后进京,友人邢让(太学祭酒)赏识他,赞其真儒,言于朝,由是名震京师。陈以静为主,端坐澄心,静中养出端倪,创立江门学派,万历十三年诏准从祀孔庙。其门人辈出,湛若水继其后,创立甘泉学派,门人遍天下,尤以四大弟子吕怀、何迁、洪垣与唐枢最着,与王阳明的姚江学派相抗衡。

④ (明)陈献章撰,孙通海点校,卷2《书一·复赵提学金宪》(三则一),《陈献章集》上册,北京:中华书局,2012年,第145页。

⑤ 《康斋集》卷10《孝思堂记》,第559页。

南海人何潜承父兄之命,向康斋征询孟子的"不愧不怍之说"①,开始了随后小陂三年寓居游学生活。

冬,江西余干胡居仁(1434—1484,字叔心,号敬斋,江西余干县梅港人)来学,时年21岁。②

> 按:胡居仁,字淑心,江西饶州府(今属上饶市)余干县人。幼颖异有大志,闻康斋夫子讲学崇仁,往从之游。退而益加充广,尽弃旧学,以斯道自任,杜门读书。会亲丧,哀毁骨立,悉依古礼,既卜兆,为雕儿掘其墓,居仁曰:"讼无实之词,居仁不敢干有司。顾君父丑,誓不公戴天。"后反为雕儿陷系狱。陈白沙以书激邑主事苏章,章力救得直。既免丧,乃东游钱塘、太湖,穷金陵闽浙之胜,幡然归故山。筑室南谷。讲学,谢绝人事,与张元祯、罗伦友善,数会于弋阳龟峰。提学李龄、钟钺相继聘主讲白鹿书院,锐意倡明圣学,且荐其徒有行义者陈大中辈与共事。非当道意,郁郁不得志,亡何,谢病去。其学以主忠信为本,求放心为要,谓身心内外必主于敬,故以敬名斋。虽在暗室屋漏,夫妇如宾,楎蘸筐篚,没齿不相淆乱。应接宾客,巾履俨然。或静坐终日,不见有惰容。尝作进学箴曰:"诚敬既立,本心自存,力行既久,全体皆仁。举而措之,家修国治,圣人能事毕矣。"其言学也,则曰:"惟为己则所从不差,然后可以治人。"言治则曰:"惟王道能使万物各得其所。"生平操履甚坚,达于昼夜死生之变,不为浮议流俗所迁染,而欣戚富贵、德尚势利举不足动其心。成化甲辰,卒。著有《居业录》《敬斋集》《易春秋通解》。杨廉夫称其言:"精确简当,粹然一出于正。"又云:"敬斋严毅清苦,力行可畏,其议论实由涵养体认所得。"罗钦顺谓:"居仁大类尹和靖,

---

① 《康斋集》卷10《一乐堂记》,第559页。

② 胡居仁为明朝著名理学家。幼时"神童",稍长从安仁于淮学《春秋》。师康斋后,绝意仕进,筑室山中,教学自立。成化间,曾游南京、杭州、绍兴与上海诸地。两主白鹿书院,先后在地方上创办了南谷、礼吾、碧峰书院。后江西学使李龄、钟成二人曾相继聘请胡居仁主讲白鹿洞书院。万历十三年(1585年)被崇祀孔庙。

皆是一敬做成。"万历间诏入文庙从祀，谥曰："文敬"。又命建正学祠于邑东山，有司春秋祀之。①

　　甲戌冬，将《小学》习读，略有所感。于是往受教于临川吴先生之门。乃知古昔圣贤之学，以存心穷理为要，躬行实践为本，故德益进，身益修，治平之道固已有诸己。是以进而行之，足以致君泽民，退而明道，亦可以传于后世，岂记诵词章智谋功利之可同日语哉。②

　　此年，在康斋家游学人较多，除陈白沙外，胡敬斋、何潜、胡全同时进学于小陂，均为同窗。

　　此年仅有《新正峡中作》(甲戌)《赠饶李四生雪夜劳以酒而勖以诗》《偶述》《即事》《题石泉》《源中即事》诗6首。③

---

① 《饶州府志》卷十八《人物志一·理学》，第497页。

② (明)胡居仁撰，《胡敬斋集》卷1《奉于先生》，王云五主编《丛书集成初编》本，第9页。

③ 《康斋集》卷4，第430页；《康斋先生文集》卷4，第1070—1071页。

1455年,乙亥,景泰六年,65岁。

是年六月乙亥,景帝立宋儒朱熹裔孙梃为翰林院世袭《五经》博士。八月庚申,南京大理少卿廖庄又请复沂王为皇太子,杖于阙下;并杖章纶、钟同于狱,二人均卒。

是年春,陈白沙28岁,自崇仁县小陂归新会县,闭户读书,开始其习静春阳台十载的传奇读书生涯。

是年始,日录增多,有10条。

晚知书史真有益,却恨岁月来无多。(乙亥)

江西伍恒有书。知程庸,奉府主王侯命去大司成家借《朱子语类》抄对,欲刊版以扬绝学、惠后来。喜不自胜,恨不即觌盛事之成也。①

东窗亲笔砚:好学,至于不尤人,学之至也。

浴罢,坐东窗亲笔砚:竹风拂几,绿阴满地。

① (明)彭时撰,《重刻朱子语类序》,(明)陈炜1473年刻本,见黎靖德,《朱子语类》,岳麓书社,1996年,第13—14页。伍恒,或为南昌伍伯逊之子也。十多年前,康斋50岁时曾往南昌抄书胡俨家,假宿伍伯逊馆。程庸于胡俨后裔家抄对、刊版《朱子语类》,即为后来明朝流传至今的《朱子语类》通行版。天顺庚辰科进士陈炜(三山人)在成化庚寅时出任江西副宪,一直有志于出版《朱子语类》。彭时序云:导江黎靖德参校诸书,去其重复谬误,因士毅门目以类附焉,而名曰《语类大全》,凡一百四十卷,于是文公遗语备诸此矣。惜乎版本今不复传,间有传录者,又不免乎亥豕之讹也。三山陈君炜自天顺庚辰(四年,1460年)第进士,为御史,屡欲访求善本而不得。成化庚寅(六年,1470年)副宪江右,始访于豫章胡祭酒颐庵先生家得印本,中缺二十余卷。明年(成化七年辛卯,1471年)分巡湖东,又访于崇仁吴聘君康斋家得全本,而缺者尚一二,合而校补,遂成全书。欲重刻以广其传,谋于宪使严郡余公。公喜,倡诸同寅,各捐俸余,并劝部民之好义者,出赀以相其成。自今春始工,期以秋毕,因寓书语,予以其故并征序焉……成化九年癸巳(1473年)秋九月朔旦彭时序。

看《弹章》，令人悚然，付学者抄写。

午前治圃，贫贱之理，当然不敢辞劳。

独游隔溪，数步而回首，无可与者。

仁之至，义之尽。

见人之善恶，无不反诸己。①

从上面的学术日记可以看出，一方面，65 岁的康斋上一年往南京看病，身体得以康复，但对于自己的人生极限，他还是表示出非常谨慎，毋宁说，有点消极。另一方面，晚年的康斋对历史书籍明显兴趣大增，故而他说"晚知书史真有益，却恨岁月来无多"，康斋的好学精神令人佩服。对于 65 岁的康斋而言，他认为好学的极限就是"不尤人"，也就是二程提出的"廓然而大公，物来而顺应"的仁者心胸，也就是知天顺命、悠然无虑的自由心态，这都是从"技术性"的角度来考虑醇儒境界的。如果从纯道德性角度考虑醇儒境界，诚如王阳明所说的，就是"为善去恶"的致良知，也就是仁至义尽，也就是每日身体力行的隐微处慎独，似乎这里又回到康斋 50 岁、51 岁为善去恶的情境中。必须指出的是，这里的"为善去恶"已经是 15 年后，无论是康斋颇有名气的教学盛誉（娄一斋、陈白沙、胡敬斋均已在门下进学），还是自我心性上反复涵养于自然与自由之境，这样"为善去恶"更强调"栽培自己根本、一毫利心不可萌"的本体性意义，似乎带有温和与中和的处理方法，都有特别的超越与彼岸的意义。所以，当康斋一个人在寂静乡村散步，恍如世界著名哲学家康德一样严谨与刻苦，"独游隔溪，数步而回首，无可与者"，这里的孤独感不仅仅是"后无来者"，而是当时整个中国，都没有像他一样虔诚与持久地投身于孤寂的乡村，仅仅依靠一个人自我的力量教育出两位配享孔庙的著名弟子（胡居仁与陈白沙）。即便是 65 岁，还要每日劳作，"午前治圃，贫贱之理，当然不敢辞劳"，这样的自觉，每每令我们汗颜。如果没有他 60 多年涵养于本源之学，没有深厚的博学积累与踏实的克制工夫，没有 60 多年的农村自力更生与自谋其力，康斋夫子便不可能成为中国著名的教育家之一。

---

① 《康斋集》卷 11《日录》第 214—222 条，第 582 页。

　　饶烈曾游学康斋门下 3 年,其从子饶岳与康斋子璇庆复讨论《春秋》,故而,康斋题塘坑学生饶烈家族题其仰止堂:"紫阳余韵著清江,主一流风有叔旸。桃李莫矜新锦绣,松筠须复旧冰霜。"①

　　康斋为女婿饶循家作《饶氏世系堂记》:

　　　　昔临川饶迪功叔旸,受《春秋》于朱子门人张主一氏,遂世业焉。彭原李中山氏壻于饶,得是经以授先子。而饶于吾外氏五峰陈为世契,于不肖予为新好,是以饶君景德命其中子烈、长孙岳之来学也。予不敢以常师弟子例视。而烈情谊日洽,告予以其尊公将刻所续世系于石,作堂于故址后岭而奠焉,于以致孝敬而合族属,愿先生有以发之。予观梅边公之序谱也,泛论旴、抚诸饶同出五代太守亮,而旴有亮墓。焉知未有亮墓时,旴、抚岂皆无饶氏邪?又谓从兄楚材尝之旴南象岸饶氏,其老人语以塘坑乃其分派,录谱归而寻毁。谱既无征,老人语未必可据为信,且不闻始派之祖为谁,事寥阔,亦无足云云也。惟曰溯而上可知者十一世,而开迹塘坑者不可知,是为的论。又云族盛于建炎,中微,逮祖伯仲,藏书万卷。谱云伯讳釜,年十五中神童科。仲讳鉴,即叔旸,年七岁亦中神童科,时号大小神童。后之人粗知先绪者,梅边作谱之功也。小神童公之曾孙熙、寿,俱事草庐吴文正公之门,见草庐《邵庵序记》及伯宗吴公之志、雪崖所续之谱,而熙教韶阳时,刻草庐所勉《首尾吟》于学之座右,以敬勤师命云。夫主一炙朱子性命之教,而草庐亦闻朱氏而兴者,饶氏奕世师承若此,孝子慈孙拜斯堂,念厥祖,宁不勃然以起邪?殆必有以蹑吴而企朱,以侈塘坑之故事,而感此心

────────────

　　① 《康斋集》卷 4《仰止堂诗》(并序,乙亥),第 430—431 页。序云:景泰癸酉,予归自浙,拟假道塘坑一访饶氏迪功公故迹,而弗果。华裔烈与尊公景德,慨念不已,予亦为之怅然也。莫景骎骎,斯游恐莫遂矣。姑为赋其仰止之堂,少答误辱之勤。云。

　　据崇仁县志资料记载,饶烈,字丕承,临川人。神童,鉴七世孙,世业春秋,与侄岳同受业康斋之门,潜心经学,理欲之辨甚严。尝揭圣贤法言于轩楹间以自警策,康斋为题其研几之处曰:"麟经轩",为之记。晚迁居父墓之侧,时与门人子弟徜徉原野间,班荆剖论,缓步行歌,悠然自得,号巢云,有《巢云稿》。许伯高,亦临川人,同为康斋弟子。参阅《抚州府志》卷五十六《人物·理学》,第 296 页。

之同然于将来者,不愈深乎哉!①

此记可以看出,康斋对朱子学的性命化改造!

康斋为临川著名学生饶烈家作《麟经轩记》:

> 昔孔子感麟而作《春秋》,故后世目为《麟经》焉。临川饶迪功
> 叔旸氏受是经于紫阳夫子高第弟子主一张公,遂世业之。迪功之
> 八世孙烈,游吾门之三载,惧先绪之或荒也,乃偕从子岳,日与吾儿
> 复讨论焉。予嘉乃志,为题其几砚之处曰"麟经之轩"。先儒之说
> 是经者有曰"经世之大法",又曰"穷理之要",有曰"非理明义精,殆
> 未可学",又曰"必优游涵泳,默识心通,然后能造其微"。呜呼!方
> 策徒存,师友非古,安得神交心契圣人于千载之上,以免于画笔拟
> 化工哉!虽然,豪杰之士固不以古今之异而贰其心也。刊落浮华,
> 一味道真,俛焉日以孜孜,恶知其不循至于洒然之域邪?噫!甚
> 矣!予之无似而景则桑榆矣,记此虽以勖烈而励吾子,抑以自
> 讼云。②

此记可以看出,康斋对《春秋》学带有注重身心涵养创新性的理解。

为临川五峰李迪题黻丘:"何处云岚是黻丘?中山近在屋西头。五
峰风月谙来久,谁道乡关日在眸?"③

赠李全父子诗:"董帷奕叶托情深,又喜曾玄屡盍簪。珍重前模须
仰止,一经端胜满篮金。"④

此年,似乎前来游学的学生增多,教学任务比较重,故而诗作减少,

---

① 《康斋集》卷10《饶氏世系堂记》,第557—558页;《康斋先生文集》卷10《饶氏世系堂记》,第1272—1273页。

② 《康斋集》卷10《麟经轩记》,第558页;《康斋先生文集》卷10《饶氏世系堂记》,第1273页。

③ 《康斋集》卷4《题黻丘》,第431页。注云:李公迪,其先彭原中山人,徙局居黻岭之下五六世矣。公迪出赘五峰而以旧里为号,不忘乎初也。

④ 《康斋集》卷4《赠李全父子》,第431页。

仅有《仰止堂诗》(并序,乙亥)《题黻丘》《寄李全父子》诗 3 首。①

是年,薛敬轩 67 岁。在京师。春二月,考绩。诏复职。在大理寺二年,多洗冤抑,所平反全活无数,人有录之成牒者。夏五月,疏请告,不许。是月七日,宿疾作,特遣御医调治。十四日以老病陈乞,不报。秋九月,进阶通议大夫,诰赠祖考妣。朔四日,朝命封先生通议大夫,大理卿。祖仲义、父教谕公,赠如其职;祖母齐、母齐氏,赠淑人;妻宁氏,封淑人。②

---

① 《康斋集》卷 4,第 430—431 页;《康斋先生文集》卷 4,第 1072—1073 页。

② 《薛瑄全集》,孙玄常等点校,第三册,(明)张鼎、杨嗣昌:《薛文清公年谱》,第 1198 页。

1456 年，丙子，景泰七年，66 岁。

夏五月辛卯，景泰帝立宋儒周敦颐裔孙冕为翰林院世袭《五经》博士。

是年，有日录如下：

> 二月初一日，云昨夜梦同三人观涨，拟同访朱子，不胜怅叹而觉。有诗云：旷百千秋相感深，依依不识是何心？金鸡忽报春窗曙，惆怅残愧带病吟。（丙子）
>
> 吉人为善，惟日不足。凶人为不善，亦惟日不足。
>
> 得便宜是失便宜，失便宜是得便宜。
>
> 康节诗：闲窗一觉从容睡，愿当封候与赐金。亦不必如此说。朱子从容深宴养好。
>
> 传羹送面，贫士克己为义者。
>
> 万事付之无心，可也。①

春，是年有梦，梦与三人观涨，拟同访朱子，"旷百千秋相感深，依依不识是何心？金鸡忽报春窗曙，惆怅残魂带病吟"②，表示自己一生伏拜朱子门下的心愿，梦寐中相求的人物，必然在日后行为中会实现。后来，康斋被英宗征聘后，申愿学之志，只身前往福建武夷山朝拜朱子，考察武夷精舍、考亭书院，访求朱子后裔，以偿夙愿。从日录总体上看，仍然继续前几年"为善去恶"的日用工夫，放在大义的框架内。此年，对得失，心态较为平和，以"无心"之心应付天下事务，体现出康斋以大公无私之心包容万事的心境。

---

① 《康斋集》卷 11《日录》第 223—228 条，第 582 页。
② 《康斋集》卷 4《梦与三人观涨拟同访朱子》，第 431 页。

序胡氏族谱:"友人胡子贞持其族谱一通见示,且曰:'昔国初宗老子为公之修谱也,一以祖宗视之而收其族,不以族之贫富异其心。故吾一派独以贫而见系于全谱者,公之力也。'予闻而嘉子为公之仁族,子贞之知感,皆非浅之为丈夫者矣。为子贞者,其率夫同派之亲,渐磨乎礼乐,涵泳乎诗书,日新又新,上可追前代声华之美,下可贻子孙无穷之谋,又何贫富之足论哉! 若夫齐家之要,睦族之方,具有圣贤成法可考而知,褒然而倡,在子贞固宜勉,翕然而和,又众人所当踊跃也。"①并赠诗作祝贺,"连云芸栋凤蜚声,又喜来仍建此亭。勖尔诗书旧箴砭,待看金石倍光晶。"②

题周氏竹坡:"梅仙峰侧绿青青,渭水潇湘共杳冥。试借琅玕来莫倚,洞门风露接蓬瀛。"③

有病中授孙、外甥瑞康、宁寿诗:"不觉行年七十近,忽惊卧病二旬多。绝胜明月清风夜,人在呻吟梦里过。"④

是年,广东生何潜来学满三年,赠何潜还番禺。

予读《孟子》书至"三乐"章,未尝不废书以叹曰:嗟乎! 一乐之事,君子所深愿欲,而不可必得。众人得之,而不知其乐者多矣。世衰道微,甚至于父子不用其情,兄弟相为仇者,一何心哉? 善夫! 张子敬夫之言曰:"三乐中,不愧不怍,其本必有不愧不怍之乐,而后有以全其二焉。"番禺何生潜其知言哉,既以一乐名其戏彩之堂,复承父兄命,远求不愧不怍之说于予。予方愧怍之惟甚,奚暇及于人邪? 无已,则为申孟氏之旨,与凡圣贤开示之方,及践履之实,俾黄卷中自为师友以进也。他日归觐,满门和气,蔼如春风,一乐之

---

① 《康斋集》卷9《胡氏族谱序》,第550页;《康斋先生文集》卷10《胡氏族谱序》,第1261页。

② 《康斋集》卷4《胡氏落成族谱序》,第431页;《康斋先生文集》卷10《胡氏落成族谱亭》,第1072页。宫本刻成"胡氏族谱亭"。

③ 《康斋集》卷4《题周氏竹坡》,第431页;《康斋先生文集》卷10《题周氏竹坡》,第1072页。

④ 《康斋集》卷4《病中口占授瑞康宁寿》,第431页;《康斋先生文集》卷10《病中口占授瑞康宁寿》,第1073页。

胜，天下孰加焉？复为恕予之无似，而细道圣贤之心迹以为家庆寿，未必不骃然抚掌于斯堂之上云。①

为谢胖作《丽泽堂记》。

番禺谢生胖，随其舅氏何生潜、乡执陈生献章来游吾馆，资二生以辅仁。予嘉其气相得而志相合也，为讲《大易》重兑之象，而绅绎夫子体象之辞，以掖其进焉。兑之为卦，阳实在下，阴虚在上，为泽之象。重兑为二泽附丽之象，二泽附丽，互相滋益。圣人谓天下互相滋益之大者，惟朋友讲习云。然则讲习云者，辞章口耳乎？管、商、老、佛乎？是盖非徒无益而返害焉者，岂圣人赞《易》之心哉？乃若美在其中而畅于四支，知周万物而道济天下，斯其所谓益者与！三生中，谢年最少，予恐其受益二生多，而先施或少焉，故以"丽泽"大书于其笔砚之伍以晶之，而特书驰其家山之堂，以慰父兄之思云。②

有诗忆陈白沙："汝归荣觐乐无涯，听唱良朋契阔诗。中道若逢烦寄语，雪窗高榻待多时。"③表示自己对白沙才华的欣赏，希望白沙成圣之旅早见功效。

仲冬，携爱徒胡居仁等学生出游上饶等地，访学生娄一斋、周文等。同时访朱子婺源祖居。

过南山、上清真应观、杨林桥、贵溪邑庠、弋阳、晚港铺、宋村、西塘、工楼店、横峰诸地，均有诗作，收入《适上饶稿》。

途中过金溪程坊，饮于学生黄衍家："后先舆马盛衣冠，访古询今到

---

① 《康斋集》卷10《一乐堂记》，第559页。
② 《康斋集》卷10《丽泽堂记》第559—560页。
③ 《康斋集》卷4《诗罢忆陈生寓意》，第431页；《康斋集》卷4《诗罢忆陈生献章》，第1073页。需要指出的是，四库全书版此处出现抄录的重大错误，嘉靖本为《诗罢忆陈生献章》诗题，明确说明这首诗歌是回忆陈献章，后来在抄录的时候，由于抄录者不知有意还是无意，将"陈生献章"误抄成"陈生寓意"，使一般读者很难知道这首诗是写给陈献章的，甚为遗憾也。

考槃。早向龙潭资丽泽,一缄为我报平安。"①

曾晚宿枫山车氏,"明月清风夜,殊非远别时。熏衣茶宴罢,为尔细谈诗。"②

枫山道中,赠胡敬斋、车氏诗作:"惆怅枫山道,当年此息肩。重来如昨日,时序梦中迁"③。

过金溪永丰乡南山,宿车泰妹婿傅芳家,"春阅南山文,冬访南山屋。盘旋佳主人,苍崖蔚松竹"④。或在此时,为傅芳作族谱序:

> 金溪未县时,为临川之上幕镇。傅氏其先,有伯仲曰行厢、行唐者,由上幕之五冈析永奉乡之硖口庄。行唐居城上,行厢居东岸。东岸,寻更名曰鳝。行厢生师玙、师琼。师琼徙西山。师玙季子曰某,徙掩坑。掩坑之四世曰商佐,徙鹤溪。鹤溪之六世曰公世,徙南山。师玙白鳝之五世曰安潜,宋建炎初募民应诏为社兵,累功荐进,秩授世袭。勅云:"父子兄弟,将权世世之相传;族党比间,军士人人之素习。"盖西山之后曰安道,及商佐、安潜子根,皆协力济功者。白鳝之九世曰子云,鹤溪之五世曰陆,俱事陆文安公。南山之四世曰景贤,从陆氏之后,俊游。文丞相开府江西,辟玉山令,以率义兵。五世曰德华,漱陆余润于外氏,即陆废基建学舍堂以事三陆,赎义庄以养士。六世曰筹,师草庐吴文正,仕元中书省检校,使闽浙,革命后归休田里。十二世曰芳,因内兄车泰业馆下,既而奉父祖命,复属泰以请序其族之谱。谱始于佑,续于筹、雅、晟,其易欧氏法,则自今日焉。予尝客归,自浙经芳里,假宿连洋,是为诸陆之乡。询其遗踪,与其苗裔,盼睐其山川云物而迟迟吾行者,非以夫人之贤哉? 诚厥心以希贤焉,安知旷百世而相感者,不犹今之视昔也邪? 有怀往躅,用策芳云。⑤

---

① 《康斋集》卷 4《饮黄衍氏》,第 431 页。
② 《康斋集》卷 4《宿枫山车氏庄》,第 432 页。
③ 《康斋集》卷 4《枫山道中口占授车胡二生旅夜感怀》,第 432 页。
④ 《康斋集》卷 4《宿南山傅氏》,第 432 页。
⑤ 《康斋集》卷 9《金溪南山傅氏族谱序》,第 547—548 页。

1453 年,康斋也曾宿其家。傅芳祖多有好学者,先后从象山、文丞相、吴草庐学。

过上饶,宿一斋怡老堂;过古梁,为周文家族作《天恩堂记》。

予尝题上饶周村周文氏之世谱,先籍荐罹兵焚,无所于征。当宋时,莫详何代,有堂名天恩,御为记,亦复不存。景泰丙子仲冬,予入闽,迂道上饶,访文郡庠。明日,同造周村,其族祖茂畿率诸子弟冒雨远迎,森然旧家,文采可爱也。拥炉夜话,佥请大书"天恩",复以颜其新构之堂,盖不忘乎君亲,犹元公周子之名溪焉。元公之家庐,道虽修阻,而旧号乃著于所寓,则故国池台,与夫松楸桑梓,岂不仿佛乎朝夕,而少慰恋本之诚哉?周文氏距全盛时虽既寥阔,犹幸傅闻故事,得以名堂,今日则夫先君典刑磬欬,庶几如在。慨慕之余,又以起孝子慈孙之仰于无穷,因微以致著,推旧而为新。其闻元公之风而作邪?抑秉彝人所共而恻怛慈爱之意,异世而同符哉!是心也,其天地生物之心乎?验诸日用之间,凡非有所为,油然以生者,皆是心也。充是心以弘厥德焉!在周生固其所,而族氏为咸宜;惟继序之益勤,则流庆之益远。将见天恩之堂与周氏相为悠久,岂直一时之光荣而已邪?苟徒曰文具而已耳,岂请者与记者之心哉?①

旅途辛苦,感慨朱子不易:"经过今古客,一日几千强?旅店无眠夜,高山慨紫阳"②之诗即提及朱子(朱子自号"紫阳")。盖在康斋的心里,朱子的学问、人格魅力和学术规模是自己远远追不上的,因为自己旅途之辛苦,养德之不易,劳作之艰辛,孤独感时时侵蚀他的心灵,故而康斋在重走朱子路的过程中心中就会涌出多种感慨。

旅途中寒雨,天寒地冻,迷路于工楼店、横峰之间,"山路少人行,凭谁一问津?迷途应已远,返复枉伤神"③。入闽拜学朱子讲学之地的旅

---

① 《康斋集》卷 10《天恩堂记》,第 560 页。
② 《康斋集》卷 4《旅夜感怀》,第 432 页。
③ 《康斋集》卷 4《迷途》,第 433 页。

行计划因自己经济实力所限,不得行,只得返程:"计程不日踏铅山,借问行人去路难。君子见几宁有俟,浩然归兴白云间。"①

从晚桥铺、弋阳等地返应林、安仁。

应林县道中,走朱子曾经走过的路,二怀朱子:"昔诵夫子诗,今履夫子路。夫子一去夜漫漫,往复行人自朝莫,"②感叹世上已无朱子,"往复行人自朝莫",求圣求贤之人似乎失去指南,失去明灯。

安仁县道中,三怀朱子:"此为正岸东行路,高句藏心亦有年。今日偶来亲旧迹,七闽惆怅白云边。"③表达自己对朱子学术与人格赞慕,熟玩朱子诗句多年,早已能诵,可是,由于多种原因不能亲往福建朝拜朱子遗迹,心中几多忧愁和遗憾。

过白沙、小浆铺、新路口铺等地,有诗作。

到达临川五峰,访学生李章,题其云香阁:"字向金陵书,阁从五峰坐。绿酒共深更,剧谈忘尔我。阁上遗经凡几编,好惜分阴勖新课。"④旅途辛劳,一扫而光。

过丰安,访学生程庸,题其读书阁:"旅思摇摇倦淹泊,息肩重喜登新阁。阁中无物不堪夸,举目咫尺皆真乐。赋诗不尽析薪情。负荷丁宁二雏学。"⑤

过塘坑,访学生饶烈,饶烈、饶岳陪康斋游,有"逆旅初从远峤回,迁途风雨为君来。高轩一到留诗别,莫阻归心向酒杯。莫阻归心向酒杯,怜君意气更迟回。龙潭丽泽荒芜久,好约良朋次第来。好约良朋次第来,百年时序日相催。分阴须惜更须惜,不学由何造达材?"⑥"怜君意气更迟回"说明康斋欣赏饶烈的意气,"高谈雄辩"点明饶烈为人热情,进学勇猛,而"龙潭丽泽荒芜久"说明饶烈好久没来崇仁小陂书院进学了,有遗憾和期许之意,而"分阴须惜更须惜,不学由何造达材"则指出只有勿忘勿助的读书才是通往圣贤地步的不二法门。

---

① 《康斋集》卷4《归兴》,第433页。
② 《康斋集》卷4《应林道中奉怀紫阳夫子》,第434页。
③ 《康斋集》卷4《安仁道中奉怀紫阳夫子》,第434页。
④ 《康斋集》卷4《题李章云香阁》,第434页。
⑤ 《康斋集》卷4《题程庸读书阁》,第434页。
⑥ 《康斋集》卷4《访饶烈》(三首),第434—435页。

再次勉励自己的学生饶烈："风雨联辘远送时,高谈雄辨解人颐。知君自有男儿志,肯负平生师友期? 仲父前程日见功,远追祖德尔宜同。从今好笃男儿志,莫负皇天降此衷。"①"知君自有男儿志,肯负平生师友期?"说明饶烈发心立志,愿意进学,由此可见,康斋对饶烈有相当大的期许,而后来饶烈成为临川县著名的儒学家,这也与康斋精心的雕琢与打磨分不开。

期间,有《奉柬塘坑诸亲友》诗作:"久客宁容忘式微,瓜期日念去迟迟。闻君好爵端孤负,棹雪山阴定有时"②。

过马茨塘。过西廨,晚宿西廨彭氏家。

归家后,旋有丰城玉溪、南昌长湖诸地游,继续其看望学生的督学出游。

访丰城玉溪生戈英家,题其玉溪书阁:"常说萤窗在玉溪,何如今夜此题诗。相逢莫只谈金好,无竟维人贵有儿"③。税场墟游,赠戈英诗:"骥子当年此载歌,金兰气谊感君多。西风老鬓寒山曲,斜日仍同律吕和"④;早禾陂游,赠戈英诗:"傍午蒙开日渐融,暂停舆马步从容。平生山水应深乐,指点遥空杳霭中"⑤;临别,赠戈英诗:"送送晴村两赠诗,高歌足以慰离思。龙潭悬待春消息,早致双鱼慎勿迟。"⑥自己在家等候其再来小陂龙潭的游学之旅。

途游,宿嵩山章定夫、章文英父子家:"华发萧萧候我勤,峨冠博带气温淳。儿孙竟托重遭遇,昨夜灯花报喜新。"⑦

过长湖,看望学生章献、章朴,宿其家:"金昆已矣怅鸿冥,玉季森森两眼青。跃马隔溪曾失意,挥毫今日却多情"⑧;临别,赠诗:"先后篮舆

---

① 《康斋集》卷4《道中口占授饶烈、饶岳》,第435页。
② 《康斋集》卷4《奉柬塘坑诸亲友》,第435页。
③ 《康斋集》卷4《题戈氏玉溪书阁》,第435页。
④ 《康斋集》卷4《税场墟道中口占授戈英》,第435页。
⑤ 《康斋集》卷4《早禾陂道中,口占授戈英》,第435页。
⑥ 《康斋集》卷4《别戈英》,第435—436页。
⑦ 《康斋集》卷4《宿嵩山》,第436页。
⑧ 《康斋集》卷4《长湖章氏绝句》,第436页。

送我勤，交情岁久见漓淳。弟兄归去皆傅语，事业应须日又新。"①

荷塘，诗赠族孙吴福宁："古市冲雾湿，山桥踏月忙。隔林询白塔，隐几卧荷塘。"②

除夜，作诗："银灯守岁末应眠，一听阳春（小儿辈歌诗）自洒然。更祝明朝风日好，梅花满眼踏新年。"③表达出新年将至时的通达心志。

或在此一二年，应吴曾、陈达之请，为荆溪吕邦翰、吕公翰家族作族谱序："宝塘之北、汝水之西，曰荆溪，吕氏世居之。厥初，盖由浮梁而来也。其邻生吴曾氏致尊公子通之命告予，以吕氏邦翰、公翰兄弟者，既纳粟受旌矣，而日骎骎于义事焉。乃咨于其族之长本诚，从父中良，佥谋于族之长幼卑尊，构奉先之堂，修收族之谱，属里生陈达以谱请序。呜呼！是举也，不其重矣乎？程子之不忘本，魏公之孝之大，真知言哉！然流俗滔滔，知而信者恒少。因吕请，著之以谂来者云。"④

雪日，吴世光来小陂雪窗话旧，应世光之请，为崇仁惠安乡西汀邓广渊家族作族谱序："邓氏其先，由建昌而来也，世居崇仁惠安乡之西汀。予尝游止其地者数，接其祖父子孙四世，欢如也。前之开业者事乎先子，后之绳武者，辱于不肖焉。东平吴生世光近来小陂，雪窗话旧，嘉邓氏既有田以供其祀，复为谱以谨其世。予时契阔西汀十载矣，闻善相喜，嗟叹久之。创谱者广渊，征予言者，骐与长，而赞襄者，吴生也。谱无夸事，文略浮辞，贵传信焉耳。"⑤

有《梦与三人观涨拟同访朱子》（丙子）《胡氏落成族谱序》《题周氏竹陂》《病中口占授瑞康宁寿》《赠何生潜还番禺》《诗罢忆陈生寓意》《饮黄衍氏》《宿枫山车氏庄》《枫山道中口占授车胡二生》《宿南山傅氏》《宿上清真应观》《贵溪道中口占寄车傅二生》《杨林桥》《贵溪邑庠作》《弋阳道中》《宿晚港茅店》《晚港铺》《宿宋村次唐人

---

① 《康斋集》卷4《口占授章献、章朴》，第436页。
② 《康斋集》卷4《荷塘口占授族孙福宁》，第436页。
③ 《康斋集》卷4《除夜次唐诗韵》，第436页。
④ 《康斋集》卷9《荆溪吕氏族谱序》，第548页。
⑤ 《康斋集》卷9《西汀邓氏家谱序》，第548页。

韵》《旅夜感怀》《坑口铺》《宿上饶娄氏怡老堂》《宿古梁周文氏》《别周村》《西塘道中赠二周生》《工楼店即事》(六首)《迷途》《归兴》《宿横峰》《重经晚港铺》《弋阳道中望圭峰诸山》《应林道中奉怀紫阳夫子》《安仁道中奉怀紫阳夫子》《宿白沙吴瑀氏》(时瑀任陕西都司断事)《小浆铺道中》《梦桃花》《梦舟得风》《题新路口铺》《题李章芸香阁》《题程庸读书阁》《宿山家》《访饶烈》(三首)《主翁莫归》《奉柬塘坑诸亲友》《道中口占授饶烈饶岳》《经马茨塘》《宿西廒彭氏》《题戈氏玉溪书阁》《税场墟道中口占授戈英》《早禾陂道中口占授戈英》《别戈英》《宿嵩山》《长湖章氏绝句》《口占授章献》《章朴》《荷塘口占授族孙福宁》《塘坑绝句》《雁塘道中》《除夜次唐诗韵诗》诗。①

　　从诗作来看,康斋似乎在南京求医之后,身体基本上完全康复。一方面,他继续自己对"自然"之学的涵养,时止时行;另一方面,由于在来往上饶各地视察学生修养圣学的过程中,对学生的成长,康斋比较满意,故而多流露出潇洒的心态。在总结自己教育成效的过程中,康斋保持"无心"之心的心态,不起计较之心,确保儒家道德教育原理与方法的有效性。

---

　　① 《康斋集》卷 4,第 431—436 页;《康斋先生文集》卷 4,第 1073—1082 页。

1457年,丁丑,天顺元年,67岁。

是年,忠国公臣石亨谨题为征聘处士事。

臣闻自古帝王之治天下,莫不求贤以自辅,若成汤之聘伊尹,高宗之求傅说,汉武帝之迎申公,宋哲宗之征程颐,有益于君德,有资于治道,载诸经史,耿耿不磨。洪惟我朝,法古为治,尊贤使能,但天下之广,山林之下,尚有高蹈远引之士,怀抱道德,嘉遁丘园,不干仕进,不求闻达者,若非朝廷以礼求访,何由见用?切闻江西抚州府崇仁县处士吴与弼,系已故国子监司业吴溥之子,潜心六经,淹贯子史,动遵古礼,行著乡曲,恬然自守,不求仕进,实儒者之高蹈,士类之矜式,出为世用,必有可观。如蒙准奏,伏望皇上以前代帝王求贤之心为心,特遣行人一员赍奉勅书礼币,敬造其所,敦聘至京,崇以禄位,俾展嘉猷,不惟增辉圣德,亦且有补名教。缘系征聘处士事理,未敢擅便,谨具奏闻。①

元日有诗歌,怀念七岁时上学事,而父亲吴溥曾前往南京。"往事浑如梦,春风忽又新。浮生空白发,依旧一曹人"②。当时康斋父亲有诗作"梦郎方五岁,已解诵诗书。兄弟恩虽重,师生礼必拘。斋居应密迩,路径不萦纡。由此能勤学,终当作大儒!"说明小康斋五岁就略通诗书,其父吴溥勉励其以"大儒"志向,康斋所谓"师友所期、父师之训",果真属实。

---

① 《康斋先生文集》附录,第1329—1330页。
② 《康斋集》卷4《丁丑元日》(不肖前丁丑上学,先君此年五月赴京),第436页。康斋记先君诗云:梦社方五岁,已解诵诗书。兄弟恩负重,师生礼必拘。斋居应密迩,路径不萦纡。由此能勤学。终当作大儒。前丁丑,康斋上学。其父此年五月赴京(南京)。

正月初七人日，诗赠高士丘孔曼（号南窗），“人日题诗雪满篁，写向伊人念旧乡。惆怅百年前故事，高曾笔砚接南窗”①。

正月十四日，武清侯石亨与文武诸臣等谋，认为立太子不如复上皇可邀功赏。十六日，王直、胡滢、于谦会诸大臣，请复立沂王，拟日暮奏。未入而夺门之变起。是日夜，石亨、张軏、曹吉祥，密语定计立即夺门。日中，英宗复辟即位，此谓“夺门之变”，下兵部尚书于谦、大学士王文锦衣卫狱，太常寺卿许彬、大理寺卿薛瑄为礼部侍郎兼翰林学士，入阁预机务。二十一日，英宗改景泰八年为天顺元年，论夺门迎复功，封石亨忠国公，张輗太平侯，张軏文安伯，杨善兴济伯，曹吉祥嗣子钦都督同知，命徐有贞以原官兼学士入内阁机务，次日加兵部尚书。二十二日，命斩少保兵部尚书于谦、大学士王文、王诚、舒良、张永、王勤，籍其家；另陈循、江渊、俞士悦、项文曜、萧镃、商辂、王伟、古镛、丁澄等多人。壬辰，榜于谦党人示天下。甲午，杀昌平侯杨俊。二月乙未，废帝为郕王，迁西内。壬寅，命礼部右侍郎兼翰林院学士薛瑄、通政司左参议兼翰林院侍讲吕原为考试官，赐宴于礼部。癸丑，王薨于西宫，年三十。癸卯，吏部侍郎李贤兼翰林学士，入阁预机务。甲寅，礼部奏考试等官薛瑄等言，考得试卷三场合格、词理通畅者三百三十人，其余文理平顺，堪中副榜者甚众。上命正榜取三百人。杀都督范广。辛酉，礼部引会试中式举人夏积等三百人陛见。三月己巳，复立长子见深为皇太子；癸酉，封徐有贞武功伯；庚辰，赐黎淳等进士及第、出身有差；石亨为征虏副将军。五月以石亨言下御史杨瑄、张鹏狱。六月甲午，下右都御史耿九畴、副都御史罗绮锦衣卫狱。己亥，下徐有贞、锦衣卫狱。庚子，徐有贞、李贤、罗绮、耿九畴谪外任，杨瑄、张鹏戍边。通政司参议兼侍讲吕原入阁预机务。壬寅，薛瑄致仕。癸卯，修撰岳正人阁预机务。甲辰，复李贤为吏部侍郎。乙巳，巡抚贵州副都御史蒋琳坐于谦党弃市。秋七月乙丑，复下徐有贞于狱。庚午，李贤复入阁。改许彬南京礼部侍郎。辛未，出岳正为钦

① 《康斋集》卷4《人日赠丘孔曼》，第436页。

州同知,寻下狱,谪戍。癸未,放徐有贞。九月甲子,太常少卿彭时兼翰林学士,入阁预机务。冬十月壬寅,征江西处士康斋。丙辰,释建文帝幼子文圭及其家属,安置凤阳。十二月壬辰,封曹钦昭武伯。①

是年丁丑至己卯,康斋67岁到69岁之间,也就是从1457年至1459年三年间,日录未编年,有日录18条。②

春夜有怀:"多病无安枕,长吟更短吟。园林初雨歇,花柳已春深。

---

① 《大明英宗睿皇帝实录》卷275至286;《明史》卷12《本纪第十二·英宗后纪》。
② 康斋67岁到69岁之间,因来往于北京和抚州之间,心绪多起伏,免麻烦,三年日录记载较少,三年日录,总计18条,如下。下面语录,或多为其丁丑年间67岁所写,盖可知也。

三纲五常,天下元气,一家亦然,一身亦然。(丁丑)
一日未死,一日要是当。
偶撷芳水尾,怅然旧游,得二句:偶尔旧游行乐处,撷芳溪曲玩春流。
动静语默,无非自己工夫。
游隔溪,撷芳。暮春天气,一团清乐。
看沤田。晚归,大雨。中途雨止月白。衣服皆湿。贫贱之分,当然也。
静坐独处,不难。居广居、应天下,为难。
事往往急便坏了。
不学,则老而衰。
五月二十五夜,梦孔子孙相访,云承孔子命来。两相感泣而觉,至今犹记其形容。
胡文定公云:世事当如行云流水,随所遇而安可也。
卧看《自警编》,惕然!自省持已,不可不严也。
毋以妄想戕真心、客气伤元气。
夜坐门屋。梧桐月照,清风徐来。
料得人生皆素定,空多计较竟何如?
天意顺时为善计,人情安处是良图。
请看风急天寒夜,谁是当门定脚人。
十二月初十夜梦云:万家乔木动清风。
观之,四库提要所赞康斋因心生像,五月二十五,"梦孔子孙相访,云承孔子命来,两相感泣而觉,至今犹记其形容",多么感人的一幅生动画面,"两相感泣"盖康斋因诚心成圣而感动孔子,则兴奋、高兴之感动也。至于,"十二月初十夜梦云,万家乔木动清风",盖因自己名震天下,征召之事亦是时间问题。早在景泰朝后期,康斋被征召,帝命江西巡抚韩雍举荐,未应而已。日录中所云"胡文定公云",对应丁丑《宿吕家壕先陇右畔李宅》诗作,当在暑期中。

身世双秋鬓,乾坤独苦心。明朝风日好,何处快登临?"①春日,康斋多病,总是有些忧愁在身不能挥去,而放怀无限宽阔的宇宙,"园林初雨歇,花柳已春深",春意盎然,"明朝风日好,何处快登临",不好的心情一挥而去,可见康斋的学力。

春,读书进学,"四时更代谢,万事相翕张。升沉任吾运,何须较短长?风雨尘窗不知老,日进遗编诵几行?"②身体好了,"升沉任吾运,何须较短长"一副潇洒的样子;"风雨尘窗不知老,日进遗编诵几行",埋头圣贤经典,岁月悠长,自然忘记年月,忘记老之将至,这是中国学问的最大魅力,也是中国儒家安心古籍文献整理的本色。"任吾运"与前些年康斋的"任吾真""任吾行"含义相近,也就是孔子七十年"从心"之说,体现出自我主体性的意思。

暮春出行,"学不讲,德不修,二者诚吾忧。日亲古贤圣,残膏剩馥供涵泳。青春告莫我不闻,落花飞絮从纷纷。"③讲学、修德,康斋两大事业,而四书五经的学习归依于深厚涵养,故而依然还是不知岁月的流逝,"青春告莫我不闻,落花飞絮从纷纷",无视窗外的纷纷落花,而窗内的读书人依然忘我地读书,这就是中国学者精神。

春晴,心情大好:"阳春正二月,霖雨何其多?午窗敛暝色,高陆扬洪波。昨宵乃何宵,高天众星罗。清朝太阳升,万象成熙和。余花须载酒,因之一长歌。"④此诗颇蕴含抽象意义,"高天众星罗","万象成熙和",或许有感于李贤当政,并储君已立,且英宗重新励精图治,似乎带有歌颂政局稳定和谐的暗示。

放牧,游东来镇附近的后坊坑:"风景和明春服新,缓吟疑在鲁沂濆。行临磐石迟回久,时有低飞鸟近人。"⑤"行临磐石迟回久,时有低飞鸟近人",体现了康斋面对秀丽的山中春景,徘徊久之,与后来康斋游武夷山水的凝眸远立、伫立良久意境相似,都是痴迷于祖国的大好山水,

---

① 《康斋集》卷4《春夜述怀》,第436页。
② 《康斋集》卷4《晓枕作》,第436—437页。
③ 《康斋集》卷4《莫春行》,第437页。
④ 《康斋集》卷4《喜晴》,第437页。
⑤ 《康斋集》卷4《后坊坑》,第437页。

被美丽的大好河山之美完全迷住了。

春，多有郊游之作。梦中有诗："烟消雾散，海阔天高。历块过都，乃见尔曹。"①康斋的豪迈气概，简直让人折服。

宿石泉，望上饶灵峰，怀念学生周文、娄谅："杖策闲来步夕阳，云峰遥望意何长。峰前二妙相暌久，鱼雁东西两渺茫。"②寄托自己传道于赣东的无限深情。

天凉，对月，"缓步阶除爱夕凉，微吟隐几久虚堂。行穿山月纷纷白，庭散檐花细细香"③，体现理学家的风雅。

六月十七日，沼上玩月："碧沼溶溶月照怀，好风时送嫩凉来。细思黄卷（《自警编》）多新益，懿行嘉谟实快哉。"④晚年读史明智，增进智慧。

此时，多有对月诗作，心中不宁，或有激于国家时事变化之快也。

对月，怀念石泉岁月："曾对东窗月一钩，五更心事淡如秋。蹉跎不觉空霜鬓，争奈年华似水流。"⑤另有对月洗心诗作："又对青霄月一钩，金波玉露正宜秋。自应暮景重加励，遮莫年华似水流"⑥、"坐对东林一月钩，寒光皎皎近清秋。当年心事今何在？碌碌那堪日下流。"⑦

暑期出游，曾避暑普济堂、刀峰祠、吕坊寺等寺庙，与族人吴昶、允基等拜罗原岗先陇、吕家壕先陇。

赠饶镇游襄阳："湖海平生志，山林老病身。何由出商徽？同尔望西秦。"⑧

中秋夜，对月洗心："四海同瞻此夜圆，楼台渐喜出云烟。蟾光玉洁秋中候，桂影冰清雨后天。吟处纷纷侵卧内，梦回穆穆满庭前。诗成惟

---

① 《康斋集》卷4《梦中作》，第437页。

② 《康斋集》卷4《石泉望灵峰，有怀周娄二生》，第437页。

③ 《康斋集》卷4《夕凉独坐》，第437页。

④ 《康斋集》卷4《六月十七日沼上玩月》，第437页。

⑤ 《康斋集》卷4《予书月台字月既毕，台字误落笔而为壹，又书钩以足之，惜无出处也。徐思，曩在石泉时，东窗对一钩之月在，"缺月五更头，寒光皎清夜"之句感怀》，第437—438页。

⑥ 《康斋集》卷4《沼上对月》，第438页。

⑦ 《康斋集》卷4《鸡鸣侯晓，坐对东林，残月宛然昔者之景，又续鄙句》，第438页。

⑧ 《康斋集》卷4《赠饶镇游襄阳》，第438页。

有疏星伴,萍梗明年忆去年。"①

此后至年关,多与璇庆、学生晏洧、陈达等牧马、游山、讲学,历南岸岭、铺前山、狮子石、马鞍山、后坊、西冈嘴、二峰尖、西坑、后坊、聂家尖诸地,途中多讲康节诗,均有诗作。

如《同晏洧游铺前山》诗作:"小春天气暖如烘,山果漫山黑间红。缓步崇冈清眺罢,悠悠归咏夕阳中。"②远眺怡神,登高清心,出尘之趣在"小春天"表现得更为舒服,一副丰收的景象,表达自己山中自得教学的悠然之怀。

晏洧与胡居仁为同学,后晏洧曾写信询问胡居仁起居,胡居仁曾有回信写给晏洧,全文如下:

> 幼年同学之士,或一别而再不相会,或虽会而相处不久,则此学之衰可知。今蒙书翰远降,相爱之厚,为何如哉? 大抵为学之道,在于穷理修身。朋友之道,在于讲学、辅仁。苟不务此,虽日相亲而无益也。夫古之人,遍交天下之士以明其善,力师圣贤以准其归,岂可偏狭固滞,守一善以自足乎? 居仁自丙戌年丧父,戊子年丧母,至辛卯年得疾,缠绵八年方愈,故血气早衰,不能精进。今又丧妻,无一好况。但此道理无处不在,虽居忧患,苟能存心察理,亦无非进学之地,今未能然,所以可愧也。不知老兄今日所进若何? 又不知盍簪之期在何时? 岁月骎骎,老将至矣。某昨因自思迭遭忧患,或是天意欲作成我做个人,欲尽余年残日,付归学业,以毕此生,不知吾兄同志肯相辅否?③

此书信为目前仅存的一封晏洧与胡居仁书信,里面胡居仁不断遭受生活的重创,但依然不改初心,顽强进学,忧患中进学的精神令人动容。

---

① 《康斋集》卷 4《中秋夜玩月次许鄱州诗韵》,第 439 页。
② 《康斋集》卷 4《同晏洧游铺前山》,第 440 页。
③ (明)胡居仁撰,冯会明点校,《胡居仁文集》,南昌:江西人民出版社,2013 年;《胡敬斋先生文集》卷一《寄晏洧》,第 162 页。

经过临川，再怀多年前捐馆老友傅秉彝之作："竹窗琴剑寓经句，洗墨池边迹已陈。惆怅玉楼吟望久，眼中那复觅斯人？"①这首诗表对老友的怀念深情。

年底，多有心性工夫诗，表达自己的进学状态，如"多病苏来体自轻，吟边又喜气和平。行云流水曾闻命，何用君平卜此生？"②、"饥寒难免切身忧，富贵由来不可求。日用信从随吾好，万缘有命岂人谋？"③、"穷通夭寿宁非命，消息盈虚自是天。试咏黄流歌玉瓒，谆谆笺注慨前贤"④、"为己工夫何处寻？须知至要在于今。它山之石能攻玉，宁问阳舒阴惨心"⑤、"日日寒檐读我书，观生愈似挂钩鱼。人情固莫分轻重，事体焉能知卷舒？百行自应诚是本，一身端合道为枢。圣贤龟镜昭昭在，争奈灵台不易虚。"⑥这些诗句，表现了康斋在被征聘前的道德修养方法和境界，体现出一种浑厚与淳朴的沉淀感。"行云流水曾闻命""日用信从随吾好""消息盈虚自是天"，都表达出随遇而安的超脱感，万事自有定分，我们只需要问心无愧地每日进修就可以，"日日寒檐读我书"，实实在在，存理去欲，洗心明诚，身道合一，"一身端合道为枢"，实现康斋所谓的虚明之境，最终实现"精白一心、对越神明"的学问目标。

怀去冬上饶游寓娄谅（一斋）家有感："去年今日正阳生，觅句论文暂鲤庭。北雁不来西梦切，杖藜何处问君平？"⑦

此年十月十三日，明英宗发布征聘康斋夫子的正式公告。

> 皇帝勅谕江西抚州府崇仁县处士吴与弼：朕承祖宗丕绪，求贤图治亦有年矣。永惟劳于求贤，然后成无为之治，乐于忘势，迺能致难进之贤。闻尔与弼，潜心经史，博洽古今，蕴经国之远猷，抱致君之宏略，顾乃嘉遯丘园，不求闻达。朕怀高谊，思访嘉言，渴望

---

① 《康斋集》卷4《伤傅秉彝》，第441页。
② 《康斋集》卷4《晓枕作》，第439页。
③ 《康斋集》卷4《晓枕作》，第441页。
④ 《康斋集》卷4《晓枕作》，第441页。
⑤ 《康斋集》卷4《独坐偶成》，第441页。
⑥ 《康斋集》卷4《自警》，第441页。
⑦ 《康斋集》卷4《阅去年日录簿，此日寓娄谅氏，怅然成诗》，第441页。

来仪,以资启沃。夫古之君子隐居以求其志,行义以达其道,而独善自安,岂其本心?谅尔于行藏之宜,处之审矣。特遣行人曹隆往诣所居,征尔赴阙,仍赐礼币,以表至怀。尔其惠然就道,以副朕翘待之意,故谕。天顺元年十月十三日。[①]

程李二友送消息到,得知十月壬寅,朝廷有征诏,将有朝廷使官至小陂,"又报冲泥二妙来,远传天使意悠哉!寒炉拥罢霜檐立,明月清风共此怀"[②],心中的欣喜之情是如何的激动?彻夜不眠,少不了的。

十二月甲午,朝廷使官曹候来宣旨,谭大参、程金宪、抚州太守林候、崇仁县侯等陪,过青石桥,学生吕邦翰屋表,改名为迎恩桥,赋有序、诗。题谭大参庆寿堂,题程金宪清风亭,诗慰劳谭、程二官员。使官曹候停居小陂时,康斋多有陪游,多赋有酬和之序、诗;使官过神岭,金溪学生车用式表其亭,改名为皇华亭;使官游聂家尖,门生金鬶车用正表其亭,改名曰天使亭。期间,曹候、大参山东谭侯、金宪同安程侯旌节暂驻大园之上,门生陈庸、李章侍语,陈庸作亭,改名为集庆亭。曹候临马鞍山,学生陈子球表亭,亭更名彩云亭,山更名彩云山;临胡氏族谱亭,喜添胜迹,诗以纪;游山归旌旆暂停戴禄氏家,诗以纪。

此年,有《丁丑元日》(不肖前丁丑上学,先君次年五月赴京)《人日赠丘孔曼》《春夜述怀》《晓枕作》《莫春行》《喜晴》《后坊坑》《旧游感兴》《梦中作》《石泉望灵峰有怀周娄二生》《夕凉独坐》《山庭夜坐》《六月十七日沼上玩月》《予书月台字,月既毕。台字误落笔,而为一,又书钩以足之,惜无出处也。徐思曩在石泉时,东窗对一钩之月在,'缺月五更头,寒光皎清夜'之句感怀》《沼上对月》《鸡鸣侯晓,坐对东林,残月宛然昔者之景,又续鄙句》《避暑普济堂》《同宗人嗣昶辈拜罗原冈先陇》《避暑刀峰祠》《宿吕家壕先陇右畔李宅》《同族拜吕家壕先陇》《宿吕坊寺》《游园》《赠饶镇游襄阳》《中秋夜玩月次许郢州诗韵》《即事》《离寺》同宗人允基拜原冈先陇《对月偶成》《即事》《晓枕作》《诸生助移门楼诗以劳之》《牧南岸岭次横渠先生韵》《夜读滕元发墓志》《同晏有游铺前山》《游

---

①　《康斋先生文集》附录,第943页。

②　《康斋集》卷4《赠程李二友》,第441—442页。

山》(历狮子石马鞍山至峡而止)《同小儿游山》(自后坊西冈嘴登山度坳入原,历狮子石而归,陈达遇于原中同行)《游山》(由二峰尖至西坑原头而归)《游山》《三峰亭》《牧后坊》《后坊牧归》《同诸生登聂家尖》《与诸生授康节诗道傍石》《晓枕作》《晓枕感怀》(二十年前尝辱此趋安。以年弥高而德弥邵见誉)《伤傅秉彝》《晓枕作》《饶烈(名长春)使问讯日暮途遥旅宿无衾恻然成诗》《独坐偶成》《自警》《阅去年日录簿此日寓娄谅氏怅然成诗》《赠程李二友》《题谭大参庆寿堂》《奉题程金宪清风亭》《迎恩桥诗》(并序)《皇华亭》(并序)《天使亭》《集庆亭》《彩云亭》《奉陪天使重游皇华亭》《天使临胡氏族谱亭,喜添胜迹,诗以纪焉》《天使游山归旌旆暂停戴禄氏》《天使归五峰彩旗聊句》诗多首。①

从诗作来看,此年的康斋在道德修养方面工夫已经混融,炉火纯青,也恰好是这一年的十月,经过忠国公与当朝宰相李贤的一致同意,朝廷向康斋发出邀请,希望他出山,辅导东宫太子读书修德,给朝廷政局一股清新之气。我们认为,在50多年的乡村居家生活,康斋甘于平淡,安于乐道,真诚的生活,展现出一颗热情与真诚的心,回归真诚的世界,回归平凡的生活本身,活出生命的最高意义,体会平淡生活中的真乐、真意,融劳作、读书、旅游与涵养于一体,活出真实与真诚的超我。比如,他很喜欢张载的心性诗与邵雍的山水诗,多次和韵;他对虚明本体的把握与感悟,他的自然真意的体认,他的心如止水,心平气和,行云流水的心态,随处随分的生活观,等等,随处都展现在其诗作里面,并体现出其独特的个体性。但是,另一方面,康斋所涵养出来的潇洒与超脱,其实还是特别不容易的,都是在深深的孤独与无对的寂寞长期不懈的涵养,这一年,他67岁。当代著名儒家牟宗三有一部名著《寂寞中的独体》所要表达的意境与思想②,应该与康斋此时的心境和思想主旨很像。康斋的"灵府偶然无一物,静中意思验周程"③,与"一般真意谁能辨?矫首苍茫独咏心"④,二首诗作有所体现的高妙独体与无对主体,

---

① 《康斋集》卷4,第436—442页;《康斋先生文集》卷4,第1082—1092页。

② 牟宗三:《寂寞中的独体》,北京:新星出版社,2005年。

③ 《康斋集》卷4《对月偶成》,第439页。

④ 《康斋集》卷4《游山》(由二峰尖至西坑原头而归),第440页。

与牟宗三的心学意境契合。

是年,薛敬轩年 69 岁。在京师。

春正月甲申,升礼部右侍郎兼翰林院学士,直文渊阁。是月十七日壬午,英宗复辟。先生为众望所归,擢居是职。李文达喜曰:"正先生行道之时也。"先生曰:"某外官骤进,诚意未孚,但当积诚以动之。"一日,召入便殿,上裹衣冠御,先生拱立不入。上遽易服,乃进见。语移时,皆正心诚意之言。左右窃听之,曰:"此正薛夫子也。"时有矜迎复之功者,先生曰:"许鲁斋不陈伐宋之谋,何耶?凡事取必于智谋之末,而不循天理之正,非圣贤之学也。"中官曹吉祥、忠国公石亨,专恣无忌。曹用事,同列约相贺,先生独不往。亨与徐有贞诬于肃愍谦、王太保文谋危社稷,抵凌迟死。二十二日丁亥,同列皆衣紫。先生问之,同列曰:"不知耶?欲刑某等耳。"先生惊曰:"此事人所共知,各有子孙。"亨愤然曰:"事已定,不必多言。"会上召诸臣会议,诸臣皆默然。独先生曰:"陛下复登大宝,天也。今二臣之罪状未著,且三阳发生,不可用重刑。"有贞争曰:"若不置谦等于死,今日之事为何名?"遂诏减一等。先生退而叹曰:"杀人以为功,仁者不为也。"即有去志。后有贞封武功伯,许彬草诰,词有曰:"治水东郡,缵禹成功。"先生曰:"拟人必於其伦,彼何人,而拟之禹也?"及有贞败,刘广衡劾有贞自谓治水,希踪神禹,无人臣礼,当斩。众以先生为知言云。二月,典会试天下贡士,得士黎淳等三百人。录成,先生为首序,略曰:"切惟为治莫先於于得贤,养士必本於正学。正学者,复其固有之性而已。性复,则明体适用,负经济之任,厘百司之务,焉往而不得其当。"有同考官谓先生曰:"'正学复性'数字,久不言,恐非时文。请易之。"先生曰:"某平生所学,惟此数字而已。"夏五月,升礼部左侍郎,直内阁。是月进李贤吏部尚书,许彬暨先生皆礼部左侍郎,徐有贞为首相,欲立功名自异,渐贰于石亨。朝退,三人谓都御史耿九畴曰:"上不悦亨所为,盍令诸御史劾之?"先生愀然谓曰:"《易》言:'君不密则失臣,臣不密则失身。'《春秋》讥漏言,此何说也?"既而叹曰:"竞端从此起矣。"后果以此败。一日,将入阁,有达官抠同列衣以逾阈。先生曰："昔有拂须参政,今有抠衣侍郎。"后人问之,终不言名氏。坐阁内,同列,先生问左右曰:"何往?"对曰:"适往谒中贵某耳。"比至,先生曰:"学者多说道,不知出门一步已错了。"既又曰:"狐趋狗媚,吾深耻之。"六月三上疏请告,许之。是年三月,先生旧患右背风疾,至是作,延医治之,良久乃愈。五月七日复作,几二旬,稍瘥。六月三日疾转剧,遂决意求去。又上自即位日,接见先生礼遇优渥,后渐疏。闻上议求狮子于南番,先生谏不可,不听。石亨放诸守关军归,以示私恩。先生以为言于上,重达亨意,别遣卒戍之。至是或数日不召见。先生曰:"穆生云:'醴酒不设,王之意怠矣。'盍去诸?"同列曰:"上或有事耳。"先生曰:"君子见几而作,宁俟终日耶?"即以疾恳辞。石亨素敬先生,来问疾。因曰:"如即不留,我为先生请敕书,即家塾以训子弟,且资先生养。"先生曰:"昔许鲁斋去,元世祖赐之敕书,鲁斋悬梁上不以示人。及卒,发视之,乃敕书也。某若资其养,曷若不辞官之为愈乎?"亨叹息而去。是月十日,上章不报;十一日,再上;十三日,二上。至二十一日始得旨。三日即发。至沽道中风雨大作,舟不能行,糇粮俱乏,日终犹未食。先生方赋诗吟啸不辍。子淳愠,见出怨言。先生以杖击之曰:"我身虽困,而道则亨也。"舟中赋诗七律,有曰:"但想溪山行好处,不妨园圃到时荒。"又曰:"欣戚情怀浑索寞,升沉声誉总悠然。形闻紫阁如天上,依旧清汾数顷田。"初,先生行,岳文肃正请教。先生曰:"凡事且缓。"又曰"英气太露,殊足害事。"未几,正中曹、石飞语,遭斥逐以去。上频语及,辄曰:"岳正倒好,只是大胆。"正追忆先生,叹曰:"正,先生之罪人也。"①

① 《薛瑄全集》,孙玄常等点校,第三册,(明)张鼎、杨嗣昌:《薛文清公年谱》,第1199—1200页。

1458 年，戊寅，天顺二年，68 岁。

正月辛酉，兵部尚书陈汝言有罪，下狱。[1]

此年，有北京征聘之长途旅行，且忙于应酬，或无暇记载日录。

新正，崇仁县令、抚州太守林侯元美来访，有赠诗。[2]

春至清明节之间，将有北京之行，虑不知何日返乡，先陇难得祭扫，故遍省罗源冈、葛藤科、石井诸先陇，途中，多应学生之情，作多篇族谱序言、记。

应唐山戴子颖、戴子颙、戴亨庆之请，作族谱序：

> 景泰丙子，唐山戴君子颖倡义作祀先之堂。天顺戊寅春，仲氏子颙偕其族孙亨、庆、正同修其世谱，来属题。系出唐刺史叔伦幼子芮。旧图世次有疑，今断以南唐始迁之祖讳英，字邦彦，葬本里之百亩阡者，为第一世。予以王程星火，未暇详览，耳目所接，则元有字符叔，号元斋者，富而重儒，六子皆承家学。字懋纯，号山雪者，为第五，洪武初教谕邑庠，先子所事也。字仲本号务本者，为诸孙训导西斋，经业尤邃。山雪冢嗣仲旸君，豪烈尚义。子会君者，为元斋曾孙，敦厚庄重，邑士侯孟恒称为乡里人物之冠。数君子者，前后辉映，而唐山之名四驰，增重乡邑矣。子颖君居族之长，而长幼服其德；子颙君建读书之阁，而子姓无敢慢。堂之成，通族之力；谱之修，二三子之志云。[3]

---

[1] 《明史》卷 12《本纪第十二·英宗后纪》。

[2] 林元美，本名瓒，以字行，福建闽县人。天顺元年任。忠谨淳愿，静镇浮俗，元美由知县升知州，晋知府，凡历任皆九年，皆有贤声，曾孙垠同知抚事。参阅《抚州府志》卷 39《职官·名宦》，第 634 页。

[3] 《康斋集》卷 9《唐山戴氏族谱序》，第 548—549 页。

应王忠、彭回请，为崇仁惠安乡清塘华少一、华伯良族人作族谱序：

华氏少一府君者，由南丰徙居崇仁惠安乡之荆溪。至五世曰显宗者，析本里之清塘。昔友人黄季恒尝从予省墓紫石坑，经荆溪，指华氏伯良之居曰："是盖素仰先生者，盍一访诸？"予辞未遑也。后十载，重经焉，质诸其邻友吴子通氏，而黄君之言为信。时黄君物故久，而平时误向往予者，率晨星矣。惟伯良年过七十而迎候康强。适华庭新构，境物春明，喧妍之至，童稚咸欣，而嗣子广告予以畴昔之夜，实梦夫子染翰于斯，宛然今日也。予既答以纪梦之诗，而伯良相好无已也。复偕其族人正伦，属门人王忠、彭回来请序其族氏之书云。①

应崇仁县孙坊孙绍先请，作族谱序：

天顺戊寅春，予将有北京之行，遍省先茔，经孙坊孙绍先氏，得暂叙世好。既而绍先以其世谱请予不腆之文，盖令祖清所翁先友也。先子寄诗有"藕花溪畔竹林幽，步屧西风记昔游"之句。予儿时拜仪表于先子官舍，翁既归乡，辱为忘年之交。鄙词致奠有云"抱衾裯以共宿，语达旦而不寐"，又云"当春暮之趋庭，辱缟纻之深意"。且继祖妣寔惟孙氏为志，广之亲派，而与恭者，念予尤厚。夫既叨友朋之谊，重以亲戚之好，安敢吝于绍先之勤哉？孙氏派析丰城，奠居种坊，后裔蕃衍，著孙坊之名焉！世有祀田，族岁一合，佥欲作祠，而未遂也。祠成，他日归田，又当为之记云。②

应学生章轸之情，为其家父临川种湖章祥族人作族谱序：

章氏祥四府君由五峰徙南乡之官员岭中，二府君由官员岭徙种湖，因以为家。季子轸以去族日远，乃考谱于五峰故里，蔼然孝

---

① 《康斋集》卷9《荆溪华氏族谱序》，第549页。
② 《康斋集》卷9《孙坊孙氏族谱序》，第549页。

敬之心。惜遗老凋谢，无所于咨，仅详曾祖而止。然能不谬所从以免崇韬之诞，又以见轸之贤也。谓予有里闬之好，师友之谊，请为序焉！①

应萝溪友人胡子贞(胡九韶之叔)请，作族谱序：

友人胡子贞持其族谱一通见示，且曰："昔国初宗老子为公之修谱也，一以祖宗视之而收其族，不以族之贫富异其心。故吾一派独以贫而见系于全谱者，公之力也。"予闻而嘉，子为公之仁族，子贞之知感，皆非浅之为丈夫者矣。为子贞者，其率夫同派之亲，渐磨乎礼乐，涵泳乎诗书，日新又新，上可追前代声华之美，下可贻子孙无穷之谋，又何贫富之足论哉！若夫齐家之要，睦族之方，具有圣贤成法可考而知，褒然而倡，在子贞固宜勉，翕然而和，又众人所当踊跃也。②

应丰城县邑南厚郭胡清弟胡源作族谱序：

丰城胡清，虽未识而问遗尝相及，情固通也。清卒之五年，弟源以其族谱来请序。胡氏世居成都濯锦桥，讳谅者，与韩昌黎同年进士，仕汀州守。长子让，仕抚州幕属，因家临川之大塘。抚州之孙可朋由大塘徙丰城厚郭之富塘。富塘之十四世晓峰居士徙铜湖，晓峰子庭瑞徙渼港，庭瑞孙宗玉徙邑南，是为清祖也。清近以市之隘也，卜宅同造，而源仍在邑。家世迁徙不常，易迷所自，为兄弟忧，故著谱谨本支而未暇旁及，势然也。谱成，其族人九韶，友人于彦实与有力焉。③

为临川长乐乡长山学生晏漳、晏洧、晏溟、晏彦、晏泾族辈等作族谱

---

① 《康斋集》卷9《种湖章氏族谱序》，第549—550页。
② 《康斋集》卷9《胡氏族谱序》，第550页。
③ 《康斋集》卷9《丰城胡氏族谱序》，第550页。

序。学生晏海早逝，此消息康斋十年后方得知，伤痛之情，何如有之？后其子洧、溟继来学三载，康斋颇感动。

> 昔者，长山晏海氏谒予小陂，从游近地之覆船冈、大同峡，咏归，甚欢也。继学于种湖，率弟漳与其群从渊、源、连厥外姻，累累而来。海方悉其力于蚤夜，而得病归矣。予寄诗有"颉颃多少金兰友，日日贤关迟早来"之句，海竟抱伯道之悲以谢于世，不相闻问者十载。洧、溟绍其家学于小陂之三年，漳复携其子彦相与切磋之，而泾亦继至。岂独慰予之思，抑以快九泉之志焉！既而，漳等奉诸父宗衡、宗敬之命，以所修族谱请序，又悔平生所愿而未遂者，固予所乐道也。晏氏其世次显晦，迁徙不常。讳墉者，唐咸通中举进士，卒官江西，始著籍高安。墉生延昌，自高安徙临川长乐乡之沙河。延昌生部，部生旦、固、谏、清、亮、聪、贞、渐。固生殊，是为元献公。旦以子贵，累赠少保济南郡公。旦生洵，以兄殊荐，主洪州丰城簿，累官至某官，赠光禄大夫，开国侯刘沆雅所推重。洵生奕，荫授大理评事，徙长山。奕生承，承生绍休，知道州江化县。绍休生光、元、免，各以经学显，号称"三晏"。元，常州司法，尝尉淮阴，治剧有声。元生澈，秘书校勘。澈生绂、绩。绩，字伯庸，尝续修其世谱，黄义刚善之。绂生执中，执中生慧老，慧老生安民，安民生霆，霆生梦洙，梦洙生天佑，天佑生继殊，继殊生琏、琦、琰、璇、玑。自洵以下，虽粗见历官，而事功多无所稽。通其旁支，可知大归者，颖、洵辈凡十余人。呜呼！晏氏，可谓多才矣。任继序之重者，能无高山景行之心哉！①

应乐安草堂学生易佑及其兄易纯之请，作族谱序：

> 天顺戊寅春，将有北京之行。乐安易生祐为使永丰，还且别矣，复留止焉。语及先世迁徙之由，既而与其族兄纯以谱见属。盖讳柬者，兄弟三人，自建昌南城竹由市而来。宋靖康乙巳，柬主崇

---

① 《康斋集》卷9《长山晏氏族谱序》，第550—551页。

仁簿,子孙家天授乡齐城里之杭桥。字仲谋者,家齐城里之草堂,今属崇仁。字仲裔者,家临川惠安乡之西馆,今属崇仁。仲谋生焕臣,焕臣生光明,光明生文贵,文贵生处仁,处仁生仕胜。仕胜生以仁,为纯、佑之曾祖,代以耕学相承。呜呼！予素慕乐安山水之秀,而未获游。荷邑彦之过知于我而多未识,因易谱而厕不腆之文,岂不大污于名山胜水,而重辱我知己也哉？①

正月辛未,饶烨偕其同里生鲁正、范拱冲雪小陂,应鲁正之请,为临川南乡杨溪饶烨作族谱序:

　　昔予复居种湖时,邻翁饶志坚氏遣诸孙烨来学。烨乃予所命之名,而字之曰"子光"也。天顺戊寅正月辛未,烨偕其同里生曾正、范拱冲雪小陂,问讯京师之行。而正也告予以烨承诸父兄之意,属序其家之谱。饶氏,其先由南丰社背徙临川南乡之种湖,素以淳谨称于乡。而烨者,予盖假名与字,冀以辉华其身于其家、于其族,而不知烨之用心,为何如也？日月逝迈,感念今昔,怅然书以复之。②

应江西参政杨文琳(余姚人,进士,官至左布政使)之请,作其余姚族谱序:

　　余姚杨侯文琳参政江西之三年,奉勒以军务临弊郡,束书遣使命仆曰:"吾先河南汴州人,讳僖府君者,宋高宗时扈从南渡,遂家越之余姚。世系荐罹兵燹,乃者谱自六世祖辛三府君而下,生娶卒葬、行讳官历粗具,愿序卜氏焉。岂惟感存殁于一门,且赖永光斯谱矣。"噫！此杨侯之谦德,知我之过误也。昔杨侯初迁秩画省时,适仆叨聘寓金台,兴道致治之诚,溢于承颜接辞之顷,寻征舆论,凤著兰台。夫以潇洒出尘之资,蕴瑰玮奋拔之志,笃兹以往,名门华

---

① 《康斋集》卷9《乐安草堂易氏族谱序》,第551页。
② 《康斋集》卷9《杨溪饶氏族谱序》,第551—552页。

谱，安得不益大而益重？矧族之后人观感而兴起者，固不可量。琐琐赘说，徒为赘焉耳！①

应学生张循、戴禄请，为丰城曲江熊婉家族作族谱序：

> 丰城之北，曲江之滨有熊氏焉，曰松涧先生，字子超者，为第一世。松涧而上，及松涧而下，其迁徙之由，与夫官历隐德之迹，代遭兵燹，无可征矣。惟世传一系于十七世孙豫章之家，亦不免于残阙焉。十六世孙崇寿尝以所闻见生娶卒葬述诸简牍。十七世孙婉，因系与述，做欧阳氏图而谱之赀箧，从弟用端乐于锓梓。婉承亲命，属所知张循、戴禄征予文，予以病辞，婉恳请之，必欲得而后已。先正云："人之所以与天地日月相为长久者，元不在此。"则文之有无，何关得丧。矧不佞如予者，奚文之足云？呜呼！流俗滔滔，知德者鲜。安得起云谷于九泉，以咨所谓长久者哉？②

上饶娄一斋携村人灵峰佐溪凤凰墩祝永新远道来请，作族谱序如下：

> 祝氏世居上饶，某乡灵峰佐溪之凤凰墩。故儒家讳高，字维东者，赘某乡渭川姜启诜氏，遂冒其姓，启诜年老无子，维东力劝图后。启诜固辞且曰："暮境尚冀息邪？"维东扳诸姻戚，固以请，遂得妾生子。维东属纩之日，顾诸子鼎新、付新等曰："姜氏似续，幸有人矣。尔其复吾姓，修家乘，丐文作者。"季子永新近以诸兄命，从其乡先生娄克贞谒予小陂，致先子之属。文词非予所长，纵强为之空言，何补？然则其学道乎？道凝厥躬，是谓有德。道德之懿，为世祯祥。以显父母，贻孙谋。君子能事，孰大于此？《诗》曰："无竞

---

① 《康斋集》卷9《余姚杨氏族谱序》，第552页。杨文琳，浙江宁波余姚人，正统戊辰进士，授监察御史，升江西布政使参政、四川布政使。文琳已任江西参政三年。曾以军务抚州，遣使来求族谱序。文琳曾与康斋在南京相遇，谈论治政得失，甚潇洒。据史书载，文琳少廉名政事。

② 《康斋集》卷9《丰城曲江熊氏族谱序》，第552页。

维人。"祝生勉乎哉！①

应佥宪同安程侯之邀请，为江西提刑按察使阳城原侯（正统乙丑进士，曾任浙江按察使）送行作序：

> 江西提刑按察使阳城原侯，初由正统乙丑进士，历浙江、广西二道监察御史，尝巡按江西及审刑抚安、北直隶诸州，迁今官三载矣。报政伊迩，霜台诸贤最乃绩曰："所在著廉能之誉"。以佥宪同安程侯尝辱于崇仁吴与弼也，授之简而命以文。夫廉者，德之符；能者，才之施。德一而才二，才施于所宜施也。其在己为吉人端士，其示人如青天白日，人之仰之如景星庆云。其及物如和风甘雨焉。然学有纯疵，志分淑慝。从古以来负聪明卓荦之资，而枉其才者多矣。若吾原侯者，善于用其才也欤？扬休光，动群寮，岂偶然而已哉？抑闻儒者逢时生灵之庆，圣明在上，正豪俊有为之秋。功高社稷，名重丘山，又仆之私于吾原侯者焉。②

应进贤蔡贵、沈经、涂瓒三君子之请，为进贤邑宰吕廷和作序，全文见下：

> 窃尝论邑宰之美，必以武城、单父、晋城为巨擘焉。一则弦歌播闻，一则不下堂而治，一则学者风靡。三邑生灵何幸际于斯日也。有民社之责者，闻风能无兴起？桐庐吕侯廷和之宰进贤也。名其退食之所曰"正心"，治之左曰"善教"，右曰"善政"，社学曰"涵养良心"，非志于希贤者乎？三载考绩，将赴天官。愿攀辕者，众口一辞，亦可以见秉彝之在人心，固无古今之异矣。职其邑之教者，蔡贵、沈经、涂瓒三君子，具书命使，请言以为赠。夫言、宓二子，亲炙圣人之化，程伯子亦学圣人之学者，学固当以圣人为依归。去圣虽远，微言尚存，玩其言以得其心，何远之不可到哉！"日知其所

---

① 《康斋集》卷9《上饶祝氏族谱序》，第552—553页。
② 《康斋集》卷9《送按察使原侯序》，第553页。

无，月无忘其所能"，吾于吕侯是属。①

为临川县积善乡冈上学生李希作族谱序：

昔康斋向以家难滞临川五峰，学生车泰、李亨周旋，后李希来学，乡者，予以家难滞五峰，诸生车泰、车亨辈相与周旋，侨寓旬时。李希者，由泰而来也，且资以成其族氏之书，而请文为序，以慰通族尊祖敬宗之心属者。四三子讲学小陂，复申前恳。李氏其先，由南丰双井迁临川积善乡之嘉村。五世讳发，由嘉村迁湖东。七世讳安祥、讳架、讳立极，迁近地之冈上。讳祀、讳荣，仍湖东。代为淳谨之族。夫谨家牒而不忘乎先茔，固孝之大，而立身扬名，尤先务之急。岂惟族党之光，抑一方风俗所系。古语云："富贵易得，名节难保"，可不念哉！②

闰二月辛巳，为临川凤栖恩人周叔焕、周叔熺作族谱序：

周氏其先，世居建康句容之鄢家巷。号梅窗者，徙南康莲花峰下。梅窗生定式，官游建昌之南丰，因家焉。定式生纯仁，赘五峰黄知军氏，遂家郡城之仁孝坊。纯仁生文明，仕元两浙盐运司提举。文明生立礼，盐运司丞。立礼生彦海、达海。达海主饶之乐平簿，尝修其世谱，虞文靖公为之序。七子。曰伯庄者，生仲谦，赘窑前胡氏。曰伯宗者，主南昌进贤簿，生仲彬，由五峰赘凤栖原许伯高氏，遂家于楼前。四子：叔炯、叔焕、叔灿、叔熺。予往旴江，两经其地，皆假宿。叔焕、叔熺氏伯仲不知予之无似，而过于崇重焉。留周之诗有'但得主人能好客，几时无事又重来'之句。许、詹二生，尝从宿者，偶论畴昔，则伯氏久物故，而家庭之误爱我者，犹昨也。未几，叔炯嗣子麟咨于季父叔熺，偕从弟茂、辉、介詹生来，请题其续修之谱。噫！予老且衰，兼北京之行在迩。重来既不可拟，

---

① 《康斋集》卷9《送进贤邑宰吕廷和序》，第553页。
② 《康斋集》卷9《临川冈上李氏族谱序》，第553—554页。

而离别之思方殷。惟周氏充误爱不德之心，以益培其所秉之彝，则岂直光周氏之族，抑以快予之私云。天顺戊寅闰贰月辛巳，同郡康斋吴与弼书于小陂东窗，时宿雨初霁，韶华满目，佳兴与人同也。外孙宁寿给纸墨，虽秃笔无锋刃，然情思则畅云。①

此族谱序为康斋最后一篇序言，自北京归来之后，康斋因自身地位原因，可能不再为学生亲友撰写族谱序。

按：吕声，字廷和，浙江金华府兰溪县水滨乡人。景泰五年进士。授进贤县知县，持身廉洁，刚直不挠，作古选及嫁女歌，俗为之变。康斋夫子赋诗颂其德政甚祥。秩满，升太仆寺丞，马政修举，民之获免于赔偿者甚众。成化十七年致仕。②

应旧友孙尔安子请，跋"尚友"二大字，"旧友孙尔安寄以名笔佳墨，其子纳奉至小陂。将有省觐之行，附此以答远意云。"③

题女婿饶循亭。

临别，奉别乡邻亲友，有诗赠李、晏诸生、外孙瑞康："我承明诏远观光，付尔琴书与雪窗。好笃男儿灯火志，莫随浮俗一般忙"④、"明日朝天去，今宵索我诗。莫添离别感，喜有盍簪期。"⑤康斋北京的一年之旅，一方面勉励李、晏诸生在家按时劳作，确保丰收；另一方面闲时读书进学，"付尔琴书与雪窗"，"好笃男儿灯火志"，不忘读书修道，成为君子。对于自己的孙、甥，则"莫添离别感，喜有盍簪期"，暗示自己很快就会回来。果不其然，朝局动荡，年底前，康斋夫子就归家了。

小陂、北京来往之行，有《金台往复稿》系列诗，几乎每到一个重大城市，都有诗作传世。旅途中诗歌多远寄广东学生陈白沙，全文见下：

> 先师康斋遗稿，某藏之十二年矣，出入必携。天顺初，先师应聘入京，途中纪行诸作，皆当日手书寄白沙，凡七纸。成化己丑

---

① 《康斋集》卷9《临川凤栖原周氏族谱序》，第554页。
② 《桐庐县志》卷11《人物·乡达》，第7页。
③ 《康斋集》卷12《跋"尚友"二大字》，第588页。
④ 《康斋集》卷5《赠李、晏诸生》，第447页。
⑤ 《康斋集》卷5《外孙瑞康索我诗》，第447页。

（1469 年）春三月，行李出北京。是日次于析木之店，以示东吴张声远。一见惊绝，阅之竟日，不目瞬，以手抚弄，以口吟哦。某怜之，割一纸。是岁六月，过清江，以手书问，尚无恙也。明年秋，镆书来求跋。又二年壬辰二月，丰城友人始以讣来，先师之在亡己丑十月，至是三易岁。当镆求跋语时，属纩来一年矣。呜呼！悲乎！先生道德名誉倾一世，妇人小子知之，华夏蛮人咸知之。平生爱一字一词，不以假人。某之所得，徒以一日在门下。然诵其言，想见其风采，而得其为人，则宜其有惕然而感，勃然而兴者矣。某犹望此于百世之下，况其迹者乎。后生可畏，镆其念诸。门人某谨识。①

是年，三月十六日，与儿子璇庆、学生、官员等人上北京。②

过西津："停舟西日四三生，共宿津头风雨情。须信万缘皆有命，肯将行止问君平。"③随缘的良好心态，使得康斋在朝廷坚持不接受圣旨，最终得以平安返家。

走浙江路线，赴杭州方向，过西津、张家石、贵溪、上饶、草萍驿、白石铺、衢州等地，走京杭大运河水路，走江苏，过河北，到达北京。

过上饶，周文、娄谅、徐綎在河边棹舟送别："暂亲铅椠向清流，忽遇波心荡漾舟。老去久于浮世淡，重逢端似梦相求。"④

近浙江地，白石铺道中，"早稻青青小麦黄，杜鹃声里野花香。好山递送程程秀，咫尺云帆是浙江"⑤，表现出自己旅途惊喜的心情。

途中，一路均须在京杭大运河各城市衙门停留、住宿，都有赠送答谢地方官员的诗作，如严州、苏州、桐乡、扬州、邗城、高邮、徐州、济宁、临清、武城、德州、通州等地。寄龙游洪茂宰诗，寄严州刘太守诗，赠少年南京朋友梁布政（老友梁潜子）诗。过杭州，赠伍御史诗，题王宪副顺德堂。

---

① 1470 年（明成化六年庚寅），四十三岁，秋，白沙门人张镆来书求跋康斋先生真迹。1472 年（明成化八年壬辰）二月收到丰城友人告知康斋仙逝消息。五月写了此稿。见《陈献章集》，《跋张声远藏康斋真迹后》，第 67—68 页。

② 《康斋集》卷 8《辞左春坊左谕德第一本》，第 509 页。

③ 《康斋集》卷 5《西津舟中口占授同宿诸生》，第 447 页。

④ 《康斋集》卷 5《周文、娄谅、徐綎棹舟远迓》，第 447 页。

⑤ 《康斋集》卷 5《白石铺道中》，第 447 页。

过苏州,题诗抚州同乡苏州杨贡(字彦魁,乐安县人)太守雪艇,奉和杨太守,作姑苏驿馆即事诗。①

夏至(公历6月20日—22日之间),"昼雨聊城逢夏至,暮云江右忆侬家。东林新箨知成荫,南亩香粳想俵花。"②

端午节气(农历五月初五)前一日、端午节均有诗作。五月初四,"端午明朝是,乡园此际思。南归人未上,北去日随时。道远诸孙弱,家贫老母慈。荣枯自有分,无使泪空垂。"③五月初五,过临清,端午节,王锦衣馈粽,"且食将军粽,休论故国情。离家从两月,挈榼任诸生。碧艾仍悬户,香蒲可泛觥。稚孙嬉作队,谁念日边行?"④

途中有对月洗心诗。

途中,王锦衣赠《梅圣俞集》,馈粽,康斋曾题其《望云思亲诗卷》。

途中诗作,感慨自己名气太大,时刻宽慰自己,"实若虚兮有若无,如斯方表圣门徒。盗名似我真堪鄙,愧尔昂藏一丈夫。"⑤以道家的辩证法虚无之间、有无之境来提醒自己,保持谦虚,切莫骄傲。

途中,内心充满感激之情,"庭户沉沉夜未央,碧天如水月如霜。一星为幸何多也,独许寒芒伴耿光。"⑥觉得自己就是天上最幸运的星星,故而多有责任担当意识,"一星为幸何多也,独许寒芒伴耿光",颇有舍我其谁、玉汝而成的心境。

五月初九,达真州。五月十五日至京,旅途正好满两个月。⑦

五月壬寅十六日,拜见英宗,"前年今日拜宸旒,天语亲承锡命优。几度忸怩疏薄质,洪钧浩荡若为酬"⑧,授左春访左谕德⑨。此日,上辞

---

① 据《江西通志》卷81载杨贡,字彦魁,抚州府乐安县鳌溪人。正统间1439年进士,任御史,按治苏松。岁大饥,以便宜发兑军米数十万赈给,民赖更生。升苏州知府。郡有富民,武断乡曲,贡置于法。都御史崔恭庇富民,劾贡欺罔,坐免官。著有《雪艇集》。

② 《康斋集》卷5《夏至》,第451页。

③ 《康斋集》卷5《端午前一日作》,第451页。

④ 《康斋集》卷5《临清端午王锦衣馈粽》,第451页。

⑤ 《康斋集》卷5《盗名》,第451页。

⑥ 《康斋集》卷5《客夜即事》,第452页。

⑦ 《康斋集》卷8《辞左春坊左谕德第一本》,第509页。

⑧ 《康斋集》卷6《忆前年今日》(五月十六),第462页。

⑨ 《康斋集》卷8《辞左春坊左谕德第一本》,第509页。

官第一本①,全文见下:

> 昨蒙遣使赍捧敕书礼币降临衡茅,以臣为才而征聘赴阙。闻命警惶,罔知攸措。窃缘臣虽幼承父师之训,粗涉书史,而弱冠沾疾,加以立志不坚,是以虚名虽出,实学全无。迨夫暮年,疾病愈深,夙志弥怠,何意复蒙圣明齿录。夫卑辞厚币惟贤者可以当之,而臣何人,敢膺旷古所希之盛典哉!恭惟皇帝陛下睿知聪明,圣神文武,四方风动,万国归仁,而崇儒重道之盛心,图治济时之美意,实与天地同大,日月齐明。凡有血气者,莫不欣忭,况在于臣,敢不踊跃恭命。谨于当日望阙谢恩祗受讫。伏惟大得民之盛,何幸逢于今日,而"负且乘"之讥,实难免放舆论,于是肃将敕币谨用缄封,扶疾随使,赍赴阙庭以图辞免。蒙圣恩授臣左春坊左谕德。臣以菲才,既未经辞免礼币之荣,又安敢冒昧以受宠擢之重?谨将原赐礼币进上,伏望圣慈矜臣愚戆,怜臣见患两足风痹,大施旷荡之恩,特回所命,放臣归田,少全微分,日得歌诵雍熙于水边林下,以毕余龄,不胜万幸。

上览奏谕之曰:"朝廷久闻高义,特用征聘。今惠然远来,朕深嘉悦。然币以将诚,官以命德,礼非过也。"不允所辞,遂命内阁学士李贤引与弼见于文华殿,从容顾问辞职之意,与弼对以多病之故,且言圣朝才俊济济,何用衰朽之人?上曰:"重卿学行,特授宫僚,烦辅太子。"与弼终不领命,赐宴于文华殿,命贤待宴,复赐彩币羊酒薪米,遣中贵送至其寓舍。②

五月十七日,上辞官第二本,"前年今日拜文华,疏薄暂叨过宠嘉。谢病曾无一字补,可胜衰眼日添花。"③

五月二十二日英宗下旨不允。上奏全文如下:

> 伏蒙圣恩授臣左春坊左谕德,臣具本辞免不允,兼蒙过假褒

---

① 《康斋集》卷8《辞左春坊左谕德第二本》,第509页。
② 《明英宗睿皇帝实录》卷291。
③ 《康斋集》卷6《忆前年今日》(五月十七),第463页。

词,益令屏薄不任震警。伏念臣所以恳辞前命者,非敢有高世之心、洁身之意,亦非敢有激矫沽名之妄,实以学德荒疏,疾病缠绕。苟不自量,冒昧供职,必有旷官之讥,又必有失仪之罪。非惟贻玷于圣明,亦且取笑于后世,是以不避斧钺,冒渎威至于廷对之余,赍以纱罗,劳以羊酒,分虽难当,不敢有孤明赐。伏望圣慈哀臣愚诚,听臣辞免前职,容臣儒冠儒衣,日近清光,以图补报于万一。臣无任恳切待罪之至。

上曰:"朕知乃心不干仕进,故不烦以冗务,特处以宫僚之职,不必再辞。"①

五月二十二日,给内阁大臣讲《中庸》,"前年今日说《中庸》,内阁群英眷注浓。分惠御桃尝主客,归鞭姜米步从容。"②内阁群英认真听讲,分惠御桃。

五月己酉,旋即上辞官第三本③,不允。上奏全文如下:

　　钦蒙圣恩授臣左春坊左谕德,臣再具本辞免不允。二十二日,奉圣旨不许辞免。伏念臣一介庸夫,材非令器,误蒙圣明甄录。初征赴阙,即加以不世之宠,授之美官,促令供职,此急于用才之盛心,旷古帝王之希典,实千载之奇逢,正臣子报效之秋也。缘臣学识疏谬,素多病疾,见患痰咳、头风及两足风痛、苟不自量,冒昧供职,徒速罪戾,无补明时。臣闻汉蔡邕尝见异书,唐李邕愿一见秘书。臣僻处山林,异书固未尝接,而秘书尤难得见,叨遇圣明,何幸如之?伏望圣慈哀臣愚诚,听臣终辞前职,俾于下处,暂且调摄,候疾少苏,乞赐一接秘阁群书以益管见,或备顾问,图答涓埃于万一,不胜幸甚,干冒天威,无任恳恫惶惧,待罪之至。

上曰:"固辞虽得,难进之仪,揆之中道,无乃过乎?欲观秘书,可勉

---

① 《明英宗睿皇帝实录》卷 291。
② 《康斋集》卷 6《忆前年今日》(五月二十二日),第 463 页。
③ 《康斋集》卷 8《辞左春坊左谕德第三本》,第 509 页。

就职。"①

秋，七月辛卯，再上辞官第四本，获允。②

  与弼复以疾具辞归乡里。上曰："与弼既年老有疾不能供职，允其所请赐。"敕曰："朕惟自古英君谊辟，莫不好贤求士，以臻治理，故复位以来，深思先务，莫急于此。闻尔与弼怀抱道德，嘉遁林泉，特遣行人赍捧书币造庐征聘尔。乃惠然肯来，深慰朕怀。欲烦辅导东宫，特授春坊谕德。尔以衰老固辞，朕坚意不允，留之数月，病势不已，乃知本心非不欲仕第，以不能供职故耳，于是特允所辞。且以嘉猷勖朕，足见忠爱之诚。仍遣行人送还故里，赐以银币，用表至怀。复命有司月给廪米二石以资供赡，尔其优游桑梓，安身乐道以度遐龄。倘精力未衰，尚其无忘纂述以继前贤，辅教垂世之意。"③

作策文《陈言十事》，为崇圣志、广圣学、隆圣德、子庶民、谨命令、敦教化、请百僚、齐庶政、广言路、君相一德同心十条，给英宗建言献策，以示忠心与感谢。④

七月癸卯，定远伯石彪为平夷将军，御寇宁夏。⑤

七月二十一日，康斋为答谢忠国公石亨的知遇之恩，《跋忠国公石亨族谱》，并自称"门下士"。⑥ 或因此跋文，部分朝廷大臣事后认为不

---

① 《明英宗睿皇帝实录》卷291。

② 《康斋集》卷8《辞左春坊左谕德第四本》，第510页。

③ 《明英宗睿皇帝实录》卷293。

④ 《康斋集》卷8《陈言十事》，第510—514页。

⑤ 《明史》卷12《本纪第十二·英宗后纪》。

⑥ 康斋作《跋忠国公石亨族谱》多为后人所批评。石亨（1460年去世），渭南（今属陕西）人。嗣父职，为宽河卫指挥佥事，善骑射。正统中累迁都督同知，充参将，佐朱冕守大同。以功渐至都督同知。也先寇大同，兵败，单骑奔还。降官，募兵自效。以于谦荐诏掌五军大营，进右都督，封武清伯。守北京，论功进侯。景泰元年（1450年），佩镇朔大将军印败敌大同，予世袭诰券，加太子太师提督团营。景帝病重，遂与曹吉祥等迎英宗复辟，进忠国公，因私憾杀于谦等。又数兴大狱，尽揽大权，干预政事。久之，帝不能堪，罢其职。后以家属不轨，下诏狱，坐谋叛律斩，没其家资。

妥,故而康斋,大掉身价,后再不得配享孔庙,甚为遗憾呀!

居京,多与权臣、大学士、名士交游,多有诗作往来酬和,如王医士、忠国公石亨(陕西渭南人)、文安伯张軏(1390—1462,河南开封人)、吏部尚书李贤(1408—1467,河南邓州人)、大学士彭时(1416—1475,江西庐陵人)、大学士吕原(1418—1462,浙江嘉兴人)、孙曰让、张永(字邵龄,四川南充人)①、孙茂等。

应亲戚、春官郎中孙茂之请,为其祖良迪起居之所撰《云居山房记》:

> 左蜀安岳之南有山曰云居。山之麓,孙处士良迪居之,居富良畴,而家素裕。处士幼孤,事母孝,克勤先业,屋益润焉。读书尚义,济贫者婚,周窭者葬,新大成之殿,缮八里之桥,能人所难,亦处富之常道也。彼嗜利之辈,溺而不止者,丧厥心焉耳。处士之孙茂,幼承祖训,赐戊辰进士,今为春官郎中,于吾妹婿为同寮,且共西江之派。以其故,遇我特密。春官子橘,久予寓馆,共儿辈学,资性可冀绳武。处士之积,益足征焉。呜呼! 世率以虚誉诬其祖者,与不明不仁,均乎不孝。然则云居山房之书,可传信耳矣。山水之佳胜,予既未始游,固不得而书。山房之细行,亦在所略云。②

为内阁首辅李贤(河南南阳人,1408—1466)退食之所浣斋撰《浣斋记》:

> 南阳李先生退食之所名曰'浣斋',自为记,以浣心之说为答客之辞,而下问浣之之方于予,非借听于聋乎? 无己,愿既有复焉。

---

① 据《浙江通志》卷150与《万历严州府志》记载,张永,字邵龄,四川南充人。天顺三年由礼部主客司主事任严州知府,悉心民隐,兴利除弊。尝督众垦辟沙渚田二千八百余亩,升科授民。均徭役,定赋税,裁弓段之妄费,减水夫之掊克。民贫不能葬者,或谕令邻保相助,或量给公帑羡余周之。注意学校,择郡县军民之俊异者讲学于厅。事后之肃敬轩日程,其业多所造就。辛巳,岁郡被水灾,即以上闻,减夏税之半。受民词,立为断遣,狱无囚系,治称神明。九载秩满,升江西左参政,迁右布政使。张永与康斋夫子关系极好。其任浙江严州知府期间,专门邀请康斋前往严州讲学,热情款待,周情备到。

② 《康斋集》卷10《云居山房记》,第560—561页。

窃尝以谓身垢易除，心垢难浣。夫心，虚灵之府，神明之舍，妙古今而贯穷壤，主宰一身而根柢万事，本自莹彻昭融，何垢之有？然气禀拘而耳目口鼻、四肢百骸之欲，为垢无穷，不假浣之之功，则神妙不测之体，几何而不化于物哉？予幼承父师之训，尝读先儒释日新之旨，每恨洗涤工夫未闻焉。又读夫子赞《易》洗心之章，圣人妙用，未易窥测也。于是，退而求诸日用之间，从事乎主一无适及整齐严肃之规，与夫利斧之喻，而日孜孜焉。廉隅辨而器宇宁，然后知敬义夹持，实洗心之要法。等而上之，圣人能事可驯而入。顾庸资灭裂，弱志逡巡，卒归于废驰，自弃前功，良可惜哉！先生则不然，才识学行既超等夷，而遭逢圣明，相吾君以永清四海者，固平生抱负，亦大丈夫分内事耳，以予之箴为先生之祷，且以就正云。①

应亲友孙日让、孙茂等请，为主客诸公孙茂、秦颙②、倪让③、孙日让、张永退食之所撰《尚友轩记》，全文如下：

　　春官主客诸公名其退食之所曰"尚友之轩"④，属予记之。予假馆是轩久，资丽泽之益多，可无言哉？尝闻觅名珠必巨海；求良玉必名山。君子欲成其德，必先民是程也。振衣千仞冈，濯足万里流。卒之孤风远操，有以续前芳而激来世者，非所志之大而能然

---

① 《康斋集》卷10《浣斋记》，第561页。李贤，字厚德，河南邓州人，1433年进士出身，正统、景泰间曾历任吏部侍郎、吏部尚书，官至文渊阁大学士、华盖殿大学士，进少保，一生从政三十余年，为官清廉正直，政绩卓著。于谦蒙冤被杀之后，李贤力主为于谦冤案平反。参与罢黜徐有贞、诛杀石亨、石彪叔侄，在宦官曹吉祥与养子曹钦的叛乱中虽为叛军砍伤，幸免于难，最终平定叛乱，曹吉祥被凌迟处死。夺门之变后，陷害于谦的主要官员均被罢黜或处死，为后来的于谦案平反奠定了基础。李贤曾支持明英宗赦免被囚禁的建庶人。著有《天顺日录》《古穰文集》等书。

② 秦颙，字士昂，贵州贵阳人。宣宗宣德十年举人，宣宗正统七年进士。授行人，迁礼部员外郎。天顺间，曾奉命出使滇、粤等地。卒于官。

③ 倪让（约1416—1495），庆阳怀安乡人，正统三年举人，正统四年进士，授翰林院庶吉士。精通六书，历任中书舍人、礼部郎中、太常寺少卿。享年80岁。

④ 春官为六官之一。《周礼》分设天、地、春、夏、秋、冬六官，春官以大宗伯为长官，掌理礼制、祭祀、历法等事，所属有肆师、大司乐、大祝、大史等官。唐光宅元年（684），曾改礼部为春官，改礼部尚书为春官尚书，后世以春官为礼部的通称。

邪？是以人之生，不患气质之不美，而患立志之不高。予也资既庸劣，闻过甚晚。年十八九时，观明道猎心而知迷途之当改，读孟氏卒章而知逸驾之难追。每味圣贤言行于千百载之下，而慨慕其精神风采于千百载之上，恨不生于时，立于其门，一蹴而造其域焉！然志虽锐，未悟其方；功虽勤，未领其要。中遭疾疢，而定力不固，事与愿违矣。回视夙心，恍然一梦。或食而废，或寝而兴。长吁永叹，不如无生。迨夫血气益衰，精神益减。时一动怀，未始不痛心而疾首也。此予平生尚友之志，止于如是而已。呜呼！人无再少，时无再来。五谷不熟，不如稊稗。凡我同志，亦有感于斯与？群彦不予谬，俾书轩之壁云。轩之主人郎中孙茂，员外郎秦隅、倪让，主事孙曰让、张永也！①

八月初四，获英宗于文华殿接见，"去年今日侍文华，天语谆谆过宠嘉。二度叮咛归去后，好书多做贡皇家"②。八月初七，英宗赐归，"去年今日拜彤墀，天语温淳赐敕归。中使传宣天使道，好生看顾荷皇威"。③

八月七日，明英宗（1427—1464）发布敕告，以励天下读书人：

敕江西抚州府崇仁县处士吴与弼：朕惟自古英君义辟，莫不好贤求士，以臻治理，故复位以来，深思先务莫急于此。闻尔与弼，怀抱道德，嘉遁林泉，特遣行人赍捧书币，造庐征聘。尔乃惠然肯来，深慰朕怀，欲烦辅导东宫，特授春坊谕德。尔以衰老固辞，朕坚意不允，留之数月，果然病势弗已，乃知本心非不欲仕，第以不能供职故耳。于是特允所辞，且以嘉猷勖朕，足见忠爱之诚，仍遣行人送还故里，赐以银币，用表至怀，复命有司月给廪米二石，以资供赡。尔其优游桑梓，安身乐道，以度遐龄。倘精力未衰，尚其无忘纂述，以继前贤辅教垂世之意，故敕。天顺二年八月初七日。④

① 《康斋集》卷10《尚友轩记》，第561—562页。
② 《康斋集》卷6《忆去年今日》（八月初四），第460页。
③ 《康斋集》卷6《忆去年今日》（八月初七），第460页。
④ 《康斋先生文集·附录》，第943—944页；江西崇仁县曹家村康斋后裔家藏真迹。

临别,康斋均有诗作赠中央权臣李贤、彭时、吕原、礼部主客诸公、孙黄二姻旧等。

翰林学士吏部尚书李贤,给其送行,并赠其序言:

　　窃惟道在天下,无物不有,无时不然,必圣贤者出,乃能明而行之。苟无圣贤,道固自若初,无一毫之或损也。为圣贤者,岂有他哉?能不谬于是道而已。若夫众人,任其自谬,不著不察,惟学者能知斯道之彷佛。奈何择之弗精,执之弗固,失之多而得之寡,大抵获十一于千百者也。岂惟后世为然?虽圣门高弟,颜、曾之外,未见复有纯之者。寥寥千载,迨宋兴,则有周、程、张、朱出焉,始见发明而允蹈之。然圣贤世不常有,殆无异于麒麟、凤凰之稀踪。今去数贤又若是其久也,间有一二豪杰之士,颇能振作,其于斯道之全体,终有憾焉。呜呼艰哉!若抚州康斋先生,盖有得于斯道者也。

　　余官吏部时,凡自抚来者,必询动履造诣何如,卒亦未有知其详者。余尝致书以伸景慕之私,既而累岁讫无消息,意其引避者宜然,不复计念。后有出于其门及游宦其地者,交章论荐,竟亦不起。天顺改元,余始入阁,言及先生学行,总戎石公慨然上疏以荐之。于是朝廷特遣行人赍帛往聘于其庐。既至京师,上喜其来,朝见之日,即拜左春坊左谕德,召至文华殿,从容顾问,宠赉有加。第以衰病不能供职,固辞不就。上坚意不允,留之数月,见其病势弗已,特允所辞,赐以勒书,赍以银币,仍遣行人送还故里,复命有司月给食米,冀有精力修书传世。圣心眷望如此其盛,实旷世所未闻也。昔者范文正公谓严子陵与汉光武以道相尚,子陵之志出乎日月之上,光武之量包乎天地之外。微子陵不能成光武之大,微光武不能遂子陵之高,而使贪夫廉,懦夫立,是大有功于名教。以今观之,皇上之量尤大于光武,先生之志不下于子陵,君德由此而益光,士风于是乎大振,恬退之习自然兴起,节义之尚莫不争先。不惟有功名教,而国家元气将必藉此而益厚矣,岂曰小补之哉?余与先生既得面接,见其学极高明,动遵古礼,有深造自得之乐,有笃实光辉之美,愿留而不可得。告别之际,游其门者乞余言以赠之。嗟夫,余言乌足轩轾！第叙所由，以寓健羡之意云，于是乎书。凡公卿大夫之赠行者，亦附其名也。天顺二年岁在戊寅秋夷则月之吉，赐进士资善大夫吏部尚书兼翰林学士知制诰南阳李贤书。

此则序言，可见李贤对吴康斋期望甚高，处处维护康斋声誉，李贤不愧是个好宰相。[①] 康斋作诗拜别："神交尺牍比南金，况复雄文重盍簪。锦绣欲酬何所祷，和羹慰满四民心。"[②]

京城交往的十位朋友（曹天使、孙郎中、秦员外、倪员外、张主事、陈主事、孙主事、黄员外、刘都事、王进士）于城东为康斋饯行，康斋作临别诗："疏顽无以答升平，况辱群英远饯情。明日青山回首处，五云遥忆读书声。"[③]

回程，太监曹隆等人护送。经过通州、新桥驿、崇武、古城、高邮、孟城、仪真、白螺矶、上元、石头城、板石矶，从安徽长江水路回江西，与去北京途经杭州、苏州、徐州路线不同。

其中，八月十五日，中秋节，"何处中秋对月圆？新桥旅泊近人烟。西江皓彩阻千里，北阙清光隔九天。画舫独吟河水曲，银灯高照驿楼前。时逢乡友谈萍梗，华发添明又一年。"[④]

八月十九日，过高邮，趋武城，"前年今日急邮程，时向街头慨武城。此际独吟仍独卧，满怀秋思向谁倾？"[⑤]

九月初七，过沧江，达龙湾，夜宿石头城，"前年今日达龙湾，人在沧江杳霭间。夜傍石头城系缆，旧游触目是乡关"。[⑥]

途中，有诗作表达自己的出仕态度，"旷望晴芜外，聊为曹濮吟。静观浮世事，端合付无心。"[⑦]"静观浮世事，端合付无心"，感觉做官没多大意思，还是保持"无心"的心态，静观万事，保持不介意的好心态。

---

① 《康斋先生文集·附录》《赠吴康斋先生还家序》，第 1330—1331 页。
② 《康斋集》卷 5《奉别李尚书学士》，第 453 页。
③ 《康斋集》卷 5《十友饯别城东五里》，第 453 页。
④ 《康斋集》卷 5《中秋新桥驿次去年诗韵》，第 454 页。
⑤ 《康斋集》卷 6《忆前年今日》（八月十九），第 463 页。
⑥ 《康斋集》卷 6《忆前年今日》（九月初七），第 463 页。
⑦ 《康斋集》卷 5《登陆偶成》，第 454 页。

　　进安徽、江西,过荻港、铜陵、梅根、同安、鄱阳、进贤、蔗林、谢家埠等地,均有诗作。途中,赠少年时友人通判金镐(孟周)诗,题余忠宣公墓。

　　过安徽同安县,拜访以前的学生李宜之,宿多日,"几日扁舟系浅沙,独吟夜夜梦灯花。青山胜有平安侣,频说天边客到家。"①

　　过江西进贤县,"诗思乡心共落霞,连村红树胜春花。少年髣髴曾游处,独立苍茫两鬓华。"②"少年髣髴曾游处,独立苍茫两鬓华",六十八载岁月沧桑,尤其是"独立苍茫",令人起敬。

　　十月十二日到家,"郡侯、临川、崇仁二县官、郡县师生皆会于此"。

　　陪使官王侯等人游玩石溪、石原、萝溪、赤岗诸地。送使官回朝。

　　十月,先因鳌溪熊、易二生正月之请为答应,再应临川饶循之请,为宝塘谢愈盛之母黄氏撰墓志铭,全文如下:

　　　　天顺戊寅正月,予以诏命将赴金壹,鳌溪熊、易二生道其所善宝塘谢愈盛,上谒天使之馆而通赞于予。既而,二生属子壻饶循,谓:"昔日愈盛失所恃,才逾旬耳,假拜使以登君子之庭,为丏铭之地,幸夫子矜怜之。"予固辞焉。十月,谢病归田,二生复以属循,且曰:"必欲得夫子铭,然后慊于人子之心。"辞之数,而请益勤焉。呜呼!"民之秉彝,好是懿德!"谁无人子之心哉?生之膝下,喘息呼吸,气通于亲,古今一耳。然爱其亲,有笃不笃者,存其天有多与寡也。谢氏子于子道不其厚矣哉!虽欲终辞,讵可得邪?窃尝悲世人子有幸焉、不幸焉;有大幸焉、大不幸焉;幸不幸之中,又万不齐焉。生而弗及见其亲者矣,凤丧亲而弗克记忆者矣,生弗克致其养,死弗克致其葬者矣,变故不一,所不忍言,而人子抱无涯之痛者,多也。谢氏子,其于亲也,未尝违旨甘,家富而亲寿考以终,可谓幸矣。又得吾铭以慰人子报亲之忱,予亦大为之庆焉。于是志而铭之。志曰:孺人生洪武乙卯正月十九日,鳌溪天授乡麻溪黄叔献女,宝塘青云乡谢永昂妇。归弗逭事其舅,而奉姑甚孝,为谢氏

①　《康斋集》卷5《同安即事》,第456页。
②　《康斋集》卷5《进贤道中》,第456页。

· 223 ·

淑人。天顺戊寅正月甲子,年八十四以卒。卒之日,恸及臧获,可以考德矣。十二月癸酉,祔葬本里周坊姑氏兆右。永昂先二十年卒。子二人,曰愈坚,早世,孺人抚其孤遗,以教以婚。曰愈盛。孙四人,曾孙五人。铭曰:宽裕慈惠,寿考是宜。于昭令子,千载铭诗。①

此年,有《新正重沐,县侯再临茅舍,敬裁二十八字充一笑》(戊寅)《赠太守林侯》《徐廖二友承天使命来》(戊寅)《题饶氏祖德亭》(并序)《棠溪道中》《南原道中》《吕中良引拜罗源冈李氏夫人墓》《葛藤科先陇》《经方升氏》《赠石井黄徐二生》《天使曹侯枉顾金石台》《罗原冈诗》(并序)《赠廖良斋崇杰行人归乐安》《赠鳌溪茂宰林侯》《寄张璧》《次白旴李大章赠行韵》《同程庸诸生游集庆亭》《承判薄戴侯掌教陈君下顾》《承天使遣胥余二生枉顾茅舍》《奉别乡邻亲友》《赠李、晏诸生》《外孙瑞康索诗》《西津舟中口占授同宿诸生》《发张家石》《贵溪道中》《奉寄临川傅二令》《周文、娄谅、徐𬤇棹舟远迓》《草萍驿》《白石铺道中》《寄龙游洪茂宰》《赠梁布政》《寄严州刘太守》《赠伍御史》《王宪副顺德堂》《杨太守雪艇》《次杨太守见韵》《赠毕王二进士》《姑苏驿馆即事》(驿馆置酒鸣琴)《桐乡舟中》《赠郑御史》《陆主事紫微庵先陇所在》《皇华馆即事》《陆大参宅》《浒墅铺舟中》《白鹤溪铺舟中》《次罗宪副见赠韵》《邗城》《高邮湖》《渡黄河次唐人昨夜微霜初渡河韵》(自瓜洲来水秽浊矣之甚,至清河口清)《忆家》《杜主事荣寿堂》(乃尊受封赠)《徐州》《赠宋知州》(蕲水人,名诚,字彦实)《即事》《王锦衣〈望云思亲诗卷〉》《曹天使重庆堂》《平野望邹鲁次少陵韵》(问士人此去鲁城九十里)《望鲁山》《梦家》《济宁道中》(时阻浅登陆)《济宁南城驿》(庭前多种椿与白杨)《夏至》《录诗后作》《王锦衣赠〈梅圣俞集〉》《端午前一日作》《写诗后又题》《临清端午王锦衣馈粽》《盗名》《武城对月》《泊武城》《陪天使及王锦衣登陆,闲眺取径徐步坐滕家铺,绿阴候舟,小儿陪二使习射》《登德州梁家庄驿楼》《题德州梁家庄驿馆粉壁四牡聘贤二图》《书姜米巷壁》《客夜即事》《得小陂消息》《移寓宗人建一》《题南薰阁》《题南薰坊寓居》《赠王医士》《奉呈忠国公》《奉别文安伯》《奉别李尚书学士》《奉别彭吕二学士》《奉别主客诸

---

① 《康斋集》卷12《孺人黄氏墓志铭》,第591页。

公》《奉别孙黄二姻旧》《孙氏丛桂堂》《孙氏更造八里桥》(改名通济)《十友饯别城东五里》《重宿通州驿馆》《别二孙生》《中秋新桥驿次去年诗韵》《登陆偶成》《奉谢都水车主事》《崇武即事》《古城舟中》《赠金通判》《经蚌壳湖》《高邮湖》《孟城驿》《即事》《发仪真》《舟中见红树》《白螺矶》《牵路宿上元地》《题淡然卷子》《发石头城》《板石矶》《次荻港》《十里青山》(与庐山相对)《铜陵舟中》《梅根次辛丑岁诗韵》《重修余忠宣公墓堂诗》(并序)《胡贰令索诗题尊府方伯公一曲轩》《同安即事》《鄱阳舟中》《进贤道中》《蔗林》《谢家埠》《奉陪天使金陵王侯游山十首》《送天使王侯回朝彩旗联句》诗①,汇集成文集卷五,整整一卷,可见此年诗作数量之多。

从诗作来看,此年主要是应酬诗歌比较多,多为客套应酬之辞,故而学术性不强,刻画心性工夫涵养的精妙语言少见。

是年,薛敬轩七十岁。归家。自是家居不出,安心教学传道,四方从学者日众,至市馆不能容。先生拳拳以复性教人,曰:"此程朱吃紧为人处,而欧阳永叔言'性非所先',误矣!"又曰:"学者读书穷理,须实见得,然后验于身心,体而行之。不然,无异于买椟而还珠也。"李文达当国,每以书问先生,始终不答。门人问故,先生曰:"昔温公退居洛中,吕申公执政,屡以书问起居,温公不答。某亦此意。"一日,阎禹锡问文达何如。先生曰:"道理尽说得,经学最熟,只少立于义,有些富贵气象。"或问阎禹锡、白良辅(敬轩弟子。河南洛阳人,字克佐。景泰二年进士。历任监察御史、山陕按治、太仆寺卿。著有《太极解》《律吕新书释义》《中庸肤见》等)何如。先生曰:"洛阳似此两人也,难得。但恐后来立脚不定,往别处走。"又问近时人称杨荣有王佐之才,先生曰:"要有王佐之事业,须有圣贤之学问。"宁州守修庙学成,司训宁铎使人走千里余求为记。先生因告以"隆治道,必本于养贤才;养贤才,必本于崇圣道。故为师者当以道教人,为生徒者当以道治己。教以道立,才以道成,推之于用,斯道之泽,无往不被。庶几有补于治道,而上不负国家建立庙学之意矣。"②

① 《康斋集》卷5,第443—458页;《康斋先生文集》卷5,第1093—1118页。
② 《薛瑄全集》,孙玄常等点校,第三册,(明)张鼎、杨嗣昌:《薛文清公年谱》,第1200页。

此年,陈真晟四十八岁。至北京,向朝廷呈送其《程朱正学纂要》,其书首采程氏学制,次采朱子论说补正学工夫,执政不纳。后英宗敕学校事,先生又上《正教正考会通》于提学,又不纳。乃发兴远游江西,访康斋夫子求教,商学解惑也。①

---

① (明)陈真晟:《布衣陈先生旧稿》,嘉靖十七年戊戌周南序刻本,卷 8《布衣陈先生行实》。

1459 年,己卯,天顺三年,69 岁。

正月甲辰,定远伯石彪等败孛来于安边营,进石彪为侯。①

立春五日②,往宝堂,"晴山联辔日迟迟(立春五日),小憩邮亭啜茗时。少长森严环侍好,旧乡细诵帝乡诗"。③

宿下城丘孔曼家,"先朝心事共《春秋》,此日投装话白头。莫把光阴牵俗态,勉教孙子继前修"。④

此年,自北京归,农事力耕、读书与闲暇之余,多有回忆北京往事、友人,感慨颇多。如,忆城东寄饯行十友:"联镖接轸忆城东,绮席珍盘别醲浓。南北云泥悬隔久,高情常在梦魂中。"⑤

赐金垦田有感:"滥向文华辱赐金,侧身北望五云深。都将至渥归南亩,瓜瓞绵绵万古心。"⑥

亲农,事早禾:"迎恩桥畔独经过,课仆西畴事早禾。却忆去年今夜兴,淮阴去棹好风多。"⑦

多有诗歌回赠北京官员、学者,如奉寄夏官(兵部)群彦、王经历、刘都事、怀宁伯孙镗(1392—1471)⑧、忠国公令郎君、广宁侯刘安二郎君、太常高博士、太学郑助教、汤教谕、南康郡侯等。

八月,英宗追罪石亨、石彪叔侄。己未,禁文武大臣、给事中、御史、

---

① 《明史》卷 12《本纪第十二·英宗后纪》。
② 编者注,农历每年的立春时期,大约在西历 2 月 4 日至 2 月 10 日之间。
③ 《康斋集》卷 6《元生陪往宝塘,小憩路口铺》(己卯),第 459 页。
④ 《康斋集》卷 6《宿下城丘孔曼家》,第 459 页。
⑤ 《康斋集》卷 6《忆城东寄饯行十友》,第 460 页。
⑥ 《康斋集》卷 6《赐金垦田》,第 459 页。
⑦ 《康斋集》卷 6《亲农归途中次旧放水诗韵》,第 459 页。
⑧ 孙镗(字振远,内蒙托克托人)为正统、景泰与天顺间著名武将,后镇压太监曹吉祥、曹钦谋反获重功。

锦衣卫官往来交通,违者依铁榜例论罪。冬十月庚午,石亨以罪罢,诸夺门冒功者许自首改正。①

沼上芙蓉花开有感:"去年花盛客天涯,今岁花开人在家。万事只应随分好,不须憔悴对年华。"②北京之行回家后,康斋继续随分涵养,由于被朝廷征聘,内心感觉到满满的自信,同时越发的开心,故而虽然没有做太子的老师,但"万事只应随分好,不须憔悴对年华",总体上心态比较好,继续乡村岁月的涵养与保任!

农历九月初九,拜表归来,"记得重阳拜表归,乾坤清气映晴晖。红黄山果惊新候,又喜题诗野水湄。"③"乾坤清气映晴晖","又喜题诗野水湄",北京归来之后,康斋学术地位获得朝廷的认可,成为当时最有学术涵养的学者之一,故而心情特别好,所以天地在我,宇宙在我,时时察觉到乾坤清气的弥漫,因此,心情总是完全的开朗。

在游玩故迹之后,康斋时常要回到过去完全虚明的澄明心境。"欲得灵台拔俗纷,特将亭子倚青云。朝朝剩汲寒泉涧,细点明时辅世文。""欲得灵台拔俗纷"④,说明他想回到以前的深厚道德涵养状态,可是一年来心性纷扰,要再回到原来的状态,似乎很难。故而,"朝朝剩汲寒泉涧,细点明时辅世文",他想用冷冷的惺惺之法,读书涵养,不忘初心。

郡学司训陈崇书广文两度来访,有诗作赠。

农历冬至日有怀,"岁华又值一阳生,豫汛庭堂贺太平。万蛰金鸡天欲曙,四檐霜月雨初晴。学随年长嗟衰迈,道与时亨荷圣明。闲傍溪梅寻嫩蕊,新诗兴绪绕虞庭"⑤,表达自己的感慨。"道与时亨荷圣明"表达出与时偕行的心态,要让道在身心上受益。

游三峰尖,"晴明又喜蹑云烟,旧迹来游兴浩然。心事满怀题不尽,长吟回首五云边",心绪浩然。⑥

自北京归后,康斋似未再给学生、朋友和同事写族谱序言。经过近

---

① 《明史》卷12《本纪第十二·英宗后纪》。

② 《康斋集》卷6《沼上芙蓉花开》,第461页。

③ 《康斋集》卷6《拜表归途中作》,第461页。

④ 《康斋集》卷6《青云亭》,第461页。

⑤ 《康斋集》卷6《至日》,第462页。

⑥ 《康斋集》卷6《游三峰尖》,第462页。

一年多的心绪沉淀,康斋心态渐趋平和,越发察觉到必须深厚涵养本源学问,读书与劳作相结合,继续以前未完成的圣贤旅途。故而年底前诗作,"莫怀端合惜年华,莫枉闲工事算沙。收敛寸心归寂寞,芸编堆里是生涯。"①"收敛寸心归寂寞,芸编堆里是生涯",还是要耐得住寂寞,将以前的心绪拉回来,收敛心性,继续安心读书,教育后学,振佑乡邦,扶持乡里风气,永续和谐。

有《元生陪往宝塘小憩路口铺》(己卯)《宿下城丘孔曼》《赐金垦田》《亲农归途中次旧放水诗韵》《坐沼上有怀京师冠盖》《忆去年今日》(八月初四)《忆去年今日》(八月初七)《忆城东寄饯行十友》《奉寄夏官群彦》《寄王经历刘都事》《奉题怀宁伯双骥图》《奉寄忠国公令郎君》《奉寄广宁侯二郎君》《寄太常高博士》《寄太学郑助教》《寄汤教谕》《奉寄南康郡侯》《沼上芙蓉花开》《作远书罢卧自得亭》《拜表归途中作》《青云亭》《游塔山》《游天使峰》《游彩云山》《寄邑庠陈广文》(郡庠司训陈先生,两辱枉顾山中,有怀成诗敬,以奉寄笑览幸幸)《寄邑庠陈广文》(不肖将赴金台时,承判簿带戴侯邑庠广文陈君枉顾衡门。不肖赠诗有'满赖余光烛草莱'之句,别后,辱陈君两垂青眼,久稽奉答,有怀成诗敬,以呈上笑览幸幸)《至日》《游三峰尖》诗。②

是年,薛敬轩 71 岁。在家。玩心高明,研究天人之奥,阐发性命之微,著为《读书续录》。有《报阎禹锡书》,曰:

"承谕取《朱子文集》《语类》诸书,摄其精实者题曰《晦庵要语》云,欲寄示。此正欲快睹,早寄为妙。所要《读书续录》,但余老,自备遗忘耳,亦何足观也。近读《近思录》,程子谓方道辅遗忘耳,亦何足观也。近读《近思录》,程子谓方道辅曰:'经以载道,诵其言词,解其训诂,而不及道,乃无用之糟粕耳。'觊足下由经以求道,乃进学之至要。盖凡圣人之书皆经也,道则实理之所在,苟徒诵习纸上之经,而不求实理之所在,则经乃糟粕,如程所云也。"③

---

① 《康斋集》卷 6《题新斋壁》,第 462 页。

② 《康斋集》卷 6,第 459—462 页;《康斋先生文集》卷 6,第 1119—1124 页。

③ 《薛瑄全集》,孙玄常等点校,第三册,(明)张鼎、杨嗣昌:《薛文清公年谱》,第1200—1201 页。

1460 年,庚辰,天顺四年,70 岁。

正月癸卯,石亨有罪下狱,寻死狱中;丁卯,石彪弃市。[①]

朝拜明英宗之后,政局也逐步稳定,是年开始,康斋安心写有日录 11 条。或许出于成圣的圣贤自觉,或者对自己使命感的自信,此年后日录均详细编年,以便流芳百世,兴起后学。

> 凡事不可用心太过。人生自有定分。行己,则不可不慎。**(庚辰)**
>
> 看史数日,愈觉收敛为至要。
>
> 不失人,亦不失言。
>
> 打点平生《日录》,感慨系之矣。
>
> 人生须自重。
>
> 不怨天,不尤人,下学上达,当佩以终余齿。
>
> 梦云:自画者,德不进。又云:自知不足者,可大受而远到。
>
> 日行吾义,吉凶荣辱非所计也,听天所命。
>
> 食后,高卧东窗,羲皇上人乎?
>
> 梦诵诗云:丁宁莫伐檐前树,听我高堂红杏歌。
>
> 又梦云:矫矫高楼卧白云。

观日录可知,面对突如其来的巨大声誉之后,回归平凡的生活,此年康斋在慎独的涵养上用力,从事由收敛、自重的下学而顺从天命的上达工夫。他给自己暗示"人生须自重"的向内工夫,"知不足""愈觉收敛为至要",远离祸害,直面幸福,拥抱幸福。

康斋说:"凡事不可用心太过,人生自有定分,行已则不可不慎。"他就是要告诫自己没必要过度用心思,要保持中和的心气,随遇而安,把

---

① 《明史》卷 12《本纪第十二·英宗后纪》。

自己做好，独善其身，也就是"不怨天，不尤人，下学上达"，这才是真正的学问。

春，诗贺吴营元氏驻节亭。题新斋壁。

与去年一样，继续与邱孔曼交游，游胜览亭，"积雨初收远岫明，盈眸生意黍苗青。偶乘佳兴良朋共，细咏新诗向此亭"。①"积雨初收远岫明，盈眸生意黍苗青"，与友人论心谈学、观山望水的心情是充满生意气息的，内心暖暖的。

出游霓旌亭。

七月二十六日，作诗："流光一飞电，夙志良堪羞。末契何所托？尘编日遮眸。窗得竹林幽，亭有荷池胜。浅薄谅何为？于焉托余命"。②生活中，时时要去契合天人合一之境，读书成长，涵养心性，"尘编日遮眸"，自重自立，自尊自强，看风景就会独得天然之趣，"窗得竹林幽，亭有荷池胜"，便有出尘之趣。

八月，喜车泰使归："山暝风高雨打衣，敲门知自玉墀归。椿萱彩服千重庆，台阁云笺万丈辉"③。

为杨侍讲题敬梅轩："云坞琼枝处士栽，玉堂诗卷映三台。肃焉敬止哦吟处，难写孤芳万古怀。"④晚年的康斋，对客观之理的强调与主敬思想的抬升与他北京之行目睹权臣石亨权倾朝野有关，因此，此后的诗歌多有"主敬"理念。价值论上，康斋是坚持主敬的；具体的修行过程中，主静的次数更多，也更长，这也与他身体不太好需要静养防病有关。

九月初九，作诗："去年今日五更兴，旌旆翩翩度野亭。精白一心悬北极，肃恭拜表进虞庭。"⑤

览戊寅日录："竹窗时止亦时行，谁供清风明月情？忽忆前年今日兴，登高人在石头城。"⑥"时止亦时行"，表明康斋重新开始圣途的亲证，

---

① 《康斋集》卷6《同邱孔曼游胜览亭》，第462页。
② 《康斋集》卷6《七月二十六日作》，第463页。
③ 《康斋集》卷6《车泰使归喜而作》，第463页。
④ 《康斋集》卷6《敬梅轩为杨侍讲题》，第463页。
⑤ 《康斋集》卷6《忆去年今日》(九月初九)，第463页。
⑥ 《康斋集》卷6《览戊寅日录作》，第463页。

心态随和而又自然！

去岁芙蓉花开作诗,今年芙蓉花又开,"今岁花开幸粗康,虽贫却乃士之常。秋亭玩罢归来好,竹影扶疏旭日凉"①。康斋喜欢芙蓉花的淡雅高贵、清新扑鼻与素心平凡。

游山,康斋有诗:"小春风景日清妍,游衍乡园又一年。身幸平康心寡系,杖藜随处咏尧天。"②"昨日登临兴未穷,重游喜得数生同。峰头纵倚忘归处,诗在云烟杳霭中。"③其中,"身幸平康心寡系,杖藜随处咏尧天",可见在旅游中,康斋特别喜欢邵康节的山水诗,内心总是充满幸运的心情,这种自由的心情,随处皆乐,无所对待而乐。这种自由和谐的心态,一旦遇到美丽的风景,"峰头纵倚忘归处,诗在云烟杳霭中",就会对祖国大好河山流连忘返。"峰头纵倚"与毛主席说过的"山高人为峰"的气魄很像,带有浪漫主义豪情,而"诗在云烟杳霭中"更是传神地描绘出那种朦胧美、意境美与意向美。

寄诗给万书璨:"赤涧松楸迹久荒,荐劳青眼意何长。琼瑶未报身衰迈,几向南云梦北堂。"④

冬至,讲堂朝贺:"金鸡催曙鼓声雄,济济班行院肃雍。迎福共瞻刚长日,尧天欢舞万方同"。⑤

或应老友徐希仁的推荐,浙江衢州神童、常山学生郑优(1436—1478,字孔明,浙江常山县人)来学,"残经讲罢慨虞唐,步月归来兴未央。诗卷写阑吟更好,又挥余墨两三行"。⑥

----

① 《康斋集》卷6《沼上亭玩芙蓉花》,第463页。
② 《康斋集》卷6《游山诗》,第464页。
③ 《康斋集》卷6《后游山诗》,第464页。
④ 《康斋集》卷6《寄万书璨》,第464页。书璨母亲为康斋妻子的姑姑。
⑤ 《康斋集》卷6《至日讲堂朝贺》,第464页。
⑥ 《康斋集》卷6《书郑优卷子毕偶成》,第464页。据福建儒家学者郑善夫所撰文献考,郑优(1436—1478,字孔明),浙江常山人。先生讳优,字孔明。其先亦石鲁氏。七世祖,正叔,出为始,子遂为郑氏,居常山之象湖,至先生而大。先生吴康斋之高第弟子也,风闻楚越之交,盖闯然游于万仞者。余生也晚,不及挹先生之容,近季子道者。挹余于京师,求表先生之墓,因得诸行迹,闻风慨然,乐为执鞭,而恨不可得者。先生三岁闻父母哭而知哀,五岁诵故事,十三读《易》,治举子,文理蔚然。二十为博士弟子,(转下页)

应崇仁县令李候、傅海、进贤四老陈子宪、朱文贯、吴志广、陈子宁之请,为进贤县灵桐庐吕侯作德政歌,

"我忆弦歌武城宰,流风余韵今安在(怀古)。卓哉吕侯英妙年,碧梧翠竹何娟娟(念今)。却金海隅光使节,寒露玉壶浸霜月(形容清节)。牛刀小试鸣南州,长天雕鹗横高秋。丹诚炯炯慈仁父,反风灭火并伏虎(德政)。琴堂有教肃簪裾,犴狱虽设期空虚(省刑)。南邻北里童与冠,含哺鼓腹相泮涣(民安)。春郊桑柘涨丛丛,秋原禾黍迷西东(物阜)。邻封野人拜佳政,乐与兴人共涵泳(结上)。桃李阴阴清昼长,牙籤玉轴森琳琅(书籍)。列圣群贤屹相向,蓍龟指南如视掌(圣贤示人在之意无弗在里)。河海何曾择细流,泰山固不辞土壤(不自满假)。百尺竿头事若何,濯缨一曲沧浪歌(务造其极。朱子云,百尺竿头更进一步,自求多福)。"①

临别,赠诗:"花县仁风日念兹,黄梅冲雪到茅茨。予攸好德何能

(接上页)及省试一再不合,弃之。曰,显亲扬名,恐不在是也,乃走丰城拜于丁潜轩之门,求践履实学。时年三十余矣。乃复见康斋先生于崇仁。康斋曰:"此间工夫,非朝夕可得,恐误子远来。"对曰:"此心放逸已久,求先生收留之耳,敢欲速乎?"因受小学,日自验于身心。徐得闻四子六籍之要,久之于道,若有见焉。乃归筑室于龙池之上,日取诸儒论议,一切折衷于朱子。凡古载籍,鲜不读。但不读佛老之书。尝谓其毁肢体,灭人伦,即不容诛,又何待读其书,而后辨其谬哉?一时名公,若兰溪章枫山、开化吾文山、南昌张东白,皆与相可否。所著有《易义发明》《卦赞》《读史管见》《观物余论》《蛙鸣集》,凡数十万言,惜以毁烬,其存者仅十之一云。

吾尝闻康斋之学,最强毅,直致不屑于文字笺注,约破碎而大同之。卓然有六经注我之见。诚所谓发章句之迷,而立于独者。夫章句,犹筌蹄然。本以发迷,欲学者既得,而忘之也,岂为终身溺之,而不究心于章句之外者乎?吾闻先生执丧极哀,祠墓殡葬,一本之家礼。设义学,立社仓,事事皆着实地上作,要非所谓琐琐破碎者,故自号曰敬斋。又曰"断迷子",盖有得之康斋者矣。然挟经济之术,三谒公卿而不一试,岂所谓逆流退飞者邪!古之君子知之则言,言之则行。圣人之心,顾亦何尝忘天下哉!使假先生以年,其用舍内外之辨,必有分矣。先生行履,备见传志。此特其大者,余表之以诏,后之尚友者焉!

① 《康斋集》卷6《德政歌》(并序),第464—465页。序曰:桐庐吕侯廷和宰洪之进贤,期年矣,甚得其民。有儒一生相厥耆老,顾子请颂归,率其子弟咏歌舞蹈于和风甘雨之中,以服侯清化美事也。重以吾邑令君李侯之命,遂走笔以复焉。陈子宪、朱文贯、吴志广、陈子宁者,四老也。傅海者,诸生也。

尔,信是人人共此彝。"①并为四老之一陈子宪作歌:"借问仁者何乐山,巍峨屹立天地间。以木巽火是曰鼎,君子正位以凝命。浮生岁月疾于飞,庵中心事其奚为。去斯二者将安归,萧萧华发映黄眉。不远百里求新诗,咏歌付与孙与儿,奕叶仰止庵之楣。"②

除夜有怀:"曾赋山房一味清,沉吟旧梦转多情。千山万水迷归路,羞照秋霜鬓数茎。"③

有《贺吴莒元氏驻节亭成》《题新斋壁》《同邱孔曼游胜览亭》《游霓旌亭》《忆前年今日》(五月十六)《忆前年今日》(五月十七)《忆前年今日》(五月二十二)《七月二十六日作》《车泰使归喜而作》《敬梅轩为杨侍讲题》《忆前年今日》(八月十九)《忆前年今日》(九月初七)《忆去年今日》(九月初九)《览戊寅日录作》《沼上亭玩芙蓉花》《忆前年今日》(戊寅十月十二日行李自金台抵家,天使及郡侯临川崇仁二县官郡县师生皆会于此)《游山诗》《后游山诗》《寄万叔璨》《至日讲堂朝贺》《即事》《书郑仉卷子毕偶成》《德政歌》(并序)《赠四老归进贤》《重庵歌为陈子宪题》《除夜感怀》诗。④

---

① 《康斋集》卷6《赠四老归进贤》,第465页。
② 《康斋集》卷6《重庵歌为陈子宪题》,第465页。
③ 《康斋集》卷6《除夜感怀》,第465页。
④ 《康斋集》卷6,第462—465页;《康斋先生文集》卷6,第1124—1129页。

1461 年,辛巳,天顺五年,71 岁。

是年,有学术日录 7 条。

> 食后倦寝,梦朱子父子来枉顾。(辛巳)
>
> 趋炎者,众人所同。尚德者,君子所独。
>
> 梦云:等闲识得东风意,便是桥边乌鹊春。
>
> 高卧闲窗,绿阴清昼,天地何其阔远矣!
>
> 游后坊,登山椒,坐盘石,意甚适也。欲构览秀亭于此,无陟降之劳。暮归,新月一钩也。
>
> 闲卧新斋,西日明窗,意思好。道理平铺在,着些意不得。
>
> 彼以悭吝狡伪之心待我,吾以正大光明之体待之。①

由日录观之,康斋梦朱子父子来枉顾,盖诚心向学之形态也,自己鼓励自己进学,令读者莞尔一笑。"趋炎者,众人所同。尚德者,君子所独。"表明为德是多么地困难,而趋炎附势又在执掌之间,易如反掌,凸显修德之可贵,继续暗示自己要不断读书,不断涵养,践行最伟大的德业。"等闲识得东风意",更是暗示自己要比慢,要慢慢涵养,累积性前进,感应圣贤境界到来。"道理平铺在,着些意不得",则晚年康斋以自然为宗,涵养自然之学。"高卧闲窗,绿阴清昼,天地何其阔远矣","游后坊,登山椒,坐盘石,意甚适也",这两句都表示这段时间由于自己的自觉养德,心态渐趋恢复到数年前的良好状态,更加的完美与灵性。

"彼以悭吝狡伪之心待我,吾以正大光明之体待之",或影射抚州知府张璜(广东番禺人,白沙著名弟子张东所之父)故意刁难自己,授意酬

---

① 《康斋集》卷 11《日录》,第 258—265 条,第 583—584 页。

酒败家产之弟夺康斋田地,其弟以田产纠纷与康斋对簿公堂也。康斋不得已,素服前往。[①] 前张侯以此得京师内贵(尹直之流)心。

春,同学生胡冕、陈凤宿路口铺,"乡情诗思共悠悠,烛尽宵阑立未休。记得叮咛檐际语,好来芸馆话春秋"[②]。

春,亲农归,晚坐自得亭休息,"春田客仆暂亲农,亭子闲来坐晚风。幸得微躯能勿药,崇桃又见一年红"[③]。

题程金宪骢马行春诗卷,赠诗。为应公宪文题全归诗卷。

江西提刑按察使原侯有北京考察之行,作诗赠:"清箛急管拥崇台,万里风云接泰阶。花柳漫村春似海,伊谁一访少陵才。"[④]并有送原侯序。

江西提刑按察使阳城原侯,初由正统乙丑进士,历浙江广西二道监察御史,尝巡按江西,及审刑抚安北直隶诸州,迁今官三载矣。报政伊迩,霜台诸贤,最乃绩曰:"所在著廉、能之誉。"以金宪同安程侯尝辱于崇仁吴与弼也,授之简而命以文。夫廉者,德之符。能者,才之施。德一而才二,才施于所宜施也。其在已为吉人端士,其示人如青天白日,人之仰之如景星庆云,其及物如和风甘雨焉。然学有纯疵,志分淑慝。从古以来负聪明卓荦之资而枉其才者,多矣。若吾原侯者,善于用其才也欤,扬休光动群寮,岂偶然而已哉?抑闻儒者逢时生灵之庆,圣明在上,正豪俊有为之秋。功高社稷,名重丘山,又仆之私于吾原侯者焉。[⑤]

六月丙子,孛来寇河西,官军败绩;壬午,兵部尚书马昂总督军务,怀宁伯孙镗充总兵官,帅京营军御之。秋七月庚子,总督京营太监曹吉祥及昭武伯曹钦反,左都御史寇深、恭顺侯吴瑾被杀,李贤手被刺伤,怀宁伯孙镗师兵讨平之。癸卯,磔吉祥于市,夷其族,其党汤序等悉伏诛。戊午,都督冯宗充总兵官,御寇于河西。辛酉,孛来上书乞和。[⑥]

---

① 详见(清)黄宗羲撰,沈芝盈点校,《明儒学案》卷1《崇仁学案一》,北京:中华书局,2008年,第16—17页。

② 《康斋集》卷6《同胡冕陈凤宿路口铺》(辛巳),第465页。

③ 《康斋集》卷6《晚坐自得亭》,第465页。

④ 《康斋集》卷6《送原宪使考迹赴天官》,第465页。

⑤ 《康斋集》卷9《送按察使原侯序》,第553页。

⑥ 《明史》卷12《本纪第十二·英宗后纪》。

将有湖北拜师墓之行,遍省祖居及罗原岗、葛藤科诸地先陇。过巴岗遗陇,拜山泉先生墓,"长从家集慨穷经,述作尤深感至情。巴冈遗陇低回处,饱挹山泉一味清"①。游历中,过吕坊、杨溪、经舍寺诸地。

夜宿杨溪,总结一生道德践履:"疾风飞雨宿杨溪,虚室孤吟忆旧时。不是本原深且厚,云仍何幸至于斯?"②"不是本原深且厚,云仍何幸至于斯?"明确说明自己一生涵养本原工夫甚得力,深厚细密,诚如唐一庵所言,"功夫所至就是本体",康斋从本源上下工夫,其思想特色可知,可见其工夫确实扎实。

立秋,康斋怀念临川故人之子傅裘。后,傅裘扶疾来访,分别有诗"洗墨池边佳问来,月窗重感故人怀。几时池上羣飞好,伫见新碑向竹开"③、"扶疾秋山百里来,桑榆细写别离怀。式微歌罢情如海,共喜新碑吉日开"④。

期间,枕上感怀,"万事随缘不用忧,好将行止范前修。当兹岁晚尤宜惜,独对黄花咏未休"⑤,"万事随缘不用忧,好将行止范前修",表达自己随缘自然的豁达心态,自得宇宙生生之趣,心情不焦虑,身广体胖,心态开朗。"当兹岁晚尤宜惜,独对黄花咏未休",更是表现他珍惜与感恩的心态,即便是寂寞与孤独,仍然要顽强与真诚地养德、修德、进德与育德。

秋,去湖北武昌,拜先师杨文定先生墓,有大量的诗作。此后五年基本上每年都要出游,或福建武夷山,或浙江建德,或江西上饶,或南昌,就是每年自己给自己放假,痛痛快快地玩一下,充分实现自由而无所矩地畅游天地间的想法。

辞家,口占授诸生:"我去寻师适楚邦,归期应在日初长。残书破砚须深护,跬步分阴好自强。"⑥

途中,过狭原、北泽、溢源,重宿临川傅裘家,怀念老友。

---

① 《康斋集》卷6《拜山泉先生墓》,第466页。
② 《康斋集》卷6《宿杨溪》,第466页。
③ 《康斋集》卷6《送傅裘北归》,第467页。
④ 《康斋集》卷6《寄傅裘》,第466页。
⑤ 《康斋集》卷6《枕上偶成》,第467页。
⑥ 《康斋集》卷6《辞家口占授诸生》(先生拟拜旧师杨弘济之墓),第467页。

　　过桂林，入进贤，访吕廷和(浙江桐庐县人)茂宰，吕茂宰热情接待，或为其题正心斋："涵养工夫敬是宜，鉴空之体本如斯。须知道理平铺在，顺应何容一点私?"①可见涵养之法固然是主敬，这是规矩，但具体涵养时，体会到"道理平铺在"日用之间，极高明而道中庸，应该是主静中对虚明心体的知觉与转化，由此达到自然而然的心如止水之境，而这必须是二程"廓然而大公，物来而顺应"才可以达到的高明心境。这首诗，高度概括康斋夫子涵养到71岁时的体会，可以把握康斋道德修养论的立言宗旨。

　　过三江口、万石渡，到南昌，访旧友大司成家，访伍伯逊。从南昌出发，过昌邑山、珠玑湖、浔阳、磐塘、黄矶、渔阳口，宿散花轩，过金沙，入武昌。途中均有诗作，旅途中多读《春秋》之书。

　　途中，有诗歌寄儿子璇庆："到处虚名动士林，平生孤负秉彝心。过情却更忧吾子，新造从兹冀日深"②"今日慈颜值令辰，满门和气想氤氲。江山到处逢迎好，不必多情忆远人。晏子传书久达家，诸孙亲果任喧哗。殷勤寄语青灯伴，逐日新功好倍加"③"新造从兹冀日深"也是自我提醒自己重新开始修德养德的决心与勇气，令人钦佩。

　　舟中，心情挺好，"笃斯懿德任吾真，宁计朝晡苦与辛。黄卷两行歌一曲，陶然日作葛天民"④，在客居旅行中，对月洗心，康斋发誓，"笃斯懿德任吾真""陶然日作葛天民""任吾真"与前文"任吾运"一样，这些都是睹物产生的天地豪情，渴望自由的生活。而"巑岏翠壁倚云端，红树人家带碧湍。偶尔会心为客处，只疑身在梦中看"⑤，表达出旅途中的喜悦的一面，心情为之开阔，让我们感觉到豁达通透。

　　舟中时常读书，如，"听罢吾伊宵向残，月明清兴正相关。近贪黄卷多新益，独对韩欧又一摊"⑥"少日深惟道是忧，老来俞觉德难修。几于

---

①　《康斋集》卷6《题正心斋》，第468页。

②　《康斋集》卷6《次前韵寄示儿》，第467页。

③　《康斋集》卷6《写家书后作寄璇子》(二首)，第469页。

④　《康斋集》卷6《船头对月偶成》，第469页。

⑤　《康斋集》卷6《舟中闲眺》，第470页。

⑥　《康斋集》卷6《夜读》，第469页。

名教徘徊处,剔尽残灯未忍休"①,"老来俞觉德难修",康斋在盛名之下非常自觉,时时担忧自己修德养德做得不够好,可见其内心是多么地严谨和紧张。而"剔尽残灯未忍休""独对韩檠又一摊"诗作充分表达出一个 71 岁老儒不知老之将至的不懈精神,显然这是他在老师故地必须展现自强不息的求学精神。

读《春秋》,"尘网那胜久陆沉,青灯遥夜照孤吟。化工妙契何由得,慷慨平生尽笔心。"②康斋在历史书籍的阅读中保持自己的大脑清醒,晚年多看历史类书籍。

多有背诵儒家诗歌,如默诵邵康节诗歌,并和之。默诵孟子章句。

途宿,为人讲诵《中庸》,"旧学荒凉偶一寻,悠悠空去百年心。殷勤谁向吾儿道,圣者犹闻惜寸阴"③"一听邹书三乐辞,肃容敛衽起遐思。系天人处犹能得,自致云何不会兹?"④康斋的"肃容敛衽起遐思"体现他对主敬的新认识,尤其是来到老师出生与生活过的地方,该以何种状态全面展现在老师面前,想必康斋也会时刻提醒自己。"系天人处犹能得",应该是他对老师文定先生讲解易学的总结之词。

寄李、晏诸生诗,有"园林数子劳"之句。⑤

昼梦觉作,感叹旅途,想念家乡。"时光已是阳生后,归计应当昼梦余。天外琴书虽乐土,山中松竹乃吾庐。"⑥

金沙洲停留,康斋多作诗,而"寡欲存神妙,忘机养性灵。残经寒漏永,至教在麟经"⑦,首次提出"养性灵"的道德修养论,是对其前期"养良心""养灵台"的再一次推进,这是他心性工夫论又一大进步。"养性灵"比"养灵台"要更高明,就是要规避历史的漩涡,趋吉避祸,要从大历史中汲取人生智慧,属于治国理政方面更为高明的直觉与洞察。

"翰墨充人事,琴书理性情""道在诗书重,身恬去就轻",这种身道

---

① 《康斋集》卷 6《次未起程时枕上新作韵》,第 471 页。
② 《康斋集》卷 6《读〈春秋〉》,第 470 页。
③ 《康斋集》卷 6《夜说〈中庸〉》,第 471 页。
④ 《康斋集》卷 6《听诵孟子三乐章》,第 471 页。
⑤ 《康斋集》卷 6《寄李、晏诸生》,第 471 页。
⑥ 《康斋集》卷 6《昼梦觉作》,第 472 页。
⑦ 《康斋集》卷 6《金沙杂诗》(十四首),第 472 页。

合一的思想,在书籍的海洋里成长,康斋给我们一种全新的生活方式,自由而又充实。①

在武昌,与周长史、邱布政、刘金宪、廖教授等官员、学者交游,均有诗赠。别武昌,发兰溪,经卦口、南湖觜、康山、蔗林、桂林、凿石潭、黄城、黄家原诸地,归小陂,一路均有诗作。

其中,大寒日,农历十二月底(公历1月20日左右),作卦口诗。

赠廖教授:"兴戎出好片辞间,利害分明欲顺难。从此书绅宜通省,扩充四勿日希颜。"②其中"扩充四勿"即扩充良心、养良心之意,接洽其金沙停留所作"养性灵"诗作,更是其早年"养良心"的理论推进,与陈白沙养端倪、王阳明致良知有暗合、相同之处。

归家,"归来松菊总平安,墙角梅花雪后看。新锦堂中(武昌友人惠锦)春昼永,清谈日接故人欢"。③

有《同胡冕陈凤宿路口铺》(辛巳)《晚坐自得亭》《题程金宪骢马行春诗卷》《题全归诗卷》(为应公宪文题)《送原宪使考迹赴天官》《重宿吕坊龙归寺》《宿杨溪》《杨溪晚眺》《拜山泉先生墓》《立秋》《寄傅裘》(裘立墨池记碑,覆以亭焉)《送傅裘北归》《游罗原冈诸族侄咸在》《重宿经舍寺》《自杨溪过葛藤科》《晓枕偶成》《枕上偶成》《戊寅此日》(九月初五)《辞家口占授诸生》(先生拟拜旧师杨弘济之墓)《狭原道中》《宿北泽》《北泽道中》《溢源道中》《重宿墨池傅氏》《宿桂林》《次前韵寄示儿》《赠进贤吕茂宰》(二首)《题正心斋》《宿三江口》《舟中独坐次邵诗韵》《舟中即事》《万石渡舟中》《舟近豫章》《寄家书》《船头晓立》《奉柬大司成先生令嗣》《柬伍伯逊》《写家书后作寄璇子二首》《又柬伯逊》《不寐》《发豫章》《昌邑山舟中》《船头对月偶成》《夜读》《不寐》《宿珠玑湖》《琴罢歌邵子诗》《夜枕作》《舟近浔阳郭追次辛丑岁游此诗韵》《读〈春秋〉》《舟中闲眺》《次磐塘》《旅夜次工部落日平一韵》《黄礁舟中》《渔阳口追次辛丑岁诗韵》《宿散花轩乡人索诗》《夜说〈中庸〉》《次未起程时枕上所作韵》《听诵孟子三乐章》《寄进贤吕茂宰》《寄李晏诸生》《金沙杂诗》(十四首)《昼

---

① 《康斋集》卷6《金沙杂诗》(十四首),第472页。
② 《康斋集》卷6《廖教授求箴语》,第472页。
③ 《康斋集》卷6《归来》,第474页。

梦觉作》《周长史崇德堂》《邱布政公余十咏》《刘金宪挹清轩》《廖教授求箴语》《归兴》《别武昌》《晓发兰溪》《卦口》(二首)《宿南湖觜》《康山》《蔗林》《发桂林》《凿石潭怀廖广文》《宿黄城艾氏》《黄家原道中》《归来》诗。①

---

① 《康斋集》卷 6,第 465—474 页;《康斋先生文集》卷 6,第 1129—1143 页。

1462 年, 壬午, 天顺六年, 72 岁。

一月一日元旦, 有诗: "履端莫怪起来迟, 老病身衰只自知。府仰乡关多暇日, 万方钟鼓乐清时。"[①]虽然年纪大了, 但继续快乐生活的心情还是要有的, 也就是继续真诚地生活。

是年, 有日录 6 条。

> 看前、去年《日录》, 倦寝。细思平生学力止于此, 精神日向衰惫, 俯仰怅然, 空生世间也。(壬午)
>
> 诗云: "战战兢兢, 如临深渊, 如履薄冰。"七十二岁方知此味, 信乎希贤之不易也。
>
> 夜静卧阁上, 深悟静虚动直之旨, 但动时工夫尤不易云。
>
> 程子云: 五伦多少不尽分处。至哉言也!
>
> 学至于不尤人, 学之至也。吾闻其语矣, 未见其人也。
>
> 看《仪礼图》, 阅旧《日录》, 倦寝。程子七十岁化, 犬马之年。七十二矣, 何如? 何如?[②]

此年, 康斋一直对动静合一工夫论有期盼情结, 在实际修养过程中颇觉自己静时工夫已得法旨, 而动时工夫缺乏着力处, "希贤之不易也", 感慨万千。"程子七十岁化", 实际上小程子是 75 岁化, 朱子 71 岁化, 孔子 73 岁化, 而康斋自己 72 岁了, 一个尴尬的年龄, 即便 "学力止于此" "精神日向衰惫", 但老骥伏枥, 志在千里, 永远不忘 "学至于不尤人" 的初心, 保养心灵, 在动时工夫、动时敬上用力。此后, 其著名弟子陈白沙朝 "静时虚" 方向发展, 静坐中养出端倪, 开出明代心学的新篇

---

① 《康斋集》卷 6《元旦》(壬午), 第 474 页。
② 《康斋集》卷 11《日录》, 第 265—270 条, 第 584 页。

章;而胡敬斋从"动时敬"上发展,回归程朱理学,与陈白沙相论战,护卫程朱理学,最后配享孔庙。

正月初七人日,李、贾二县侯下顾,"湖海归来百虑轻,梅花仍结岁寒盟。联翩更辱贤侯址,锦绣重增白屋荣"①。

春三月,完成早前未完成的福建建阳、武夷朱子讲学之地遗迹考察计划,拜访考亭书院、建阳故居、武夷精舍等。

辞家作诗:"适楚归来又适闽,桃溪柳涧踏清晨。服膺素有前贤命,流水行云任我真。"②"桃溪柳涧踏清晨""流水行云任我真",就是要在美丽的福建山水中畅游一番,申愿学之志,朝拜朱子生活和讲学过的地方,这是康斋真诚与严谨的地方。而"任我真"也是对"任吾运""任吾真"的再发展。

过孙坊、南原、杨溪、彭原、游顿寺、太原寺、太平寺、白云庵诸处,均有诗作。

途中,康斋有诗作:"冥冥细雨滞行装,且复高眠向北窗。识得静中滋味别,始知禅客最为忙。"③康斋的"识得静中滋味别,始知禅客最为忙",这种禅客之"忙"是康斋在主静中体悟到惺惺之法的繁密性、复杂性,而儒家的主静之学不需要像禅学那样忙碌,仅仅是养身养心,不要严格区分主静中的心性意念的具体关层,故而康斋严格区别佛教与儒家主静心学。

过游顿寺,"偶从花下一闲吟,窗户玲珑竹树深。习习条风知客意,特来清我出尘心。"④"习习条风知客意,特来清我出尘心",借旅游中美丽的景色洗掉心中的功名利欲的贪念,保持精白一心的状态。

在武夷山白云庵,"曾服前贤孤立辞,空山独夜感于斯。何由得拜龙门道?一写平生慨慕私。"⑤康斋深感读书治学产生的孤独,渴望圣贤的指导,渴望同仁的协助,渴望成为朱子后学,故而热切地表达自己

---

① 《康斋集》卷6《人日承李贾二县侯下顾》,第474页。
② 《康斋集》卷6《辞家口占授小儿及诸生》,第474页。
③ 《康斋集》卷6《昼梦觉作生》,第474页。
④ 《康斋集》卷6《小憩游顿寺》,第474页。
⑤ 《康斋集》卷6《宿白云庵感怀》,第475页。

对朱子的敬仰心情。

迁道余干县,访学生胡敬斋,赐匾"礼吾书舍",鼓励其讲学。① 敬斋曾作诗:"数仞师门力学真,明乎庶物察人伦。芳塘活水今犹昔,喜际龙潭复有人。抱膝茅檐盖世豪,管教得志失萧曹。登攀自是男儿志,谁道龙门特自高。"②敬斋有诗作:"四龙冈上记行踪,往复师门九载中。每愧光阴虚度也,从头重拟更加功。"③自甲戌至壬午,恰好九载,故将此敬斋诗放于壬午年。

过杉关,进福建地,经邵武、官原、鹤山庙、太白桥、太白店,至建阳考亭书院,一路均有诗作。④

经杉关,"行装已出杉关道,闽水闽山惬素心。身幸平康童御乐,春风桃李可无吟?"⑤"闽水闽山惬素心",内心非常期待此次福建朝拜朱子之游。

邵武旅途中,"到处溅溅小涧通,回头频忆白云踪。每逢佳境凝眸久,细数春山远近峰。"⑥这首诗传神地写出了美丽的邵武风景,"每逢佳境凝眸久,细数春山远近峰",沉醉于武夷山水。"到处溅溅小涧通,

---

① "壬申岁始师于于先生准,至甲戌岁复游康斋先生之门,始知圣贤之学,不在于言语文字之间,而在于身心德行之实,故追前非欲求自新之实。但终以驽庸之才,不堪鞭策而进也。思与二三同志,别求燕闲之地,以共讲其所闻而不可得。于是乡党某等捐割己资,即幽旷之地,构屋数间,以为群居讲学之所。至壬午三月,师吴与弼经历至所,赐之匾曰礼吾书舍。盖因其地而寅号焉。"(明)胡居仁撰,《胡敬斋集》卷2《上邑宰》,王云五主编《丛书集成初编》,上海:商务印书馆,1935年,第24页。胡敬斋学习了康斋的教法,在"身心德行之实"上用工,最终配享孔庙,令人敬仰。

② (明)胡居仁撰,《胡文敬集》卷3《奉吴先生二首次于先生韵》,四库全书影印文渊阁版,上海:古籍出版社,1987年,第68页。

③ (明)胡居仁撰,《胡文敬集》卷3《行至四龙冈绝句》,四库全书影印文渊阁版,上海:古籍出版社,1987年,第68页。此诗上海商务印书馆版《胡敬斋集》遗漏。

④ 2017年秋,蒙武夷学院宋明理学研究中心邀请,浙江省社会科学院醇儒李旭先生携我参加朱王汇通学术活动,主办方请我们考察朱子遗迹,惊讶于武夷九曲风景之秀丽,恍若无人之仙境。清晨五点到七点,李旭与我剧谈康斋游武夷山诗歌,李旭读一句,我评点一句,赞叹于康斋对理学的参悟,对武夷山水的诗意化传神表达,二人极感激。次日,我们再前往一湾,徒步十余里,武夷山水秀丽如旧,因回程紧迫,未能尽兴。

⑤ 《康斋集》卷6《杉关道中》,第475页。

⑥ 《康斋集》卷6《邵武道中》,第475页。

回头频忆白云踪",武夷的河水在高山之间的落差比江西与浙江的河水更带有动感和奔腾冲劲,所谓"溅溅小涧"遍地都是的奇特景象。

走官原:"村村桃李谢芳菲,处处山藜雪满枝。和气薰人春欲莫,东风淡荡任吹衣。"①官原道中春山绿海,桃李芳菲,藜花满枝,和气薰人,东风淡荡,天气很暖和,风景春意生趣,令人温暖。

近建阳:"考亭已近素怀开,不负篮舆千里来。明日青山归兴好,草堂应念远人回。"②多年来一直梦想去的地方,千里之行,"素怀大开"可见康斋心情是如何的高兴呀。

拜别考亭书院:"考亭拜罢赋归兴,昨夜青山梦旧间。沿道若逢相识问,殷勤细说建阳居。"③

归,发建阳,过界牌铺、武夷、崇安、分水岭、铅山、安仁、三山、大岭铺等地,与文公令孙朱伯升、崇安于准茂宰、金太守交游,一路均有上乘诗作。

铅山道中,怀念朱子:"平生迂拙寸心孤,何幸身亲往哲途。借问山川群草木,当年曾识晦翁无?"④表达了自己幸福与幸运的心情,以拟人化的写法表达自己对朱子学问与人格的敬仰。"晦翁"为朱子之号。

在崇安,与学生于准论学:"见说金台一盍簪,偶经花县更论心。要知礼下诚吾事,须识劳谦是乃箴。"⑤于准,胡敬斋老师也。"礼下",就是康斋赠题胡敬斋书院的名字。于准询问如何治政,康斋告知以"劳谦"。"劳谦"出自《易经》的谦卦,"劳谦,君子有终,吉",代表谦虚与勤劳的期盼。

拜别感谢上饶太守金铣(字宗润,号省庵,江苏淮阴山阳人)⑥,为其撰《省庵记》:

无极之妙,充盈宇宙,而该贯吾心,何可须臾离哉?然事几万态,大

---

① 《康斋集》卷6《官原道中》,第475页。

② 《康斋集》卷6《近建阳》,第476页。

③ 《康斋集》卷6《别考亭书院》,第476页。

④ 《康斋集》卷6《铅山道中》,第477页。

⑤ 《康斋集》卷6《赠崇安于茂宰》,第476页。

⑥ 明金铣,字宗润,号省庵,江苏淮阴人。正统辛酉(1441年)举人。历官靳州知州、广信知府、礼部员外郎。著有《省庵集》。

和难保,不有精鉴以为权度,难乎免于流俗架空之患矣!甚则差之毫厘,谬将千里,安求其人心不死而天理常存也邪?《商书》之省躬,《鲁论》之三省,良有以哉!窃谓动容周旋,无不中理者,圣。随事致省,不敢违理者,贤。曾不知省,日趋小人之域如走者,圣贤之罪人也。不曰贤希圣,士希贤乎?大哉!金侯希贤之志哉!宜乎其民之多誉也。俯省微躯,资既庸,志弥惰,骎骎衰暮,枉此生于醉梦,企仰华庵,徒增浩叹,何颜受简?侯名铣,字宗润,淮阴人,今守上饶云。①

此段重要的心学论文,康斋突出心在无极开发中的重要性,而"几"需要经、权的适度。一旦越出法度之外,就会出现圣、贤与小人的三种情况,故而一切的关键在于把握虚妙不测之无极变化力。

盖在此年,敬斋《春秋》师于世衡官满福建崇安茂宰②,明年将有赴上海松江通判之行。③ 赠别于准通判:"惜别问官居,宜思位莫虚。有为兼有守,庶以答除书。"④"有为兼有守",也就是合理合法,该做出政绩,但也要遵纪守法,表达出康斋中庸之道式的治政原则。迎恩桥口再赠于准:"玉壶春酒别情深,满向迎恩桥上斟。惆怅为君歌一曲,拳拳报国爱民心。"⑤

建阳之旅归家后,有小陂修桥之举。进贤吕茂宰赠采石春慰劳后坊塘土功之众,宋宪侯赠佳酿劳黄柏土工之众,均有诗作谢。

六月戊辰,淮王朱祁铨来朝。⑥

家居,有怀:"残书破砚贫中乐,虚阁明窗静里心。送客偶看溪上绿,还家时息竹边阴。"⑦"残书破砚贫中乐,虚阁明窗静里心",活泼自由,

---

① 《康斋集》卷10《省庵记》,第564页。

② 于准为敬斋的老师,与于准有五封书信往来,见其集。

③ 敬斋与世衡诗作有:"投装野寺爱幽栖,翠竹苍梧趣正宜。久坐檐楹师弟子,清风明月更输谁。"(明)胡居仁撰,《胡文敬集》卷3《同于先生绝句》,四库全书影印文渊阁版,上海:古籍出版社,1987年,第82页。此诗上海商务印书馆版《胡敬斋集》遗漏。

④ 《康斋集》卷6《赠别于准通判》,第477页。

⑤ 《康斋集》卷6《迎恩桥口占授于准》,第477页。

⑥ 《明史》卷12《本纪第十二·英宗后纪》。按:朱祁铨(1435—1502),仁宗朱高炽孙,正统十三年(1448年)袭封淮王(第二代淮王)。淮王颇通书画与哲学,雅敬康斋、胡敬斋。

⑦ 《康斋集》卷6《偶成》,第478页。

体现出康斋悠然自得的生活状态,安贫乐道,充分刻画一个醇儒不问名利的清淡生活。"送客偶看溪上绿,还家时息竹边阴",这说明康斋不喜交迎,更喜欢闭关读书,主静涵养,故而"时息竹边阴",养身似乎更重要。

外甥饶循子隆四岁,作诗:"祖德多年种,孙谋奕叶贻。梦兰游宦日(戊寅岁安庭九月二十日梦兰花高哉一树),奉敕到家时(到家坐十日)。美质众所念,佳晨四见之。学诗兼学礼,早作好男儿。"①

英宗生日,朝衣北拜:"茅屋鸡声梦觉时,仓皇扶病着朝衣。恍思承诏明光日,咫尺天威拜玉墀。"②

有诗寄赠饶景德、荆溪吕中良父子指示罗原岗先陇。

除夜有怀:"正愧道迷前圣统,何期朋误远方来。(朱子门对云:道迷前圣统,朋误远方来)小陂风雪当深夜,细劝虚堂守岁杯。"③

陈白沙 35 岁,广西盗寇劫掠新会居民,协助县丞陶鲁率领父兄弟子讨贼,筑辅城以御之,作《新会县辅城记》。

有《元旦》(壬午)《人日承李、贾二县侯下顾》《辞家口占授小儿及诸生》《孙坊道中》《南原道中》《宿杨溪》《昼梦觉作》《题彭原李氏门扉》(诸子弟不在家)《小憩游顿寺》《宿太原寺》《宿太平寺》《宿白云庵感怀》《杉关道中》《邵武道中》《邵武即事》《官原道中》《茅包锦》《歇雨鹤山庙》《歇雨太白桥》《宿太白店中》《独树桃花》《近建阳》《别考亭书院》《发建阳》《赠文公先生令孙伯升》《界牌铺道中》《武夷道中》《赠崇安于茂宰》《发崇安》《宿分水岭》《铅山道中》《寄赠金太守》《安仁道中》《宿三山陈氏茅店》《宿大岭铺》《载进贤吕茂宰所赠采石春慰劳后坊塘土功之众》《赠别于准通判》《迎恩桥口占授于准》《载宋宪候所赠佳醅劳黄柏土工之众》《倦寐偶成》《偶成》《隆孙诞日四周岁矣,渐解人事,可爱诗以志焉》《寄饶景德》《贺圣节》《晓枕偶成绝句,奉赠吕中良父子指示罗原罔先陇》《诸生助移大门诗以劳焉》《除夜》诗。④

---

① 《康斋集》卷 6《隆孙诞日四周岁矣,渐解人事,可爱诗以志焉》,第 478 页。
② 《康斋集》卷 6《贺圣节》,第 478 页。
③ 《康斋集》卷 6《除夜》,第 478 页。
④ 《康斋集》卷 6,第 474—478 页;《康斋先生文集》卷 6,第 1144—1152 页。

1463 年,癸未,天顺七年,73 岁。

元日,"虚度流年七十三,强颜北望又朝参。空怜蘧瑗知非晚,欲共何人话指南?"①康斋感叹岁月如流。

是年,有日录 2 条。

> 夜来枕上静思,一味圣学,帖然,终此余喘而已。**(癸未)**
> 观《遗书》数条,西照明窗。玩夫子之言,如饮醇醪,不觉心醉也。

盖此年,立"一味圣学"之志向,潜心圣贤书籍,多看《二程遗书》有得,醉心于二程思想,心融神会。

日亲黄卷,教诸孙诵诗:"日亲黄卷坐忘疲,夜拨寒炉卧共迟。淡淡生涯随分足,诸孙同唱老夫诗。"②

小陂东桥成:"伐木年年结构劳,常怀良法在甄陶。忽看胜迹留千载,十日辛勤懒尔曹。"③

夏四月壬午,逮宣、大巡按御史李蕃,荷校于长安门,寻死。丙戌,复遣中官督苏、杭织造。甲寅,辽东巡按御史杨玭以擅挞军职逮治。六月丁卯,逮山西巡按御史韩祺荷校于长安门,数日死。④

秋七月,东游访老友,归途拜朱子婺源祖居。过浙江常山、严州、安徽徽州、江西婺源等地,横跨三省,出门朝拜圣学勇气令人动容。一路上,访常山徐希仁后裔、学生郑伉、严州太守张永,过平塘、长林、横路、

---

① 《康斋集》卷 6《元日》(癸未),第 478 页。
② 《康斋集》卷 6《教诸孙诵诗》,第 478 页。
③ 《康斋集》卷 6《小陂东桥成,诗以劳众力云》,第 478—479 页。
④ 《明史》卷 12《本纪第十二·英宗后纪》。

玉湾、贵溪崖山、新安、弋阳渔桩、石弄、乡石、安定里、齐原、鹅湖寺、广信、玉山板桥、草萍、白石、蒋莲铺、常山、衢州毛村、兰溪、严州、建德钟潭铺、钟铺岭、下崖铺、蛇岭、分路铺、淳安紫盖峰法照寺、合桥铺、淳安邑庠、黄栢、五城、磨石、璜川、塔坑、樟木铺、晓湖、古坑、白石、楗头村诸地，途中与地方官员广信金郡侯、淳安邓茂宰、安仁李茂宰多有应酬，一路多借宿寺庙，如鹅湖寺、福生观、资福寺、向果寺，所经各处均有诗作，有《东游稿》。

在文昌庵，余、李二生来访："江湖总别四三秋，偶向文昌话旧游。好记行云流水趣，各期努力绍前修。"[1]"好记行云流水趣，各期努力绍前修"，说明此次出门考察，除了看看秀丽的大好河山，另外就是督学，看看二十年前、十年前的学生圣学修炼得如何？由此，查漏补缺，一起学习成长，共同推进儒家生命儒学的发展。

过安定里："昨日无所期，今宵获安定。但教灵府虚，随处江山胜。"[2]"但教灵府虚，随处江山胜"，就是要保持虚明的内心，才会有随处之心，也才会有对秀美江山的体认。

过齐原："偶逢涧石坐繁阴，惬我平生习静心。风露不知劳远役，蜻蜓无数伴清吟。"[3]这首诗和盘托出康斋一生都离不开主静的修养，"惬我平生习静心"，因为静中养虚灵，静中养灵明，"蜻蜓无数伴清吟"写出大自然的无限生机与无限活泼泼气象。

过板桥："遮眼避长风，虚心省厥躬。百年须为道，万事贵乎中。"[4]"虚心省厥躬""万事贵乎中"，虚心之学，中庸之学，心性与事功的两个法则，康斋对传统儒学进行有效的深度涵养，高度凝练中国学问的两大特色。

过常山，拜访徐希仁后裔："曾此赋村居，重来十载余。玉楼人久化，兰砌事堪书。"[5]重游十年前经过之地，感叹希仁捐馆，唏嘘久之。

访常山象湖学生郑伉，宿其家："依稀余墨象湖傍（堂扁拙笔存焉），

---

① 《康斋集》卷6《余李二生来访文昌庵》，第479页。
② 《康斋集》卷6《宿安定里》，第479页。
③ 《康斋集》卷6《齐原道中》，第479页。
④ 《康斋集》卷6《板桥道中》（玉山地），第480页。
⑤ 《康斋集》卷6《重宿徐氏村居》，第480页。

鹤去山空事渺茫。嗣续喜看仁爱重,灯前联跪告新章。"①

八月丙申,在建德严州府,访严州太守张永:"江山随处赋诗频,况此论心共故人。遥传尚友轩中誉,为德兼诗更为民。昔年曾托霜松趣,此日重为雪柏吟。桃李任教春似锦,高标依旧岁寒心。(戊寅为前刘太守写"霜松")"②

过钟潭岭:"东游旧友论心好,西返新诗得趣频。又喜野花缘道涌,嫩红满眼似迎宾。"③在交友中,康斋有意识地凸显"论心",有时称之为"盍簪",也就是知己之间的"丽泽",属于师友唱和之类行为,但由于康斋凸显心学意味,故而使得他的交游带有心学传播与心学亲证的感悟色彩。当他遇到一些学问特别好的人,心神为之一振就会出现心所见之物顿时美丽起来的感觉,如"又喜野花缘道涌,嫩红满眼似迎宾",这与阳明夫子见岩中花树顿时鲜艳起来的哲学命题在感觉上并无二致,只是康斋没有系统地提炼并上升到哲学命题的高度而已。八月十二夜,中秋节前三日在淳安与邑庠彭、罗二广文对月:"良时已喜中秋近,胜会难逢此夜清。极口细谈先圣道,开颜共写故乡情。"④与邓茂宰交游,感谢其款待:"山川迢递行人倦,馆谷殷勤茂宰贤。借问琴堂深浅兴,雪中修竹正苍然(号雪窗)。"⑤

康斋为张永太守撰《思善堂记》:

> 父子之道,天性也,其有不爱乎?反是者,丧其天耳。是以孝子之于亲,视于无形,听于无声,况其显者哉?……其逝也,嗣子永既属题其墓文之盖,兼请赞其所写之真,皆未暇也。复驰书千里,俾记夫思善之堂。仁哉,其用心欤!昔程叔子之于伯子也,干志于持国,干书于叔曼,读孙、韩二简,令人三叹而不已。张氏子汲汲乎,惟亲善之不传是惧,岂异世而同符,抑秉彝人所共邪?呜呼!

---

① 《康斋集》卷6《宿郑氏村居》,第480页。

② 《康斋集》卷6《赠严州张太守》(二首),第480页。

③ 《康斋集》卷6《钟潭岭》,第481页。

④ 《康斋集》卷6《十二夜淳安邑庠,彭罗二广文对月》,第482页。

⑤ 《康斋集》卷6《赠淳安邓茂宰》,第482页。

流俗滔滔，知德者鲜，非徒忘先，且辱亲焉。立身行道，扬名后世，几何人哉？张君早以高科著声郎署。其为郡也，泽加于民，令闻旁达，可谓媲美前休矣。然太山高矣，太山顶上，不属太山，则君子之志，固不可满，而事业岂有穷哉？夫惟知周万物，然后道济天下，故君子贵乎仕而优则学，公退必读书也。明公持英妙之姿，当强仕之秋，万里鹏程，高举在我，黄卷新功，数飞示焉。①

近朱子婺源祖居。过徽州府休宁与屯溪道中的五城，由此通往婺源县驿道，"曲涧泉孤溜，高山云四垂。逢人承问讯，长者是为谁？"②"曲涧泉孤溜，高山云四垂"说明徽州山很高，弯弯曲曲，风景秀丽，独得一方美丽，悬崖峭壁，旅途惊险。对于首次踏入徽州的康斋，路人自然不认识，"逢人承问讯，长者是为谁？"康斋写的自然而又简单。

过磨石，近朱子故乡："晴色催诗兴，归期慰客怀。朱乡看渐近，襟抱共谁开？"③一下子心情大好，长途旅途的辛苦，也一扫而光。

过黄山市歙县新溪乡塔坑村："莫道归心切，其如度岭难。莱衣劳梦想，行李此看山。"④

或此年，胡居仁出游看故郡朱子讲习之地、余干东山书屋旧址，有"十年勤苦读书心，绿树阴中认故岑。成已功难增永叹，愚蒙空数岁华深"⑤。

陈白沙 36 岁，原配张氏卒。

冬十一月癸酉，贼陷梧州，致仕布政使宋钦死之。壬午，下右都御史李宾、副都御史林聪于锦衣卫狱。十二月辛卯，下刑部尚书陆瑜，侍郎周瑄、程信于锦衣卫狱，寻释之。⑥

过临川，访学生李章，宿其家："老去仍游越，归来偶合欢。卷从灯

---

① 《康斋集》卷10《思善堂记》，第564—565页。
② 《康斋集》卷6《五城道中》，第482页。
③ 《康斋集》卷6《磨石道中》，第482页。
④ 《康斋集》卷6《塔坑》，第482页。
⑤ （明）胡居仁撰，《胡文敬集》卷3《东山书屋旧址》，文渊阁《四库全书》第1260册，第69页。
⑥ 《明史》卷12《本纪第十二·英宗后纪》。

下展,墨在梦中看。"①与十余年前游越不同的是,这次确实是 73 岁高龄。路途宿于学生李章家,与学生一起讨论诗作,师生丽泽,灯下品诗,又该是何等的欢心!

为林茂宰题其桥东书屋:"幽栖篱落野桥东,多种芸香与桂丛。董冠沂雩春杳霭,吾伊灯火夜玲珑。一从黄榜蜚声远,几度青山入梦浓?幼学壮行男子事,留传冰蘗满花浓。"②

回小陂,寒夜教学:"尘窗寒夜正迟迟,寂对残灯独咏诗。小子学诗方避席,诸生读易俟扣衣。沃闻玄圣从吾好,须信文王是我师。流俗汩人非一日,昂藏莫负好男儿。"③"诸生读易俟拒衣"形象地写出了易学难学,学生弄不明白的尴尬窘境。对此,康斋毫不避讳。

除夜感怀:"岁月如流又一年,长更念旧转凄然。老怀欲共何人写?吟对灯花未忍眠。吟对灯花未忍眠,丁宁朝日早朝天。老怀有赋何多幸,四海车书正晏然。"④

有《元日》(癸未)《教诸孙诵诗》《小陂东桥成诗以劳众力云》《余李二生来访文昌庵》(七月)《午爨平塘》《长林道中》《宿横路》《午爨玉湾》《宿崖山》(贵溪地)《新安道中见红树》《宿渔桩》(弋阳地)《石弄晨炊》《午爨乡石》《宿安定里》《齐原道中》《题齐原岭凉亭》《宿鹅湖寺》《宿福生观》(广信城)《板桥道中》(玉山地)《草萍道中》《白石道中》《蒋莲铺》《重宿徐氏村居》《宿郑氏村居》《宿毛村》(衢州上流三十里)《舟子索诗》(兰溪地)《赠严州太守》《宿资福寺步月谒思范亭》《钟潭铺》(建德地)《钟铺岭》《下崖铺》《蛇岭》《分路铺》《宿紫盖峰法照寺》(淳安地)《合桥铺》(二首)《怀张太守》《十二夜淳安邑庠,彭罗二广文对月》《赠淳安邓茂宰》《宿向果寺》《喜晴》《黄栢道中》《五城道中》《磨石道中》《宿璜川》《塔坑》《樟木铺》《喜晴》《宿晓湖》《古坑》《宿白石》《宿槎头村茅屋》《寄安仁李茂宰》《宿李章氏观拙墨卷子》《游园》《题林茂宰桥东书屋》《寒夜

---

① 《康斋集》卷 6《宿李章氏观拙墨卷子》,第 483 页。
② 《康斋集》卷 6《题林茂宰桥东书屋》,第 483 页。
③ 《康斋集》卷 6《寒夜偶成示诸生》,第 483 页。
④ 《康斋集》卷 6《癸未除夜》,第 483 页。

偶成示诸生》《癸未除夜》诗。①

　　是年,薛敬轩 75 岁,在家。二月,会试棘闱灾,焚死者千余人。上怜之,赐死者俱进士。敬轩玄孙禃膂力过人,升墙援引,救活甚众。八月再试,取吴钺等二百四十七人,禃与焉,登进士。②

---

　　① 《康斋集》卷 6,第 478—483 页;《康斋先生文集》卷 6,第 1152—1162 页。

　　② 《薛瑄全集》,孙玄常等点校,第三册,(明)张鼎、杨嗣昌:《薛文清公年谱》,第1201 页。

1464年,甲申,天顺八年,74岁。

元日:"列炬萧萧宿雨鸣,开轩冉冉晓云晴。新春又拜唐虞化,旧学重燖孔孟情。"①前三年分别往湖北武汉拜扫老师杨溥墓、福建建阳拜扫朱子墓、浙江衢州严州访友,来往奔波,旅途辛劳,新年第一天,康斋夫子决定重新学习,从孔孟经典出发,再造一个全新的自己。

正月己未,年18岁的皇太子朱见深(1447—1487)摄事于文华殿;己巳,大渐,遗诏罢宫妃殉葬;十七日(庚午),英宗卒,年三十有八。二十二日,皇太子即位,以明年为成化元年,是为明宪宗。

是年,日录总2条。

> 徐步墙内,看秧生塍。静中春意,可乐也。(甲申)
> 静中观物,理随处可得。②

盖此数年,康斋颇得主静意境,读书反观,涵养"静里心",静中随处观物,体贴静中春意,得生生不息之理。主静也是学问的起点,康斋此年主静,盖深得于孔孟立言宗旨,深厚涵养,或得到快乐的心之本体,或得到最高的形上理论形态绝对天理,正所谓心乐理德。

题临川学生程庸家慈训堂。

诗赠程、李二生赴京会试:"老太偏于故旧深,聊翮二妙重遥临。春风共有朝天兴,稳步青云听好音。"③

应学生车亨之请,为其父车用轼题"芸谷"诸匾:"谋生不惜满籯金,

---

① 《康斋集》卷7《甲申元日》,第484页。
② 《康斋集》卷11《日录》,第273—274条,第584页。
③ 《康斋集》卷7《赠程李二生赴京》,第484页。

富买群书子孙读。丈藜何处可娱人？时访芸香遍幽谷。"①

四月庚戌，鄱阳府淮王派遣使者、书信和钱币，请康斋题兰轩、梅月、雪窠、中和诸匾，康斋作《兰轩记》：

兰之产，恒在幽远，而花叶净素，类君子阒然自修；天香暗袭，清人肺腑，类君子德之及人，心醉而诚服，是以古今尚焉。淮王殿下轩以兰名，厥旨微哉！教帖远临，高辞典雅，杰笔清严。使者之诵曰："乾乾朝夕，群经是耽。"其德与日俱新，学与年俱积，可不叩而知。得于兰也，不亦深乎！周敦颐曰："道充为贵，身安为富。"贤王之谓矣。兰哉，兰哉，二而一者也。②

小女婿饶循年三十，作诗贺庆："初度欣逢有立年，两家具庆总怡然。黄柑绿橘开新荐，博带峨冠秩此筵。风俗固宜有我厚，典章应只在人传。从今日与二三子，细讲高堂十七篇。"③大女婿则为胡全，陈白沙好友，江西丰城县人。

由于去年秋季康斋前往安徽徽州府婺源拜访朱子故居，故而经过祁门县等地，所到之处，儒林震动，声誉载道，故而安徽徽州祁门四个学生谢复（1441—1505，字一阳，号西山，安徽祁门县人）、谢希、谢林、饶晋等来学，康斋甚喜："朱乡遥忆旧年怀，今喜名邦四子来。寄语家山多后秀，好将朱学胜栽培。"④康斋晚年以朱学为教，并多次探访朱子教化之

---

① 《康斋集》卷7《芸谷》，第485页。
② 《康斋集》卷10《兰轩记》，第565页。
③ 《康斋集》卷7《饶循生辰》，第485页。
④ 《康斋集》卷7《赠祁门四生》，第485页。谢复（1441—1505），安徽祁门人。先生谢姓，名复，字一阳，徽之祁门人。家故大族，上世有讳琏者为宋龚州助教，尝游朱子之门。父讳悌，号太古，母周氏，进士，讳文昌。先生自幼聪敏，性复纯笃。尝从太古翁，游文庙。问曰，俨然而肖像者，非圣贤欤？夫非尽人之子欤。翁奇之，稍长，授《春秋》于翰林竹坡。先生即了大义，已叹曰，学以谋道，滞心文义，以干禄，吾弗为也。于是潜心经史，以古人自期。闻康斋吴先生，讲道小陂。遂弃举子业，不远千里，往从之。凡有得于讲授者，必心体力行以求自得。三阅寒暑，弗少懈。康斋喜曰，"吾道有望矣"。既归，益修躬行，日率其弟嘉，侍亲侧，馈具必躬治，坐立不敢南面，退与其妻叶孺人相敬如宾。与弟嘉，敦友爱。亲殁，不御酒肉。盖孝友之性，发自天至，垂老如一。复率族人即城南建祠祀，始祖唐金吾公。以下冠婚丧祭，悉遵古礼，为乡人倡。平居，寡言笑，接人和易，有问应答，如悬河然。入市，整容徐行，不苟一步。人多视其迂。先生居之，晏如也。先生之学自践履入，尝聚徒南塘，每开迪以孝弟为先。然穷年一室，讨古论今，遇（转下页）

地、祖居,并告诫后学以朱学为教法,可见,总体上,他自身学术立场上还是朱子学这一派的。其中。谢西山后来成为当时著名的地方教育家、思想家,入宁波籍名儒黄梨洲先生的《明儒学案》。

赠故人孔昭:"桥门北舍日相亲,乡国参商四十春。偶尔小陂风月夕,细谈旧梦两情真。"[1]有四十多年的友谊,而且保持可持续性,十分难得!可见,康斋夫子人格之崇高与殊绝,也可体现我国尊师重教的传统。

短暂出游临川驿西、湖西、石桥诸地,途宿临川墨池傅裘家:"洗墨池边又一临,西风重感百年心。当时弟子俱华发,细话床头雪夜深。"[2]

途中,多有借宿寺庙,如白沙寺、桃昱寺、辟邪寺、北泽庙等,也曾留宿湖溪吴氏、陈凤鸣氏、吴营元氏宅。

或约此时,应傅裘之请,写《墨池记》,纪念友人,表达敬仰与怀念之情,全文如下:

傅君秉彝,临川驿溪人也。永乐中,予访君驿溪,过于知我,馆

(接上页)感有作,多悠然发□养。弘治中,与修邑志。太守幸庵彭公,深敬礼之。造诣既久,远近知名。叶畏斋君问学,曰"知行并进,否则落记诵训诂格矣"。令郑公问政,曰"辨义利,则知所以爱民、励己",时以为名言。世居庠西,晚徙筑西山之麓,学者称为西山先生。其曰南塘渔隐,曰废翁,曰无虑子,皆其自号。以弘治乙丑正月三日卒,得年六十有五。所著有《西山类稿》。太史泾野吕公,尝叙之,且询其为康斋高弟,不及见是憾。则先生之人,其信于来世也,审矣!论曰,仲尼之门,称才敏者众耳。然一贯之旨,曾子授受为独专焉!何则忠信,诚悫受道资也。先生不为标揭,自求快足,所谓言不务华,口行不务华,躬直追太素。与古之治心养性者,游焉。则其质之果可受道也,其视世儒之密于近,外而疏于近里者,则既远矣。又曰,康斋之学,专务践履。先生知往从之,即颓俗中已为难得,况终其身,自甘泉石以圣贤之道,独治其身,非其志,实可存葛克尔。且竟未尝以言语率人,使人自饮其和以化。呜呼!百世之下,醇德犹存,清风洒洒,激顽起懦,后有遁世,作德之怀,可以仰止先生矣!诗歌如:雨水连三月,风光又一年。桃花余满地,柳叶渐迷烟。幢影翻灯外,钟声落枕边。怀君读书处,寂寞伴寒蝉。(《暮春怀本厚,读书西峰寺》)。衰疾朝慵起,荆扉午未开。云闲不飞去,鸟倦却归来。果熟从人摘,松疏拟自栽。狂歌白日永,独步前山隈。(《山居》)参阅《徽州府志》卷11之三《人物志·儒林》,第297页。

① 《康斋集》卷7《赠孔昭》,第485页。

② 《康斋集》卷7《宿墨池傅氏》,第486页。

谷欢甚。间涤砚于池,君跃然笑曰:"他日应谓吴先生尝洗墨于斯也。"由是咸知驿溪之有墨池焉。君逝矣,嗣子裒,欲立石池上,求文以锲记之。古之君子,使高山仰止之心,不能自已于数千百世之下者,岂偶然之故哉?或性命道德之纯,或文章政事之懿,或节义之踔绝,或遗爱之滂洋,或功高宇宙而不居,或名扬竹帛而不有。残膏剩馥之沾溉,流风余韵之见渐被,宜乎入人之深而动人之切。是以怀其人必有以重其迹,览其迹必有以得其心,而歆嗟慨慕之无涯矣。甘棠勿剪拜,草木皆可敬,岂欺我哉?予也立志弗坚,为学无勇,徒窃虚名以诳于世,傅君不以靡薄玷斯池,而反取其迹,岂溺爱者不明乎?然强颜受简而不辞者,所以表孝思之无穷,而著兰之高致。抑使览者知予之不佞,直以过情之闻,误友朋之辱,庶几反躬,无蹈覆车之辙云。①

途中,赠别谢步:"遗编已返司成宅,行李言还贱士家。红日清霜新雨后,高吟随处看梅花。"②

是年,学生娄谅再上春官,登乙榜,分教成都。寻告归,以著书造就后学为事。所著《日录》四十卷,词朴理纯,不苟悦人。《三礼订讹》四十卷,以《周礼》皆天子之礼为国礼,《仪礼》皆公卿、大夫、士、庶人之礼为家礼;以《礼记》为二经之传,分附各篇,如《冠礼》附《冠义》之类,不可附各篇,各附一经之后,不可附一经,总附二经之后,取《系辞传》附《易》后之意。《诸儒附会》十三篇,以程、朱论黜之。《春秋本意》十二篇,惟用经文训释,而意自见,不用三传事实,曰:"《春秋》必待三传而后明",是《春秋》为无用书矣。③

或在此年,胡敬斋写《丽泽堂学约并序》,云"方今海内之士,学明德尊,足为师表者,康斋先生一人而已。愚往复从游数载,彷佛

---

① 《康斋集》卷7《墨池记》,第562—563页。
② 《康斋集》卷7《别谢步》,第486页。
③ (清)黄宗羲撰,沈芝盈点校,《明儒学案》卷2《崇仁学案二·娄一斋先生谅》,北京:中华书局,2008年,第43—44页。

有以得其依归。但志卑质鲁，又相去之远，不获常相亲炙。恐离群独学，终无以成德也。于是乃与同志某等，构为丽泽堂，相与肄业其中。……读书务以小学为先，次四书以及六经，与周、程、张、朱、司马、邵之书，非理之书不得妄读"①，对老师康斋的学问和人格给予高度赞扬，赞其"学明德尊"，为"海内师表第一人"。

十一月庚申，淮王复遣书信和钱币求《中和斋》记，全文如下：

> 天顺甲申四月庚戌，淮王殿下遣使沐书币，命大书"兰轩""梅月""雪窠""中和"诸扁。兰轩既僭记之矣。十有一月庚申，复辱书币，不罪其粗鄙，犹俾记夫"中和"之斋。夫梅月之清味，雪窠之雅操，与夫兰轩之德馨，心融神会，而收功于中和之极，致穹壤之间，何乐如之？铺张盛美，宜有其人。刍荛之言，何足形容万一哉？无任感恩激切屏营俟罪之至。②

与陈、傅二教官携酒登仙游山畅游，"胜会难逢真快哉！晴明风日共登台。玉壶细酌题诗罢，绿水青山归去来。"③康斋经常享受和有学问的同行喝酒论心，谈学评诗，畅游于山水间。

有《甲申元日》(甲申)《题慈训堂》《赠程李二生赴京》《即事》《秋夜怀旧》《芸谷》《梅月轩》《兰轩》《雪窠》《中和斋》《饶循生辰》《赠祁门四生》《赠孔昭》《宿墨池傅氏》《午爨白沙寺》《宿桃昱寺》《午爨壁邪寺》《宿湖溪吴氏》《灯花》《喜晴》《别谢步》《江头叙别口占》《宿白沙寺》《书东寮壁》《宿北泽庙》《宿陈凤鸣氏》《石桥感兴》《陈傅二广文携酒登仙山》《留吴营元氏》诗作。④

是年，薛敬轩 76 岁。在家。夏六月十五日，先生捐馆。先生平日削所奏疏稿，皆不存。是日忽检旧书及《读书二录》、诗文诸集，束置案

---

① 《胡居仁文集》，第 214—215 页；也可参阅［清］杨希闵编，《胡文敬公年谱》，《宋明理学家年谱》第 10 册，北京：图书馆出版社，2005 年，第 237—238 页。
② 《康斋集》卷 10《中和斋记》，第 565 页。
③ 《康斋集》卷 7《陈、傅二广文携酒登仙山》，第 487 页。
④ 《康斋集》卷 7，第 484—487 页；《康斋先生文集》卷 7，第 1163—1168 页。

上，衣冠危坐，为诗曰："土坑羊褥纸屏风，睡觉东窗日影红。七十六年无一事，此心惟觉性天通。""通"字之绕未竟，悠然而逝。有司以闻，诏赠礼部尚书，谥文清公，遣官谕祭，命有司治葬焉。按先生卒，其知故门人，以铭状诗词凭而吊之者数十百人。后学景慕信从，多上章表请尸而祝之者，又数十百人。历宪、孝、世、武四庙，垂百余年，而从祀之议始定。今其文词存亡相半，而有当于先生者居多。宰相李文达贤曰："公之学践履笃实，以圣贤为师，辞受取与，必揆诸义。晚年玩心高明，默契其妙，不言而悟。出处大节，光明峻洁，于富贵利达泊如也。"大学士彭文宪曰："心契乎性命之渊源，行蹈乎圣贤之轨辙，穷达一心，险夷一节，此其所以有大异乎今人，而无愧乎往哲也。"谢少南曰："我国家真儒，宜以先生为第一。"隆庆五年秋九月七日，会议从祀。又二日，制可，配享孔庙，为天下读书人所遵。①

---

① 《薛瑄全集》，孙玄常等点校，第三册，(明)张鼎、杨嗣昌：《薛文清公年谱》，第1201—1202 页。

1465 年,乙酉,成化元年,75 岁。

元日:"银烛煌煌寿域开,衣冠济济拜蓬莱。寒泉细汲春窗砚,又喜微词颂泰阶"。① 已经是第三年元日,康斋夫子写诗,歌颂英宗对他的恩情。

此年,有日录3条。

> 看乙巳、丙午《日录》,感发多矣。(乙酉)
>
> 阅近数年《日录》。万事不必计较,徒劳心耳。廓然而大公,物来而顺应。大公,仁也;顺应,义也。
>
> 晓窗自诵云:"欲成美绩,须究良图。非梦也乎?"自然如此耶!诵岂鬼神有以警我耶?当大书于壁,日求少进。②

从75岁的3条日录来看,康斋此年保持"不计较"的豁达胸怀,以二程"廓然而大公,物来而顺应"自励,道德修养上"致中和",继续保持圣人的心态。"欲成美绩,须究良图",说明初心与好的开始是很重要的,好的开始是成功的一半,不忘初心,方得始终,故因梦生心,是最终会成功的。康斋感觉自己之所以名倾天下,源于自己从一开始就走向圣贤之旅,从不放弃,成功来之不易,重要的是,良图出美绩。

二月,宪宗为少保于谦昭雪,其子、婿及前大学士王文子皆释成放归。

天寒,大雪,以"达人"自称:"衾裯加厚尚愆和,慨彼牛衣更若何?信是万缘皆有命,达人心事漫长歌。"③"万缘皆有命",凡事不必计较,与

---

① 《康斋集》卷7《乙酉元日》,第487页。
② 《康斋集》卷11《日录》,第275—277条,第584页。
③ 《康斋集》卷7《雪夜》,第487页。

日记相印和,长歌一曲,一笑而过,更好地涵养与成长。

新春大雪经旬,育宝贤、隆新孙儿辈,"积雪经旬倦出村,日将名教淑诸孙。疏狂每恨知非晚,性命谁人可得闻?"[1]"性命谁人可得闻?"正可见朱子的性命之教来之不易,更须珍惜与涵养,安心教学。"改罢新诗课二孙,雁行端拱侍寒炉。朝朝圣训宜深服,养正工夫信在初"[2],对小孩子教育的"养正工夫"不能缺课,必须时时加强少年的德育工作,对道德性命之学有新的认识。

璇庆生辰,诗贺:"三乐堂中朋盍簪,玉壶清话共春襟。新功更有新诗勖,克己良规各洗心。"[3]"克己良规各洗心"印证康斋之学为心学,洗心在其心学中占有特别重要的地位,而克己之学就是洗心,就是与朋友交流切磋,也就是洁白内心,养德养性,由此对意学再深入,启发知觉之学。

学生孙景福来摘果子:"妙手频来夺化工,几回笑主共春风。筋骸容易成迟暮,百岁光阴一梦中"[4]。时景福已经65岁,康斋颇多感慨,也很幸运,内心非常开心。

奉陪判薄刘侯登皇华亭,"万落千村社雨晴,人心天气共和平。闾阎希识花封贵,争仰皇华岭上亭"。[5]"人心天气共和平"指明"天人合一"合于气的情境,所谓"争仰皇华岭上亭",可见康斋被英宗征聘成为当时的大事件,而小陂附近的"皇华亭"自然成为热门景点,人们纷纷来朝拜。不仅是朝拜康斋夫子其人,也是朝拜朝廷重视读书人的良好风气。

三月十三,东门玩月:"戊寅此夕月华清,步月溪头惜别情。滥沐皇恩天共阔,余龄犹幸一身轻"。[6]此夜有怀往事,"一瞥浮生似梦过,男儿德业竟如何?回看夙志宁无感,万事悠悠东逝波",表现出自己警觉与

---

① 《康斋集》卷7《东窗即事》,第487页。
② 《康斋集》卷7《课宝贤、隆新二孙》,第487页。
③ 《康斋集》卷7《璇庆生辰》,第487页。
④ 《康斋集》卷7《孙生景福复来,接果。不肖忽七十有五,而生亦六十有五矣,感思今昔,遂成此句》,第487页。
⑤ 《康斋集》卷7《奉陪判薄刘侯登皇华亭》,第488页。
⑥ 《康斋集》卷7《三月十三月下感怀》,第488页。

担忧的一面。①

感叹妹婿徐士英久逝，因自己多病未致奠："欲成哀些久衍和，惨惨悲风奈若何？几度竹窗春思乱，感君气谊负君多。"②

夜，"书罢倦忘眠，银灯花灿然。道心方炯炯，诗思更绵绵。抚景时虽迈，谋生事贵专。古人如可作，日愿执其鞭。"③"道心方炯炯"，察觉到内心完全的光明，表现类似王阳明晚年化境的"此心光明"的圣人心境，这说明，75岁的康斋也有光明心境，这也与他日录所提到的"正大光明之体"相一致。

同窗黄于珩捐馆，大哭："忆昔官居白下窗，读书同几坐同床。忍看华发交期尽，一炷清香泪几行。"④

十月初二，隆孙诞日："戊寅此日次南康，乙酉兹晨寿尔觞。养正工夫宜百倍，勖哉高举早升堂。"⑤继续教育自己的孙儿，还是"养正工夫"，殷切期盼再现笔端。

寒夜灯下有感，"自叹生来闻道晚，谁怜老去立身难？坐窗不寐微吟处，霜月澄澄夜未阑"。⑥

冬，不顾75岁的高龄，发兴东游上饶饶州府诸地，访江西、安徽祁门谢复等各地诸生，旅途一路读书。这是康斋最后一次长途远游督学，毕竟已经75岁高龄了。

别璇庆、诸生诗："推窗已喜疏星烂，隔竹犹贪缺月明。素达行云流水趣，琴书又作小春行"，"一息犹存未敢闲，几车行李又江山。逐时旧典供朝夕，随地新诗赋往还"。⑦"素达行云流水趣"，素心出门，流水行云，读书访友，随止随行，不愧是读万卷书、行万里路的真行者。

晚宿经舍渡："族里卑尊畅夙心，篷窗僮御课新吟。虚舟到处栖身

---

① 《康斋集》卷7《阁中感怀》，第488页。注曰：成化乙酉三月十三夜，东门玩月，有怀往事，因成此句。天顺戊寅此夜，诸孙同乃祖母步月东门，贱子将去京时也。

② 《康斋集》卷7《妹婿徐士英久逝，多病未遑致奠，春夜有怀，遂成此句》，第488页。

③ 《康斋集》卷7《书罢将就寝，烟花灿然，漫成此句》，第488页。

④ 《康斋集》卷7《哭同窗黄于珩》，第488页。

⑤ 《康斋集》卷7《隆孙诞日赋诗为寿》（十月初二），第488页。

⑥ 《康斋集》卷7《寒夜偶成》，第488页。

⑦ 《康斋集》卷7《东游口占授小儿及诸生》（二首），第488—489页。

好,依旧青灯坐夜深"。① 康斋深夜方睡,盖晚年读书愈加勤奋,真为醇儒精进不懈也。

过长山,督学晏氏诸生:"问疾曾飞晏海诗,更从群从叙宗支。他日长山疑梦处,诸生济济夜眠迟。"②

过章山,看望傅氏诸生:"常忆章山吉士情(傅刚为庶吉士,久逝),偶乘良便造君庭(诸子来长山,迎至其家)。挥毫还慰平生谊,济美堂前好弟兄。"③

途中,借宿庐山山南狮子峰太平寺十天,涵养静中工夫,"连日禅房昼梦浓,人情物理静时功。宵来更拟寻潇洒,净几明窗写训蒙"④、"十日禅房养性灵,晴光又喜一阳生。明朝何处寻梅去?特向新诗记太平。""云旗璀璨翰如飞,剩载诗书使者归。共喜江头新雨霁,重临胙膢又囊衣"⑤,继续"养性灵"自得,"养性灵"成为康斋晚年道德修养的核心宗旨,依赖"静时功夫",颇类朱子晚年喜欢养生。"十日禅房养性灵,晴光又喜一阳生","连日禅房昼梦浓,人情物理静时功",都是康斋借寺庙养身,养神养心,这对身体保养很有益。从这里我们认为,康斋"见静中意思","静养性灵",也与陈白沙的主静养端倪很像,一个在寺庙,一个在家里面;一个时间半个月左右,一个是数十年,时间长度不一样。

此十日,外面寒冷,康斋安心读书写诗,晚年心境愈加醇厚,"石炭红生夜正迟,银灯花烂未眠时。客身无恙心虚寂,细写闽山性命诗"⑥、"阴风号怒客心悲,添火加衣养病时。黄卷埋头不知午,满窗红日又题诗"⑦、"人事全稀心似水,书程多暇日如年。任教大野风仍壮。漫喜寒炉火正然。载渴载饥都委命,时行时止一由天。小陂程课无劳计,想见诸孙各勉旃"⑧。"人事全稀心似水","时行时止一由天",康斋这种完全

① 《康斋集》卷7《宿经舍渡》,第489页。
② 《康斋集》卷7《长山晏氏》,第489页。
③ 《康斋集》卷7《章山傅氏》,第489页。
④ 《康斋集》卷7《太平寺》,第489页。
⑤ 《康斋集》卷7《离太平寺》(二首),第489页。
⑥ 《康斋集》卷7《又绝句》,第489页。
⑦ 《康斋集》卷7《喜晴》,第489页。
⑧ 《康斋集》卷7《寝息偶成》,第489页。

超脱的心态,一般人很难做到,如此地随意随心,如此的平淡无争,如此的心和气安。

发龙头山,过鄱阳磨刀石、狮子山,至景德镇。

快到狮子山,忽然动了归心:"胜游欲罢动归心,昼梦时听骥子琴。日用只知为善乐,平生不识满籯金。"[1]午睡后醒,梦到自己儿子在鸣琴,虽在旅途中,康斋时时想到自己儿子,可见父子情深。

再往婺源,途中,读《朱子语类》:"平生朱训不离绅,舟上微言月夜亲。又喜朱乡山水近,幸哉亦是及门人"。[2] 朱子学成为康斋一生的精神武器,并再次朝拜婺源朱子故居,真的是无比的虔诚,并认为自己实现自己的学术目标,"幸哉亦是及门人",进入朱子学的殿堂。

冬至日舟停景德镇、浮梁县有怀:"闭关旅食浮梁日。归梦寒更景德舟。天心见处从羲觅,物理窥时向邵求"。[3] "天心见处从羲觅,物理窥时向邵求",求见天理之学与天心微妙之处,需要从先贤中汲取智慧。浮梁县在景德镇市北部,很近。再往北,就是祁门县,因此,祁门县与浮梁县、景德镇市很近,在婺源的北部,浮梁、祁门与婺源县相接成一个三角形,康斋约见祁门四生选在景德镇附近,这是个比较好的地方,顺便拜访婺源朱子祖居,也会方便的。

或在婺源,康斋约好与祁门四生会面,"道上行人系客心,灯花忽喜照更深。寒衾睡稳归怀好,今日良朋定盍簪"[4],康斋内心很激动。

与谢复、谢希、谢林、饶晋讨论学术完毕后,别旧生祁门谢复、谢希、林饶晋:"今日良朋果盍簪,还家各务惜分阴。新春有约龙潭上,好与尔曹共此心"。[5] 期望明年他们继续来抚州崇仁县学习,共同一起学习成长。

客居景德镇窑头,累日看书:"十日窑头系客船,静中黄卷夜忘眠。

---

① 《康斋集》卷7《昼寝梦小儿鸣琴》,第490页。需要指出的是,四库本在抄录的时候,错把"日用只知为善乐",错误地抄成"日用只知为善恶",今据嘉靖本改,参阅《康斋先生文集》卷7,第1173页

② 《康斋集》卷7《观语类后作》,第490页。

③ 《康斋集》卷7《至日》,第490页。

④ 《康斋集》卷7《晚起》,第490页。

⑤ 《康斋集》卷7《别旧生祁门谢复、谢希、林饶晋》,第490页。

开头正值阳来复,水色山光媚晚天"。①"静中黄卷夜忘眠",说明康斋内心非常安静,而且饱读诗书,心情不错,"十日窑头系客船",又是十日,说明康斋这次是彻底来出门游玩和读书的,"水色山光媚晚天"这样的秀丽景色在深厚涵养之后,自然可以随时感觉到。

自景德镇返回,途经狮子山、鄱阳磨刀石。

鄱阳湖舟中,伤九韶捐馆,康斋甚是悲伤:"时傍邻舟向日吟,天涯忽动故人心。始知一失钟生尔,宜绝当年伯氏琴。"②九韶有名弟子丰城杨崇,杨崇传家学杨廉(号月湖)。对于康斋而言,九韶以淳朴之资赢得了老师的尊敬。故而康斋以钟子期赞誉之,自己比作俞伯牙,则二人真高山流水般的师友也。陈白沙对胡九韶甚是敬仰:"九韶已死征君老,我与深之事偶同。此夜北风吹白发,旧时明月对苍松。声明还许辈流上,岁月忽消铅椠中。莫笑腐儒无厚业,尊前叉手凤驹鸿"③,并把自己钟爱的学生李九渊比作胡九韶。

过檐石、汀沙、鱼门、渐岭、打石港、连樊桥、下窑寺。

过草庐后裔吴玺家,题其会景楼:"东去书程日有功,西归临眺更从容。两间真意无穷外,一点虚灵变态中。"④"两间真意无穷外,一点虚灵变态中",这句话带有极高明的哲学韵味,虚灵出真意,这就是康斋一生心学最出彩的地方。

感谢吴玺二十日的陪游,赠诗:"两旬高谊动人多,又共西归信宿歌。记得桂林分手语,龙潭春色早相遇。"⑤

连樊桥宿胥氏家,临别诗作感谢:"连樊桥畔重投装,清夜迢迢故意长。楼阁玲珑春满眼,梅花新句赋晨窗。"⑥

五峰学生李章捐馆,作挽诗:"平生绩学未经施,玉折徒增士友悲。

---

①《康斋集》卷7《发景德镇》,第490页。

②《康斋集》卷7《鄱阳舟中伤九韶》,第491页。

③(明)陈献章撰,《陈献章集》卷5《七言律诗》,北京:中华书局,1987年,第496页。

④《康斋集》卷7《吴氏会景楼》,第491页。

⑤《康斋集》卷7《赠吴玺北归》(并序),第492页。康斋序曰:谢家步东溪吴玺,字邦玉者,先正文正公草庐之族也。予尝为乃祖题东溪书舍焉。成化乙酉冬,玺相予东游,往复二旬,殷勤备至,又送至桂林,仍别裁此为赠。

⑥《康斋集》卷7《重宿樊桥胥氏家》,第492页。

存顺没宁男子事,晨窗慰尔五拳诗"。①

归家,继续有"养灵台"道德修养论:"行李初从千里回,尘窗旋扫养灵台。微言吟罢更何事? 时向溪头访早梅。"②安顿于书上,安顿于主静的心性环境里,安顿于广阔的大宇宙中。溪头访梅,探访万物最开始的生意迸发处,在宇宙中体悟灵性的神妙。

有诗远寄大学士李贤(两年后即 1467 年,李贤就去世了):"曾向韶华惜寸阴,直期心契古人心。竟无定力胜尘鞅,空有虚名玷士林。书为病来荒素业,诗因老去倦长吟。如何黄阁仍留念? 白雪阳春辱远临。"③有诗远寄参政秦颙,"净几明窗尚友轩,道情诗思共悠然。春宵几度相思梦,霁月光风各一天"④。

璇庆初度,有诗贺:"家幸平康为乐天,世遵清白矢心坚。园林白果春如海,几阁群书日似年。"⑤"清白"一心,一直是康斋心性学追求的高点,而读书就是他成圣的抓手。

为程庸、牛演赠行,因为明年春,学生程庸将到云南作同知,牛演到江西赣州作千户,赠别勉励其二人任职:"云南万里正新任,赣上千山复旧官。武略共瞻中土重,文韬总喜远隅安。壶浆柳栢春风软,灯火云窗夜雨寒。慎勿轻为儿女态,功名留与后人看。"⑥

冬,胡居仁与兄胡居安请亲命迁家梅溪西南五六里之福寿墩。⑦

---

① 《康斋集》卷 7《挽李章》,第 492 页。

② 《康斋集》卷 7《即事》,第 492 页。

③ 《康斋集》卷 7《奉寄李学士》,第 492—493 页。

④ 《康斋集》卷 7《寄秦参政》,第 493 页。

⑤ 《康斋集》卷 7《小儿初度》,第 493 页。

⑥ 《康斋集》卷 7《赠别程庸、牛演》(庸任云南同知,演任赣州千户),第 493 页。古代官员上任,多在新年之后,故将此诗放在丙戌年春。

⑦ "予年十二三,随亲居安仁之大原,今二十载矣,终以其山水偏逼,无以托子孙于悠久。近得梅溪西南五六里,有地曰福寿墩。墩屹立于地,数仞两溪,交流于下。墩之西,宽旷数里,四山远峣,中有高爽之地,数亩可卜居焉。至于平畴,可供耕种,山林可供樵爨,长冈可牧,溪水可渔,固足以为理生要务。逮夫暇日,或纵步于平道,或登览于高峰,或盥濯于清流。又足以畅素怀,而遂幽志。于是与兄居安请亲命而迁家焉。成化乙酉冬,移屋数间,覆檐以茅,墐壁以泥,周屋以土为堑,而杂植竹木于上。盖取其功之易成而不费,亦予贫贱之所乐也。"(《胡敬斋集》卷二《移居记》)

有《乙酉元日》(乙酉)《雪夜》《东窗即事》《课宝贤、隆新二孙》《感兴》《璇庆生辰》《孙生景福复来接果,不肖忽七十有五,而生亦六十有五矣。感思今昔,遂成此句》《奉陪判薄刘侯登皇华亭》《三月十三月下感怀》《阁中感怀》《阁夜》《妹婿徐士英久逝,多病未遑致刍,春夜有怀,遂成此句》《书罢将就寝,烟花灿然,漫成此句》《哭同窗黄于珩》《隆孙诞日赋诗为寿》(十月初二)《寒夜偶成》《东游口占授小儿及诸生》(二首)《宿经舍渡》《长山晏氏》《章山傅氏》《天平寺》《又绝句》《喜晴》《寝息偶成》《离太平寺二首》《夜发龙头山》《鄱阳怀古》《发磨刀口》《昼寝梦小儿鸣琴》《狮子山》《观语类后作》《景德舟中》《至日》《晚起》《别旧生祈门谢复、谢希、林饶晋》《发景德镇》《重经狮子山》《独夜怀古》《鄱阳舟中伤九韶》《重宿磨刀石》《煮粥御寒》《种湖比邻相劳》《宿檐石》《灯花》《宿鱼门》《吴氏会景楼》《宿渐岭》《赠吴玺北归》(并序)《宿打石港》《即事》《题程希善梅月》《挽李章》《重宿连樊桥胥氏》《重宿下窑寺》《次集庆亭诗韵》《奉寄李学士》《晓枕作》《寄秦参政》《小儿初度》《赠别程庸、牛演》(庸任云南同知,演任赣州千户)诗。①

---

① 《康斋集》卷7,第487—491页;《康斋先生文集》卷7,第1168—1178页。

1466 年，丙戌，成化二年，76 岁。

是年，仅有日录 2 条。①

　　当事之危疑，见人之措置。邵子之教也。（**丙戌**）

　　遗书云：人当审己如何，不必恤浮议。志在浮议，则心不在内，
不可应卒遽事。②

　　此年康斋多读宋儒之书，思考处理事情的权度，主要从自己做起，
反思自己的缺点与不足，要心无旁骛，不要太在意一些没有根据的评
论，要让自己的心做主，这样将来才可以成大事。

　　新春，下窑寺再赠学生牛演，其有赣州千户之行，"晴山联骑度花
阴，驻勒频倾故旧心。彼美禅关清夜宿，玉壶春酒又同斟。"③

　　春，康斋短暂出游南昌诸地，客居临川五峰，讲学游览，经过桂家
洲、吴氏南轩、南昌九莲寺。有诗："书寝房中应接稀，青灯夜雨独吟时。
但令心广身长泰，不管东皋归去迟。"④"心广身长泰"，康斋此时出游的
心情，"不管东皋归去迟"，较早年更为洒脱。

　　春，宿雨过后，天气晴朗，"极目长天宿雨收，客窗春兴转悠悠。满
庭花草同人意，流水行云任去留。"⑤"满庭花草同人意，流水行云任去

---

　　① 宫云维教授版遗书云："人当审己如何，不必恤浮议。志在浮议，则心不在内，
不可应卒遽事。""玩圣贤之言，自然心醉，不知手之舞、足之蹈也。"两条合在一起，而四
库全书版则分开，并在"玩圣贤之言，自然心醉，不知手之舞、足之蹈也。"下有"丁亥"字，
本年谱姑采四库本。

　　② 《康斋集》卷 11《日录》，第 278—279 条，第 584 页。

　　③ 《康斋集》卷 7《下窑寺再赠牛演》（丙戌），第 493 页。

　　④ 《康斋集》卷 7《夜兴》，第 494 页。

　　⑤ 《康斋集》卷 7《喜晴》，第 494 页。

留"，恰好地写出了暖和的春天，让康斋的身体也暖和起来了，整个宇宙顿时欢腾起来，全世界的花花草草在雨水的滋润下，疯狂地生长，如同我们内心渴望成长发育一样，而行云流水般的情趣自然而来，无比的自由与开阔，无比的生机勃勃。

南昌胡俨二郎君怀珠玉来访："客窗重笃弟兄枕，竹树交加午院深。喜极幡令清泪堕，凄风折尽百年心。"①

游览园林，"杖策游园处，乘风坐沼时。生涯从淡淡，归计任迟迟。万事信随遇，一身当自持。熟思今古辙，至善是吾师"②，以"随遇"之心求"至善"之德，"万事信随遇，一身当自持"，涵养的目标更加地道德化，"至善是吾师"，淡淡与迟迟，扎实于真诚与真实世界的回归，体现一位醇儒的深厚践履与高明道德修持境界。"至善是吾师"表明康斋的立场，就是要在"为善去恶"中修持身心，至善与良知本为同意，在此，康斋与阳明并无二致。

康斋仍然坚持对月洗心的涵养方法："照日动升月，随缘北住人，寸心元似水，两鬓任如银。得失几无定，荣枯事有因。素谙名教旨，敢不日书绅？"③"随缘"之心，似水之心，"素谙名教旨"，心中颇有得。"敢不日书绅"，说明康斋自己还需要不断地学习，以随缘的心态与平淡的人生态度，护航其读书的至善之路。

途中借宿豫章九莲寺："曾寓禅房十日居，重来不见旧时书。闲窗一榻春宵梦，细忆流年二纪余"④，"曾寓禅房十日居"，又是一个十日的潜心涵养，回忆二十四年前南昌第二次拜胡俨抄书之旅借宿于此，故颇有感触。

继续下榻南昌的九莲寺："食罢闲来对橘花，春风庭院寂无哗。浮云流水何心计？幽兴饶时即是家"⑤，"春风庭院寂无哗"，一方面固然是寺院的宁静，另一方面反衬康斋内心的宁静，常有浮云流水之心与幽静之趣。

九莲寺客居，养病："徐步吟苔砌，遥空对塔灯。禅扃终日卧，病骨

① 《康斋集》卷7《大司马成颐庵先生二郎君怀珠玉下顾次韵奉酬》，第494页。
② 《康斋集》卷7《游园》，第494页。
③ 《康斋集》卷7《对月》，第494页。
④ 《康斋集》卷7《重宿九莲寺》，第493页。
⑤ 《康斋集》卷7《九莲寺南轩》，第494页。

暂时轻。宠辱元无系,诗书素有情。心随身共止,庶以达吾生。"①"禅扃终日卧",盖康斋这次病得不轻,需要静养。"心随身共止",说明他涵养时注意身心合一的尺度和程度,身心互动一直是他涵养时注意的。

对竹观察物理有得,"生涯忘旅泊,出户又斜曛。雪槛沉吟久,青青对此君"②。

对雨,"形容虽老矣,踪迹任飘然。夏雨淹三市,春风忆九莲(豫章寺名)。观生时学易,习静日同禅。利用崇吾德,忘机不识圆。"③"观生时学易,习静日同禅",易学发展出生生不息之学,而主静所获得心境与禅学有相同处,"利用崇吾德,忘机不识圆",易学里面展现的经、权之变及其蕴含的利、用之学是可以辅助养德的。

借宿宝应寺,继续静"养性灵","萍梗何劳计?箪瓢且寓居。清心宜雨树,供病庆时蔬。身惫多便枕,神疲少近书。故人频问讯,吾道近何如?"

"随遇安时命,寻幽养性灵。登临多古意,讲诵有儒生。所贵知通塞,尤宜适寝兴。当为斯是理,不必计枯荣。"

"远近搏空翼,高低接树花。晓烟香正妙,新霁日初斜。积学如攻木,无谋似笮沙。知非吾辈晚,堪鄙又堪嗟。"

隐几焚香罢,巡檐待月来。客怀不落莫,诗兴颇悠哉。处世怜无赖,为儒愧匪才。先师去日远,蒙奢籍谁开?"④"清心宜雨树,供病庆时蔬",纷纷扰扰的心灵需要雨水和绿树时时来洗心,生病中不敢多劳,随手摘取自己菜地的蔬菜,多用清淡的绿色蔬菜补给营养。"随遇安时

---

① 《康斋集》卷7《客夜》,第494页。

② 《康斋集》卷7《对竹》,第494页。注:同样是观竹格物,康斋透过竹子的生生不息之理来涵养本心,体现明初诸儒道德涵养论的学旨;而其后的阳明则透过竹子的长时间的观察试图来穷究其中所蕴含的宇宙之理,不是归宿于明初诸儒道德涵养论,而是着眼于认识论,事实上,对万物之理的穷究,需要在自然万物广阔天地中的考察,而不是静观对视的考察,方法论上的偏差,故而难于获得自得之趣,自然身体要生病。可见,阳明自此摆脱了静观自然查究万理走向了静坐体悟己心,与当时明初诸儒整体上的涵养论学术风气相关。有着远见与强烈报效国家情怀的阳明,当时试图从静观竹子的活动中体察天地宇宙之理以此来开物成务,结果适得其反,在心学上走上了更加向内用力的良知学。

③ 《康斋集》卷7《对雨书怀》,第495页。

④ 《康斋集》卷7《宝应杂诗》(四首),第495页。

命,寻幽养性灵",主静安养一般为老年人自我安生的好做法。"当为斯是理,不必计枯荣"则体现顽强不懈的勤奋品格。"所贵知通塞,尤宜适寝兴",熟读易学,精通了进退之道,宇宙前进变化之学。"积学如攻木,无谋似箅沙",还需要读书度日,勿忘勿助,慢慢来,学习成长。

讲学,借宿北院,"讲罢残经思已荒,徐经别院暂徜徉。静来春意君知否?昼寝房栊日正长"①"幽僻禅房又独来,窗边襟抱静中开。薰风爽气飘晴幔,绿树浓阴转午台"②。"静来春意君知否?昼寝房栊日正长","幽僻禅房又独来,窗边襟抱静中开",依然是主静,静后不断感悟大程所感悟到的"万物春意"的天人合一学问。"昼寝房栊日正长""薰风爽气飘晴幔",感觉全部打开,可以更细腻地觉察到整个宇宙的多种微妙气息。

客居临川五峰宝应寺,端午节五月初四日,有怀:"端午怀甥馆,蒲觞两度斟。徘徊经茂草,谁共黍离情?"③初五日再怀:"宝应逢重午,甥门忆往年。形容愁里异,时序梦中迁。倚玉人何在?为箕事渺然。客窗吟不寐,展转曙钟天。"④

坐塍间,看耕,"出户频频候月升,扶筇款款看秋耕。世间万事惟勤好,只恐儿孙未我听。"⑤

友人赠柑种:"晓露春泥剧石苔,远分苍翠入云栽。灵根细沃南归处,杖策扶儿日日来"⑥"葱蒨亭亭爱一橙,日供清趣映檐楹。明朝回首怀萍梗,记得沉吟此际情"⑦。夏结果实:"蜜柑二颗逢时雨,金橘盈枝更可人。借问山家那有此,新年分得下窑(名寺)春。"⑧

饲鱼:"碧沼淡怡神,遗偏暂一伸。病躯何所事?时作饲鱼人。"⑨晚

---

① 《康斋集》卷7《偶过北院》,第495页。
② 《康斋集》卷7《重过北院》,第495页。
③ 《康斋集》卷7《甥馆》(五月初四日),第495页。
④ 《康斋集》卷7《初五日》,第495页。
⑤ 《康斋集》卷7《坐塍间看耕》,第496页。
⑥ 《康斋集》卷7《分枇杷系头柑归种》,第493页。
⑦ 《康斋集》卷7《橙》,第495页。
⑧ 《康斋集》卷7《新移蜜檀柑金橘,皆已结实,日供清趣》,第496页。
⑨ 《康斋集》卷7《饲鱼》,第496页。

年多病，日用中多养神，不敢过分读书。

独坐："病眼昏花少近书，时从碧沼坐观鱼。支颐细忆平生志，行止何能与道俱？"①身与道俱是康斋晚年经常提到的修养目标，其实就是其弟子陈白沙所谓的与道合一、内外合一的心学思想，身道合一也就是王阳明晚年的万物一体，都是与自由相关的高明涵养心境。

自讼："平生立志在希颜，逸驾那知不易攀。余生碌碌嗟何及？羞看青编凡圣关。"②晚年道德涵养多自我反思，颇多自觉，努力不懈之心态可见。

又有出游。

游仙游山："访古余情咏绿阴，金风满径涤烦襟。静观万物生生意，契我虚灵无事心。"③"静观万物生生意，契我虚灵无事心"，宇宙静观，宇宙生生不息，我虚灵无事，我静宇宙动，一静一动，但我的内心依然是仁者情怀，也是生生不息的，物我一体。

憩下窑寺："嶙谷沉沉足午凉，郊枝寂寂散秋香。会心不觉孤吟久，信是闲中日月长"④，自得之怀，跃然纸上。"信是闲中日月长"，休闲中宇宙阔远，人的寿命自然延长了。

后归家，曾重宿下窑寺，"入院闲吟对雨时，梦醒贪看月流辉。驱驰倦客西归晚。不待鸡鸣急早炊"⑤。

为五峰金凤桥饶大诚题其西塾凤桥书屋："众理森严尽在书，朝经暮史志何如？须将万事皆依理，先圣前贤定不迁。"⑥其坚持朱子博览读书、万事循理志向可知，而"须将万事皆依理，先圣前贤定不迁"，在价值立场上丝毫不愿背离朱子的天理至上主义立场，不断弘扬朱子的理崇高的一面，这与白沙要掀翻朱子的主敬与理至上主义修养论完全相反。饶大诚先祖为南塘大族，康斋今年前题其饶氏东阁："香南山上侨

---

① 《康斋集》卷7《沼上独坐》，第496页。
② 《康斋集》卷7《自讼》，第496页。
③ 《康斋集》卷7《仙游山》，第496页。
④ 《康斋集》卷7《小憩下窑寺竹里》，第496页。
⑤ 《康斋集》卷7《重宿下窑寺》，第498页。
⑥ 《康斋集》卷7《题凤桥书屋》（并序），第496—497页。序曰：临川饶大诚世为南塘大族。先考士荣迁五峰之金凤桥，今为五峰人。予既赋其东阁，复属笔于西塾云。

居日,金凤桥西小憩时。虚阁明窗清昼永,云笺留字更留诗。"①

与余知州交游,赠诗:"昨日高谈听友琴(李州判号友琴轩),今朝细语向桐林(余有桐林书屋)。岁时更遂龙潭约,净几明窗叙夙心"②,"岁时更遂龙潭约,淨几明窗叙夙心。"邀请他来小陂论学谈心,剧谈天理之学。今年,前康斋曾有诗赠其桐林书屋:"一简谆谆辱爱多,知君微恙少衍和。仔看芍药来新喜,重向桐林共放歌。"③

诗远寄旧侯鹤州周使君:"英辞频辱贲荒墟,逆旅曾劳枉使车。闽峤阻深龟鹤远,时看玉佩与琼琚"④,表示自己的感谢之情。

和邵康节《清风吟》诗:"长短高词播大篇,谁知妙处在无言?微凉一动烦歊外,流水桃花共杳然。"⑤"谁知妙处在无言""流水桃花共杳然",康斋很欣赏邵雍的先天之学,赞同无极之妙,有无之境,但整个宇宙依然是自强不息、厚德载物的。

梦故去老友黄季恒:"别却安乐窝,远为羁旅客。梦我平生人,形容宛如昔。"⑥

赠临川饶贰令:"解组归来老布衾,遐龄细和淡庵吟。莱根酽醋男儿事,车马轻裘故旧心。"⑦

将归小陂,过栖凤竹吴氏南轩、渐岭、周家渡、下窑寺。

客途,时有梦醒:"客梦醒时宵向分,欲将行止共谁论? 黄流褒味君休问,只管吾心存不存。"⑧康斋的"只管吾心存不存",存心以究天理,是博文穷理的有效方法,故而心学得以打开局面,这是其对白沙心学与阳明心学的重要贡献。

归途舟中作诗:"红叶连村归兴浓,黄柑带雨更玲珑。倚篷小立苍

---

① 《康斋集》卷7《饶氏东阁》,第494页。
② 《康斋集》卷7《赠余知州》,第497页。
③ 《康斋集》卷7《觇桐林书屋》(余知州规与友琴轩李州判勉小简,蔼然故意,感而有作),第495页。
④ 《康斋集》卷7《奉寄旧侯鹤州周使君恒》,第497页。
⑤ 《康斋集》卷7《和康节〈清风吟〉》,第497页。
⑥ 《康斋集》卷7《梦黄季恒》,第497页。
⑦ 《康斋集》卷7《饶贰令淡庵》,第497页。
⑧ 《康斋集》卷7《不寐》,第498页。

茫外,诗在云烟杳霭中。"①"黄柑带雨更玲珑"体现康斋对生物世界观察的敏锐性、细腻感与天真性。"倚篷小立苍茫外,诗在云烟杳霭中",这样的人在画中、宇宙茫茫与山水相依如画的美丽风景,是康斋最擅长的,故而读来兴趣盎然,典型的江南烟雨的美景。

居小陂,秋,盱江郡侯谢士元(1425—1494,字仲仁,号约庵,晚更号拙庵,福建长乐县人)遣学生钟抡、潘玉来习乡射礼。二生归,赠诗:"弥月龙潭讲礼回,从容行李不须催。黄堂风采超今古,何处闾阎不看来。"②"黄堂风来超今古"是勉励谢士元南城治政卓越的鼓励之词,"弥月龙潭讲礼回,从容行李不需催"是讲述自己与学生教学的情形。

赠陈崇书教谕任职期满北上考察之行:"芸阁兰灯利断金,骊驹朝唱白头吟。恩波阔处多鱼雁,细写岁寒松柏心。"③

冬至日,作诗:"翼翼趋朝候鼓催,共瞻小往大应来。新功暇炼当思奋,夙志骁腾孰肯灰? 欲见天心时访柳,闲窥物理独寻梅。平生几案惟书册,谈笑何曾到酒杯?"④"欲见天心时访柳,闲窥物理独寻梅",在柳、梅这样的具体植物的生长中可以察觉到天理与天心,一理万殊,万理一殊。也就是说,理学和心学都可以在每一个具体的事物中体认到,这是康斋作为明代心学启明大师的历史功绩。当然,这与我国华严宗的理散在万事中的原理也一样。

冬日清晓、深夜,多读书、反思,故夜枕、晓枕多有诗作,晓枕诗 2 首,如"黄卷新功日又加,愈知圣道浩无涯。长更宁忍贪高枕,争奈昏昏两眼花"⑤"义利须明判两途,斩钉截铁是嘉谟。不于生死路头悟,何以能为大丈夫?"⑥。"不于生死路头悟,何以能为大丈夫?"这句诗体现的

---

① 《康斋集》卷7《舟中即事》,第498页。

② 《康斋集》卷7《盱江谢郡侯遣钟抡、潘玉来习乡射礼。二生归,裁以此赠之》,第498页。谢士元景泰五年(1454)进士,授户部主事,天顺七年(1463)擢建昌知府(郡府南城),有治绩。擢四川右参政,进右布政使。弘治五年(1488)擢右副都御史巡抚四川,安抚土番,赈济流民。弘治二年坐事下狱,弘治三年六月事白后致仕。七年卒,年七十。着有《咏古诗集》。

③ 《康斋集》卷7《赠陈崇书教谕考绩赴天官》,第498页。

④ 《康斋集》卷7《至日,次杜韵》,第498页。

⑤ 《康斋集》卷7《晓枕作》,第498页。

⑥ 《康斋集》卷7《晓枕作》,第500页。

思想与后来王阳明贵州龙场悟道相似,只不过,吴康斋在晚年才提出生死路透感悟圣学,而王阳明在年轻时候因为奇遇早早感觉到生死之间的宇宙真理:理在心中,令人寻味。

夜枕诗4首,如"一德蹉跎不易成,空怜两鬓久星星。雪窗倚枕无眠夜,谁共新功观我生?"①"脚板何曾梦孔颜,百川东逝可西还。须当痛惜桑榆日,莫把光阴当等闲"②"四檐风雪夜漫漫,今古兴怀事几般。数口幸然无冻馁,群生宁免少饥寒"③"失便宜是得便宜,倚伏循环不必疑。俯仰但令无愧怍,前程一听老天为"④。"失便宜是得便宜"也见于日录中,表达他比较辩证地看待自我利益的得失,心态较为开放与全面,对利益不太计较。"须当痛惜桑榆日,莫把光阴当等闲",体现他熟玩易学,获得易学的精义,日新月异,自强不息。

晚年,康斋的心性工夫甚为深密,踊跃上进,日进无疆,至老不懈。

如"又出柴关踏雪晴,养心随处抱遗经。含英咀实尝闻命,莫向尘寰枉此生"⑤"驱山塞海未是勇,借问如何学日新?敛收不可敛之气,伏枥安流勇乃贞。"⑥"驱山塞海未是勇",纯粹用人力、物力等身体性手段可以解决的问题都不是大问题,真正的大问题是对治我们内心的私欲,解决那些看不见的思想流毒,那些看不见的隐微的心理问题才可怕。⑦康斋76岁时候的智慧思索与王阳明四十六岁(1517年,在赣州)在维护

---

① 《康斋集》卷7《夜枕作》,第498页。
② 《康斋集》卷7《夜枕作》,第499页。
③ 《康斋集》卷7《夜枕作》,第500页。
④ 《康斋集》卷7《夜枕作》,第500页。
⑤ 《康斋集》卷7《即事》,第498页。
⑥ 《康斋集》卷7《勇》,第499页。
⑦ 比如目前的变态杀人、抑郁症、网络诈骗犯,都是我们这个社会不容易发现的,但危害很大,需要我们时时警觉。还有那些躲在暗处的危害社会的不法分子,由于他们封闭自己与社会交流的空间,我们都不容易发现。但一旦他们行动起来,就会对我们产生危害,最明显的就是那些恐怖分子,比如911事件的恐怖分子,他们隐藏得很深。在长期的剿匪中,王阳明与他们打交道,也深知他们的问题。因此拯救他们,首先要攻破他们的心理防线,瓦解他们,分化他们,争取一部分人。最后,通过教育启发他们,提高他们的心灵觉悟,提高他们的为善去恶能力,参与社会,帮助社会,从而融入社会。因此,致良知,首先的出发点是对治坏人与强盗,减少社会的不法分子,让社会更加地光明起来。

一方治安所说的"剿山中贼易，剿心中贼难"比较契合，"伏历安流勇乃贞"与王阳明的"吾心光明"比较相似。内心的躁动，甚至内心私欲的膨胀，都会影响我们决策的科学性与有效性。而内心的心平气和与平淡无竞往往会确保我们在决定时的正确性与公平性。在此，不能不说，王阳明是早熟的，他的治政智慧远远超出同辈人之上，令人敬仰。

读书、游览之余："中岁知非已过时，老来空赋责躬诗。一生总被虚名误，千虑难逃实德疵。无计可回前日月，有功终作后男儿。战兢尽此桑榆力，卫武朝朝是我师。"①"一身衰谢浑无赖，万事蹉跎总不能。何以激昂偷惰气？博文约礼是余生。"②常常和践行自我思想上的观照，"中岁知非已过时"，反躬身心，"战兢尽此桑榆力"，进德养身，"博文约礼是余生"，通过讲规矩的礼学外在的约束自己，通过博览群书来安顿身心，全面增进自己的实德涵养水平。"卫武朝朝是我师"，说明康斋要向先贤卫武学习，如历史书所载，"无谓我老耄而舍我必恭恪于朝，朝夕以交戒我；闻一二之言，必诵志而纳之，以训导我"。壮士暮年，志在千里。

冬有出游，过往西廨彭氏家、桂家林、朱坊、沙河、江岸傅氏等处，继续不断地"养性灵"，纯粹于深厚与完美的道德修养之旅。

途中借宿太平寺："琴书欣有托，故旧念重逢。踪迹炎凉异，心期礼乐同"③，可见康斋晚年多被邀请，颇喜出门访友论心，亦可见其一心学礼学乐的情怀。

借宿太平寺，寒窗苦读："夜半残灯坐不眠，孤吟霜月小寒天。昏昏病眼时无恙，又托精诚向简偏"④"寻得幽偏养性灵，衰年惟喜少逢迎。简编随意闲舒卷，尽日禅房一味清"⑤。康斋 76 岁高龄，仍然寒寺中读

---

① 《康斋集》卷 7《责躬》，第 499 页。补充：卫武公，姬姓，卫氏，名和，是卫釐侯之子。卫武公继位后，施行先祖卫康叔的政令，使卫国百姓和睦安定。他曾协助周幽王之子周平王平息犬戎叛乱，并辅佐周平王东迁洛邑。卫武公自儆励治，百采众谏，察纳锥言。他修康叔之政，国泰民安，百姓和集。他深受百姓爱戴，赋《淇奥》歌其美德。历史学家赞之为"睿圣"。

② 《康斋集》卷 7《省躬》，第 499 页。

③ 《康斋集》卷 7《重宿太平寺》，第 499 页。

④ 《康斋集》卷 7《寒夜独坐》，第 499 页。

⑤ 《康斋集》卷 7《独坐》，第 499 页。

书不辍,此举至今思来,令人无限遐思,感奋震动,不愧为当时醇儒也。

读《朱子语类》,有得:"尤人只见无虚日,罪己何曾有实功? 莫把寸心矜立雪,但专一味暮春风。"①"罪己何曾有实功?"晚年康斋很在意实德、实学与实修,故而对自己要求严格,"但专一味暮春风",一心安顿在书上,努力进学。

天气晴朗,心情好,与知己论学:"偶来知己话忘疲,拨尽寒炉别去迟。开户忽惊晴送喜,旋添雪水写新诗。"②

雪夜读书:"雪满园林风满轩,圣贤对话夜忘眠。新知滋味私欣处,何幸苍苍假我年。"③"圣贤对话夜忘眠",外面无边的风雪,内心沉潜于诗书,日进新知,盼望自己的生命可以长一点点,故而"何幸苍苍假我年",真诚与虔诚的心态跃然纸上。

小陂头登陆到家:"寒冲暝色小陂头,烈火黄柑礼数优。归去摩挲青玉案,独惭铁画与银钩。"④感叹圣贤之道无涯,仍然需要岁月打磨,日进新功,读书不懈。

亲戚彭九彰新居落成,诗贺:"穆卜高居谐吉兆,翚飞华栋协清朝。三阳交处天心泰,百福臻时瑞气饶。"⑤

是年,弟子胡居仁父亲捐馆。江西提学佥事李龄(1406—1469,广东潮阳人)亲往余干来聘白鹿洞书院讲学,因父忧,辞不赴。⑥

是年,丰城罗伦殿试第一,状元修撰。五月贬为福建泉州市舶司。

是年,陈白沙39岁,上海陈肃来从白沙学。增城湛若水生。"讲学之暇,时与门徒于旷野习射礼。未几,流言四起,以为聚兵。众皆为先生危,先生独处之超然。时翰林院侍读学士钱溥谪知顺德县事,雅重先

---

① 《康斋集》卷7《观语类〈为政以德章〉感程子而作》,第499页。

② 《康斋集》卷7《喜晴》,第500页。

③ 《康斋集》卷7《雪夜》,第500页。

④ 《康斋集》卷7《次小陂头登陆》,第500页。

⑤ 《康斋集》卷7《彭九彰落成新居》,第500—501页。

⑥ 胡居仁《复南康何浚太守》:"金宪潮阳李先生与贤执事好古笃信,即先贤故居、文公旧日讲道之所重建学宫,招至四方贤俊,共明圣道。……去岁(成化二年)金宪先生辱枉下顾,今者贤侯善辞令,厚币帛,重烦郡学司训降临衡茅。然此聘贤厚礼,居仁愚陋,曷足以当之!"

生,遗书先生亟起,毋重贻太夫人忧。先生以为然,遂复游太学。祭酒邢让一日试先生和杨龟山《此日不再得》诗,大惊曰:'龟山不如也。'明日飏言于朝,以为真儒复出。由是名振京师,一时名士如章懋、庄昶,贺钦辈,皆乐从之游。"①

有《下窑寺赠牛演》(丙戌)《宿桂家洲》《吴氏南轩》《枕上偶成》《重宿九莲寺》《分枇杷系头柑归种》《夜兴》《喜晴》《大司马颐庵先生二郎君怀珠玉下顾,次韵奉酬》《晓枕》《游园》《对月》《九莲寺南轩》《对竹》《即事》《客夜》《饶氏东阁》《即事》《对雨书怀》(豫章名寺)《名寺》《宝应杂诗》(四首)《觇桐林书屋》(余知州规与友琴轩,李州判勉小简,蔼然故意,感而有作)《橙》《偶过北院》《寝起》《重过北院》《甥馆》(五月初四日)《初五日》《坐塍间看耕》《新移蜜檀柑金橘,皆已结实,日供清趣》《饲鱼》《纪梦》《沼上独坐》《自讼》(朱子云物格知至处,便是凡圣之关(《语类》))《仙游山》《小憩下窑寺竹里》《塔下小立候小儿辈》《题风桥书屋》(并序)《赠余知州》《奉寄旧侯鹤州周使君》《和康节〈清风吟〉》《梦黄季恒》《饶贰令淡庵》《杏林清趣为过省躬题》《忆家》《分栖风竹》《发渐岭》《泊周家渡》《不寐》《舟中即事》《重宿下窑寺》《旴江谢郡侯遣钟抡、潘玉来习乡射礼。二生归,裁以此赠之》《赠陈崇书教谕考绩赴天官》《至日次杜韵》《晓枕作》《夜枕作》《雪夜晚眺》《即事》《夜枕作》《勇》《宿西廨彭氏》《次桂家林》《责躬》《重宿太平寺》《寒夜独坐》《独坐》《省躬》《观〈语类为政以德章〉感程子而作》《喜晴》《雪夜》《宿朱坊》《宿沙河》《次桂家林夜宿江岸傅氏》(避风雨)《次桂林渡宿江岸吴氏》《次小陂头登陵》《晓枕作》《夜枕作》《夜枕作》《贺彭九彰落成新居》诗。②

---

① (明)陈献章撰,《附录二·年谱及传记资料》,《陈献章集》下册,北京:中华书局,2012年,第809—810。

② 《康斋集》卷7,第493—501页;《康斋先生文集》卷7,第1178—1192页。

1467 年,丁亥,成化三年,77 岁。

此年日录 12 条,较前几年多。盖去年,康斋读书比往年更为用功,思绪故多。

玩圣贤之言,自然心醉,不知手之舞、足之蹈也。

晓枕诵《易》。看去年《日录》,惕然兴感! 不敢不以圣贤自任。日思奋励,庶不负朋友之谊也。

夜看《语类》,不忍释卷,然虚病不敢久也。

德性学问,不敢少怠,但恨岁月来无多。

学圣人无他法,求诸己而已。吉凶荣辱,一听于天。

君子顾自处,何如耳,岂以自外至者为荣辱哉?

天道福善祸淫,君子但当谨守先圣贤名教,居易以俟命而已。

昨夜梦诵云:"苟能存养此心之一。"岂鬼神教我哉!

午后看《陆宣公集》及《遗书》,一亲圣贤之言,则心便一。但得此身粗安,顷刻不可离也。

倦寝,得句云:逐日从容深燕养,憧憧慎勿役私心。

阅旧稿,偶见先友罗德昌先生手帖:不屑困于官粮事。呜呼! 噫嘻! 若要熟也,须从这里过。

圣贤气象,须臾不敢不勉。①

此年,康斋多次以圣贤气象自勉,多次玩圣贤之言,熟玩《周易》《二程遗书》《朱子语类》等,"反求诸己",一心深密涵养德性,亲证于圣贤之境,无疑也。康斋 77 岁高龄仍然逐日从容,深宴养德性,一心一意,重新追求圣者地步,全心全意以德性学问为归宿,累次读书,绝无反顾,令

---

① 《康斋集》卷 11《日录》,第 280—291 条,第 584—585 页。

人感动。

春,读《易》:"消息盈虚万不齐,等闲谁识此心微?春窗灯火无言处,刚悔因乃学易迟。"①"等闲谁识此心微?""刚悔因乃学易迟",可知康斋的心学思想来源于易学,易学千变万化,而此心之虚明可以察觉到万变万化的宇宙,通过"春窗灯火无言处"刻苦攻读,最终获得宇宙的最高真理。

病十日,叹日月无多:"并游无侣又春风,况复兼旬百病攻。幸有余芳晴烂漫,微吟缓步太平中。"②77岁的高龄,在儒家中算高寿了,"幸有余芳晴烂漫,微吟缓步太平中",春光烂漫,康斋心情很好,这一生算是很太平了。

崇仁县城,黄州桥畔,客居,"黄州桥畔阁澄澄,近水遥山映晚晴。高枕自知行李倦,清风明月是平生"。③

清晨放牧,给孙儿上课,"晓牧清溪课二雏,从来养正在于初。咏归虚阁闲眠处,又喜新知叶圣谟。"④继续教导孙子的养正工夫,很有意义。

夏,浴归,月下澄心,作诗:"浴罢归来月满林,又从虚阁学澄心。万缘有命宜随遇,不用逢人话陆沉"⑤。"浴罢归来月满林",小溪里面洗完澡,人浑身很舒服,月下漫步,树木成荫,颇有随处随遇的自由心态。"万缘有命宜随遇","又从虚阁学澄心",继续养心、澄心,保持虚妙明觉之心。

夏秋,多来往于自得亭,思考人生与学术:"无事时来自得亭,秋风渐渐昼阴清。寻常在世无他技,精白于天是此生"⑥"养病时来沼上眠,托身物外自悠然。区区为幸诚多也,随处先师有格言。"⑦"寻常在世无他技,精白于天是此生",就是说,整个他的一生,就是最真诚的朝往圣

① 《康斋集》卷7《读〈易〉绝句》,第501页。
② 《康斋集》卷7《病起游园》,第501页。
③ 《康斋集》卷7《客夜》,第501页。
④ 《康斋集》卷7《即事》,第501页。
⑤ 《康斋集》卷7《即事》,第501页。
⑥ 《康斋集》卷7《偶题》,第501页。
⑦ 《康斋集》卷7《卧自得亭》,第502页。康斋60岁造自得亭,后四年,白沙来学。盖白沙的自得学体系,实源出康斋。

人旅途,"精白一心,对越神明",在这样的心境下,"托身物外自悠然",由于把握了宇宙真理,在真理的海洋中遨游,无所凭借,也无所对待,成为自由的儒家学者。

辰孙、宁寿 20 岁生日,分别有诗作祝贺:"凤阁归来岁二更,庚辰之载汝才生。又逢初度裁新什,祝尔诗书与日增"①、"辰孙既有新诗律,宁寿那无善祝规。流俗浮情休借问,先民遗范是依归。"②

享受居家劳作之乐:"灌罢时蔬又坐亭,游鱼泼泼沼澄澄。天光云影徘徊处,谁共当年一鉴情。"③时时体会世界最活泼的自由,"游鱼泼泼沼澄澄"。"天光云影徘徊处,谁共当年一鉴情?"这首诗原出朱子。四百年后,朱子已远去,大贤不在,而康斋已经证得圣人之境,但谁来与他一起遨游圣境?

早晨清醒,多有养心诗作:"寝息将兴日射窗,又凭吟几纳微凉。乾坤阔达身心寂,信是闲中兴绪长"④"万事悠悠东逝波,秋风摇落兴如何? 晓窗寂尘无言处,独唱苍松翠柏歌"⑤"危者平分易者倾,圣谟宜敬不宜轻。独怜暮景无多了,笃实新功敢暂停?"⑥"乾坤阔达身心寂,信是闲中兴绪长",康斋晚年觉察到个体孤立与天地广阔相对,故而在有限的生命长河里"闲中兴绪长","危者平分易者倾,圣谟宜敬不宜轻",涵养之功不可或缺,主敬之功至为重要,而且康斋更重视辩证地看待得失和祸福。

作挽陈金宪诗:"绛帐当年交有道,青衿遗爱感无穷。门生故吏今重见,谁共摩挲慨古风?"⑦

南昌吴生来:"两地关心久别情,相招亭子话平生。青藜缓步归来好,细咏新诗对短檠。"⑧学生来访,茶叙之后,自然是亭子里面论心谈

---

① 《康斋集》卷 7《辰孙诞日》,第 501 页。

② 《康斋集》卷 7《宁寿同日同时生》,第 501 页。

③ 《康斋集》卷 7《即事》,第 501—502 页。

④ 《康斋集》卷 7《寝起》,第 501 页。

⑤ 《康斋集》卷 7《晓枕》,第 502 页。

⑥ 《康斋集》卷 7《晓枕作》,第 502 页。

⑦ 《康斋集》卷 7《陈金宪挽章》(高第弟子项判府命赋),第 502 页。

⑧ 《康斋集》卷 7《与豫章吴生沼上亭子话旧》,第 502 页。

学,回想往事,彼此都很感激,也都很幸运。

八月,桂花飘香,"丹桂秋香又一年,老怀不必思华颠。闻香随处堪乘兴,浮世升沉一听天"①。"闻香随处堪乘兴,浮世升沉一听天",还是随处之心诀,还是随缘,听天由命,自我心性彻底地洒脱。

沼上芙蓉花开:"玩易亭中归去迟,芙蓉忽喜映清池。流年自换人依旧,为己工夫日百之"②"忽惊花吐兴无涯,认取平安是我家。万事不须闲着意,只应随分阅年华。"③"只应随分阅年华","为己工夫日百之",随分人生,为己工夫,自得为学,平安一生,这些是康斋的人生处事态度。

熟玩《周易》,有思:"万缘由命不须愁,晚节蹉跎是我忧。羲画周文同坐卧,夕阳西去水东流"④"富贵无心生有涯,朝昏务去是矜夸。高眠玩易微吟处,又对芙蓉满眼花。"⑤

对月澄心:"万事无端不系情,读书终日掩柴扃。金风动地顽云散,四望青霄霁月明。"⑥"金风动地顽云散,四望青霄霁月明",这首诗很惊心动魄,表明77岁的康斋道德修养又突破一重关,读书心清气爽,以无心无情的心态处理万事,大吉大利。

女婿饶循客游归家,路口等候:"瞑倚虚庭玩偶奇,纷纷凉月满絺衣。悠然真意无言表,忽报阶前客于归。"⑦

和旧生吴贞游东陂、石泉:"初冬天气已严霜,霁色家家获稻忙。红树题诗归步缓,不知何处是仙乡?"⑧

和邵康节《田园乐》:"冰泮雪消舜日,含哺鼓腹尧天。南亩万蓑春雨,东皋千井朝烟。"⑨

---

① 《康斋集》卷7《数日桂花香》,第502页。
② 《康斋集》卷7《沼上芙蓉花开》,第502页。
③ 《康斋集》卷7《次己卯儿芙蓉花诗韵》,第502页。
④ 《康斋集》卷7《又偶成》,第502页。
⑤ 《康斋集》卷7《偶成》,第502页。
⑥ 《康斋集》卷7《玩月》,第503页。
⑦ 《康斋集》卷7《候饶循》,第503页。
⑧ 《康斋集》卷7《与吴贞游东陂、石泉》,第503页。
⑨ 《康斋集》卷7《和〈田园乐〉》,第503页。

隆孙诞日，作诗劝隆孙立志读书："人生须作好男儿，德业从来贵及时。虚度光阴真可惜，几时能听老夫诗？"①对隆孙不认真读书这件事，也只能无奈了。

寒夜，感悟生生之理："霜叶烧残更寂历，寒灰拨尽独沉吟。细看隐隐云留象，默感生生造化心。"②前文详论康斋晚年由于究心易学，故而"细看隐隐云留象，莫感生生造化心"，于天地之几的察觉越发地细腻和细致，可以察觉到事物的初起状态，这也正是他开启白沙心学高明之处，也就是白沙的"端倪"，端倪就是易学的几，也是王龙溪与孙蒙泉二人的"一念之几"。

累日夜读，有"为圣为贤当日事，流风余韵后人思。残愧何以酬初志，允出名言兹在兹"③；诵《金台诗稿》，"金鸡已报霜天曙，芸阁重歌紫陌吟（诵金台诗稿）。百岁光阴浑似梦，十年身世若为心。"④"百岁光阴浑似梦，十年身世若为心"，不得不说，晚年的康斋，化时间为心，故而其理学视野下的心学思想还是比较明显的。

冬至日作诗："化日曈曈照曙筵，儒衣秩秩拜钧天。杖藜碧涧谈经罢，梅柳迎春又一年。"⑤

和孙儿辈出门观雪："尘窗黄卷日埋头，时唤诸孙度雪桥。极目长村云渐薄，几多寒馁望青宵。"⑥

墙角溪头观梅："墙角溪头日日来，境幽偏称病中怀。简编随处微吟罢，时探梅花次第开。"⑦

雪夜，怀念学生李恪等人盱江求籴："风急天寒念远游，唱筹何日问归舟？四方幸喜多青眼，观主宜人不必忧"⑧"独怜游子未归时，夜半无

① 《康斋集》卷7《隆孙诞日》，第503页。
② 《康斋集》卷7《寒夜》，第503页。
③ 《康斋集》卷7《夜读感怀》，第503页。
④ 《康斋集》卷7《阁夜》，第503页。
⑤ 《康斋集》卷7《至日即事》，第503页。
⑥ 《康斋集》卷7《同诸孙出村观雪景》，第503页。
⑦ 《康斋集》卷7《即事》，第503—504页。
⑧ 《康斋集》卷7《雪夜怀恪一辈为求籴盱江》，第504页。

眠有所思。稚子弱妻风雪里，孤村心事梦依依"①，体现康斋对学生亲人般的关怀。

叹岁月不多："希贤希圣事何如？顽钝之资费琢磨。素服前言焉敢惰，但怜来日苦无多。"②

题玉湾李大章午风亭："贱迹何劳纪，名园自足扬。午风新气象，乔木旧辉光。德义声犹远，诗书兴绪长。经过时有赋，题向郑公乡。"③

是年，二月，胡居仁葬父于梅溪下。是年，何浚再聘请主白鹿洞书院事，因礼意已至，难以再辞而应聘，主持书院讲席，一时士多兴起。同时讲学者还有星子县的选贡查抗。④

是年，朝廷召罗伦还，复为修撰，改南京。

是年，娄一斋此年始有《日录册子》记其为学工程，间有所得，辄书数语其上，平正明白，多有补于文教。⑤

是年，陈白沙40岁，春，带病从京师归故里。

有《读〈易〉绝句》(丁亥)《病后作》《病起游园》《客夜》《即事》《即事》《寝起》《偶题》《辰孙诞日》《宁寿同日同时生》《即事》《卧自得亭》《晓枕》《陈金宪挽章》(高第弟子项判府命赋)《与豫章吴生沼上亭子话旧》《晓枕作》《数日桂花香》《沼上芙蓉花开》《次己卯岁芙蓉花诗韵》《又偶成》《偶成》《玩月》《候饶循》《与吴贞游东陂、石泉》《和田园乐》《隆孙诞日》《寒夜》《夜读感怀》《阁夜》《至日即事》《同诸孙出村观雪景》《即事》《雪夜怀恰一辈为求籴呼》《晓窗偶成》《雪夜怀坚二》(时在盱江)《题玉湾李大章午风亭》诗。⑥

---

① 《康斋集》卷7《雪夜怀坚二辈》(时在盱江)，第504页。

② 《康斋集》卷7《晓窗偶成》，第504页。

③ 《康斋集》卷7《题玉湾李大章午风亭》，第504页。

④ 李龄与南康知府何浚倡修白鹿洞书院，"去年金宪先生辱枉下顾，今者贤侯善辞令，厚币帛，重烦郡学司训降临衡茅。然此聘贤厚礼，居仁愚陋，曷足以当之！但礼意已至，有不得辞焉者。"(明)胡居仁撰，《胡文敬集》，《复南康何濬太守》，《四库全书》第1260册，第7—8页。

⑤ (明)夏尚朴撰，《东岩集》卷5《娄一斋行状》，文渊阁《四库全书》第1260册，第42页。

⑥ 《康斋集》卷7，第501—504页；《康斋先生文集》卷7，第1192—1198页。

1468 年，戊子，成化四年，78 岁。

立春（西历 2 月 4 日）有怀："日日潜心向伏羲，晓窗高咏立春时。梅花满树方惊眼，又对千红万紫时。"①康斋继续每天研究易学，"日日潜心向伏羲"，非常勤奋，而且几乎达到废寝忘食的地步，心性精进无比，"梅花满树方惊眼，又对千红万紫时"，万物生机，天地生意勃勃。

此年日录，总计 17 条。②

观壁间帖。故友孔谔③素衣巡按江西时与先子书有云：前与与弼契兄接谈时，顷探其中盖有威武贫富之所不能屈移者。今虽蹇滞，异日当为令器，不必虑也。惕然，重书以警惰。孔后任河南参议。戊寅，仆在金台时，闻久亡矣。**（戊子）**

随处，惟叹圣人难学。

雨后生意可爱，"将这身来放在万物中，一例看大小，大快活"。

日夜惟知圣人好，但庸资实难企也。

憩亭子看收菜，卧久，见静中意思，此涵养工夫也。

程子云：天地间，可谓孤立！

憩亭，玩《语类》三两条，不甚痛快！

朱子云：此道日孤。

早夜思：余龄一味学圣人，克其不似圣人者。

---

① 《康斋集》卷 7《立春感怀》，第 504 页。

② 往年因四库全书抄录版未分年，且当时我研究日录，其未见明显的季节变化，姑且放在戊子年。今查阅宫云维校点本，且考嘉靖明刻本，则"观《晦庵文集》，亲先生之教。令人超然于世，万虑俱消。窃思当时立于其门者，宜何如哉？"条下有"乙丑"字，则四库本遗漏也。

③ 孔谔，山东曲阜人，孔子后裔，永乐中举乡试，赐进士。官左春坊中允，赐宅一区，命教太子。谔师道严正。参阅(明)焦竑撰，《玉堂丛语》卷 3。

夜卧阁，思朱子云"闲散不是真乐"，因悟程子云："人于天地间，并无窒碍处，大小咸快活，乃真乐也。"勉旃，勉旃！

张思叔诟骂仆夫，程子曰："何不动心忍性？"朱子云："不哭的孩子谁不会抱？"又云："处顺不如常处逆，动心忍性始成功。"①

午憩亭，静中胸次淡然。

午后，看《日录》，天晴，仰思物理。

今日观《书》，感慨多矣。但精神短，不敢久。可惜少年日月也！

恰别处一近事，薄哉风俗。嗟乎！自己德不可不厚也。戒之！戒之！

看《晦庵文集》，倦卧，仰思至理有契，不觉拊席。

写《文集》一纸，旷百世而相感者，抑不知何心也？②

此两年间，依然是以学圣人自居，但越捉摸，就越不像圣人，圣人目标的达成需要顺其自然。但在实际的涵养中，"余龄一味学圣人，克其不似圣人者"，故而自然涵养方是王道，刻意求之，反而不类。而回归真诚的世界，全面夯实自己的德性，将身心放于大宇宙，超然于物外，身道合一，心理合一。晚年康斋阅读的主要书籍，除了易学，就是程子、朱子的书。

春天，生机勃勃，感怀："满眼梅花看未饱，朱樱处处又舒红。一年好景休孤负，细认洋洋发育功。"

"两眼昏花日抱疴，书程全减睡魔多。春深何处无颜色，李白桃花奈若何"③"一春多病倦游嬉，又对莺啼燕语时。疏竹短墙流水曲，众芳深处咏归迟"④。康斋这种对春天生长性的赞美，在晚年的诗歌里面表现得更为频繁。"两眼昏花日抱疴，书程全减睡魔多"，这是晚年精力下

① 张思叔，理学家程伊川弟子。张绎（1071—1108），字思叔，寿安东七里店（今宜阳城关东店）人。多次谢绝征聘，北宋著名乡贤。现存其文《座右铭》《张思叔座右铭》《师说》《祭程伊川文》《明德录》《送友诗》《绛州思堂记》。

② 《康斋集》卷11《日录》，第292—306条，第585—586页。

③ 《康斋集》卷7《晓枕作》（二首），第504页。

④ 《康斋集》卷7《即事》，第504—505页。

降的表现,"一年好景休辜负,细认洋洋发育功""疏竹短墙流水曲,众芳深处咏归迟",美丽的风景信手拈来。

坐东门外樟树根,静思万物:"脉脉春流一涧盘,新晴锦绣万花攒。小诗留与儿孙诵,老大曾于此考盘"。①

闲时多往自得亭休憩:"一亭潇洒隔纷嚣,坐卧于斯兴自饶。雨后落红殷满地,崇桃相对尚妖娆"②"刚恨平生学圣难,余龄程课肯容悭?洛闽幸有阶梯在,精白斯心日夜攀"③,温习程朱理学,重树"精白斯心日夜攀"心志。晚年的康斋,颇多反思,"洛闽幸有阶梯在,精白斯心日夜攀",所反思的还是精白一心的初心,还是程朱理学的文献工夫,

题弋阳吴茂宰双白轩:"物则民彝本粲然,奈何多蔽损其天。谁怜双白同吾意?遥赋新章更勉旃。"④

八月十五,中秋,玩月澄心:"戊子中秋月又圆,小陂新雨净风烟。襟期美恶元由我,身世浮沉一听天。细数流光怀旅次,独醒残梦立檐前。达生知命应须服,慎勿憧憧役莫年。"⑤"身世浮沉一听天""达生知命应须服",依然是数十年如一日地达天知命之学。而"襟期美恶元由我",说明为善去恶的主动权在自己手里,"细数流光怀旅次,独醒残梦立檐前",则写出了一种自己很清醒的心态,独对宇宙苍茫大地,该是如何的心境?

出门拜族里故居、祖墓诸地,过响塘、彭泽、种湖。

拜罗原冈祖墓,寻百年后安身处:"彭泽迢迢宿种湖,罗原冈上又停车。夜分独散青霄步,一点灵台合太虚。"⑥"夜分独散青霄步,一点灵台合太虚",内心的虚明能力可以究宇宙一切万物的原始起点,以现代话语来说,就是通过内心的思考探究一切宇宙真理,此可证康斋晚年所证

---

① 《康斋集》卷7《坐东门外樟树根》,第505页。
② 《康斋集》卷7《自得亭即事》,第505页。
③ 《康斋集》卷7《自得亭对雨书怀》,第505页。
④ 《康斋集》卷7《题弋阳吴茂宰双白轩》,第505页。
⑤ 《康斋集》卷7《中秋玩月次旧韵》,第505页。注云:永乐己亥、庚子寓五峰甥馆,正统庚申、辛酉、壬戌寓种湖,景泰癸酉寓安庆,天顺丁丑寓吕坊寺,戊寅寓新桥驿,癸未寓歙县,成化丙戌寓五峰。
⑥ 《康斋集》卷7《宿罗原冈》,第505—506页。

的无极之境。

冬，心态平和，有诗："年将八十待何为？贤有良谟圣有规。逐日孜孜无别想，幸时相赏莫相违。"①"逐日孜孜无别想"，真所谓不知日之将至也，一心一意读圣贤书。

是年，胡敬斋在白鹿洞书院讲学。有书信给周孟中（时可）。② 冬，李龄节俸捐资修贯道桥、延宾馆，明年春讫工。③ 撰《续白鹿洞规六则》，云：

> 正趋向以立其志、主诚敬以存其心、博穷事理，以尽致知之方、克治力行，以尽成己之道、推己及物，以广成物之功。

又撰《白鹿洞讲义》。

> 古之学者，必以修身为本。修身之道，必以穷理为先。理明身修，则推之天下国家，无不顺治。今诸君在洞者，务必用功于此。虚心一意，绝其杂虑，而于圣贤之书，熟读精思明辨，反之于身而力行之。又于日用之间，凡一事一物，必精察其理。一动一静，必实践其迹，则所学在我。而于酬应之际，以天下之理，处天下之事，必沛然矣。又何古人之不可学哉！

---

① 《康斋集》卷7《偶成》，第506页。

② 胡敬斋《与周时可》载，"居仁于戊子年曾奉书于左右，未知达否？于后虽病困山林，怀想不已。盖昔在白鹿洞，询知阁下本心，故未敢相忘于江湖也。"按：周孟中，字时可，号畏斋，江西吉水庐陵人，成化五年（1469）进士，累迁历福建按察司金事。弘治元年（1488年）任广西副使提学。曾于弘治十三年（1500）访陈白沙。主纂《广西通志》。弘治十五年（1502），广东左布政使周孟中乞休，上以其方会荐大用，勇于辞荣，加右副都御史致仕，仍命驰驿以归。

③ 胡敬斋《贯道桥记》："成化元年，潮阳李公提学江右，一新书院。选州邑士子之秀者聚而教之，故学者云集。视是桥圮，不可不修，又不可不为坚固久远之计。于是出资募匠，始于戊子冬，成于己丑春。"又胡居仁《延宾馆记》："潮阳李公龄，既新白鹿书院，置学田，延师儒，聚英俊，拳拳以德行为教，揭朱子学规以示学者。好古乐义之士，自公卿以至岩穴之贤，来游是洞者接武联镳。公欲立馆以延客，而重用民力，至戊子冬，岁稔民安，乃于农隙兴工。木石之费，皆公捐己资，未尝有毫米敛于民。始事于仲冬，毕功于孟春。"

后因母丧,辞教职归家。

是年,陈白沙四十一岁,复入京师。有《送吾廷介归开化》。①

有《立春感怀》(戊子)《拟呈赵刘二侯》《剑山邓氏淑景亭》(藏世系碑)《蓝头书屋为新喻何琛题》《晓枕作》《即事》《坐东门外樟树根》《自得亭即事》《自得亭对雨书怀》《题弋阳吴茂宰双白轩》《中秋玩月次旧韵》《宿斯和颠徐氏》《奉柬彭泽族里》《宿种湖》《宿罗原冈》《偶成》诗。②

此年,陈真晟五十八岁。在江西瑞州,与名士吴绎思(初名敷,以字行,更字思周,号拙戒,福建莆田黄石塔兜人。景泰四年举人,天顺元年进士。历任饶州德兴知县、瑞州府同知、惠州知府、潮州守、浙江布政司左参政、江布政司右布政使等)相聚论学二三日,相谈甚欢。盖吴绎思前来求学求教也。③

---

① "吴"为"吾"笔误,参考黎业明博士的相关研究。
② 《康斋集》卷7,第504—506页;《康斋先生文集》卷7,第1198—1201页。
③ (明)陈真晟:《布衣陈先生旧稿》,嘉靖十七年戊戌周南序刻本,卷9《太守莆田吴绎思祭文》。

1469年,己丑,成化五年,79岁。

此年日录,总计19条。

　　观《晦庵文集》,亲先生之教,令人超然于世,万虑俱消。窃思当时立于其门者,宜何如哉?（己丑）①

　　家事时婴怀,亦当顺理而行,情顺万物而无情,可也。

　　倦卧,仰思古今国、家治乱得失,及人、家盛衰得失,为之凛然!

　　无时无处不是工夫。

　　暂游大门之外,桃李烂然,日丽风暄,先王以茂时对育万物。

　　日亲圣贤嘉谟,何幸如之! 但恨读之晚矣!

　　早憩自得亭,亲笔砚,水气连村,游鱼满沼,畦蔬生意,皆足乐也。

　　"施为欲似千钧弩,磨励当如百炼金。"

　　年老厌烦,非理也。朱子云:一日未死,一日要是当。

　　岁月如流,而学德有退无进。有志之士,其兴感乎? 无感乎?

　　玩《遗书》,噫! 不知所向,安知斯人之为功? 圣人责人也常缓,便见只欲改正,无显人、过恶之意。②

　　观五峰旧稿,感慨系之矣。

　　夜思平生经历,五更方寐。圣人未尝忘天下。果哉! 未之难矣。

　　逐日亲圣贤名教,甚幸! 但渐期寡过而未能也。

　　玩《易》,默而绎之,不胜痛快,但恨岁月来无多。

　　早浴栉后,东轩亲简编,竹日明窗。意初回乡时,石泉柱帖云:

---

① 四库全书抄录本《日录》第309条后缺"己丑"二字,今据正德本补。

② 此条,嘉靖本的"噫",四库本作"意"。

欲到大贤地，须循下学功。回首近六十年矣！大贤地，何日到耶？

于事厌倦，皆是无诚。

天下之至颐而不可恶，天下之至动而不可乱，"廓然而大公，物来而顺应。"倦卧，养病，思已往践履，及圣贤名教。卧起，天向暝矣。

变之纷纭，而应之各有定理。①

此年，渐觉工夫深密，有知几之学。晚年，还是喜读朱子文集，"日亲圣贤名教"，至老不变，可谓虔诚的朱子后学典范，而且常有"超然于世，万虑俱消"的良好心态，甚属不易，这说明他对朱子的学问已经了解得很透彻了。晚年主要是作摆脱厌烦的心性工夫，每当他自觉意识到这个问题，他觉得还是要真诚为上，要做慎独的工夫。

绝笔，"天下之至颐而不可恶，天下之至动而不可乱""廓然而大公，物来而顺应""虽万变之纷纭，而应之各有定理"，说明，他觉得还是程朱理学的思想相对靠谱，具有客观性。

已是七十九岁高龄的康斋，此年身体多有不适，勉强出游："满圃芳菲积雨催，东阳新霁病怀开。儿扶杖策闲游处，尚有残红待我来。"②但心态比较乐观。

二月，璇庆四十岁大寿："良辰大壮绮筵开，细酌诸生介寿杯。珍重相观而善处，麟经羲画养灵台。"③勉励其进学《易经》。

有怀严州太守张永，寄诗："金台高谊连三月，严濑离情又六年。驻马江干何日遂？ 暮云春树梦相牵。"④

来往自得亭，作诗感悟人生："晓立鸡声月，昼坐绿阴风。两行名教旨，千古此心同。"

---

① 《康斋集》卷11《日录》第309—327条、第586—587页；《康斋先生文集》卷11，第1309—1310页。需要指出的是，四库全书版第586页在第309条下面，缺标注"己丑"字样，今据嘉靖本补。

② 《康斋集》卷7《即事》，第506页。

③ 《康斋集》卷7《璇庆生辰》(二月)，第506页。

④ 《康斋集》卷7《寄严陵张太守》，第506页。

"一尘不动处,万籁无声时。高卧清风里,微吟自得诗"①,突出自得精义的目的。"两行名教旨,千古此心同",万古一心,又好像他感悟到心学的重要性,而"一尘不动处,万籁无声时"则体现康斋晚年无声无息的大化之境。

思考自己的一生,难入睡,有"老去逾怜学圣难,日新程课敢容悭。细思夙昔无眠处,凉月纷纷五夜阑"②。

挽南昌胡昭:"璧水才华夙分深,九莲高谊古人心。衡茅新约成春梦,何处凄凉问断金。"③盖康斋借宿九莲寺,多与其游。

东轩静思,"东轩高卧处,竹影乱虚檐。借问轩中事?新功细学谦"。④

八月十四夜,玩月:"满林凉月映更初,高枕虚窗玩易余。老去倦为湖海客,年深幸托竹松居,知几渐觉工夫密,安分宁论活计疏。企仰圣谟频浩叹,襟期何日得纯如?"⑤"知几渐觉工夫密",说明他对易学的几学已经活学活用了,达到很高的程度。

挽饶州吴别驾:"男儿何者是豪雄?德义存心任转蓬。虽死犹生双白志,廉顽立懦仰英风。"⑥

自己鞭策进学:"旧迹沉吟久,新功感慨多。形容空老去,抱负竟如何?颜孟虽相远,路歧宁敢他?先民有成宪,程课日渐磨。"⑦

和杜诗:"当年谢病辞金阙,此日高登在凤台。嘉礼特蒙天使盛,客怀时向故人开(程庸)。浮沉转盼成今古,寒暑惊心几往来。万事蹉跎空白发,余龄程课为谁催?"⑧

怀阎巡检:"戊寅此日接吴航,历叙羲轩重大方。伴宿跪辞劳梦想,尺书何日达南阳?"⑨

---

① 《康斋集》卷7《自得亭》(二首),第506页。
② 《康斋集》卷7《不寐》,第506页。
③ 《康斋集》卷7《挽豫章胡昭》,第506页。
④ 《康斋集》卷7《东轩即事》,第506页。
⑤ 《康斋集》卷7《八月十四夜玩月》,第506页。
⑥ 《康斋集》卷7《挽饶州吴别驾》,第506页。
⑦ 《康斋集》卷7《次前己己丑暮秋拙吟以策余齿》,第506—507页。
⑧ 《康斋集》卷7《九日次杜韵》,第507页。
⑨ 《康斋集》卷7《怀阎巡检》(承以羲轩群圣之道见,勖夜孥舟伴宿),第507页。

十月,隆孙初度,康斋作最后一首诗:"前日殷勤话梦兰,兹晨喜气蔼门阑。鹏程万里男儿事,夙夜孜孜学孔颜"。[①]

此年,天气变寒,十月十七日卯时,康斋捐馆。

是年李龄殁,胡居仁为之作《祭潮阳李先生》《祭李宾客白鹿先生》文。

是年陈白沙四十二岁,复会试下第,遂南归,三月行李出京,是日次析木之店。五月二十一日至南京见罗伦。二十四日罗伦有《送白沙先生诗序》。六月过清江,以手书问先师,尚无恙也。秋归自京师,杜门却扫,潜心大业,四方学者日益众。"自己丑得病,五六年间,自汗时发。"(《复赵提学金宪》)

有《即事》(己丑)《璇庆生辰》(二月)《寄严陵张太守》《自得亭》(二首)《不寐》《挽豫章胡昭》《东轩即事》《八月十四夜玩月》《挽饶州吴别驾》《此前日己丑暮秋拙吟以策余齿》《九日次杜韵》《怀阖巡检》(承以義轩群圣之道见。勗,夜孥舟伴宿)《隆孙初度》(十月)诗。[②]

---

① 《康斋集》卷7《隆孙初度》(十月),第507页。
② 《康斋集》卷7第506—507页;《康斋先生文集》卷7,第1201—1203页。

1470 年,成化六年,庚寅。

是年,陈白沙 43 岁,秋门人张镆书来求跋康斋先生真迹。

1472 年，成化八年，壬辰。

康斋葬江西抚州崇仁县五十五都罗原冈。

是年，胡居仁赴上饶访同门学友娄谅，登其家芸阁（康斋曾讲学于此阁），与其兄娄谯、弟娄谦累日共相讲学，论体用之学，娄谅子娄性、娄忱在阁听讲①，并畅游上饶著名风景名胜龟峰诸地，多有诗赋。②

是年西历 10 月 31 日，余姚王守仁生。

是年，陈白沙娶继室罗氏。二月丰城友人某以康斋捐馆讣至。接到康斋仙逝的消息，立刻写了一首诗来表达当时复杂而又悲痛的心情："忽看华表鹤来还，白首书生尚掩关。四海未应无汝水，千秋只合对巴山。声名老去乾坤大，衣钵相传父子间。今夜越南思岭北，灯前空有泪阑斑。"③五月二日作《奠伍光宇文》，六月作《告伍光宇文》。

是年，黄南山八十二岁。重阳，南山夫子《海涵万象录》成，自序曰："《海涵万象录》者，南山杂录之重名也。《南山杂录》者，我溥孙于吾归田之后，凡见吾之所笔标于经史诸书，闻吾之所言于燕闲居处之时，得即录之，久而成帙。闲虑录杂无绪，又类聚之，以便观览。缮写既毕，乃以名请。此予重名之所由也。名之何居？盖凡立名，宜于小者，必极其大以张之；其大者，则极其小以藏于密。夫宇宙间，有日、月、地土三大质，皆一气。举之，而四海混涵无外。然陆地所产之物，无一不具乎海，而天象、昼夜循环之，而无穷尽。若转云'万象海涵'，则止乎天汉星宿，

---

① （明）胡居仁撰，《胡文敬集》卷 2《芸阁记》，文渊阁《四库全书》第 1260 册，第 39—40 页。

② （明）胡居仁撰，《胡文敬集》卷 3《游龟峰》，文渊阁《四库全书》第 1260 册，第 67 页。

③ （明）章衮撰，《章介庵文集》卷 11《随笔琐言》，《四库存目丛书》集部第 81 册，第 710—711 页。这首诗为散佚之文，可补入白沙先生文集。

而不足以包地土之万类。故曰'海涵万象'也。予之言虽不敢冒此美名，而于小者必极其大以张之，亦庶乎获免取哂于大家也。成化壬辰重阳日书。"①

---

① 《南山先生家传集》，卷31。

1482 年，成化十八年，壬酉。

冬，十一月，白沙过罗原岗，祭拜先师康斋，作文，撰诗。

　　维成化十八年，岁次壬寅十一月日，门人新会陈某被征赴阙，道出剑江，谨具牲醴，告于先师聘君康斋先生之墓曰：于乎！元气之在天地，犹其在人之身，盛则耳目聪明、四体常春，其在天地，则庶物咸亨，太和絪缊。先生之生，孕三光之精，钟河岳之英，其当皇明一代元气之淳乎！始焉知圣人之可学而至也，则因纯公之言而发轫；既而信师道之必尊而立也，则守伊川之法以迪人，此先生所以奋起之勇，担当之力，而自况于豪杰之伦也！先生之教不躐等，由涵养以及致知，先据德而后依仁，下学上达，日新又新。启勿助勿忘之训，则有见于鸢鱼之飞跃；悟无声无臭之妙，则自得乎太极之浑沦。弟子在门墙者几人，尚未足以窥其阃域。彼丹青人物者，或未暇深考其故，而徒摘其一二近似之迹描画之，又焉足以尽先生之神？某也生长东南，抠趋日少，三十而后立志，五十而未闻道，今也欲就而正诸，而悲不及先生之存。先生有知，尚鉴斯文！尚享！①

　　桐园三尺聘君坟，犹有门人为扫云。此日英灵应识我，斯文风气莫如君。吟残老杜诗千首，看破伊川易几分。未了平生端的事，九原风露倍酸辛。②

---

　　① （明）陈献章撰，孙通海点校，《陈献章集》卷 1《祭文·祭先师康斋墓文》，北京：中华书局，2012 年，第 107 页。
　　② （明）陈献章撰，孙通海点校，《陈献章集》卷 5《七言律诗·过康斋吴与弼先生墓》，北京：中华书局，2012 年，第 496—497 页。

1488年，弘治元年，戊申。

弘治元年六月望日，江西上饶学生娄谅应康斋子璇庆要求，撰写《吴康斋先生与弼行状》。

《吴康斋先生与弼行状》（[明]娄谅撰）

先生姓吴氏，始祖讳兢，汴州人，贯知经史，方直寡言。唐睿宗时，累迁谏议大夫。七世孙讳宣，娶蜀主孟昶女，徙居抚州，子孙因家临川之种湖。高祖讳景南，号南窗，工诗，吴文正公序其集。曾祖讳审，号楚江，博学，词藻清丽。祖讳泾，号逸遇，徙居崇仁之莲塘。父讳溥，字德润，号古崖，国子司业，刚介自守，所为诗文有《古崖集》。母裴氏。

先生以洪武二十四年十二月十四日亥时生，逸遇梦祖墓一藤盘旋而上。问墓傍一老人，"此何藤？"答曰："扳辕藤"。望日生先生，因名梦祥，长讳与弼，字子傅，号康斋。继母郑氏。先生资禀英异，八九岁时，已负气岸，读书乡校，巍然有立。侍亲京师，习举子业，科第可期矣。永乐己丑，年十九，一见《伊洛渊源录》道统之传，心慨慕焉。及睹明道亦尝有猎心，乃知圣贤之必可学，遂弃举业，谢绝人事，独处小楼之上，日玩四书诸经，洛闽语录，收敛身心，沉潜义理，视世之所尚，举不足其志，直欲造乎圣贤之域。其诗曰"九仞始一篑，千里方跬步"，又曰"诚当通鬼神，志当贯金石"，盖不下楼者二年。

辛卯冬，以用工过苦致疾，遂还乡。遭风，舟几覆，众皆惊怖失措，先生独正襟危坐。舟定，问其故，曰"吾守正以俟耳"。居乡，动必以礼，或笑其迂，或哂其僻，先生介特凛然，不少变于俗。盖其涵养体验之功深，故定力如此。每省亲太学，粗衣敝屦，人莫识其为司成之子。里闬之人多横逆，弗与校，益厚其德，久而从化。中岁家益贫，衣食不给，风雨不蔽，躬亲稼穑，手足胼胝。非其义，一介不以取诸人。好学之笃，不知昼夜寒暑，或在途，或夜牧，或枕上，亦默诵精思，无一杂念。敬义夹持，明诚两进；自强不息，日新程课。世利纷华、毁誉欣戚，不一动其心。古之圣贤，尝形诸梦寐；昨非今是，日改月化。门人胡九韶叹曰："先生可谓日进无疆者矣"。

先生刚毅疾恶，慕明道之和易，凡遇逆境，必加含容。用力既久，浑然无复圭角。然当风颓俗靡之中，壁立万仞，非刚毅不能也。深慨嗜利者多，师道不立。四方来学者，却其束修，虽饥寒切身，有所不顾。尝语学者曰："吾平生得患难进学"。九韶曰："惟先生遇患难能进学，在他人则惰志矣"。呜呼！天所以困穷拂郁其身，盖欲坚志熟仁而胜大任也。及其工夫贯彻，不怨天，不尤人，动静语默之间，莫非鸢飞鱼跃之妙矣。其事亲则致其孝，亲心或有不顺，负罪引慝，终亦底豫。幼失所恃，事继母如所生。待异母诸弟，友爱兼笃。夫妇之间，未尝有惰容。接朋友以诚敬，讲论义理，每忘寝食。待亲宾，随其所遇，不强其所无。间有寒士欲就学者，辄馆谷之，惟恐人不入于善。岁凶，饿莩相枕，劝谕富民发廪赈济，全活者甚众。里有灌荫沟池也，久埋为田，率乡人开垦修筑之，人有所赖。倡明正学，远近尊信，皆知崇礼义，斥异端，惟恐不遵其教为耻。

先生于世味淡然。年十九，尝从杨洗马学，见先生器识超卓，未尝以子弟礼相待，情义极厚。洗马位居保傅，屡寄声于先生，竟无一字相答。先生道益高，誉益广，天下仰之。缙绅、尚德之士，累上章褒荐，俱引疾弗起。天顺元年十月，忠国公石亨上疏，论先生学行之高，士类为之矜式，朝廷宜礼聘至京，崇以禄位，俾展嘉猷。英宗皇帝允其言，遂遣行人曹隆赍诏，仍赐礼币，往起先生于家。十二月，行人奉诏至小陂。二年三月，上道。五月壬寅，至京。授左春坊左谕德，先生疏辞职。上召入文华殿，从容顾问，寻遣使赐钞罗羊酒柴米，续奉旨"朝廷久闻高谊，特用征聘，今惠然远来，朕深嘉悦，然币以将诚，官以命德礼，非过也，不允所辞"。士友咸劝先生就职，先生曰，"浅陋之学，衰病之躯，岂堪任职？苟就职，便须屹然风采，动于朝端，方不负天书期待之重，岂敢但为窃禄已哉？"

甲辰再疏辞职，奉旨，"固知本心，不干仕进，亦不烦以冗务，特处以宫僚之职，不必再辞"。戊申，学士李贤请召先生入内阁，讲《中庸》。己酉，三疏恳辞，奉旨"固辞虽得难进之义，揆之中道，无乃过乎？欲观秘书，可勉就职"。丙辰，先生令子旋庆赴吏部告疾。部以疾闻，上知先生终不可留，略有允辞之意。七月庚寅，四疏终辞，奉旨"既年老有疾，不能供职，准辞"。丙申，进封事，一曰"崇圣志"，二曰"广圣学"，三曰"隆圣德"，四曰"子庶民"，五曰"谨命令"，六曰"敦教化"，七曰"清百僚"，八曰"齐庶政"，九曰"广言路"，十曰"君相一德同心"，语载集中。己未，召入文华殿，上眷注无已，丁宁勉之著书垂后，赉以银币，给以月廪，复遣行人王惟善送归，仍赐诏褒嘉，以示拳拳之意。先生既辞，上令内宦传旨敕行人惟善曰，"天气近寒，吴与弼年老，一路好生看顾，莫教他费力"。上之眷遇，亦云至矣。先生拳拳爱君之诚，岂忍遽去？岂不欲行其所学，以继二帝三王之治？顾乃恳辞者，盖有不得已焉耳。己卯九月，遣门生车某进谢表。

辛巳冬，先生适楚，拜旧师杨少傅之墓。壬午春，适闽，拜朱子考亭，以伸平生慨慕之怀。乙丑十月十七日卯时①，以疾卒，享年七十有九。

先生上无所垂，挺然独立，上无所传，闻道甚早。其为学也，尊德性以极乎道体之大，道问学以尽乎道体之细，反躬实践，隐显一致。其成德也，人欲尽而气宇和，大本立而达道行，知足以周万物，道足以济天下，其心歉然，未尝自以为足也。先生风格高迈，议论英发，善启迪人。听其言者，莫不踊跃思奋，恒举程子之言励学者，曰："言人当以圣为志，言学当以道为志"。然进修不可躐等，必先从事于小学以立其基，然后进乎《大学》以极夫体用之全。读《论语》则以博文约礼为要；《孟子》则以充四端求放心为本；《中庸》则谨乎存养省察之功，以致中和之极。明《太极》以知性之原，究《西铭》以识仁之体，《易》宗程朱而鄙后世新奇之说，《书》则古文虽致朱子之疑，或者以为伪书而删之，先生以为古文虽平易而义理亦精

---

① 《献征录》所录"巳"字为"乙"笔误。

深，固不得而去取也。朱子《诗》解已无余蕴，《春秋》则本程子而资胡氏之发明，《三礼》则讲而习之，以见圣人品节之详。

尝叹宋末以来，笺注之繁，率皆支离之说，眩目惑心，非徒无益，而又害焉，故不轻于著述。异端杂说不接于目，俗儒之说一览而得失了然，理明义精也。程朱之言，不忍释手，心契道合，无古今之异也。所为文皆积中发外之实，清明峻洁，曲折迂纡，读之使人自然兴起。诗则本乎情性，原于义理，优柔雄浑，有盛唐风致。《日录》记日新之功，发自得之蕴。书大小皆得晋体，自成一家，而妙造于化。天文、地志、律历、医卜，罔不究其说。若先生，可谓全人矣！

呜呼！紫阳没世，道统无传，所尚者文词训诂、功名利欲而已。先生奋乎百世之下，览前迹而启其任道之机，远续洛闽之绝学，诚旷古之豪杰也。平生历患实多，务学甚苦，竟不获少试于时，惜哉！先生永乐壬辰，始居实泉。宣德戊申，居小陂。正统庚申，居种湖祖基，二载而复居小陂。成化八年十月乙酉，葬本邑五十五都罗原岗。娶五峰陈氏。子一人，璇。女三人，长适丰城胡全，次适同邑饶循，幼适临川饶协。先生没有年矣，璇庆以谅受学门下，俾状先生之行，顾谅之浅陋，何足形容万一？特述闻见之梗概，以诏后世云。[①]

一斋嫡传弟子东岩（夏尚朴，上饶广丰人，1466—1538）一生多以康斋学为涵养旨趣。

东岩赞康斋诗学：

选诗，陶后鲜有佳者。独康斋五言诸作，直自胸中流出，冲淡和平，足嗣清响，非讽咏之久，无以见之。朱子谓："若曾用力学渊明诗，然后知渊明诗，非着力能及也。"愚与康斋亦云。[②]

[①]（明）焦竑（编），《献征录》，《四库存目丛书》史部第 106 册，（明）娄谅：《吴康斋先生与弼行状》，第 456—459 页。

[②]（明）夏尚朴撰，《东岩集》卷 1《语录》第 58 条，文渊阁《四库全书》第 1271 册，第 11 页。

东岩赞康斋文集：

> 此康斋手删本也。康斋诗文近刻于抚，并少作及尝删去者悉存，观者病之。予昔从游一斋，得见此本，手自抄录，居恒讽咏，于兹三十年。窃尝谓康斋为人严毅，而诗复和平，中之所养可知。迨至晚作，类多愁叹之语，抑可见其好学之心，至老弥切也。凡此皆考德者所宜知。因缀数语，示儿侄辈，使知康斋之诗，诚可以独步当世，非久于玩索者，不能知也。后之欲刻者，当以此本为正，取少作及尝删去者悉附其后，庶乎其可耳。①

东岩读康斋诗：

> 梦想高飞何处寻，遗篇伏读感人深。暮年诗句多愁绝，慷慨平生忧道心。②
>
> 青山曾属聘君游，妙墨端为万古留。愧我未能追远躅，春风也得一登楼。③
>
> 欲寡身轻任往还，空山独夜旅魂安。东西南北无所碍，一片闲云宇宙间。④

阳明江西弟子邹东廓（邹守益，1491—1562，字谦之，江西安福县人）深赞康斋陶养性情的圣人之学，序康斋日录：

---

① （明）夏尚朴撰，《东岩集》卷2《序类》《书小陂集后》，文渊阁《四库全书》第1271册，第22页。

② （明）夏尚朴撰，《夏东岩诗集六卷》卷5《七言绝句·读康斋先生集有感》，《四库存目丛书》集部第67册，第375页。

③ （明）夏尚朴撰，《夏东岩诗集六卷》卷5《七言绝句·过周村，登楼次康斋先生壁间韵》，《四库存目丛书》集部第67册，第378页。

④ （明）夏尚朴撰，《夏东岩诗集六卷》卷5《七言绝句·归自巅外，由吉永丰取道到新淦，夜宿双林寺。晓枕闻雨声，默诵康斋旅次数诗，不胜感仰，因赋此》，《四库存目丛书》集部第67册，第381页。

予尝读康斋日录，爱其固穷守道，瞿瞿以陶养情性为事，月琢岁磨，至老而不懈，其立志之笃，直以天地圣人为准。曰，未至于天道，未至于圣人不可谓之成人。呜呼，充是志也，岂孑孑以一善自足者伦乎！於穆不已，天之德也。纯亦不已，圣之所以合天也。自强不息，学者之所以希圣也。学者而甘于机械变诈，以自绝于善，固不相为谋矣。如欲去伪存诚，以入尧舜之道，则舍是安所从事乎？故夫修于大庭而屋漏弃之，慎于大节而细行忽之，锐于首途而末路怠之，皆息也。息则与天不相似矣。故曰，君子不动而敬，不言而信，戒慎乎其所不睹，恐惧乎其所不闻，则无须臾之息，而天德纯矣。天德纯而王道出矣。此千圣相传之心法也。而世之从事焉者，寡矣。或曰，"康斋见道，乃于风日花鸟之间，恐未为得之。"嗟夫！君子之学，以陶养性情为第一义，故不以万物挠己，而能役万物以为乐。以万物挠己者，私之也。私之则必争，争而得之则骄，弗得则悲，将不胜其戚戚矣。役万物以为乐者，公之也。公之则无争，直与天地万物同流而共贯，鸢飞鱼跃，俯仰无碍，浴沂咏归，古今同符。夫惟不挠于物，而后几于道矣。国朝以道鸣者，文清、康斋、敬斋、白沙诸君子，其尤也。薛、胡遗训往往流布，而吴、陈鲜焉。尝欲择其粹言并传于世，而力未暇也。吾友皇甫冲偕其弟涍谋刻康斋日记，以为自警之方，且以嘉惠同志，此其志，岂足于一善者？凡百君子，各养其性，各约其情，无诎富贵而陨贫贱，以屹立于万物之上，则是书之行，将不为世道一坊乎！①

官至吏部尚书、东阁大学士的崇仁后学吴道南（字会甫，号曙谷，1547—1620，)深服乡贤康斋，序黄明所撰《康斋年谱》：

康斋去今百四十余年所矣。黄君明氏谱其年，以观予，且嘱之序。盖曰："康斋之学，遡伊洛之渊源，其出处进退，轨诸道；其穷通得丧，付之天，人所知也。乃若笃志苦心，亲师觅友，惟日孳孳而不

① （明）邹守益撰，王伟民点校，《东廓邹先生文集》卷1《〈康斋日记〉序》，《四库存目丛书》集部第65册。

知老之将至,真有因年独觉其进,维兹谱足以识之"。余曰:"是心也,非独厚效忠于聘君,实大道为公于天下。其假灵于君乎? 后死者得与于斯,吴陆之正派为不亡矣"。南独怪夫先生之学能取信于胡敬斋、陈白沙,而不能必枌梓之,名贤有"不可见""不必见"之訾,能令金宪何公、郡守王公、待御涂公、陈公荐之于朝,而不能必无根之议,袭讹于通纪。夫浪说蔓传,自古难据。至谓"不必见者",必见始知之。既云"不可见",何由知其不必见乎? 然而胡、陈两先生之从祀圣庙者,固昔之援受门墙者也,胡为必欲见之? 在先生,何尝不可见耶? 且众言淆乱,折诸圣;野史稗宫,准诸实录。方先生币聘入朝,授官谕不拜。英宗皇帝谕曰"讲于秘阁。"时李文达、彭文宪、吕文懿言于上。上曰:"此老诚非迂阔者,务令就职。"已而条上十事以备赞御之箴,帝为嘉纳,迨固辞难强。上召至文华殿,天语丁宁,欲其无忘纂述,以继前贤辅教垂世之意,仍遣大行护送,赐金币,使其时先生勉就厥职。君臣鱼水之欢,何必减一德训志时也。余生也晚,未及奉诲于先生第、近先生之居。若此其甚去先生之世,若此其未远,道范昭垂津津响慕。令人恨不获从游,步武于胡、陈两先生后,则君明氏之谱,与南此之序,非徒信先生也,亦所以信自有之心而已。①

明学殿军的念台(刘宗周,1578—1645,绍兴人)独崇康斋为明儒之冠:

愚按,所不满于当时者,大抵在讼弟一事,及为石亨跋族谱称门士而已。张东白闻之,有"上告素王,正名讨罪,无得久窃虚名"之语,一时名流尽哗,恐未免为羽毛起见者。予则谓之过,不特在讼弟之时,而尤在不能喻弟于道之日。特其不能喻弟于道,而遂至于官,且不难以囚服见有司,绝无矫饰,此则之过所谓揭日月而共见者也。若族谱之跋,自署门下士,亦或宜然。徐孺子于诸公推毂

① (明)吴道南撰,《吴文恪公文集》卷15《聘君吴康斋先生年谱序》,《四库禁毁书丛刊》,集部第31册,第519页。

虽不应命,及卒,必千里赴吊之意,其犹行古之道乎?后人以成败
论人,见亨他日以反诛,便谓不当与作缘,岂知之不与作缘,已在应
聘辞官之日矣。不此之求,而屑屑于称谓语言文字之间,甚矣责人
之无已也!康斋之学,刻苦奋励,多从五更枕上汗流泪下得来。及
夫得之而有以自乐,则又不知足之蹈之、手之舞之。盖七十年如一
日,愤乐相生,可谓独得圣贤之心精者。至于学之之道,大要在涵
养性情,而以克己安贫为实地。此正孔、颜寻向上工夫,故不事著
述,而契道真,言动之间,悉归平淡。晚年出处一节,卓然世道羽
仪,而处之恬然,圭角不露,非有得于道,其能如是?《日记》云:"淡
如秋水贫中味,和似春风静后功。"可为写照。充其所诣,庶几"依
乎中庸,遁世不见知而不悔"气象。余尝僭评一时诸公:薛文清多
囿于流俗,陈白沙犹激于声名,惟醇乎醇云。①

清儒费纬裪(宁波鄞县人,字约斋)赞康斋"勿忘勿助"的自然养法:

　　愚按,先辈之学,虽居一室,若对圣贤。虽在山林,不忘君国。
康斋辞官不就而表陈十事,首以尧舜望其君,可谓志伊尹之志者
矣。衡门栖迟,有万物一体气象,斯岂石隐者流乎。洙泗绍千圣之
统,而日述而不作,其成法固有所自来,即祖述宪章二语便是公案,
嗣是而濂洛而关闽,以心传心,一线不走,所谓成法也,康斋多举
之。上以继往,下以开来者,孟子之后一人已。……天地间人心自
闹,万境自闲。心若能闲,则云白山青,川行石立,花迎鸟笑,谷答
樵讴,在在神怡志爽,万物自春,何等快乐,况与圣贤相对乎?故苏
子见文章触处皆文章,程子见道体触处皆道体。乐处悠然,苦处亦
悠然,此正是勿忘勿助真境。闲时能不闲,忙时能不忙。康斋洵有
会心者乎。②

---

① (明)黄宗羲撰,沈芝盈校点,《明儒学案》《师说·吴康斋与弼》,北京:中华书
局,2008年,第3—4页。
② (清)费纬裪撰,《圣宗集要》,《四库全书存目丛书》史部第123册,第575—576页。

1982 年,美国哥伦比亚大学 Kelleher Theresa 以康斋思想为其博士学位论文研究对象,题目为《成圣的亲证:吴与弼的生活和日记(1392—1469)》①,详细地分析康斋学术思想及其历史影响。

1997 年,台湾《中国文哲研究集刊》发表了中研院资深研究员、双博士钟彩钧先生的长篇学术论文《吴康斋的生活与学术》,赞誉康斋为"明代理学的开山人物"。②

2018 年,笔者出版了《明代心学启明宗师吴康斋思想研究》,此书题目为其恩师同济大学朱义禄教授所定,该书从多学科多角度论述康斋学是阳明心学的启明,康斋是明代理学开山宗师。

---

① Kelleher Theresa,《*Personal Reflections on the Pursuit of Sagehood:The Life and Journal (Jih-lu) of Wu Yu-pi (1392 -1469)*》,Columbia university, 1982.

② 钟彩钧:《吴康斋的生活与学术》,《中国文哲研究集刊》1997 年第 10 期,第 269—316 页。

附录一　吴康斋诗文辑佚

编者按：历代善本康斋文集弥足珍贵，康斋轶文尤甚。对于初学者，读散佚诗文，品读历代先贤对康斋人品与学术的评价，更容易引起大家对康斋学的兴趣。十余年来，余对四库全书系列与相关资料进行整理，有此附录。

居仁与陈献章皆出吴与弼之门，与弼之学介乎朱陆之间，二人各得其所近。（录自《居业录》）①

居仁之学，虽出于吴与弼，而笃实则远过其师，故在明代与曹端、薛瑄俱号醇儒。（录自《易象钞四卷》）

惟推尊吴与弼太过，则颇有所不可解耳。（录自《枫山语录》）

（明王畿）吴与弼、陈献章、胡居仁二十四家，皆论心学之语也。（录自《大儒心学语录》）

（明曹煜）浮梁人，嘉靖丙戌进士。……推吴与弼过甚，于石亨一事，至以孟子称、孔子者称之，殊为曲笔。（录自《东溪蔓语一卷》）

（清彭定求）（吴与弼）二十一家讲学之语，少或一二条，多至十数条，定求自有所见，即附识于后。（录自《儒门法语》）

观其中引明薛瑄、蔡清、吴与弼事……明中叶以后人矣。（录自《枕流日札》）

（明尹直）好恶之词，或所不免。其丑诋吴与弼不遗余力。案《明史·儒林传》载与弼至京师，李贤推之上坐，以宾师礼事之。编修尹直至，令坐于侧，直大愠。出，即谤与弼。及与弼归，知府张瑄谒见不得，

---

① 　资料出处，如未作特殊说明，均来源于四库全书版。

大恚。募人代其弟投牒讼与弼，立遣吏摄之，大加侮慢，始遣还。编修张元桢不知其始末，遗书诮让，有"上告素王，正名讨罪，岂容先生久窃虚名"语，直复笔其事于《琐缀录》。又言"与弼跋石亨族谱，自称门下士，士大夫用此訾与弼"。又载顾允成之言，以为好事者为之。然与弼求名太急，实有矜心作意、刻画圣人之处，观其《日录》，约略可见。（录自《蹇斋琐缀录》）

（明吴与弼）字子傅，临川人。……然与弼之学实能兼采朱、陆之长，而刻苦自立。其及门弟子陈献章得其静观涵养，遂开白沙之宗。胡居仁得其笃志力行，遂启余干之学。有明一代，两派递传，皆自与弼倡之，其功未可以尽没。其诗文亦皆淳实近理，无后来混漾恣肆之谈。又不得以其急于行道、速于求名，遂并其书而诋之也。（录自《康斋文集》）

（胡居仁）本从吴与弼游，而醇正笃实乃过其师远甚。其学以治心、养性为本，以经世宰物为用，以主忠信为先，以求放心为要。史称薛瑄之后，惟居仁一人而已。……讲授之语亦惟《居业录》一篇，诗文尤罕。是集乃其门人余祐网罗散失而成，虽中多少作，然近里著已，皆粹然儒者之言，不似吴与弼书动称梦见孔子也。（录自《胡文敬公集》）

昔吴与弼作《日录》，自称梦见孔子，人疑其伪。（录自《杨忠愍集三卷附录》）

（明谢复）字一阳，祁门人。少从吴与弼游。与陈献章为同门友，而笃实胜于献章，故集中有《书献章诗后》一篇颇诋其晚涉于佛老，其宗旨可见。然其诗文，则不出讲学之门径，与谈艺家又别论云。（录自《西山类稿五卷》）

（明苏章）字文简，号云崖，余干人，成化乙未进士，官至延平府知府。章少问学于陈献章之门，尝出胡居仁于狱，与吴与弼亦友善，盖亦刻意讲学者。故所作皆率意而成，不能入格云。（录自《滇南行稿》）

（明杨廉）字方震，丰城人。成化丁未进士，官至南京礼部尚书。……廉以气节称，而其父崇尝从吴与弼游，因亦喜讲学。请颁薛瑄《读书录》于同朝，请跻周程张朱于汉唐诸儒上，皆其所奏。故其诗多涉理路，其文亦概似语录云。（录自《月湖集》）

（国朝汤之锜）字世调，宜兴人。……其论学，以周子主静之说为宗……未卒之先，梦周公约其同行，又吴与弼《日录》之续矣。（录自《偶

然云集》)

（明汤光烈）号西麓，新建人，官海丰县教谕。号小麓，尝受业于张元祯。……考张元祯之学出于吴与弼，而麓之学出于元祯。或因亨尝荐与弼，以门户之故，感而修报欤。（录自《钦定四库全书总目》，卷一百九十一，《二麓正议三卷》）

《世宗实录》嘉靖十九年礼部覆薛瑄从祀议。……而庶子童承叙谓："程朱高弟如罗从彦、李侗、尹焞、黄幹尚未得。祀近时儒者，如吴与弼、胡居仁、陈献章亦应从祀，舍彼取此，似为未徧。"应麟亦曰："俟之后世二臣之言，无非以论必久而后定，故聚讼之议不嫌异同，此慎重祀典之意也。臣等惟薛瑄之造诣，其视宋儒虽若有间，然实为本朝理学之倡，必若从祀无以踰瑄。若与弼诸人，亦皆为一时士论之所推许；但时同地近，臣等难以轩轾决择于其间矣。"（录自《五礼通考》，卷第一百二十）

［崇祯］十四年八月……部议周程六子宜称先贤，并请汉儒董仲舒、隋儒王通俱称先贤，且宋从祀至十八人，今止四人为大少，宜以吴与弼、罗伦、蔡清、陈真晟、陈琛、吕柟、王艮、章懋、罗洪先、邓元锡、顾宪成等令候旨行。（录自《五礼通考》卷第一百二十）

蕙田案，明初荐举之目……至如天顺之吴与弼、成化之陈献章，皆以理学名儒特膺征辟，此又以人而重者也。（录自《五礼通考》卷一百七十五）

（冬十月）壬寅征江西处士吴与弼。……五月壬寅授处士吴与弼左谕德，辞［疾］不拜，寻送还乡。（录自《明史》卷十二）

天顺元年诏处士中有学贯天人、才堪经济、高蹈不求闻达者，所司具实奏闻。御史陈迹奏崇仁儒士吴与弼学行，命江西巡抚韩雍礼聘赴京。至则召见，命为左谕德。与弼辞疾不受。帝又命李贤引见文华殿，从容顾问，曰："重卿学行，特授宫僚，烦辅太子。"与弼固辞，赐宴文华殿，命贤侍宴，降敕褒赉，遣行人送归。盖殊典也。（录自《明史》卷七十一）

吴与弼《康斋日录》一卷。（录自《明史》卷九十八）

吴与弼《康斋文集》十二卷。（录自《明史》卷九十九）

朱钦，字懋恭，邵武人。师吴与弼，以学行称。举成化八年进士。授宁波推官。治最，征授御史。出督漕运，按河南，清军广西，并著风节。弘治中，迁山东副使，历浙江按察使。十五年入觐。吏部举天下治行卓异者六人，钦与焉。佥都御史林俊又举钦自代，乃稍迁湖广左布政使。武宗立，以右副都御史巡抚山东。中官王岳被谪，道死。钦上言："岳谪守祖陵，罪状未暴，赐死道路，不厌人心。臣知岳为刘瑾辈所恶，时必瑾潜毁以至此。望陛下察岳非辜，惩瑾谗贼。"疏至，瑾屏不奏，衔之。钦以山东俗淫酗，严禁市酤，令济南推官张元魁察之。犯者罪及邻比。有惧而自缢者，其母欲奏诉，元魁与知府赵璜贿之乃已。瑾使侦事校尉发之，俱逮下诏狱，勒钦致仕，璜除名，元魁谪戍。瑾憾钦未已，摭前湖广时小故，下巡按御史逮问。俄坐山东勘地事，斥为民。又坐修曲阜先圣庙会计数多，罚输米六百石塞下。又坐抚山东时，以民夫给事尚书秦纮家，再下巡按御史逮问。瑾诛，乃复官。十五年卒，年七十七。与弼之门以宦学显者，钦为称首。（录自《明史》卷一百八十六）

吴与弼以名儒被荐，天子修币聘之殊礼，前席延见，想望风采，而誉隆于实，诟谇丛滋，自是积重甲科，儒风少替。（录自《明史》卷二百八十二）

吴与弼，字子传，崇仁人。父溥，建文时为国子司业，永乐中为翰林修撰。与弼年十九，见《伊洛渊源图》，慨然响慕，遂罢举子业，尽读《四子》《五经》、洛闽诸录，不下楼者数年。中岁家益贫，躬亲耕稼，非其义一介不取。四方来学者，约己分，少饮食，教诲不倦。正统十一年，山西佥事何自学荐于朝，请授以文学高职。后御史涂谦、抚州知府王宇复荐之，俱不出。尝叹曰："宦官、释氏不除，而欲天下治平，难矣。"景泰七年，御史陈述又请礼聘与弼，俾侍经筵，或用之成均，教育胄子。诏江西巡抚韩雍备礼敦遣，竟不至。天顺元年，石亨欲引贤者为己重，谋于大学士李贤，属草疏荐之。帝乃命贤草敕加束帛，遣行人曹隆，赐玺书，赍礼币，征与弼赴阙。比至，帝问贤曰："与弼宜何官？"对曰："宜以宫僚，侍太子讲学。"遂授左春坊左谕德，与弼疏辞。贤请赐召问，且与馆次供具。于是召见文华殿，顾语曰："闻处士义高，特行征聘，奚辞职为？"对曰："臣草茅贱士，本无高行，陛下垂听虚声，又不幸有疾。束帛造门，臣惭被异数，匍匐京师，今年且六十八矣，实不能官也。"帝曰："宫僚优闲，不必辞。"赐文绮酒牢，遣中使送馆次。顾谓贤曰："此老非迂阔者，务令就职。"时帝眷遇良厚，而与弼辞益力。又疏称："学术荒陋，苟冒昧徇禄，必且旷官。"诏不许。乃请以白衣就邸舍，假读秘阁书。帝曰："欲观秘书，勉受职耳。"命贤为谕意。与弼留京师二月，以疾笃请。贤请曲从放还，始终恩礼，以光旷举。帝然之，赐敕慰劳，赍银币，复遣行人送还，命有司月给米二石。与弼归，上表谢，陈崇圣志、广圣学等十事。成化五年卒，年七十九。与弼始至京，贤推之上座，以宾师礼事之。编修尹直至，令坐于侧。直大愠，出即谤与弼。及与弼归，知府张瑄谒见不得，大恚。募人代其弟投牒讼与弼，立遣吏摄之，大加侮慢，始遣还。与弼谅非弟意，友爱如初。编修张元祯不知其始末，遗书诮让，有"上告素王，正名讨罪，岂容先生久窃虚名"语。直后笔其事于《琐缀录》。又言与弼跋亨族谱，自称门下士，士大夫用此訾与弼。后顾允成论之曰："此好事者为之也。"与弼门人后皆从祀，而与弼竟不果。所著《日录》，悉自言生平所得。其门人最著者曰胡居仁、陈献章、娄谅，次曰胡九韶、谢复、郑伉。胡九韶，字凤仪，少从与弼学。诸生来学者，与弼令先见九韶。及与弼殁，门人多转师之。家贫，课子力耕，仅给衣食。成化中卒。谢复，字一阳，祁门人。闻与弼倡道，弃科举业从之游。身体力行，务求自得。居家孝友，丧祭冠婚，悉遵古礼。或问学，曰："知行并进，否则落记诵诂训矣。"晚卜室西山之麓，学者称西山先生。弘治末年卒，年六十五。郑伉，字孔明，常山人。为诸生，试有司，不偶，即弃去，师与弼。辞归，日究诸儒论议，一切折衷于朱子。事亲孝。设义学，立社仓，以惠族党。所著《易义发明》《读史管见》《观物余论》《蛙鸣集》，多烬于火。（录自《明史》卷二百八十二）

赐敕慰劳，赍银币，复遣行人送还。臣方炜按：与弼之放还也，召入文华殿，勉以著书垂后。仍敕行人王惟善曰："天气近寒，与弼迈矣！其善护之。"见《明实录》，谨附识。（录自《明史》卷二百八十二，《考证·吴与弼传》）

陈真晟，字晦德，漳州镇海卫人。……天顺二年诣阙上《程朱正学纂要》。……书奏，下礼部议，侍郎邹幹寝其事。真晟归，闻临川吴与弼方讲学，欲就问之。过南昌，张元祯止之宿，与语，大推服曰："斯道自程、朱以来，惟先生得其真。如康斋者，不可见，亦不必见也。"遂归闽，潜思静坐，自号漳南布衣。卒于成化十年，年六十四。真晟学无师承，独得于遗经之中。自以僻处海滨，出而访求当世学者，虽未与与弼相证，要其学颇似近之。（录自《明史》卷二百八十二）

刘观，字崇观，吉水人。正统四年成进士。……杜门读书，求圣贤之学。四方来问道者，坐席尝不给。县令刘成为筑书院于虎丘山，名曰"养中"。平居，饭脱粟，服浣衣，翛然自得。每日端坐一室，无懈容。……吴与弼，其邻郡人也，极推重之。（录自《明史》卷二百八十二）

陈献章，字公甫，新会人。举正统十二年乡试，再上礼部，不第。从吴与弼讲学。居半载归，读书穷日夜不辍。筑阳春台，静坐其中，数年无户外迹。久之，复游太学。祭酒邢让试和杨时《此日不再得》诗一篇，惊曰："龟山不如也。"扬言于朝，以为真儒复出。由是名震京师。给事中贺钦听其议论，即日抗疏解官，执弟子礼事献章。献章既归，四方来学者日进。广东布政使彭韶、总督朱英交荐。召至京，令就试吏部。屡辞疾不赴，疏乞终养，授翰林院检讨以归。至南安，知府张弼疑其拜官，与与弼不同。对曰："吴先生以布衣为石亨所荐，故不受职而求观秘书，冀在开悟主上耳。时宰不悟，先令受职然后观书，殊戾先生意，遂决去。献章听选国子生，何敢伪辞钓虚誉。"自是屡荐，卒不起。献章之学，以静为主。其教学者，但令端坐澄心，于静中养出端倪。或劝之著述，不答。尝自言曰："吾年二十七，始从吴聘君学，于古圣贤之书无所不讲，然未知入处。比归白沙，专求用力之方，亦卒未有得。于是舍繁求约，静坐久之，然后见吾心之体隐然呈露，日用应酬随吾所欲，如马之御勒也。"其学洒然独得，论者谓有鸢飞鱼跃之乐，而兰溪姜麟至以为"活孟子"云。献章仪干修伟，右颊有七黑子。母年二十四守节，献章事之至孝。母有念，辄心动，即归。弘治十三年卒，年七十三。万历初，从祀孔庙，追谥文恭。门人李承箕，字世卿，嘉鱼人。成化二十二年举乡试。往师献章，献章日与登涉山水，投壶赋诗，纵论古今事，独无一语及道。久之，承箕有所悟，辞归，隐居黄公山，不复仕。与兄进士承芳，皆好学，称嘉鱼二李。卒年五十四。张诩，字廷实，南海人，亦师事献章。成化二十年举进士，授户部主事。寻丁忧，累荐不起。正德中，召为南京通政司参议，一谒孝陵即告归。献章谓其学以自然为宗，以忘己为大，以无欲为至。卒年六十。（录自《明史》卷二百八十三）

娄谅，字克贞，上饶人。少有志绝学。闻吴与弼在临川，往从之。一日，与弼治地，召谅往视，云学者须亲细务。谅素豪迈，由此折节。虽扫除之事，必身亲之。景泰四年举于乡。天顺末，选为成都训导。寻告归，闭门著书，成《日录》四十卷、《三礼订讹》四十卷。谓《周礼》皆天子之礼,为国礼。《仪礼》皆公卿大夫士庶人之礼,为家礼。以《礼记》为二经之传,分附各篇,如《冠礼》附《冠义》之类。不可附各篇者,各附一经之后。不可附一经者,总附二经之后。其为诸儒附会者,以程子论黜之。著《春秋本意》十二篇,不采三传事实,言:"是非必待三传而后明,是《春秋》为弃书矣。"其学以收放心为居敬之门,以何思何虑、勿忘勿助为居敬要旨。然其时胡居仁颇讥其近陆子,后罗钦顺亦谓其似禅学云。子忱,字诚善,传父学。女为宁王宸濠妃,有贤声,尝劝王毋反。王不听,卒反。谅子姓皆捕系,遗文遂散轶矣。(录自《明史》卷二百八十三)

吴悌,字思诚,金溪人。嘉靖十一年进士。除乐安知县……时吴岳、胡松、毛恺并以耆俊为卿贰,与悌称"南都四君子"。隆庆元年就迁刑部侍郎。明年卒。悌为王守仁学,然清修果介,反躬自得为多。……乡人建祠,与陆九渊、吴澄、吴与弼、陈九川并祀,曰五贤祠,学者称疏山先生。(录自《明史》卷二百八十三)

邓元锡,字汝极,南城人。……闳深博奥,学者称潜谷先生。……(范涞)荐元锡及刘元卿、章潢于朝。南京祭酒赵用贤亦请征聘,如吴与弼、陈献章故事。得旨,有司起送部试,元锡固辞。……元锡之学,渊源王守仁,不尽宗其说。(录自《明史》卷二百八十三)

章潢,字本清,南昌人。……从游者甚众。数被荐,从吏部侍郎杨时乔请,遥授顺天训导,如陈献章、来知德故事,有司月给米三石赡其家。……自吴与弼后,元锡、元卿、潢并蒙荐辟,号"江右四君子"。(录自《明史》卷二百八十三)

陈继儒,字仲醇,松江华亭人。……侍郎沈演及御史给事中诸朝贵先后论荐,谓"继儒道,高齿茂,宜如聘吴与弼故事。"屡奉诏征用,皆以疾辞。(录自《明史》卷二百八十九)

五月征江西处士吴与弼至,授左谕德,不拜……石亨知众谕不容,欲引贤者为己重,谋于李贤,贤或称与弼学行,亨即属贤草疏,荐之帝,遣行人曹隆赍玺书加束帛征与弼赴阙。比至,帝问贤:"与弼宜何官?"贤对曰:"宜以宫僚,侍太子讲学。"遂授左春坊左谕德。召见文华殿,顾语曰:"闻处士义高,特行征聘。"对曰:臣草茅贱士,本无高行。陛下垂听虚声,又不幸有犬马疾,束帛造门,臣惄被异数,匍匐京师。今年且六十八矣,实不堪供职。"帝曰:"宫僚优闲,不必辞。"赐文绮酒牢。景泰朝屡荐不起,曰:"宦官释氏不除,欲天下治平,难矣!"及是以勅书崇重,意当大用,而宫僚无事,虑不得即行其志,故卒辞归。方与弼之至也,李贤以宾师礼事之,推其上座。编修尹直至,令坐于侧,直大愠。出即谤与弼,作《琐缀录》,言与弼尝为其弟所讼,又言与弼为石亨跋族谱自称门下士,由是士大夫多訾与弼,而亨谱世固未有见之者。后儒为辨其诬云。尹直,字正言,泰和人。(录自《御批历代通鉴辑览》卷一百五、《御定资治通鉴纲目三编》卷十二)

景泰七年十一月丁卯,以监察御史陈述荐处士吴与弼,诏巡抚都御史韩雍礼聘赴京。至天顺元年,始用忠国公石亨荐,遣行人赍敕谕耳。(录自《弇山堂别集》卷二十四)

征士吴与弼,刻行追古,力辞宫秩,其高风足以廉顽而起懦。(录自《御选明臣奏议》卷二十七)

廖道南曰:"予读直所撰《琐缀录》,力诋吴与弼之为人,及诸胜己者悉加媒孽",心窃疑之。既而读国史状,直之心如其所撰者,不爽也。(录自《殿阁词林记》,卷三《文渊阁学士阶兵部尚书尹直》)

处士吴与弼之见荐也,天顺元年十月,上遣行人曹隆敕曰:"渴望来仪,以资启沃。"二年五月壬寅,至京师。时特召大学士李贤问曰:"与弼授以谕德何如?"贤对曰:"可。然谕德有左右?"上曰:"与之左。"授左谕德,与弼固辞。上御文华殿召对,赐纱罗羊酒柴米。有旨:"朝廷久闻高谊,特用征聘。今惠然远来喜悦,然币以将诚,官以命德,礼非过也,不允所辞。"或劝就职,与弼曰:"浅陋之学,衰病之躯,岂堪任使,敢窃禄哉?"再疏辞,上褒答之,有曰:"亦不烦卿以冗务,特处以宫僚之职,不必再辞。"戊申,大学士李贤请旨,召入内阁讲《中庸》。己酉,三疏辞,且请阁中秘书。有旨:"固辞,虽得难进之义,揆之中道,无乃过乎?欲观秘书,可勉就职。"丙辰,令其子珹赴吏部告疾。七月庚寅,四疏终辞。奉旨:"既年老有疾,不能供职,准辞。"丙申,进封事十策,一曰崇圣志,二曰广圣学,三曰隆圣德,四曰子庶民,五曰谨教令,六曰敦教化,七曰清百僚,八曰齐庶政,九曰广言路,十曰君相一德同心。己未,召入文华殿,上眷赉无已,赐以银币,给以月廪。复遣行人王惟善送归,仍赐诏褒嘉示以拳拳至意。与弼既辞,上敕惟善曰:"天气近寒,吴与弼年老,一路好生看顾,莫教他费力。"古帝王褒贤之盛节,大臣推贤之盛举,于是

乎至矣。（录自《殿阁词林记》，卷二十一《隐逸》）

吾乡之士，显达者甚众……公今逝矣，年止四十有七……宇，字仲宏，姓王氏，别号厚斋，祥符人也。……吏部以公才能显著，遂举升江西抚州知府。……里有隐士吴与弼不妄至城府，公欲往造其庐。与弼闻之，即先谒拜，谈论竟日，出叹曰："真明府也。"……公生于永乐丁酉闰五月初四日，卒于天顺癸未七月十六日。……（录自《明名臣琬琰续录》，卷三，李贤《大理寺卿王公墓表》）

闻处士吴与弼甘贫乐道，足迹不至城府，宇荐于朝。后数年，上遣行人礼聘，语在李贤传。（录自孙奇逢《中州人物考》，卷四《王大理宇》）

吴与弼，字子傅，江西崇仁人。……论曰："昔杨时赴蔡京之荐，朱子讥之。与弼虽不拜官第，石亨之荐不出，可也。其学无所概见，所著《康斋语录》及《上言十事》，无过人者。要之，力学修行，儒之醇者也。"（录自《今献备遗》卷二十六）

胡居仁，字叔心，江西余干人也。从吴与弼游，慨然以斯道自任。（录自《今献备遗》卷二十六）

陈献章，字公甫，广东新会人也。……中正统丁卯乡试，会试不第。闻江西吴与弼讲学临川，遂弃其学而学焉。……论曰："自薛文清公倡性理之学于河东；后临川有吴与弼、新会有陈献章者，皆以盛名征荐，即其学无甚相远，要皆有志希贤，其不失为君子儒者与。"（录自《今献备遗》卷二十六）

崇仁学案四卷，列吴与弼以下凡十人。（录自《明儒学案提要》）

愚按，先生所不满于当时者，大抵在讼弟一事，及为石亨跋族谱称门下士而已。张东白闻之，有"上告素王，正名讨罪，无得久窃虚名"之语，一时名流尽哗，恐未免为羽毛起见者。予则谓先生之过不特在讼弟之时，而尤在不能喻弟于道之日。特其不能喻弟于道，而遂至于官，且不难以因服见有司，绝无矫饰，此则先生之过，所谓揭日月而共见者也。若族谱之跋，自署门下士，亦或宜然。徐孺子于诸公推毂虽不应命，及卒，必千里赴吊。先生之意，其犹行古之道乎？后人以成败论人，见亨他日以反诛，便谓先生不当与作缘，岂知先生之不与作缘，已在应聘辞官之日矣。不此之求，而屑屑于称谓语言文字之间，甚矣责人之无已也！

先生之学,刻苦奋励,多从五更枕上汗流泪下得来。及夫得之而有以自乐,则又不知足之蹈之、手之舞之。盖七十年如一日,愤乐相生,可谓独得圣贤之心精者。至于学之之道,大要在涵养性情,而以克己安贫为实地。此正孔、颜寻向上工夫,故不事著述而契道真,言动之间,悉归平淡。晚年出处一节,卓然世道羽仪,而处之恬然,圭角不露,非有得于道,其能如是?《日记》云:"淡如秋水贫中味,和似春风静后功。"可为先生写照。充其所诣,庶几"依乎中庸,遁世不见知而不悔"气象。余尝僭评一时诸公:"薛文清多困于流俗,陈白沙犹激于声名,惟先生醇乎醇云。"(录自黄宗羲《明儒学案》,刘宗周《师说》)

康斋倡道小陂,一禀宋人成说。言心则以知觉而与理为二,言工夫则静时存养,动时省察。故必敬义夹持,明诚两进,而后为学问之全功。其相传一派,虽一斋、庄渠稍为转手,终不敢离此矩矱也。白沙出其门,然自叙所得,不关聘君,当为别派。于戏!椎轮为大辂之始,层冰为积水所成,微康斋,焉得有后时之盛哉!

吴与弼,字子傅,号康斋,抚州之崇仁人也。父国子司业溥。先生生时,祖梦有藤绕其先墓,一老人指为扳辕藤,故初名梦祥。八九岁,已负气岸。十九岁(永乐己丑)觐亲于京师(金陵),从洗马杨文定(溥)学,读《伊洛渊源录》,慨然有志于道,谓:"程伯淳见猎心喜,乃知圣贤犹夫人也,孰云不可学而至哉!"遂弃举子业,谢人事,独处小楼,玩四书五经、诸儒语录,体贴于身心,不下楼者二年。气质偏于刚忿,至是觉之,随下克之之功。辛卯,父命还乡授室,长江遇风,舟将覆,先生正襟危坐。事定,问之,曰:"守正以俟耳。"既婚,不入室,复命于京师而后归。先生往来,粗衣敝履,人不知其为司成之子也。

居乡,躬耕食力,弟子从游者甚众。先生谓娄谅确实,杨杰淳雅,周文勇迈。雨中被簑笠,负耒耜,与诸生并耕,谈乾坤,及坎离艮震兑巽于所耕之耒耜可见。归则解犁,饭粝蔬豆共食。陈白沙自广来学。晨光才辨,先生手自簸谷。白沙未起,先生大声曰:"秀才若为懒惰,即他日何从到伊川门下?又何从到孟子门下?"一日刈禾,镰伤厥指,先生负痛曰:"何可为物所胜?"竟刈如初。尝叹笺注之繁,无益有害,故不轻著述。省郡交荐之,不赴。太息曰:"宦官、释氏不除,而欲天下之治,难矣。吾庸出为!"

天顺初，忠国公石亨汰甚，知为上所疑，门客谢昭效张觷之告蔡京，征先生以收人望。亨谋之李文达，文达为草疏上之。上问文达曰："与弼何如人？"对曰："与弼儒者高蹈。古昔明王，莫不好贤下士，皇上聘与弼，即圣朝盛事。"遂遣行人曹隆至崇仁聘之。先生应召将至，上喜甚，问文达曰："当以何官官与弼？"文达曰："今东宫讲学，需老成儒者司其辅导，宜莫如与弼。"上可谕德，召对文华殿。上曰："闻高义久矣，特聘卿来，烦辅东宫。"对曰："臣少贱多病，杜迹山林，本无高行，徒以声闻过情，误尘荐牍，圣明过听，束帛丘园，臣实内愧，力疾谢命，不能供职。"上曰："宫僚优闲，不必固辞。"赐文币酒牢，命侍人牛玉送之馆次。上顾文达曰："人言此老迂，不迂也。"时文达首以宾师礼遇之。公卿大夫士，承其声名，欸门求见，而流俗多怪，谤议蜂起。中官见先生操古礼屹屹，则群聚而笑之。或以为言者，文达为之解曰："凡为此者，所以励风俗，使奔竞干求乞哀之徒，观之而有愧也。"先生三辞不得命，称病笃不起。上谕文达曰："与弼不受官者，何故？必欲归，需秋凉而遣之，禄之终身，顾不可乎？"文达传谕，先生辞益坚。上曰："果尔，亦难留。"乃允之。先生因上十事，上复召对。赐玺书银币，遣行人王惟善送归，命有司月廪之。盖先生知石亨必败，故洁然高蹈。其南还也，人问其故，第曰："欲保性命而已。"己卯九月，遣门生进谢表。辛巳冬，适楚，拜杨文定之墓。壬午春，适闽，问考亭以申愿学之志。己丑十月十七日卒，年七十有九。

先生上无所传，而闻道最早，身体力验，只在走趋语默之间，出作入息，刻刻不忘，久之自成片段，所谓"敬义夹持，诚明两进"者也。一切玄远之言，绝口不道，学者依之，真有途辙可循。临川章衮谓："其《日录》为一人之史，皆自言己事，非若他人以己意附成说、以成说附己意泛言广论者比。"顾泾阳言："先生一团元气，可追太古之朴。"而世之议先生者多端，以为先生之不受职，因敕书以伊、傅之礼聘之，至而授以谕德，失其所望，故不受。夫舜且历试诸艰，而后纳于百揆，则伊、傅亦岂初命为相？即世俗妄人，无如此校量官爵之法，而况于先生乎！此陈建之《通纪》，拾世俗无根之谤耳。薛方山《宪章录》复仍其谬。又谓与弟讼田，襭冠蓬首，短衣束裙，跪讼府庭。张廷祥有"上告素王，正名讨罪，岂容久窃虚名"之书。刘先生言："予于本朝，极服康斋先生。其弟不简，私鬻祭田，先生讼之，遂囚服以质，绝无矫饰之意，非名誉心净尽，曷克至此!"然考之杨端洁《传易考》,先生自辞宫谕归,绝不言官,以民服力田。抚守张瑄(番禺人)因先生拒而不见,瑄知京贵有忌先生者(尹直之流),欲坏其节行,令人讼之。久之,无应者,瑄以严法令他人代弟讼之,牒入,即遣隶执牒拘之。门人胡居仁等劝以官服往,先生服民服,从拘者至庭,瑄加慢侮,方以礼遣。先生无愠色,亦心谅非弟意,相好如初。瑄以此得内贵心。张廷祥(元祯)始亦信之,后乃释然。此为实录也。又谓:"跋石亨族谱,自称门下士。"顾泾凡(允成)论之曰:"此好事者为之也。先生乐道安贫,旷然自足,真如凤凰翔于千仞之上,下视尘世,曾不足过而览焉。区区总戎一荐,何关重轻,乃遂不胜私门桃李之感,而事之以世俗所事座主举主之礼乎?且总戎之汰甚矣,行路之人,皆知其必败,而况于先生?先生所为坚辞谕德之命,意盖若将浼焉,惟恐其去之不速也,况肯褰裳而赴,自附于匪人之党乎?此以知其不然也。"

(录自黄宗羲《明儒学案》,《崇仁学案一·聘君吴康斋先生与弼》)

黄节,字顺中,丰城人。尝从吴与弼学。举正统进士,授兵部主事。巡视古北、白羊二口,时冬月,寇薄城,令军士以水灌城,冰滑,寇不得上乃去。景泰末,为石尚书璞赞画,讨湖湘寇,以平蛮将军李震师抵酉阳等峒,袭杀贼数千级,复乘胜破绞罗牛栏等峒七十八寨。蓬峒尚未服,节言于震,宜乘兵威遣使招之,可不战而降。震从其言,贼争赴营纳款。班师还,升署郎中。历太仆寺少卿。(录自《江西通志》卷六十八)

(吴与弼)字子傅,江西崇仁人。天顺初征聘授左谕德,固辞还山。父溥,国子司业。先生生时,梦有藤绕其先墓,一老人指为攀辕藤,故初名梦祥。资禀英异,永乐己丑年十九,觐亲于京师,从洗马杨文定溥学。见《伊洛渊源录》,慨然有志于道。至程伯淳言:"见猎心喜。"曰:"审如是,吾亦可学为圣贤。"遂去举业,谢人事,独处小楼,玩四书五经诸儒语录,收敛身心,沉潜义理,足不下楼者二年。视世之所尚,举不足为其志,直欲造乎圣贤之域。其诗曰:"九仞始一篑,千里方跬步。"又曰:"诚当通鬼神,志当贯金石。"(《明儒言行录》卷三,《门人娄谅撰行状》)

动必以礼,或诮其迂,先生不少变。每省亲,往来太学,粗衣敝履,人莫识为司成子也。还乡遭风,舟几覆,众皆警怖,先生独正襟危坐。舟定,问其故,曰:"吾守正以俟耳。"(《言行录》)

溥友孔谔谓溥曰:"与与弼谈,有富贵不淫、贫贱不移之象。今虽见迁,后当大显。"先生强毅坚忍,痛自浣厉。恒念学之无成,道之不立,至于中夜,奋兴展转达旦。其服膺孔子、朱子之为人,寤寐见之,昨非今是,日改月化。平生一色一辞不以假人,不教人举业。弟子从游者,讲道而已。不纳贽礼,或极其诚恳,姑受之不动。后或有过,即以还之,辞而不教。家贫,衣食不给,风雨不蔽,躬耕乐道,非其道义,一介不取,非其力不食,躬行实践,乡人化之。所读书小陂、种湖二处,耕牧之事,皆身亲之。或在田间,或在枕席,默诵精思。暇则弹琴咏诗,鸟鸣花发,有鸢鱼风雩气象。其教人,由涵养以及致知,先据德而后依仁,启勿忘勿助之训,悟无声无臭之妙,而窥其域者少矣。(《儒林记》)

弟子从学甚众。先生谓娄谅确实,杨杰淳雅,周文勇迈。雨中披簑负耒,与诸生并耕,谈乾坤及坎离艮震兑巽于所耕之末耝可见。归则解犁饭糗,蔬豆共食。晚,造诣益深。尝视种田,问学者,曰:"此为何?"曰:"种田。"因微笑曰:"非也! 此赞化育。"盖触处洞然矣。白沙来受学,先生绝无讲说,使白沙劚地,植蔬编篱。康斋作字,使白沙研墨。或客至,则令接茶,如是者数月而归。(《白沙文编》)

咏桃诗云:"灵台清晓玉无瑕,独立东风玩物华。春气夜来深几许?小桃又放两三花。"有吾与点也气象。(《古穰杂录》)

省郡交荐之,不赴。太息曰:"宦官、释氏不除,而欲天下治,难矣! 吾庸出为?"又曰:"圣人之道,昭明易见,简易易行,然世鲜能之者,不学故耳! 原其故有二焉:懵然无知而不事夫学者,庸人也;学焉而弗克者,未诚也。"

先生刚毅疾恶,慕明道之和易。凡遇逆境,必加含容。用力既久,浑然无复圭角之露。尝语学者曰:"吾平生得患难进学。"胡九韶曰:"惟先生遇患难进学。在他人,则惰志矣。"(《皇明书》)

天顺元年,石亨谋于李贤,贤为草疏荐。数日,上问贤:"与弼何如人?"对曰:"与弼,儒者高蹈。古昔明王莫不好贤下士,皇上聘与弼,即圣朝盛事。"上曰:"善! 卿草敕,加束帛,遣使聘处士。"敕曰:"朕承祖宗丕绪,求贤图治,亦有年矣。永惟劳于求贤,然后成无为之治。乐于忘势,乃能致难进之贤。闻尔与弼,潜心经史,博洽古今,蕴经国之远猷,抱致君之宏略,顾乃嘉遯丘园,不求闻达,朕眷怀高谊,思访嘉猷,企望丰仪,以资启沃。夫古之君子隐居以求其志,行义以达其道,谅尔于行藏之宜，处之当矣。今特遣行人曹隆诣尔所居，征尔赴阙，仍赐礼币以表至怀，其惠然就道，以副朕翘望之意。"时年六十八矣。比至，上喜甚，问贤曰："当以何官官与弼？"贤曰："今东宫讲学，需老成儒者司其辅导，宜莫如与弼。"上可谕德，召对文华殿。上曰："闻高义久矣，特聘卿来，烦辅东宫。"对曰："臣少贱多病，杜迹山林，本无高行，徒以声闻过情，误膺荐牍，圣明过听，束帛丘园，臣实内愧。力疾谢命，不能供职。"上曰："宫僚优闲，不必过辞。"赐文币酒牢，遣中使送至馆次。上顾李贤曰："此老非迂阔者，务令就职。"居数日，召讲《中庸》，有御桃之赐。先生再辞。复请待病闲，一接秘阁群书，以益闻见。上皆不许，遂称病，笃不起。上命贤谕意，欲禄之终身。贤传谕，先生辞益坚。上曰："果尔！亦难留。"乃允之。先生因上《十事》。上复召对，赐玺书银币，遣行人王惟善送归，命有司月廪之。其上十事云："一崇圣志，二广圣学，三隆圣德，四子庶民，五谨命令，六敦教化，七清百僚，八齐庶政，九广言路，十君相一德同心。"皆本洛、闽言。

佳按，英宗聘康斋一事，终始恩礼，可谓帝王盛节。康斋再三辞官，亦有深意。或者遂疑以伊傅之礼起之，而仅授以宫僚，故不受而归，亦浅之乎窥康斋矣。《通纪》所载，皆不足据也。

先生表陈十事，首举程颐谓："言人便以圣为志，言学便以道为志，伊尹耻其君不为尧舜。伏愿陛下断然以尧舜自任，雍熙自期，勿贰勿疑。"次言："愿博访群臣，讲而明之。"其余，皆切时务。知者以为笃论，不知者以为常谈也。先生归，过南京，士夫有候之者，多不见者。有见者，问先生："何为不致君而还？"则摇首曰："吾欲保性命而已。"即却客而起。未几，石亨等被诛。凡与交通者，悉罹重谴。先生洁然高蹈，盖有先几之明焉。

先生风格高迈，议论英伟，胸次洒落，师道尊严，善感悟启发人。其学术，质任自然，务涵养性情，亦通时务，能用世。凡天文兵法、阴阳易卜，无不谙悉。尝曰："注笺繁无益。"以故，不务著述云。

己卯九月，遣门生进谢表。辛巳冬，适楚，拜杨文定之墓。壬午春，适闽，问考亭以申愿学之志。己丑十月十七日卒，年七十有九。乡人称曰"聘君。"聘君没百余年，小陂男女礼让，咸服其化。

先生上无所传，而闻道最早。身体力行，只在步趋语默之间。出作入息，刻刻不忘，久之自成片段，所谓"敬义夹持、诚明两进"者也。一切玄远之言，绝口不道。学者依之，真有途辙可循云。

始先生诵读，以道义自强，常以克己、安贫二事书壁铭几。其读朱子书，夜无膏，至傍爨光。冬夜，用苎帐覆腹，斩然峻绝。藩臬有司深加礼接，一切辞避。迨朝命临门，官吏师生皆来会集。乡里聚观，惊诧所居近山。天使经过居止，诸门生悉易以美名表之，先生亦不觉震矜。既退，数念当时遭遇，形之诗篇焉。

所著《日录》，其日用间功力艰难，志意坚苦，迨巨细精粗，毕具书之。临川吴御史衮叹以为："一人之史，皆自言己事，非若他人以己意附成说、以成说附己意泛言广论者比云。"（邓元锡《理学传》）

清江有陈海雍，号龙潭老人，潜心古学，遁世无闷，公雅敬重之。白沙尝以《周易》疑义质公，公曰："过清江，可叩龙潭老人。"白沙如其言往谒，适龙潭雨中蓑笠犁田，乃延至家，与之对榻信宿，辨析疑义，白沙叹服而去。龙潭语儿辈曰："吴康斋，非爱我者。"（《名臣记》）

白沙曰："康斋语学，多举古人成法，由濂洛关闽以上达洙泗，尊师道，勇担荷，不屈不挠，如立千仞之壁，盖一代之人豪也！其出处大致不暇论，然而世之知康斋甚少，如某辈往往讥诃太甚，群啄交竞，是非混淆。"（《圣学宗传》）

初先生聘至京时，南阳首以宾师礼遇待之，公卿大夫土屣履拥门，而谤忌萌起。一日，于南阳所坐上座，适尹编修入，侧侍，尹怫然不平。南阳问下学上达，聘君曰："今未论上达，且论下学事。"盖欲令自得也。直不省，谓："殊疎不能条析，乃如此。"出，大肆讪，而中官中见聘君操古礼屹屹，则群姗笑之。士大夫以为言，南阳曰："凡为此者，以励风俗，使奔竞干求乞哀之徒观之有愧也。诸君成人之美，可矣。"（邓元锡《理学传》）

陆俨山过枫山，先生因留一日。语间及康斋先生，云："昔见陈公甫，言就学康斋时，忽一日晨光初动，窗外见康斋手自扬谷，其子从作，厉声曰：'秀才恁地懒惰只此，如何到伊川门下？又如何到孟子门下？'又一日，出穧，手为镰伤，流血不止，举视伤处曰：'若血不即止，而吾收之，即是为尔所胜。'言已而穧如故。又往游武夷，过逆旅，索宿钱，至多三文，坚不与。或劝之，曰：'即此，便是暴殄天物。'乃负担而夜往焉。

先生父在京时,命先生还乡授室。至亲迎后,不行合卺礼。乃舟赴京师,拜父母毕,始入室。祭酒胡俨,父执也。自京还家,往谒之,至门四拜而退。明日又造其宅,方请见。曰:"昨日已行拜礼,今惟长揖。"问其故,曰:"先生父执也,若面拜,恐劳神。"凡行类此。(《古穰杂录》)

正统十一年,山西按察佥事何自言上言:"自古有国家者,必有怀抱才德不屑进取之士,如汉之周党、宋之种放、邵雍、孙复,当咸知褒崇以励风节。窃见崇仁县儒士吴与弼,守素尚义,好古通经,上无所传,闻道甚早。待妻子如宾客,视财利如鸿毛,年过五十,不求闻达,弟子乐从,乡人敬式,真儒林之清节,圣代之逸民。乞勅取到京,授以文学高职。如不愿仕,量与褒嘉,亦足敦励风操。"景泰中,御史余谦、陈述等先后列荐。两召,皆不起。

佳按,人知先生之荐,出自石亨,不知前此已两经荐召矣。

先生居,恒执古礼自度。当风颓俗靡中,强仙四至,壁立万仞,凛然不少变。事亲至孝,事继母如母,待异母弟友爱。夫妇礼敬如宾,接友以诚。讲论切磋,每忘寝食。久之,践行乎著,乡里式化。

先生有弟嗜酒不饬,祖父田数亩尽为夺去。既归,用其赐金垦田荒山下,以为祭赍。弟复谋斥卖,先生讼之守。守张瓒鸷物人也,致先生于庭。先生免冠束腰,以庶人礼见。张元祯闻而作书,虽止不达,先生亦寻悔之矣。《儒林记》

佳按,世传先生与嫂争祭田,自讼于公庭。又《琐缀录》载先生弟行不检,诉于官。张东白恶之,有欲"上告素王"之语。盖高名易污,谤诽所致,如尹直辈,多见其不知量也。佳尝读先生文集,屡言能安贫。夫贫者,士之常能安,亦是分内事。以学道之人而数数言此,犹未免有贫之见在。至先生讼祭田一事,洵或有之,然未足为先生病也。盖祭田,祖宗禋祀自出,为子孙者,所当敬守。今其嫂无故鬻之,恶先生正论,遂讼于官。先生若明退让之节,不质一言,是弃坠先业而失祀,戾孰甚焉?然则,如之何而可?或使族人缓谕之,无使争焉,则处之似为得宜,何世之吠声者不乐成人之善,借此一端而遽毁之耶?据《名山藏》所载,则与弟争田,未知孰是?又按《吴司业墓志》,先生为司业长子,则称与嫂讼未实。

邹元标曰:"丁巳秋,举青原会。少参吴公持新编《康斋先生集略》

言于众,曰:'我国朝以学倡者,康斋先生。先生一传新会,再传余干,俱易名从祀,吾道吐气。顾其师寥落,似于报称之义未当。时或以先生有争田讼、不宜见知石亨为疑,不知先生于诸弟子来从学者,率之力耕而食,未有田也,而奚讼? 好是懿德,凡人皆有。石亨知先生荐之,然先生未尝有求于世,何于大儒过之深也?'邹子曰:'公以陈胡二先生谥与从祀也,于陈胡二公有加乎? 而吴先生之不谥不祀,啧有烦言,亦有损乎?'曰:'无。'曰:'然则予等当于不加不损处理会,更不必从世法上度长絜短。一从世法论俾世之学圣者,于形迹上比拟,而圣人之旨荒矣! 且予自幼闻先生讼田也,以弟鬻祭田,故夫士大夫无故不鬻祭田,礼也。先生秉礼者也,即讼非过。昔文清在大理,一内使荐曰:'南京好官,惟薛卿可。'以是病文清乎? 夫人之精神,映照百世者百世,千万世者千万世,故曰:'百世以俟圣人而不惑。'学如先生,俟不惑可矣。"(《语略序》)

何乔远曰:"胡居仁、陈献章皆渊源吴公。胡陈之学已著于世,而吴公尚有遗论,何哉? 论者谓其讼田于公,及为石亨作谱,跋称门下士而已。有弟不饬,而吴公计及先人之祀,束腰跪庭,用部民礼以见有司,犹属质哉! 予读谱跋,寥寥数言耳。石亨当时有震主之威,巽以处之,亦或当尔。至于辞职不就,意殊可见!"

王文成《檄祀康斋乡祠》云:"吴公方其贵近之荐,固可见好德之同。及夫官爵之辞,尤足验先几之哲。盖宣和之疏于龟山无嫌,而明堂之留在汉儒为愧。出处不至于失己,学术何待夫立言?"

顾泾阳言先生:"一团元气,可追太古之朴。"

刘山阴言:"予于本朝,极服康斋先生。其弟不检,私鬻祭田,先生讼之。遂因服以质,绝无矫饰之意,非名誉心净,曷克至此?"

杨端洁《传易考》:先生自辞宫谕归,绝不言官,以民服力田。抚守张瑄因先生拒而不见,瑄知京贵有忌先生者,欲坏其节行,令人讼之,久之无应者。瑄以严法令他人代弟讼之。牒入,即遣吏执牒拘之。门人胡居仁等劝以官服往,先生服民服从拘者。至庭,瑄加慢侮,方以礼遣,先生无愠色。亦心谅非弟意,相好如初。张廷祥始亦信之,后乃释然。

顾泾凡曰:"先生乐道安贫,旷然自足,真如凤凰翔于千仞之上,下视尘世,曾不足过而览焉。区区总戎一荐,何关重轻? 乃遂不胜私门桃李之以世俗所事座主荐主之礼乎? 此以知其不然者一也。且总戎之汰甚矣,行路之人皆知其必败,而况于先生？先生所为,坚辞谕德之命意,盖将若浼焉,惟恐其去之不速也,况肯褰裳而赴,自附于匪人之党乎？此以知其不然者二也。"

应嗣寅曰:"先生当盛世,遇征聘而讼祭田一事,或谓其与弟讼田,或谓其与嫂讼田,而杨端洁所考则谓抚守令他人代弟讼之。盖当时门人无实录,而出之悠悠之口也。世传康斋待人甚峻,有人作诗讽之,曰:'赝不赝兮真不真,岩岩气象好难亲。不知东鲁吾夫子,犹是循循善诱人。'此诗颇有意。然康斋得伯夷之隘,终是有所成就。"(以上诸段语句皆录自《明儒言行录》)①

谢复,字一阳,祁门人。读书不求仕进,闻吴与弼倡道小陂,负笈往从,三岁而归。所得必见之躬行,居家孝友。丧祭冠婚,悉遵古礼。或问学曰:"知行并进。"邑令问政,告以"谨辨义利,视民如伤"两言,人称西山先生。(录自《江南通志》卷一百六十四)

清塘在府城北七十里,曾氏所居,环群山而汇众水,灌溉甚广。明儒吴与弼赋:"观夫川之流不息,斯知水之挠不浊云。"(录自《江西通志》卷十五)

林元美,本名璆,以字行,闽县人。永乐十九年进士。天顺元年,任抚州知府。忠谨淳愨,以廉静镇浮俗。征士吴与弼尝往拜其门,献"金井水,玉壶冰"六字况其清节。林志　谢志原按《福建通志》:元美之子瀚,正德间南兵部尚书,忤逆瑾去官。孙庭棉,嘉靖间为江西参政,创修通志,后历工部尚书,三世皆清德人望云。(录自《江西通志》卷六十二)

汤熙,字光烈,新建人。举山西正统乡试,授海丰教谕。正统己巳之变,上御戎十二策。石亨知其才,奏留赞画。熙每劝亨以解柄谢事。若康斋吴与弼之聘,熙启之也,竟不及于祸。所著有《燕石稿》。豫章书(录自《江西通志》卷六十八《人物志》)

丁杰,字秉英,丰城人。德行淳洁,博通经史,隐居教授生徒。景泰初,御史涂谦以杰同吴与弼荐于朝,下有司,礼聘不起。(录自《江西通志》卷六十八《人物志》)

胡全,字震卿,丰城人。崇仁吴与弼择婿以女妻焉,处甥馆。励志

---

①　此书下文尚有康斋语录,所涉篇幅较大,为节省篇幅,故未列入。

笃学,几二十年。归,独处一室,衣食不给,旷然不介于怀,教宗族子姓必先小学,以及《大学》,敦实行,略浮词。白沙陈献章故同学,晚与论道,甚服其诣。尝有诗赠其里人云:"居邻厚郭一鸡飞,桂树于今大几围?老忆旧时灯火伴,青山何处望霏微?"盖为忆全而作。厚郭,全所居地名。(录自《江西通志》卷六十八)

刘观,字崇观,吉水人。……吴与弼,其邻郡人也,极推重之。(录自《江西通志》卷七十八)

按:崇仁门下士敬斋、白沙及娄、胡、谢、郑六先生之外,尚有魏庄渠、余讱斋、夏东岩、潘玉斋,而甘泉、东所、惺堂诸公受业于白沙之门者,不在此数焉。呜呼!盛矣!康斋乃被同乡在朝者之谤讥,不得与余干、新会从祀庙庭,殊属阙典。原跋

胡九韶,字凤仪,崇仁人。少从吴与弼学,即不习举子业,以道自期,吴器之。诸生从游者,恒令先见九韶。及吴殁,门人多转师之。家贫,课子力耕,仅给衣食,成化中卒。九韶,为人卓然,动修规矩,其诗文务典实,不乐华藻,有文集藏于家。

车泰,字子谟,金溪人。与兄弼、宗弟亨俱受业吴与弼,而泰最久,笃信力行,师友咸称之。吴与弼应聘辞归,遣泰诣阙谢。大臣杨守陈、丘濬皆有论荐,期于用世,而泰竟不仕。泰之学,尤邃于《易》《春秋》,有《敦复遗稿》。

饶烈,字丕承,临川人。世业《春秋》,与姪岳同受业吴与弼之门,潜心经学。尝揭圣贤法言于轩楹间以自警策。与弼题其读书之处曰:"麟经轩",为之记。晚迁居父墓之侧,自号"巢云"。有《巢云稿》二卷。

李大章,号定庵,临川人。嗜古笃修,不乐仕进,与吴康斋、胡敬斋齐名。康斋赴聘,大章作诗送之,有"去岁征书来白屋,何时行李出青山?"之句,盖不欲其行也。(录自《江西通志》,卷八十一)

娄谅,字克贞,上饶人。少有志绝学,闻吴与弼在临川,往从之。一日,与弼治地,召谅往视,云"学者须亲细务"。谅素豪迈,由此折节,虽扫除之事,必身亲之。景泰乡举。天顺末,选为成都训导。寻告归,闭门著书。成《日录》四十卷,《三礼订讹》四十卷。谓周礼皆天子之礼,为国礼。仪礼,皆公卿大夫士庶人之礼,为家礼。以礼记为二经之传,分附各篇,如冠礼,附冠义之类;不可附各篇者,各附一经之后;不可附一

经者,总附二经之后;其为诸儒附会者,以程子论黜之。著《春秋本意》十二篇,不采三传事实言,是非必待三传而后明,是《春秋》为弃书矣。其学以收放心为居敬之门,以何思何虑、勿忘勿助为居敬要旨。后罗钦顺谓其似禅学云。

按:吴康斋之门最著者,陈石斋、胡敬斋与娄一斋三人而已。同时所见,已不能无异同,不待整庵方有贬辞也。(录自《江西通志》卷八十六)

谢复,字一阳,祁门人。闻吴与弼倡道,弃科举业,从之游,身体力行,务求自得。居家孝友,丧祭冠婚悉遵古礼。或问学,曰:"知行并进,否则落记诵训诂矣"。晚卜室西山之麓,学者称"西山先生"。白志(录自《江西通志》卷九十五)

理学名贤祠在省城进贤门内,祀……吴与弼,凡四十七人。(录自《江西通志》卷一百八)

六贤祠,旧嘉兴府志在仁文书院,初祀薛瑄、胡居仁、陈献章、王守仁,后增吴与弼、岳元声。(录自《浙江通志》卷二百十九)

尚褫,字景福,罗山人。正统已未进士,授行人,尝建言时宜五事,拜监察御史。性刚正不阿,坐劾都御史周铨,谪云南虚仁驿丞。寻复御史,又以言调丰城知县,以严治邑,尝被诬系狱。处士吴与弼投诗救之,得释。升湖广按察司佥事,致仕。(录自《河南通志》卷六十)

豫章二十四先生祠,在正学书院之东,初祀……吴与弼……共二十四人,凡十三郡理学诸贤,通祀于此。(录自《江城名迹》卷一)

《议饬孔庙祀典疏》:弘治十二年十月,刑科给事中吴世忠以阙里灾言六事……国朝崇仁之吴与弼、河东之薛瑄,其道其功,视程朱虽不及,至其平生刻苦,动依圣训,视唐太宗所升汉晋诸儒,匪直无愧而已,乞各令从祀于其乡学,必欲有所分别,则以侗、从彦余并祀于郡学尤善。(录自《礼部志稿》卷四十六)

《覆崇祀疏》:(万历元年)御史陈文燧并请将先儒吴与弼、陈献章及元儒吴澄议会从祀……先儒吴与弼,博洽典文,沉潜义理,含真守素,意绝轩冕之荣,砥行砺躬,动遵圣贤之矩。(录自《礼部志稿》卷四十六)

附录二　吴康斋先生弟子考

　　据考察,除陈白沙江门学派、甘泉学派的弟子门人后学外,康斋夫子全国地区弟子门人 63 人,其中亲传弟子 51 人,再传及其门人后学 12 人。江西地区门人弟子 55 人,其中亲传弟子人 43 人,再传弟子门人后学 12 人。康斋夫子广东地区亲传弟子 3 人,陈献章、何潜、谢胖。康斋夫子安徽地区亲传弟子 3 人,李宜之、李性之、谢复。康斋夫子浙江地区亲传弟子 1 人,郑伉。康斋夫子福建地区亲传弟子 1 人,朱钦。黄宗羲感慨地说,没有康斋夫子,就没有整个明代儒学的高度繁荣。

(一) 江西省

　　据考察,康斋夫子江西地区门人弟子 55 人,其中亲传弟子人 43 人,再传弟子后学门人 12 人。抚州地区事迹可考的亲传弟子有 25 人,胡九韶、吴璇、元章、杨记、王常、饶烈、程庸、余忠、余规、牛演、牛升、方文照、傅裘、周圻、李章、周邦大、朱邦正、常征、胡龄望、晏海、饶烨、杨尚礼、车泰、黄衍、黄衍。上饶地区事迹可考的亲传弟子有 4 人,于准、娄谅、周文、胡居仁。康斋夫子再传弟子后学 12 人,娄忱、夏尚朴、潘润、夏环、蔡登、张正、桂华、桂萼、黄谦益、余祐、王亮、吴颖重,其中娄一斋亲传弟子 5 人,胡敬斋亲传弟子 5 人。康斋夫子赣州地区亲传弟子 12 人,戈瑛、黄节、杨崇、胡全、杨德全、黄柏崖、孙琮、吴贞、章朴、李恪、张循、萧子鹏。康斋夫子赣州地区亲传弟子 2 人,汪鸿、汪潜。

(1) 抚州市

　　据考察,康斋夫子抚州地区事迹可考的亲传弟子有 25 人,胡九韶、吴璇、元章、杨记、王常、饶烈、程庸、余忠、余规、牛演、牛升、方文照、傅裘、周圻、李章、周邦大、朱邦正、常征、胡龄望、晏海、饶烨、杨尚礼、车泰、黄衎、黄衍。其中,胡九韶、吴璇、元章、饶烈、程庸、李章、车泰 7 人为地方知名之士,地方志多有记载。从区域上看,康斋籍贯所在地崇仁县有 4 人,胡九韶、吴璇、元章、杨记;临川县有 17 人,王常、饶烈、程庸、余忠、余规、牛演、牛升、方文照、傅裘、周圻、李章、周邦大、朱邦正、常征、胡龄望、晏海、饶烨;金溪县有 4 人,杨尚礼、车泰、黄衎、黄衍。其中,康斋在抚州地区临川弟子最多,这与临川人好学、临川更靠近市府所在地有关。

胡九韶,字凤仪,抚州府崇仁四十五都萝溪人。父世衡。九韶非金溪县人,余曾亲往抚州金溪县考查,金溪县文化馆的工作人员亲口告诉我,胡九韶非金溪县人,或是盖"金"为"萝"字抄录笔误也。九韶为人蔼然可亲,动修规矩,文务典实,不空谈性命,同治《故崇仁县志》编者认为其"可传与弼衣钵也",著有《凤仪堂文集》(已散佚)。①

从康斋文集看,九韶确深得康斋真传,康斋为其作族谱序,勉励其以君子之心自励。② 永乐己亥,萝溪人胡九韶始来学。永乐乙丑,二人书信甚多,如"别后,两奉书想皆达,听区区客城十余日,假馆牛千户,宅意甚适也。有人自京师回,言吾亲正月到家复职,长幼皆安,又一乐事,但贱体半月来病疮苦,人亦顺受耳。早晚多看《中庸》,似有小益。凡人宜以圣贤正大光明之学为根本,则外物之来有以烛之,而吾心庶得以不失。此心一失,几何不为水之流荡,云之飘扬,莫之据哉。吾之所恐此而已,所慕此而已。汲汲若不及,茫茫若有亡。不知日之夕、昏之旦也,咏怀数诗,乃余事云耳,不审吾友奉亲理家之,余用力于四书所得,何似少壮难再得,勉之,勉之,大丈夫毋为习俗所溺也"③"十四夜玩月,希九韶来,九韶染疾未来。十五夜与江西丰城钟生、东陂王生共三人月下鼓琴,泳诗作曲甚快,九韶又未来。""十二日,共谈半夜,翌日余乐。犹妙,

---

① 《中国地方志集成》·《江西府县志辑》·同治《崇仁县志》第 49 册,苏州:江苏古籍出版社,1996,卷 9 之 4《艺文志·集部》,第 588 页;卷 8 之 3《人物志·理学》,第 402 页。

② (明)吴与弼撰,宫云维点校,《康斋先生文集》卷 9《萝溪胡氏家谱序》,第 1236—1237 页。

③ 《康斋集》卷八《与九韶书》,四库全书抄录版,第 518 页。

正先贤所谓学必讲而后明道，谊由师友有之。惟圣人知朋友之取益为多，故乐得朋友之来也。此数语，虽恒能道之，必亲得其效，然后知圣贤言语有味。十四夜，玩月，待足下不至。十五夜，与丰城钟生、东陂王生二三人，月下鼓琴觞咏，甚快，而足下又不与，深令人相忆。厥后莫闻消息，恐足下滞于疾。今日辱书，果如鄙忆，宜善养心，以自调理。来书谓把捉不定，动与心违，此岂真足下之患，乃区区之常患也，足下今始知耳。人患不知已病，能略自知，正好刻苦用工。子颙、令弟欲相从，甚善，敢不如教，但自己要立志耳"①、"近别后，深思人生，只如此碌碌，混众度日，义理俱无所知。孤负降衷，何异群物。岁月如流，强壮能几何？可胜叹哉。数日，读四传将毕，昨日温燖《春秋左氏传》及《谷梁传》。至夜，看得一公，粗有意思。而贱妇病甚，敢烦贤友相过，明早携往种湖问医。幸甚。"②二人多有诗歌酬答，如诗"春泥滑滑阴连朝，出门跬步难道遥。阳和黯然舒蔼蔼，风雨倏忽来萧萧。客怀思见故人面，云山阻绝谁相招。故人隐居萝溪曲，残书破砚甘寂寥。奉亲常惧岁月速，学古不使子弟骄。躬耕低头秋谷熟，击壤浩浩歌唐尧。平生于我谊不薄，松柏宁向秋风凋。愧我崎岖昧生理，托身在处云飘飘。何时归来葺茅屋，与子共种黄精苗。"（《忆九韶》）"悟道达浮生，闻味圣贤道。胜境多独得，身心善矜持。"（《寄胡九韶》）成化乙酉，鄱阳湖舟中回忆九韶，康斋很悲伤，见"时傍邻舟向日吟，天涯忽动故人心。始知一失钟生尔，宜绝当年伯氏琴。"（《鄱阳舟中伤九韶》）

宣德丙午，九韶送《朱子经济文衡》，读之累日，如"溪涧恰涨，继以骤雨也"。（《与九韶书》〔丙午〕）"兼足下不曾有积累著实工夫，难一时骤语也。大要入门只在拨置他书，一以四书及洛关闽诸子，专心循序熟读，勿忘勿助，优柔厌饫于其间，积久自然有得。不可强探向上，此味真难知也。正文公所谓'虽淡实腴也。'不肖亦何幸而忽臻斯境，痛快，痛快。来谕谓较去年差胜，甚善。但用心不宜太苦，进锐退速，实非虚语。足下精神甚短，体弱致然，宜倍加保养，以图万全。"（《与九韶书》〔丙午〕

---

① 《康斋集》卷八《答九韶书》，四库全书抄录版，第518—519页。
② 《康斋集》卷八《与九韶贴》，四库全书抄录版，第519页。

宣德戊申,与九韶论学问,有"途间与九韶谈及立身处世,向时自分不敢希及中庸,数日熟思,须是以中庸自任,方可无忝此生。只是难能,然不可畏难而苟安,直下承当可也。"(《日录》,第 68 条)与九韶痛言:"为学不可不勇。而此人自无奋发激昂、拔俗出群之志。予归,深为之太息。徐思,方自悼不暇,安有工夫于他人耶!呜呼,日进无疆,属之己乎,属之人乎。勉之又勉,勿为外物所困。"(《日录》,第 71 条)

正统乙酉,弟子九韶已白发,康斋作诗"偶尔驱驰此地过,故人消息近如何。短筇白发遥相逅,暗忆流年一掷梭。"(《重游瓜石感怀》)诗歌中,流露出康斋对九韶的深厚关怀,见"梅竹幽栖处,良朋偶盍簪。留连清夜饮,俯仰莫年心。明日又南北,转头成古今。平生江海梦,偏向旧游深。"(《夜宿胡氏梅竹轩,九韶、季恒在焉》)

胡九韶先于康斋而捐馆,其著名弟子有罗明(字符亮,崇仁四十九都人),景泰六年进士,除监察御史,巡视浙江盐课。复巡按广西,升广西按察司佥事。升广西按察司副使,未拜命而卒。[①] 另有丰城著名弟子杨崇(号复庵),南京礼部尚书杨廉之父。丰城杨崇(1425—1509,字尚贤,号复庵)"甫长,闻崇仁萝溪胡九韶先生师事康斋吴聘君,学有源委,乃往师之。萝溪教人,必使先读小学、四书涵养性情以端其本,故公虽治举子业,然力敦行检,为文崇雅黜浮,不逐时好,皆以学有师承,自规矩绳墨中来也"。[②] 盖复庵游九韶之门,得小学之教,崇尚经事之学,历桂林、柳州、永州等地太守,"居家居官,务尽其当然,常恐其不然"。[③] 杨崇子杨廉(1452—1525,号畏轩、月湖)秉承家学,为当时知名的理学家,从事主敬之学,反对王阳明的良知学,撰有《皇明理学名臣言行录》。[④]

吴璇,字懋荣,康斋嫡子,号芸雪,抚州府崇仁县人。著有《芸雪集》。随父入京师,公卿皆深器之。地方教育先贤,门人弟子辈出,如元章(字钦甫)等。白沙先生赞其"文如玉海千寻,莫可窥测",诚不愧名儒

---

① 《同治崇仁县志》卷 8 之 2《官业》,第 372 页。

② (明)张吉撰,《古城集·补遗·复庵先生墓志铭》,文渊阁《四库全书》第 1257 册。

③ (明)林光撰,罗邦柱点校,《南川冰蘖集》卷 6《墓表·明丰城杨宜人刘氏墓表》,第 184—185 页。

④ (明)杨廉撰,《皇明理学名臣言行录》(2 卷),《丛书人物传记资料类编》(学林卷 6),(明)祁承爜辑,国朝征信丛录本,北京图书馆出版社,2010,第 411—570 页。

家学。①

元章，字钦甫，崇仁人。幼颖异，肆举子业，逾年而成。曰："是求进之捷径耳，于身心何补？"而卒业于吴芸雪之门。及归，开义塾，以躬行勖来学，号素履，人称"素履先生"。晚号罗阜道人，卒年六十五，所著书见艺文志。邑侯顾公中子铭其墓。②

杨记，字惟载，别号**立所**，崇仁人，邑庠生。私淑"二吴"之学，遵朱子鹿洞学规，自立课程，每举动必求中礼节。时吴文恪公在告，属主讲实唐书院，间与文恪公语："国有史，太史事，邑有乘，亦太史事。"文恪公韪之，荐修邑乘，著有《学规》等书，岁饥劝家前后助赈谷二千五百余石。③

王常，字大经，临川县樟溪人。父汝为领永乐丁酉乡荐，曾历官韶州教授。常在康斋居临川种湖时，从学最久，康斋为其家作谱序，赠其"日新"其所闻学。④ 正统十三年进士，除监察御史，巡视居庸关。每年巡视南畿。风裁茂著，刘俨作《两甸观风记》以纪其绩。天顺元年，以御史言事，左迁知莆田县事，政务严明。尝书联署楹云："牧民犹带旧风霜。"见者咸以为佳。后去官。子三：显、昌、盛。⑤

饶烈，字丕承，号**剿云**，临川县塘坑人。与侄岳同受业康斋夫子之门，潜心经学。尝揭圣贤法言于轩楹，闲以自警策。康斋夫子题其读书之处曰"图经轩"，并为之作《饶氏世系堂记》《麟经轩记》。精通春秋学，潜心经学，辨理欲，得自得学问。晚迁居父墓侧。时与门人弟子徜徉原野间，缓步行歌，悠然自得。著有《剿云稿》⑥

程庸，临川县丰安人。父志宏。康斋种湖时期重要弟子，尝宿其

① 《中国地方志集成》，《江西府县志辑》，《同治崇仁县志》第 49 册卷九之四《艺文志·集部》，江苏古籍出版社，1996 年，第 588 页。

② 《抚州府志》卷 57《人物·儒林·二十二》，第 314 页。

③ 《抚州府志》卷 57《人物·儒林·二十二》，第 314 页。

④ （明）吴与弼撰，宫云维校点，《康斋先生文集》卷 9《樟溪王氏家谱序》，第 1241 页。

⑤ 参阅《弘治抚州府志》下册，《天一阁藏本》，第 560—561 页；《临川县志》，《中国地方志集成》，《江西府县志辑》第 48 册卷 40《人物·宦业》，第 594 页。

⑥ 《临川县志》，《中国地方志集成》，《江西府县志辑》第 48 册卷 42 上《理学》，第 622 页；《光绪抚州府志》，《中国地方志集成》，《江西府县志辑》第 46 册卷 56《人物·理学》，第 296 页。

家,康斋为其家作谱序。① 曾陪康斋夫子一同东游,在杭州钱塘江畔游玩。作《钱塘留柬程庸》,给学生程庸留诗:"准拟名山复并游,朔风无奈日飕飕。金陵已失连枝喜,无会仍为落叶愁。南指片帆应迅速,北来行李莫淹留。丹枫黄菊同归梦,定约三衢与信州。"官任云南同知。

余忠,临川县五峰人。种湖时期弟子。是康斋在种湖时期,第四个为其家作谱序,赠其"积学有待,笃志不懈。"②

余规,临川县五峰人。种湖时期弟子。康斋为其家作谱序,喜其志学。③

牛演,临川县人,曾官任江西赣州千户。父牛琛,其长子昱也从康斋游。

牛升,临川县人。好学,多次随康斋问学,康斋赠诗:"昨日追寻今又来,好怀端为故人开。殷勤更有平生念,群从何时访翠崖。"

方文照,临川县述溪人。通《书》,荐任安徽桐城县教授。景泰癸酉七月壬午,康斋与其相遇于同安,赠其《述溪方氏族谱序》,勉励其廓心行善。④

傅裘,临川县人,乡贤、好友傅秉彝之子。天顺辛巳,康斋宿吕杨溪,怀念临川故人之子傅裘。后,傅裘扶疾来访,有诗"茅屋秋风已满林,老怀却忆少年吟。丈夫壮志今何似,空感平生灯火心。"(《寄傅裘》)"洗墨池边佳问来,月窗重感故人怀。几时池上翚飞好,伫见新碑向竹开。"(《送傅裘北归》)等诗。

周圻,临川县人,诸生。康斋自述曰:"周圻生三岁而府君没,母黄氏年二十六,以节自誓。尝手植二柏于府君之墓。今木巳拱,而黄亦六十矣。族子民熙县丞公,向为求柏堂二篆,以表其操。自予之复归种湖也,与圻好尤密,且桑梓相望,嘉吾乡之有善事,故乐道而为诗。"与康斋夫子讨论诸葛武侯治蜀过程中重法轻理的得失。⑤ 二人交往颇密,如

---

① (明)吴与弼撰,宫云维点校,《康斋先生文集》卷9《丰安程氏族谱序》,第1238—1239 页。

② (明)吴与弼撰,宫云维点校,《康斋先生文集》卷9《五峰余氏族谱序》,第1240 页。

③ (明)吴与弼撰,宫云维点校,《康斋先生文集》卷9《五峰余氏族谱序》,第1240 页。

④ (明)吴与弼撰,宫云维点校,《康斋先生文集》卷9《述溪方氏族谱序》,第1253—1254 页。

⑤ 《康斋集》卷八《答周圻书》,第525 页。

周圻再来论学,康斋赠诗:"欲写离情久倦吟,一尊聊向菊花斟。悬知南北天涯梦,总是平生旧好心"。

李章,临川县五峰人。父原祥。种湖时期弟子,游学康斋门下两年,交游深厚。康斋尝宿其家,为其家作谱序,赠其修德业,"无竞唯人",勉励其光大祖业。① 1465 年去世。

周邦大,临川县五峰人,诸生。好问学,笃学复古,气量甚大。种湖时期弟子。邦大受府主之命聘康斋主郡学。康斋在种湖时期,率朋友数十士来,讲学寓馆。康斋为其家作谱序,赠其敦本之学。②

朱邦正,临川县五峰人。种湖时期弟子,从学较久。康斋为其家作谱序,建议其考察宗派来源。③ 其弟**朱邦宪**也受业康斋之门。朱邦正、朱邦宪与周邦大友善。

常征,临川县人,诸生。临川诸生中从学康斋门下最久者,深得康斋喜爱。

胡龄望,临川县人。康斋祖居种湖邻友胡子熙之子也,充临川邑庠生。曾于祁门训导孙曰让处请《春秋》之学。

晏海,临川县长山人。小陂书院、临川种湖时期弟子,从学较久。康斋为其家作谱序,特别表扬其家族好学。曾代表康斋出使金溪县。早亡。其家族兄弟子孙辈如**漳**、**洧**、**溟**、**泾**等均从学于康斋门下。其中,**洧**、**溟**从学小陂书院三年。④

饶烨,临川县种湖人。临川种湖时期弟子,隔壁邻居。康斋为其家作谱序,鼓励其以学术辉华其身。⑤

---

① (明)吴与弼撰,宫云维点校,《康斋先生文集》卷 9《五峰李氏族谱序》,第 1239—1240 页。

② (明)吴与弼撰,宫云维点校,《康斋先生文集》卷 9《韩家岭周氏家谱序》,第 1240 页。

③ (明)吴与弼撰,宫云维点校,《康斋先生文集》卷 9《五峰朱氏族谱序》,第 1242—1243 页。

④ (明)吴与弼撰,宫云维点校,《康斋先生文集》卷 9《长山晏氏族谱序》,第 1262—1263 页。

⑤ (明)吴与弼撰,宫云维点校,《康斋先生文集》卷 9《□溪饶氏族谱序》,第 1263—1264 页。

杨尚礼(1423—1487),临川瑶溪里人。先后从康斋、九韶学。①

车泰,字子谟,号**敦复**,抚州府金溪县人。与兄**弼**、宗弟**亨**俱受业康斋夫子,而泰最久。康斋为其作族谱序,勉励其进学。② 笃信力行,师友咸称之。康斋夫子聘辞归,遣泰诣阙谢。天顺庚辰八月,车泰出使北京归来,康斋作诗,"山暝风高雨打衣,敲门知自玉墀归。椿萱彩服千重庆,台阁云笺万丈辉。"(《车泰使归喜而作》)大臣杨守陈、邱浚皆有论荐,期于用世,而泰竟不仕。泰之学,尤深于《易》《春秋》。大书类康斋,而诗文平实浑淡。著有《敦复遗稿》。③

黄衍,金溪县嵩湖人。与黄衍邻里且友善,共从学康斋门下有年。康斋为其作族谱序,勉励其困苦中进学。④

黄衍,金溪县程坊人。与黄衍邻里且友善,共从学康斋门下有年。康斋为其作族谱序,勉励其困苦中进学。⑤

(2)上饶市

据考察,康斋夫子上饶地区门人后学 15 人。上饶地区事迹可考的亲传弟子有 4 人,于准、娄谅、周文、胡居仁,其中饶州府 3 人,余干县 1 人。康斋夫子再传弟子后学 12 人,娄忱、夏尚朴、潘润、夏环、蔡登、张正、桂华、桂萼、黄谦益、余祐、王亮、吴颖重,其中娄一斋亲传弟子 5 人,胡敬斋亲传弟子 5 人。康斋亲传弟子在官方历史上影响最大者,当属胡敬斋,先生刻苦自学,不怕贫困,坚韧勇敢,身后鼓舞一大批年轻学者,并在万历十三年从祀孔庙。

于准,字世范,号**平斋**,饶州府人。正统十二年(1447)领乡荐,历长沙、卫辉府(河南)通判,有惠民政。巡镇二司荐,成化十年升松江同知。

---

① (明)杨廉撰,《杨文恪公文集》卷 59《临川杨君尚礼墓表》,《续修四库全书》,第 226—227 页。

② (明)吴与弼撰,宫云维点校,《康斋先生文集》卷 9《举林车氏族谱序》,第 1256 页。

③ 《光绪抚州府志》,《中国地方志集成》,《江西府县志辑》第 46 册卷 56《人物·理学》,第 296 页。

④ (明)吴与弼撰,宫云维点校,《康斋先生文集》卷 9《黄氏族谱序》,第 1256 页。

⑤ (明)吴与弼撰,宫云维点校,《康斋先生文集》卷 9《黄氏族谱序》,第 1256 页。

秩满,乞致仕。升本知府。三日后去,时人高之。其为胡敬斋的老师,有五封书信往来,见其集。居家后,与乡贤苏章等辈成立耆乐会,一起论学会饮,昌明正学。①

胡敬斋与平斋诗作有:"投装野寺爱幽栖,翠竹苍梧趣正宜。久坐檐楹师弟子,清风明月更输谁。"此诗上海商务印书馆版《胡敬斋集》遗漏。②

娄谅(1422—1491),字克贞,号**一斋**,饶州府人,明代著名理学家。少时志于成圣,求教于四方。学吴康斋。景泰中举于乡,后选为成都训导,不久辞归。精《春秋》《三礼》。王守仁少时曾从学于他。门人私谥文肃先生。著有《春秋本意》《三礼订讹》《日录》《诸儒附会》等,战火中大部分遗失。一斋高弟夏东岩有一斋受学康斋门下的记录。"闻聘君吴康斋讲学小陂,往从之游。康斋一见,器之。谓学者须带性气,老夫聪明性紧。贤友亦聪明性紧。小儿睿聪明,而性气不逮贤友。先生豪迈,不屑世务。康斋一日填地坎,召谓之曰:学者须亲细务。由是益加下学之功。""往来师门者十有余年。"学以主敬躬理为主,议论慷慨,善开发人。③

景泰癸酉,康斋专程看望娄、周二人,留宿娄家,作《上饶娄氏家谱序》,并寄殷勤希望:"昔上饶周文娄,谅承其父兄之命来游小陂。未几,谅得疾归行,祖之赠有'丽泽何时重起予'之句。后五年,予自金陵经贵郡,暂留宾馆,接诸父兄子姓而观厥世谱焉。……虽然学之方,凡目视耳听口诵心惟善者,从而否者改,皆足以发吾聪明而崇吾德业,此古人所以贵于能自得师也。况生也观光礼闱,后游日富,樗散如予,虽日同堂而共席,奚能以资丽泽之万一哉。厕名芳藉,愈以自歉耳。"④康斋对

---

① 《中国地方志集成》,《江西府县志辑》第 29 册,《同治饶州府志》卷 12《人物志四·宦业下》,江苏古籍出版社,1996 年,第 553—554 页;顾清等修撰,《松江府志》(三),《中国地方志丛书》,第 455 册,正德七年刻本,台北:成文出版社,1983 年,第 974 页;刘兆杰等撰修,《安仁县志》,《中国地方志集成》《江西府县志辑》第 32 册卷三十之三《艺文·序》,于准《锦江耆乐会集序》,第 876—877 页。

② (明)胡居仁撰,《胡文敬集》卷 3《同于先生绝句》,四库全书影印文渊阁版,上海古籍出版社,1987 年,第 82 页。

③ (明)夏尚朴撰,《夏东岩集》卷 5《娄一斋先生行实》。

④ (明)吴与弼撰,宫云维点校《康斋先生文集》卷 9《上饶娄氏家谱序》,第 1255 页。

一斋寄予厚望,鼓励其聪明进学,崇德修业,自得悠游于学术。

一斋捐馆后,广信府学教授余元默(龙游人)赞之为"当世鸿儒",大学士张东白称之为"吾道真儒"。一斋知名弟子还有韶州知府蒋钦、四川布政使郑龄、蔡登、夏环(字一之)等。一斋子娄性、娄忱均为当时知名之士。[①]

胡居仁颇讥娄谅近陆子,后罗钦顺亦谓其近似禅学云。子忱,字诚善,传父学。性女为宁王宸濠妃,有贤声,尝劝王毋反。王不听,卒反。谅子姓皆捕系,遗文遂散轶矣。按胡、罗二儒之说,皆以新建伯从学,阳明夫子少时受谅朱子格物致知之学,则致良知之说非谅说也,据纲目附志之。[②]

娄性,字原善,号野亭,上饶人。一斋长子。官南京吏部郎中。与王华同年。子二:伯、仲。著《皇明政要》。

娄忱,字诚善,江西广信府(今上饶市)上饶市区人。幼有奇质,落笔惊人,不徇时好,连不得志。晚以岁贡授归安训导,寻弃官归。忱其兄之所为,托疾不下楼者十年。户部侍郎邵公二泉呼为"楼上先生"。其兄死,乃下楼。国母之丧,例受衰服,忱独力陈古义,几为宸豪捶死,赖都宪王阳明救解得免。卒以妃族被逮,死狱,非其罪也。门人夏尚朴为铭志。

夏尚朴,字敦夫,号东岩,江西广信府(今上饶市)广丰县人。言官劾大学士桂萼,语连尚朴。吏部尚书方献夫白其无私,寻引疾归。早年师娄谅,传主敬之学,常言:"才提起便是天理,放下便是人欲。"魏校亟称之。所著有《中庸说》《语录》《东岩文集》。

潘润,字德夫,江西广信府(今上饶市)广丰县人。师事娄一斋,与夏东岩同门。谨佩其教,终身出入,准绳规矩。李空峒督学江右,以人才为间,诸生佥举润。空峒致礼欲见之,时方居忧,以衰服拜于门下,终不肯见,空峒叹其知礼。焚香静坐,时以所得者发为吟咏,终成都教谕。[③]

---

① (明)张元祯撰,《东白张先生文集》《一斋娄先生墓志铭》,《四库全书存目丛书补编》第 75 册,第 123—124 页。

② 《广信府志》卷九之三《人物·理学》,第 74 页。

③ 《广信府志》卷九之三《人物·理学》,第 75 页。

夏环，字一之，江西广信府（今上饶市）人。游娄一斋门。家贫，力学有守。弟资为人方正，取予不苟。逆濠诛，有友娄伟者，以妃族械系，送京师。临行，持数百金归之，伟获原资，出金封识宛然。①

蔡登，字从善，江西饶州府（今属上饶市）乐平县人。娄一斋亲传弟子。与余干胡居仁讲学。力行古道。祀武昌名宦，著有《言行志》。②

周文，字焕章，号复斋，饶州府人。刻意理学，不乐仕途。③ 正统戊辰，其游学约半年，归家，康斋撰《赠周文东归》。五年后，景泰癸酉，康斋过常山、玉山，路过广信，留宿其家，作《上饶周氏族谱序》，鼓励其励志进学，修世德。④ 景泰丙子，康斋再过上饶，为周文、周茂畿等作《天恩堂记》："是心也，天地生物之心乎。验诸日用之间，凡非有所为，油然以生者，皆是心也。充是心，以弘厥德焉。"

胡居仁（1434—1484），字叔心，号敬斋，饶州府余干县梅港人，明朝著名理学家。长从安仁于淮学《春秋》。师康斋后，绝意仕进，筑室山中，教学自立。成化间，曾游南京、杭州、绍兴与上海诸地。两主白鹿洞书院，先后在地方上创办了南谷、礼吾、碧峰书院。后江西学使李龄、钟成二人曾相继聘请胡居仁主讲白鹿洞书院。万历十三年（1585年），被崇祀孔庙。其亲传和私淑弟子有**张正、余祐、王亮、黄谦益等，学友有吴颖重、魏校等，再传弟子有著名权臣桂萼、桂华**。

桂华与弟桂萼师事胡敬斋门人张正，锐志圣学。阳明夫子与萼论格物致知说不同。阳明夫子请见华，过安仁，华曰："终不可同者。"阳明夫子不能难。入乡贤祠。著有《古山集》。⑤

黄谦益，字见愚，江西抚州府金溪县人。读书必潜思有得，乃已。慕余干胡居仁之学，凡事以诚敬为本。尝作铭以自警，云："致知格物，

---

① 《广信府志》卷九之三《人物·儒林》，第88页。

② 《饶州府志》卷21《人物志四·宦业下》，第555页。

③ 《同治饶州府志》，《中国地方志集成》，《江西府县志辑》卷9《人物·儒林》，第29册，苏州：江苏古籍出版社，1996年，第87—88页。

④ 《(明)吴与弼撰，宫云维点校，《康斋先生文集》卷9《上饶周氏族谱序》，第1255—1256页。

⑤ 《安仁县志》，《中国地方志集成》，《江西府县志辑》卷26《人物·儒林》，第32册，江苏古籍出版社，1996年，第765—766页。

托基何因？尊德无性，讵坠虚冥？上世心法，只钦与明。孔孟同揆，曰义曰仁。气象未发，葆存天真。觌闻交至，省察时勤，主一无适，敛惺其醅。程尹上蔡，语言谆谆。人生性善，知觉共伦。夙兴夜寐，无忝惟寅。"妻傅氏初挟纨绮以相炫耀，薄之而不礼。游学三年归，妻椎髻短褐，亲操井臼。谦益曰："此吾配也。"遂伉俪无间。①

余祐，字子积，江西饶州府（今属上饶市）鄱阳县人。胡敬斋先生亲传弟子、女婿。幼颖异，不乐治举业，慨然以圣贤自期。师事胡敬斋，大器之，以女妻焉。弘治己未进士，授南京刑部主事，升员外郎中，以事忤刘瑾落职。瑾诛，起知福州，升山东臬副，备兵徐州。诘进朝鲜中贵私货，诬逮廷杖，下诏狱。狱中著《性书》三卷。谪南宁同知，稍迁韶州，投劾去。世宗御极，诏复原官，升河南按察使、湖广右布政，转云南左，寻以大仆卿召，升吏部右侍郎。未任，卒。祐之学问发端于胡敬斋，而推其原出于程朱，故尤究心程朱之书。其言曰："程朱教人以诚敬为入门，学者惟去其念虑之不诚不敬者，使心地光明笃实，不患不至圣贤地位。"平生无他嗜好，专心理学，卒为名儒。所著除《性书》外，有《切斋集》《续稿》《经世大训》《游艺至论》诸书行世。②

王亮，江西省吉安府安福县人。性高爽，有志于古。闻胡敬斋学，即往师之。三年忘归。后与罗一峰聚讲于玉匣书舍。③

吴颖重，字子□，江西饶州府（今属上饶市）安仁县人。幼聪敏，博涉群书，与胡敬斋先生为友。其学以明心见性为务，于六经多所诠释，尤究心春秋。友人吴康斋大书"麟经轩"以名其堂。④

桂华，字子朴，江西饶州府（今属上饶市）安仁县人。正德癸酉乡荐。姚源盗起，华请以赈济粟、募民筑城为捍御计。会宁藩蓄逆谋，阴使其腹心兵备王纶、罗文华使助己。华时居母丧，纶旬日三奠其母灵。华揣知其情，议论必依忠孝，纶卒不敢出一语而去。天性孝友，居丧不用浮屠，有《古山先生集》行世。⑤

---

① 《抚州府志》卷57《人物·儒林》，第313页。
② 《饶州府志》卷18《人物志一·理学》，第498页。
③ 《吉安府志》卷31《人物志·儒林》，第72页。
④ 《饶州府志》卷18《人物志一·儒林》，第507页。
⑤ 《饶州府志》卷18《人物志一·儒林》，第508页。

（3）赣州市

康斋夫子赣州地区亲传弟子 12 人，戈瑛、黄节、杨崇、胡全、杨德全、黄柏崖、孙琮、吴贞、章朴、李恪、张循、萧子鹏。其中，丰城县 7 人，戈瑛、黄节、杨崇、胡全、杨德全、黄柏崖、孙琮；南昌 2 人，吴贞、章朴；清江县 2 人，李恪、张循；陕江县 1 人，萧子鹏。

戈瑛，丰城县玉溪人。祖祥重。宣德中，从学康斋于小陂书院。曾陪康斋出游。康斋为其家作谱序，告诫其学问不仅仅在言语文字之间，而是修德为君子与士人。①

黄节，字顺中，江西丰城县人。尝从康斋学。举正统进士，授兵部主事。巡视古北、白羊二口，时冬月，寇薄城，令军士以水灌城，冰滑，寇不得上乃去。景泰末为石尚书璞赞画，讨湖湘寇以平。蛮将军李震师抵酉阳等峒袭，杀贼数千级，复乘胜破绞罗牛栏等峒七十八寨。蓬峒尚未服，节言于震，宜乘兵威遣使招之，可不战而降。震从其言，贼争赴营纳款。班师还，升署郎中。历太仆寺少卿。②

杨崇（1425—1509），字尚贤，号复庵，南京礼部尚书杨廉之父，江西丰城县人。甫长，闻崇仁萝溪胡九韶先生师事康斋吴聘君，学有源委，乃往师之。萝溪教人，必使先读小学、四书涵养性情以端其本，故公虽治举子业，然力敦行检，为文崇雅黜浮，不逐时好，皆以学有师承，自规矩绳墨中来也，盖复庵游九韶之门，得小学之教，崇尚经事之学，历桂林、柳州、永州等地太守，"居家居官，务尽其当然，常恐其不然"杨崇子**杨廉**（1452—1525，号**畏轩**、**月湖**）秉承家学，为当时知名的理学家，从事主敬之学，反对王阳明的良知学，撰有《皇明理学名臣言行录》《皇明理学名臣言行录》（2 卷）。③

胡全（1424—1487），字震卿，号**默斋**，丰城县人（今属南昌市）。康

---

① （明）吴与弼撰，宫云维点校，《康斋先生文集》卷 9《丰城戈氏族谱序》，第 1247—1248 页。

② 《江西通志》卷 68。

③ （明）张吉撰，《古城集》《补遗·复庵先生墓志铭》，文渊阁《四库全书》第 1257 册；（明）林光撰，罗邦柱点校，《南川冰蘗集》卷 6《墓表·明丰城杨宜人刘氏墓表》，第 184—185 页。

斋夫子大女婿，一直追随康斋读书进学。"潜心正学"，甘贫乐道，默斋妻为康斋长女吴京世（1418—1500）。京世幼读小学诗书，知书达理，育有一子一女。子即宁寿，其有三子，裕升、裕宏、裕生。胡默斋赘居小陂近20余年。康斋捐馆后，归丰城，教宗族子姓，先以小学，再及大学，敦实行，略浮词。白沙与其论学，甚服之。① 其子家贫，白沙捐以字画资之。敬斋、白沙、东白与默斋及其子宁寿均相友善。京世卒后，大学士东白为之撰墓表。② 著有《约心篇》《行录》。③

杨德全，丰城县人。曾游学太学归，与康斋同船回家，康斋夫子赠《劝学赠杨德全序》，希望他涵养圣贤书，验于身心，踊跃进学。康斋后来于丰城曾拜访杨德全，时杨德全罢政而归，康斋赠诗，"罢郡归时已白头，杖藜日看橘林洲。客来若问浮生事，明日清风酒一瓯"。

黄柏崖，黄范（字顺模，号木斋）之父，丰城人。杨廉年少时，与其父复庵曾访柏崖。柏崖"所为诗音响格调，异于寻常所见。乡之人为诗者，心窃慕之。"④

孙琮（1455—1491），字伯康，号**恕斋**，丰城同造里人。童时从康斋学，时已治经，康斋教以朱子《小学》，又教之以静坐澄心，"悦而学"。恕斋以其所得教授子弟。⑤

吴贞，南昌钟陵乡高畲人。年40岁，拜学康斋门下。康斋说："贞早失怙，旷于学问。既长，恒感慨，欲从师。食贫养亲，未暇也。年四十，始游吾门。同侪久益敬爱之。予尝赠以'觐亲'之词，而题其柏舟之堂。兹复序其族之谱云。"同时赠吴贞归觐钟陵诗，有"白发慈颜日倚阁，青灯游子正劬书。朝来黄色眉端动，千鹊声中庆有余。"⑥康斋为其

---

① 《江西通志》卷68，文渊阁《四库全书》第515册，第373页。

② （明）张元祯撰《东白张先生文集》《处士胡先生孺人吴氏墓表》，《四库全书存目丛书补编》第75册，第172—174页。

③ 《丰城县志》，《中国地方志集成》，《江西府县志辑》卷15《儒林》，第44册，第370页。

④ （明）杨廉撰，《杨文恪公文集》卷55《黄君顺模墓志铭》，《续修四库全书》，第177—178页。

⑤ （明）杨廉：《杨文恪公文集》卷60《恕斋孙君墓志铭》，《续修四库全书》，第234—235页。

⑥ 《康斋集》卷九《高畲吴氏族谱序》，四库全书抄录版，第538页。

家作谱序,对其游学颇为喜悦。① 成化丁亥,南昌故人吴贞再来学,时吴贞 67 岁,康斋很高兴,有"两地关心久别情,相招亭子话平生。青藜缓步归来好,细咏新诗对短檠"(《与豫章吴生沼上亭子话旧》)。读书论学之外,和学生吴贞游东坡、石泉,有"初冬天气已严霜,霁色家家获稻忙。红树题诗归步缓,不知何处是仙乡"(《与吴贞游东陂石泉》)。

章朴,南昌县长湖人。父清夫。曾陪康斋抄书于南昌,拜胡俨,康斋为其家作谱序,告诫修实学、尊祖法。②

李恪,清江县湖莽人。尝出使盱江。成化丁亥,雪夜,康斋怀念学生李恪等人,有"风急天寒念远游,唱筹何日问归舟? 四方幸喜多青眼,地主宜人不必忧"(《雪夜怀恪一辈为求盱江》)。康斋为其家作谱序。③ 其家族李旭、李奎似均从学康斋门下。

张循,清江县吉塘人。朱子著名门人张洽后裔。曾与同门李恪一起前往南昌与康斋一起抄书。康斋为其家作谱序,鼓励其廓心弘德。④

萧子鹏,临江府陕江县人。居家以孝友称。弘治元年征隐逸。授嘉兴府儒学教授。著有《云丘集》。⑤

(二) 广东省

康斋夫子广东地区亲传弟子 3 人,陈献章、何潜、谢胖。而白沙先生虽在康斋门下学习半年,但终生不忘师恩,开大江门学派,弟子众多,尤以湛甘泉为最,广建书院,一度达 2000 多所,门人弟子遍天下,略逊于姚江阳明心学学派,一时天下盛事,则白沙先生教学之功,风云天下,并在万历十三年从祀孔庙。

---

① (明)吴与弼撰,宫云维校点,《康斋先生文集》卷 9《高畲吴氏族谱序》,第 1245 页。

② (明)吴与弼撰,宫云维校点,《康斋先生文集》卷 9《长湖章氏族谱序》,第 1249—1250 页。

③ (明)吴与弼撰,宫云维校点,《康斋先生文集》卷 9《湖莽李氏族谱序》,第 1243 页。

④ (明)吴与弼撰,宫云维校点,《康斋先生文集》卷 9《吉塘张氏族谱序》,第 1241—1242 页。

⑤ 《嘉靖临江府志》,《中国地方志集成》,《江西府县志辑》第 49 册,第 519 页。

陈献章（1428—1500），字公甫，号**石斋**、**石翁**，广东江门新会白沙人，明代著名的心学家、教育家，与王阳明齐名重要心学宗师。与余干胡居仁、丰城康斋长女夫胡全同时及门崇仁。

白沙在崇仁康斋家里游学半年，一起读书，一起下田劳动，一起畅游山间，一起下河游泳，一起拜学高人。半年后，因思母心切，先别友人何潜、谢胖归。在这半年时间里，康斋在讲课的时候，"无所不讲"。白沙每日接人待物，端茶磨墨，从事田间劳动，拔杂草，收割水稻，从一个懒散的秀才成为一个刻苦自立的学者，为其后来成为学术宗师奠定重要的条件。康斋为陈献章作《孝思堂记》："人之生乐，莫乐于父母之具存。番禺陈生献章，……笃漆雕之信，复淹吾馆。……闻者动心焉。家僮之返。……君子之于亲，跬步不忘；于孝，矫幽明之异，侍养之旷哉。然全其大，必当略其小。"①

师别康斋后，困学知变，书房苦读，穷典籍，旁及释老稗官小说，大有所得。39岁后进京，友人邢让（太学祭酒）赏识他，赞其真儒，言于朝，由是名震京师。陈以静为主，端坐澄心，静中养出端倪，创立江门学派，万历十三年诏准从祀孔庙。其门人辈出，湛若水继其后，创立甘泉学派，门人遍天下，尤以四大弟子吕怀、何迁、洪垣与唐枢最为著名，与王阳明的姚江学派相抗衡。

何潜，广东南海人。何潜承父兄之命，带其亲戚谢胖与白沙，共三人从广东来学，向康斋征询孟子的"不愧不怍之说"。来学满两年，春归，康斋夫子赠何潜还番禺，有诗赠。②

谢胖，广东番禺人。来学满两年，春归，康斋夫子赠文，"番禺谢生胖，随其舅氏何生潜、乡执陈生献章来学。吾馆资二生以辅仁。予嘉其气相得，而志相合也，为讲大易重兑之象，而演绎夫子体象之辞，以掖其进也。兑之为卦，……互相滋益。圣人谓：天下互相滋益之大者，惟朋友讲习云。然则，讲习云者，……乃若美在其中而畅于四支，知周万物而道济天下，斯所谓益者"。③

---

① 《康斋集》卷10《孝思堂记》，四库全书抄录版，页558—559。
② 《康斋集》卷10《一乐堂记》，四库全书抄录版，第558页。
③ 《康斋集》卷10《丽泽堂记》，四库全书抄录版，第559—560页。

（三）安徽省

康斋夫子安徽地区亲传弟子3人，李宜之、李性之、谢复。

李宜之，安徽安庆市同安县人。永乐丙申，与兄**李性之**受父亲思诚之命同拜学康斋门下，时康斋往太学看望父亲。康斋归家后，曾画梅远赠李宜之，诗有"只有梅花共心事"，鼓励其进学。康斋晚年曾过安徽，再次拜访李宜之，宿其家，一起游玩赏月，为其族谱写序，多有诗歌赠送。康斋著《同安李氏家谱序》："永乐丙申，予省观太学，次同安傅舍，闻孙思诚招致南庄之上，以教其二子，性之、宜之。而季子（崇之）尚在孩提也。后三十有七年重访，则思诚与冢嗣久物故，宜之兴季崇之先训，博交当世缙绅以充其才性，而以诗书华其户庭，褒然为同安著姓，可嘉也。适成其族氏之编而请文焉，予感夫逝者之不可作而重其后之有征，是为李氏庆也，于是乎书。"①并赠诗给学生李宜之："昨夜巡檐同霁月，今朝联辔共秋山。恍思三十年前梦，信是人生会合难。"②

谢复（1441—1505），字一阳，号**西山**，徽之祁门人。

家故大族，上世有讳玭者为宋龚州助教，尝游朱子之门。父讳悌，号太古，母周氏，进士讳文昌女。先生自幼聪敏，性复纯笃。尝从太古翁游文庙，问曰："俨然而肖像者，非圣贤欤？夫非尽人之子欤。"翁奇之。稍长，授《春秋》于翰林竹坡，先生即了大义。已叹曰："学以谋道，滞心文义以干禄，吾弗为也。"于是潜心经史，以古人自期。闻康斋吴先生，讲道小陂。弃举子业，不远千里，从父谢玺往从之游。凡有得于讲授者，必心体力行以求自得。三阅寒暑，弗少懈。康斋喜曰："吾道有望矣。"既归，益修躬行，日率其弟嘉，侍亲侧，馔具必躬治，坐立不敢南面，退与其妻叶孺人相敬如宾。与弟嘉，敦友爱。亲殁，不御酒肉。盖孝友之性，发自天至，垂老如一。复率族人即城南建祠，祀始祖唐金吾公。以下。冠婚丧祭，悉遵古礼，为乡人倡。平居，寡言笑，接人和易，有问应答，如悬河然。入市，整容徐行，不苟一步。人多哂其迂。先生居之，晏如也。

---

① 《康斋先生文集》，宫云维校点，卷9《同安李氏家谱序》，第1253—1254页。
② 《康斋集》《别何家圩道中口占授宜之》，第424页。

先生之学自践履入，尝聚徒南塘，建屋数楹，招收地方学生，每开迪以孝弟为先，此即著名的南塘书院。然穷年一室，讨古论今，遇感有作，多悠然发□养。弘治中，与修邑志，太守幸庵彭公深敬礼之。造诣既久，远近知名。叶畏斋君问学，曰："知行并进。否则，落记诵训诂格矣"。令郑公问政，曰："辨义利，则知所以爱民、励己"，时以为名言。世居庠西，弘治丙辰夏徙筑西山之麓，学者称为西山先生。其曰"南塘渔隐"，曰"废翁"，曰"无虑子"，皆其自号。以弘治乙丑正月三日卒，得年六十有五。所著有《西山类稿》（五卷）。

太史泾野吕公尝叙之，且询其为康斋高弟，不及见是憾。则先生之人，其信于来世也，审矣！论曰："仲尼之门，称才敏者众耳。然一贯之旨，曾子授受为独专焉！何则忠信诚悫，受道资也。先生不为标揭，自求快足，所谓言不务华，行不务华，躬直追太素。与古之治心养性者游焉，则其质之果可受道也，其视世儒之密于近、外而疏于近里者，则既远矣。"又曰："康斋之学，专务践履。先生知往从之，即颓俗中已为难得，况终其身。自甘泉石以圣贤之道独治其身，非其志且竟未尝以言语率人，使人自饮其和以化。呜呼！百世之下，醇德犹存，清风洒洒，激顽起懦，后有遁世作德之怀，可以仰止先生矣！"子三：觉、劳、梦，女三。合葬黄虎山谢家塘。[①] 先生被誉为康斋门下"程门吕与叔"也。

成化乙酉，康斋过景德镇、婺源等地，拜访朱子婺源祖居，顺便与祁门学生交流，故而与谢复等有学术讨论。会后，别旧生祁门谢复、谢希、林饶晋等，有"今日良朋果盍簪，还家各务惜分阴。新春有约龙潭上，好与尔曹共此心。"（《别旧生祁门谢复、谢希、林饶晋》）

[辑佚诗文]

书白沙先生诗稿后

景泰甲戌，尝游先师康斋吴先生之门，甚见推许，遂以所学倡东南。后十年，复始至小陂，闻其名，渴欲见之而未能也。弘治辛酉，与方进士纯吉评诗，及接先生石翁近稿，心窃疑之。适小儿归自岭南，复得先生

---

① 《祁门县志》，《中国地方志集成》，《江西府县志辑》第 55 册卷 23《人物志·儒林》，苏州：江苏古籍出版社，1996 年，第 274—275 页。笔者曾个人亲身前往祁门县，找寻相关资料，跋涉于高山之间，遍阅徽州风情，惜未得也。

所为诗，读之晚年所得，专主于静，似有戾乎先师之说。盖其所与者，定山、太虚诸人，日积月累，与之俱化，故其形于篇什者，多空寂长生之术，而君子有不屑焉。世之高明，递相祖述，以为吾道之宗。仆惑滋甚噫！安得起先生于九原而解此惑耶？[1]

古之人知行并进，闻一善言，见一善行，未之能行，惟恐有闻。若缠蔽于文字间，待知至而后行，终无可行之日。[2]

暮春怀本厚，读书西峰寺

雨水连三月，风光又一年。桃花余满地，柳叶渐迷烟。幢影翻灯外，钟声落枕边。怀君读书处，寂寞伴寒蝉。

衰疾朝慵起，荆扉午未开。云闲不飞去，鸟倦却归来。果熟从人摘，松疏拟自栽。狂歌白日永，独步前山隈。

胥岭道中

薰风随处野花香，满来来牟丝正黄。诗景逼人吟不尽，疏松隔水又笙簧。

慎独轩

寸地难容一点私，暗中消息少人知。请君任取关头路，好恶分明戒自欺。

静乐轩为陈宗器赋

世居潇洒绝尘踪，万虑都忘一笑中。流水过门心不竞，好山当户意无穷。半间明月哦诗罢，一枕闲云入梦浓。老去况无湖海兴，百年身世任从容。

（四）浙江省

康斋夫子浙江地区亲传弟子1人，郑优。

郑优（1436—1478），字孔明，浙江衢州府常山县人。

先生讳优，字孔明，号**敬斋**。其先亦石鲁氏。七世祖正叔出为始，子遂为郑氏，居常山之象湖，至先生而大。先生吴康斋之高第弟子也，风闻楚越之交，盖闯然游于万仞者。余生也晚，不及挹先生之容。近季

---

[1]　载（清）黄宗羲编，《明文海》书白沙先生诗稿后》，北京：中华书局，1987年，第259卷。

[2]　《中国方志集成》，《安徽府县志辑》第55册，《祁门县志》，江苏古籍出版社，1996，（清）倪望重《光绪祁门县志补》（稿抄本），程时言（昌）：《西山先生墓志铭》，第550页。

子道者揖余于京师，求表先生之墓，因得诸行迹，闻风慨然，乐为执鞭，而恨不可得者。先生三岁闻父母哭而知哀，五岁诵故事，十三读《易》，治举子，文理蔚然。二十为博士弟子，及省试一再不合，弃之，曰："显亲扬名，恐不在是也！"乃走丰城拜于丁潜轩之门，求践履实学，时年三十余矣。

乃复见康斋先生于崇仁。康斋曰"此间工夫，非朝夕可得，恐误子远来"。对曰："此心放逸已久，求先生收留之耳，敢欲速乎？"因受小学，日自验于身心。徐得闻四子六籍之要，久之，于道若有见焉。乃归筑室于龙池之上，日取诸儒论议，一切折衷于朱子。凡古载籍鲜不读，但不读佛老之书。尝谓其毁肢体，灭人伦，即不容诛，又何待读其书，而后辨其谬哉？一时名公，若兰溪章枫山、开化吾文山、南昌张东白，皆与相可否。所著有《易义发明》《卦赞》《读史管见》《观物余论》《蛙鸣集》，凡数十万言，惜以毁烬，其存者仅十之一云。

吾尝闻康斋之学，最强毅直致，不屑于文字笺注，约破碎而大同之，卓然有六经注我之见，诚所谓发章句之迷而立于独者。夫章句犹筌蹄，然本以发迷，欲学者既得而忘之也，岂为终身溺之，而不究心于章句之外者乎？

吾闻先生执丧极哀，祠墓殡葬，一本之家礼。设义学，立社仓，事事皆着实地上作要，非所谓琐琐破碎者，故自号曰"敬斋"，又曰"断迷子"，盖有得之康斋者矣。然挟经济之术，三谒公卿而不一试，岂所谓逆流退飞者邪！

古之君子知之则言，言之则行。圣人之心，顾亦何尝忘天下哉！使假先生以年，其用舍内外之辨，必有分矣。先生行履，备见传志。此特其大者，余表之，以诏后之尚友者焉！[1]

康斋于1460年（天顺四年庚辰）有"残经讲罢慨虞唐，步月归来兴未央。诗卷写阑吟更好，又挥余墨两三行"[2]，则当时郑敬斋25岁也，康斋时年70岁。故郑敬斋30岁后拜学康斋门下，当再考。余阅其郑氏家谱，郑敬斋有三子，分别是郑性、郑心和郑道，一女名郑适。需要说明的是，郑伉不是一个人独自前往崇仁拜学的，而是与其侄子郑协一起去的。郑协除拜谒康斋之外，又曾学易于会稽胡渐斋谧，三年而归。渐斋目送之曰："吾易西矣！"戊子举于乡，会试谒薛敬轩，敬轩教之以"克一"

---

① 载（明）焦竑编《献征录》卷114《儒林·敬斋郑先生伉墓表》。
② 《康斋集》卷6《书郑伉卷子毕偶成》，第464页。

之说,并以"克一"名其斋,后登弘治庚戌进士。白沙曾贻书曰:"中世士大夫修于家,或让于天子之庭。兄之志节,可保无虞!"授行人,奉使陕西,道卒。学行多为士林推重。①

(五) 福建省

康斋夫子福建地区亲传弟子1人,朱钦。

朱钦,字懋恭,邵武人。师吴与弼,以学行称。举成化八年进士。授宁波推官。治最,征授御史。出督漕运,按河南,清军广西,并著风节。治中迁山东副使,历浙江按察使。十五年入觐。吏部举天下治行卓异者六人,钦与焉。金都御史林俊又举钦自代,乃稍迁湖广左布政使。武宗立以右副都御史,巡抚山东。中官王岳被谪道死,钦上言:"岳谪守祖陵,罪状未暴,赐死道路,不厌人心。臣知岳为刘瑾辈所恶,必瑾潜毁以至此,望陛下察岳非辜,惩瑾谗贼。"疏至,瑾屏不奏,衔之。钦以山东俗□酗,严禁市酤,令济南推官张元魁察之,犯者罪及邻比。有惧而自缢者,其母欲奏诉元魁,与知府赵璜贿之乃已。瑾使侦事校尉发之,俱逮下诏狱,勒钦致仕,璜除名,元魁谪戍。瑾憾钦未已,摭前湖广时小故,下巡按御史逮问,俄坐山东勘地事,斥为民。又坐修曲阜先圣庙,会计数多罚输米六百石塞下,又坐抚山东时以民夫给事尚书秦纮家,再下巡按御史逮问。瑾诛,乃复官。十五年卒,年七十七。与弼之门以宦学显者,钦为称首。②

---

① 《光绪常山县志》,《浙江府县志辑》第56册卷48《人物·儒林》,第760页。
② 《明史》,卷一百八十六。

参考书目

《中国地方志集成》，江苏古籍出版社等，浙江大学西溪校区图书馆、浙江省图书馆、上海市图书馆等藏。

《中国古籍总目》，全 26 册，中华书局、上海古籍出版社，2013 年。

《明实录》，台湾地区"中研院"文史研究所影印，浙江大学西溪校区图书馆藏。

（清）张廷玉等编，《明史》，北京：中华书局，1974 年（2013 重印）。

（清）黄宗羲撰，《明儒学案》，沈芝盈点校，北京：中华书局，2008 年。

（明）焦竑编，《献征录》，四库存目丛书史部。

（宋）朱熹撰，朱杰人等主编，《朱子全书》，上海：上海古籍出版社、安徽教育出版社，2002 年。

（明）杨溥撰，《杨文定公诗集》，续修四库全书集部别集类第 1326 册。

（明）杨溥撰，《杨文定公诗文集》，胡永华校注，武汉：湖北人民出版社，2018 年。

（明）吴溥撰，《古崖先生诗集》（八卷），国家图书馆藏，孤本。

（明）吴与弼撰，宫云维点校，《康斋集》，北京：北京大学出版社，2014 年。

（明）吴与弼撰，《康斋集》，弘治本，南京图书馆藏善本。

（明）吴与弼撰，《康斋集》，正德本，南京图书馆藏善本。

（明）吴与弼撰，《康斋先生文集十二卷附录一卷》，明正德十年（1515）刻本，《中国古籍珍本丛刊·天津图书馆卷》第 40 册，北京：国家图书馆出版社，2013 年。

（明）吴与弼撰，《康斋集》，嘉靖本，国家图书馆藏善本。

（明）吴与弼撰，《康斋集》，万历本，国家图书馆藏善本。

（明）吴与弼撰，《康斋集》，四库全书第 1251 册集部。

（明）吴与弼撰，《康斋集》，咸丰本，浙江省图书馆孤山分馆藏善本。

（明）吴与弼撰，《康斋集》，《明别集丛刊》第 1 辑第 37 册，影印光绪刻本。

（明）陈献章撰，孙通海校，《陈献章集》，北京：中华书局，2008 年。

（明）陈献章撰，《陈献章全集》，黎业明编校，上海：上海古籍出版社，2019 年。

（明）胡居仁撰，《胡敬斋集》，《丛书集成初编》第 2162 册，北京：中华书局，1985 年。

（明）胡居仁撰，《胡文敬集》，四库全书第 1260 册集部。

（明）胡居仁撰，董平校点，《敬斋集》，北京：北京大学出版社，2008。

（明）胡居仁撰，《居业录》，《丛书集成初编》第 656—657 册，北京：中华书局，1985 年。

（明）胡居仁撰，《居业录》，文渊阁《四库全书》第 714 册子部。

（明）胡居仁撰，《胡居仁文集》，冯会明点校，南昌：江西人民出版社，2013 年。

（明）张元祯撰，《东白张先生文集》，《四库全书存目丛书补编》第 75 册。

（明）娄性撰，《皇明政要》，《四库全书存目丛书》史部第 46 册。

（明）夏尚朴撰，《夏东岩集》，文渊阁《四库全书》集部第 1271 册。

（明）夏尚朴撰，《东岩诗集》，《四库存目丛书》集部第 67 册。

（明）夏尚朴撰，《夏东岩先生文集》，清康熙善刻本，上海图书馆藏。

（明）余祐撰，《文公先生经世大训》，《四库全书存目丛书》子部第 6—7 册。

（明）曹端：《曹端集》，王秉伦点校，《理学丛书》，北京：中华书局，2010 年。

（明）薛瑄撰，《薛瑄全集》，太原：山西人民出版社，1990 年。

（明）薛瑄撰，《薛瑄全集》，孙玄常等点校，太原：三晋出版社，2015 年。

（明）陈真晟撰,《布衣陈先生存稿》,嘉靖十七年丙戌周南序刻本,孤本。

（明）陈真晟撰,《陈剩夫先生集》,《四库全书存目丛书》集部第38 册。

（明）黄润玉撰,《南山先生家传集》,浙江省图书馆藏抄本,孤本。

（明）黄润玉撰,《南山先生家传集》,《明别集丛刊》第 1 辑第 37 册,影印明蓝格抄本。

（明）黄润玉撰,《南山先生家传集》,台湾地区抄本。

（明）王守仁撰,《王阳明全集》,上海：上海古籍出版社,1992 年。

（明）王守仁撰,《王阳明全集（新编本）》,杭州：浙江古籍出版社,2010 年。

钱国莲、薛冰撰,《薛瑄年谱》,杭州：浙江大学出版社,2015 年。

黎业明撰,《陈献章年谱》,上海：上海古籍出版社,2015 年。

邹建锋撰,《明代心学启明宗师吴康斋思想研究》,杭州：浙江大学出版社,2018 年。

附录：人名索引

朱文贯　　　　　　　　孙贤

朱邦正　　　　　　　　孙绍

朱邦政　　　　　　　　孙琮

朱邦宪　　　　　　　　孙景福

朱允炆　　　　　　　　孙镗

朱祁钰

朱祁铨　　　　　　　　　　　　　七画

朱祁镇

朱钦　　　　　　　　　李大章

朱梴　　　　　　　　　李子俨

朱高炽　　　　　　　　李元凯

朱高煦　　　　　　　　李公迪

朱梦直　　　　　　　　李世熙

朱棣　　　　　　　　　李旭

朱善　　　　　　　　　李时勉

朱橞　　　　　　　　　李贤

朱瞻基　　　　　　　　李迪

伍恒　　　　　　　　　李性之

华少一　　　　　　　　李宜之

华伯良　　　　　　　　李春

刘中敷　　　　　　　　李南溟

刘观　　　　　　　　　李奎

刘宗周　　　　　　　　李思诚

刘铉　　　　　　　　　李闻之

江渊　　　　　　　　　李恪

孙曰让　　　　　　　　李原成

孙曰恭　　　　　　　　李原道

孙尔安　　　　　　　　李勗

孙贞　　　　　　　　　李章

孙仲迪　　　　　　　　李景隆

孙茂　　　　　　　　　李龄

　　　　　　　　　　　李锡

陈镒　　　　　　　　　　周颜仲

陈豫　　　　　　　　　　郑伉

陈懋　　　　　　　　　　郑和

邵楚材　　　　　　　　　孟遇

八画　　　　　　　　　九画

范拱　　　　　　　　　　赵琬

林元美　　　　　　　　　胡九韶

林车　　　　　　　　　　胡子贞

林饶晋　　　　　　　　　胡全

林聪　　　　　　　　　　胡居仁

易佑　　　　　　　　　　胡居安

易纯　　　　　　　　　　胡俨

罗伦　　　　　　　　　　胡冕

罗汝敬　　　　　　　　　胡清

罗绮　　　　　　　　　　胡敬斋

金幼孜　　　　　　　　　胡龄望

金铣　　　　　　　　　　胡滢

金濂　　　　　　　　　　胡源

周子瓛　　　　　　　　　胡濙

周元昂　　　　　　　　　柯潜

周文　　　　　　　　　　俞士悦

周邦大　　　　　　　　　俞都

周观　　　　　　　　　　饶大诚

周圻　　　　　　　　　　饶岳

周叔焕　　　　　　　　　饶贰

周叔禧　　　　　　　　　饶晋

周孟中　　　　　　　　　饶烈

周冕　　　　　　　　　　饶烨

周敦颐　　　　　　　　　饶循

周瑄　　　　　　　　　　涂谦

后　记

　　走入明初朱子学大宗、理学开山与"明代心学启明宗师"（朱义禄夫子语）康斋学研究的圣殿，首先是因为业师朱义禄夫子的循循善诱与提携关爱，和蔼与儒雅的朱夫子1999年秋冬在同济大学北楼一个学期的系统讲解《明儒学案》直接开启了我对明儒年谱和文献系统整理的大门，我与同仁对绍兴潘南山文集、宁波黄南山文集的整理，也在定稿三校中。其次是自己和康斋夫子都是崇仁县人的原因，我必须对老家人民一个交代。乡贤文化历来都是传统文化最为重要的一环，而追比先贤一直是我们原住民守土有责的基础点，由此，地方性知识才可以走向全世界。走出山村，涌入现代都市，谋生奉献，把一切献给学术，也是很难离开生我养我的乡村，最后当然要反哺家乡的。

　　一般来说，对于学术界尚未深入研究的康斋学而言，文献整理校注、年谱和学术思想研究历来都是研究对象深入拓展的三部曲。对于崇仁先贤、"明代心学先驱"（束景南夫子语）这样超重量级的大师级学者，我们更需要潜心写作，展现我们的诚心与智慧，全面呈现其坚韧、勇敢与令人肃然起敬的教育人生，把中华民族的宝贵财富传给后世。

　　在2003年冬天的湖州师范学院，天气格外地冷，我曾每日抄录康斋先生《日录》，整理并上传孔夫子2000网站上，供学术界研究利用，为康斋学研究专家宫云维先生所赞。教学之余，也以四库全书为底本，在学生们的帮助下，整理一个简体版的《康斋集》，为博士论文写作提供便利，并在潘桂明教授的指导下顺利在2010年6月于苏州大学获得中国哲学博士学位。恰逢当年教育部抽检博士论文，获得"良好"的评价，内心对作中国哲学，开始有一点点信心。

　　后，在杭州浙大举办的一次会议上遇到宫云维教授，得知宫先生整理好《康斋集》，收于《儒藏》，大喜过望。2015 年，我终于复印到宫先生辛苦整理的首个我国标点本《康斋先生文集》，校点精确，工夫扎实，填补康斋学标点文献一直存在的学术研究空白。宫先生治学严谨，呕心沥血，为学界所重。2016 年，余拜教于宫先生于三墩，得知其 500 余万字的《毛奇龄全集》也将整理完毕出版，不仅感受到宫先生艰苦治学的高贵品格，也让我对康斋学有了新的领悟，激励我把《〈康斋集〉汇校》与《康斋年谱》继续做下去。

我往宫教授家，先生送给我嘉靖五年影印本《康斋集》，而我此前从浙江省图书馆购买了咸丰版《康斋集》影印件。在南京大学吴健康、宁波大学张加刚两位研究生的多年协助下，我们对照了南京图书馆藏弘治本、正德本，从黄山书社出版的大型影印丛书《明别集丛刊》获得了光绪本《康斋集》，学习并参考了宫先生的标点本，编校整理《康斋集》，并校正了四库全书版《康斋集》的一些抄录之误，为《康斋集》汇校做准备，以便更好地从中国古典文献学角度传承康斋学。

岁月日增，积累起来的文稿也就慢慢增加了，自己阅读的文献多了起来，参考了《中国地方志文献集成》《明实录》大型丛书，有些地方对史实的处理可能更为准确。到 2015 年年底，康斋年谱规模是博士论文附录年谱的三四倍多。

记得当时康斋学书稿写完后，得到我的博士后导师、浙江省特级教授束景南先生的表扬。束夫子真是善于鼓励人，兴起后学，令我每每如沐春风。之前，我从未写过超过 30 万字的专著，唯独这本例外。因为我觉得，在目前学术繁荣的大格局下，读者阅读时间有限，我每本专著都试图尽量压缩到 22 万字左右，就是想精而又精，让读者可以快速地把握我数年的努力。但考虑到康斋年谱书稿的特殊性，需详之又详，希望读者可以理解我对乡贤康斋夫子的敬仰。

唯有继续潜心读书，不畏寂寞，守住冷板凳报答众夫子的春风之泽。也只有站在像朱先生、束先生、潘先生、钱先生、张先生与宫先生这样的巨人肩膀上，我才可以走得更远，更踏实，一步一个脚印，脚踏实地，实实在在传承传统文化，身体力行，兴起后学繁荣明代心学文化。船山先生说"六经责我开生面"，希望康斋夫子年谱，可以令我国学术界别开生面，共同促进我国的"双一流"学科建设。

　　感谢宁波大学众多相关领导,感谢学院众多领导和匿名评审专家的肯定与支持。感谢宁波大学马克思主义学院何静、陈正良、钱茂伟、张如安、李包庚,他们对学术后辈的培育勤奋和热心让我们年轻人久久温暖。彼此的温暖与肯定,彼此的默默支持与援手,彼此的精诚团结和点赞,都是大家一起学习成长的动力。

　　悠游任运,勿忘勿助,不计较,吃亏是福,吃大亏是大福,共同拥抱2020,迎接宁波大学的"双一流"学科建设,脚踏实地,勇敢前行,再创辉煌。

　　由于个人学力所限,且时间难免仓促,肯定会有不少错误,热烈欢迎大家的批评指正,以便继续修订完善。任何评判,都是欢迎的。一起学习成长!

　　最后感谢三联的郑秀艳老师、施海平、刘丹、叶云等朋友的辛勤校读。

　　本文的写作,程维维、丁思伟、林莉飒三位研究生各参与六万字撰写。

江西抚州崇仁后学邹建锋 2014 年增稿于杭州西湖黄泥岭

2018 年 2 月 3 日增定、9 月 2 日补订于宁波五里排临江小区

宁波大学邹建锋副教授 2019 年 7 月 5 日增定于宁波江北孔浦莲荷

2020 年 4 月 12 日定稿于孔浦菜场

2020 年 7 月 12 日再补于孔浦

图书在版编目(CIP)数据

明代心学先驱吴康斋先生年谱/邹建锋著.—上海:上海三联
书店,2020.12
ISBN 978 - 7 - 5426 - 7081 - 6

Ⅰ.①明… Ⅱ.①邹… Ⅲ.①吴与弼(1391 - 1469)—年谱
Ⅳ.①B248.99

中国版本图书馆 CIP 数据核字(2020)第 098649 号

明代心学先驱吴康斋先生年谱

著　者/邹建锋

责任编辑/郑秀艳
装帧设计/一本好书
监　制/姚　军
责任校对/张大伟　王凌霄

出版发行/上海三联书店
　　　　(200030)中国上海市漕溪北路 331 号 A 座 6 楼
邮购电话/021 - 22895540
印　刷/上海展强印刷有限公司

版　次/2020 年 12 月第 1 版
印　次/2020 年 12 月第 1 次印刷
开　本/710×1000　1/16
字　数/300 千字
印　张/23.75
书　号/ISBN 978 - 7 - 5426 - 7081 - 6/B·684
定　价/88.00 元

敬启读者,如发现本书有印装质量问题,请与印刷厂联系 021 - 66366565